DROIT INTERNATIONAL PUBLIC

mémentosdalloz
série droit public
sous la direction de Yves Jégouzo
professeur à l'Université Paris 1 Panthéon-Sorbonne

DROIT INTERNATIONAL PUBLIC

David Ruzié
Professeur émérite des universités, ancien doyen

Gérard Teboul
Professeur des universités (Paris XII)

20e édition – 2010

DALLOZ

DALLOZ

31-35 rue Froidevaux, 75685 Paris cedex 14

ISBN 978-2-247-08222-3
ISBN 978-2-247-08799-0

SOMMAIRE

INTRODUCTION GÉNÉRALE

Le droit international public, parfois appelé *droit des gens*, est constitué par l'ensemble des règles de droit qui s'appliquent aux sujets de la société internationale, c'est-à-dire normalement aux États et aux organisations internationales, et exceptionnellement aux individus. Autrefois, droit de la paix et de la guerre, il devrait tendre à devenir, exclusivement, un droit de la paix (message du nouvel an 2004 du pape Jean-Paul II).

C'est donc l'ensemble des normes juridiques qui règlent les relations internationales, c'est-à-dire des normes prescriptives, prohibitives ou permissives.

Cet ordre normatif est un facteur d'organisation sociale qui remplit *une double fonction*: réduire l'anarchie dans les relations internationales en assurant la coexistence entre les États et satisfaire des intérêts communs (CPJI, aff. du *Lotus*, 1927).

Il faut noter que le développement du droit international public reste encore limité par des considérations de politique internationale. Toutefois, de plus en plus, les intérêts du politique coïncident avec les besoins de la justice (ex. : tribunaux pénaux internationaux et Cour pénale internationale).

Section 1 › CARACTÈRES ET DIVISIONS DU DROIT INTERNATIONAL PUBLIC

§ 1 - Caractères du droit international public

A. Règles obligatoires

Le droit international public est appréhendé, dans cet ouvrage, sous l'angle du droit positif (et non du « droit naturel »). Il se distingue à la fois de la *courtoisie internationale* (usages suivis à titre de simple convenance et pour des raisons de commodité) et de la *morale internationale*.

Toutefois, en pratique, il ne constitue pas, pour certains, un ensemble homogène. D'où, parfois, l'idée de distinguer :

– le *droit « judiciaire »*, droit appliqué, avec objectivité, par les juridictions (CIJ, arbitres) ;

– le *droit « politique »*, droit appliqué par des organes d'organisations internationales, de façon moins rigoureuse, moins technique et qui n'est pas à l'abri de distorsions, voire de manipulations (ex. : procédure de vérification des pouvoirs à l'AG des Nations unies, à propos de l'Afrique du Sud, dans les années 1970).

B. Règles multiples

Ce caractère s'explique à la fois par le *domaine d'application* limité et par les *conditions d'élaboration.*

1. Domaine d'application

Le droit international classique se bornait à régir les rapports diplomatiques et commerciaux et le droit de la guerre. Actuellement, on note **un élargissement constant du domaine matériel du droit international**, qui recouvre toutes les activités étatiques (économie, finances, relations scientifiques, bioéthique...). Outre les *facteurs historique, géographique et politique*, le *progrès technique* contribue au développement du droit international (exploration de l'espace cosmique, exploitation du fond des mers, protection de l'environnement, lutte contre la pollution, etc.). Il en est de même de l'incidence des fléaux du monde moderne (terrorisme, criminalité internationale, pandémies).

Ainsi, *matériellement, c'est-à-dire au regard de son contenu*, le droit international est composé de disciplines nombreuses et variées qui, quantitativement, évoluent et peuvent encore évoluer.

2. Conditions d'élaboration

• Le droit international public est, le plus souvent, l'expression des rapports de force et des convergences d'intérêts entre États (notion de « politique juridique extérieure », Guy de Lacharrière).

• Les principes de **souveraineté** (puissance suprême et inconditionnée sous réserve, précisément, du respect des engagements internationaux et des règles du droit international) et d'**égalité** et l'absence de véritable pouvoir législatif et réglementaire rendent difficile la création de règles générales.

• Le droit international public naît essentiellement de **règles conventionnelles** et de **règles coutumières**. Or, les premières ont une portée limitée et les secondes sont souvent imprécises.

Une **importante évolution** s'est manifestée dans les conditions d'élaboration, notamment sous l'influence des États en voie de développement (catégorie définie sur la base d'une « auto-élection ») :

• Fréquemment, l'*adoption de principes*, sous forme de déclarations solennelles, précède l'élaboration de conventions internationales (ex. : droits de l'enfant, droits de l'homme, espace cosmique). Élaboration par étapes ou par degrés.

• De même, certaines déclarations, localisées ou propres à un groupe d'États, sont à l'origine de *coutumes sauvages*, avant d'être reprises dans des résolutions d'organes internationaux et de donner naissance à un *droit déclaratoire*, résultant de résolutions constatant un certain accord sur la valeur juridique de la pratique jusqu'alors suivie (ex. : aspects nouveaux du droit de la mer).

• D'autre part, apparaît ce que les Anglo-Saxons appellent la « *soft law* » (droit souple) sur la base soit de résolutions d'organisations internationales, soit de conventions internationales, constitutives d'un *droit programmatoire ou incitatoire* (dispositions de caractère incitatif ou d'encouragement).

– Les États sont incités à adopter des comportements concordants conformément

aux dispositions de résolutions qui, en l'espèce, anticipent quelque peu sur les faits (ex. : Déclaration de Stockholm sur l'environnement, 1972, et Charte mondiale de la nature, 1982. Résolutions de l'Assemblée générale des Nations unies sur le développement ou sur l'assistance internationale humanitaire, Code mondial d'éthique du tourisme, 1999).
– Parfois, conclusion d'une convention qui ne prévoit qu'un dispositif incitatif, sans mécanisme juridique véritablement contraignant (ex. : Convention de l'UNESCO pour la défense de la diversité culturelle, 2005).

• De plus, des groupements ou collectivités non étatiques (ex. : ONG, Vatican, CICR, experts, autrefois mouvements de libération nationale) participent de plus en plus à la mise au point de nouvelles règles (ex. : droit des conflits armés). Importance de la production des ONG qui peuvent inspirer les États dans l'élaboration des recommandations ou des conventions (*ex*: bioéthique). À noter également, les initiatives, certes parfois tardives, des milieux économiques concernés (ex. : lutte contre la pollution maritime).

C. Rôle du consentement des États

1. Consentement et saisine du juge

Ce consentement est traditionnel en ce qui concerne *la saisine du juge*: or, certains États ont longtemps été traditionnellement opposés à l'intervention du juge et d'autres procédés limitent encore cette éventuelle intervention (exceptions d'incompétence, réserves, v. CIJ, aff. *Espagne/Canada*, 1998). À noter, toutefois, l'assouplissement, à partir de 1989, de l'hostilité soviétique à la compétence de la CIJ et cet exemple a été suivi par d'autres ex-démocraties populaires. En 1993, la Slovaquie et la Hongrie ont saisi la CIJ d'un litige les opposant à propos de la construction d'un barrage sur le Danube.

2. Consentement et formation du droit international

En revanche, des tendances contradictoires se manifestent en matière de consentement des États à la *formation du droit international*.
– D'une part, la Convention de Vienne sur le droit des traités consacre le *principe du libre consentement* et la CIJ a exigé la nécessité du consentement d'un État pour que celui-ci soit lié par une convention et considéré que pour qu'une règle soit reconnue comme coutumière, il fallait notamment que la pratique en question soit le fait « des États y compris ceux qui sont particulièrement intéressés » (aff. du *plateau continental de la mer du Nord,* 1969).
– Mais, d'autre part, cette même Convention de Vienne a retenu la notion de *jus cogens* (norme impérative) que l'ensemble de la communauté internationale des États pourrait imposer au reste des États et qui constitue ainsi une exception notable à l'exigence du consentement. De même, la CIJ a admis qu'une pratique du Conseil de sécurité des Nations unies (abstention d'un membre permanent) avait pu modifier les dispositions de la Charte et s'imposer même aux États qui la contestent (avis consultatif sur la *Namibie,* 1971). Par ailleurs, les velléités de certaines organisations internationales de s'attribuer un pouvoir quasi législatif, et même quasi constituant, marquent également un recul de la règle du consentement. Mais, à cet égard, l'utilisation croissante de la procédure du *consensus*

atténue le caractère parlementaire et se rapproche du consentement formel manifesté dans un traité.

Traditionnellement, la société internationale est une société de juxtaposition (égalité souveraine des États), qui repose sur la différence et la coopération (CIJ, aff. des *otages américains*, 1980). Or, évolution avec le *jus cogens* et les « violations graves » (v. *infra* p. 112) qui risque de consacrer un pouvoir législatif permettant à certains États (les plus puissants ou les plus nombreux) d'édicter des normes auxquelles les autres seront assujettis.

La « mondialisation du droit », notamment en vue de gérer l'économie mondiale et d'assurer la protection des droits de l'homme, tend à effacer l'État (B. Stern).

D. Absence de sanctions sociales organisées

En l'absence de pouvoir exécutif international, l'application du droit dépend du pouvoir propre des États intéressés, à la fois auteurs et sujets de la règle de droit. L'interdiction du recours à la force et l'efficacité limitée du pouvoir de sanction des organisations internationales contribuent à l'imparfaite efficacité du droit international. Mais, dans l'ordre juridique interne, il y a également des règles non sanctionnées (conflits d'ordre social ou d'ordre constitutionnel).

§ 2 - Divisions du droit international public

A. Divisions matérielles

Ces divisions peuvent être effectuées d'après la nature des problèmes (paix, guerre, communication, etc.).

Toute nouvelle situation amène de nouvelles distinctions (espace cosmique, fond des mers, biomédecine).

Depuis quelques décennies, affirmation, notamment, du droit international économique et du droit international du développement.

1. Le droit international économique

a) Définition

Droit de l'ordre international économique, c'est-à-dire, branche du droit international, qui réglemente, d'une part l'établissement et l'investissement internationaux et, d'autre part, la circulation internationale des marchandises, services et paiements.

b) Originalité de ce droit :

– quant à son élaboration : elle échappe largement au formalisme classique et fait apparaître la contribution d'organes non gouvernementaux (banques centrales, firmes multinationales) ;

– quant à son contenu : il est caractérisé par une très grande flexibilité du fait de l'importance des directives, recommandations et exhortations et de l'imprécision des obligations découlant des actes normatifs (obligations de comportement) et dans le temps (précarité des règles, caractère évolutif du sens de certains concepts). Élaboration de codes de conduite (ex. : dans le cadre de l'OCDE : instruments sur les sociétés multinationales de 1976, révisés en 2000). Terrain d'élection de la *soft law* ;

– quant à sa sanction : inadaptation des mécanismes judiciaires de droit commun, rôle de la pression psychologique et économique (non-bénéfice de certains avan-

tages économiques), importance de la négociation directe et recherche d'une solution à l'intérieur des organisations internationales concernées. Caractère contraignant atténué par le jeu de clauses de sauvegarde.
Au sein du droit international économique, place particulière du droit international des transports, dans lequel s'interpénètrent droit international public et droit international privé. Concurrence, sécurité et souveraineté conditionnent le contenu de ces règles.
Rôle moteur joué par l'OMC dans la régulation du commerce international. Une convention, élaborée sous les auspices de l'OCDE, en 1997, condamne la corruption des agents publics étrangers.
À la différence du droit international économique, défini par son contenu et qui se présente plutôt comme une division fonctionnelle du droit international, le droit international du développement, défini par sa finalité, fait place à des divisions géopolitiques (Nord-Sud).

2. Le droit international du développement

Le droit international classique repose sur le dogme abstrait de l'égalité souveraine, alors que du point de vue économique il y a des inégalités flagrantes, qui alimentent une volonté de puissance et un appétit de domination de certains États et limitent les possibilités d'épanouissement d'une partie de la société internationale.
Transformation progressive du droit international sous la pression des pays en voie de développement.

a) Évolution du contenu du droit international : aménagement des règles traditionnelles (non-réciprocité).

b) Diversification de la nature des normes :

• Importance des résolutions de l'Assemblée générale des Nations unies, notamment celle sur la *Charte des droits et devoirs économiques des États* (1974), en dépit de son absence de force juridique.

• Règles parajuridiques : engagements moraux et politiques dépourvus de tout caractère juridiquement contraignant.

• **Dualité des normes :** apparition de deux catégories de normes :
– les unes régissent les rapports entre pays développés ;
– les autres régissent d'une part les rapports entre les pays développés et les pays en développement (PED) et d'autre part les rapports entre ceux-ci.

c) Individualisation d'un nouveau corps de règles : le droit international du développement :

• *Définition :* droit au service d'une finalité qui est, à l'échelle des relations internationales, la lutte contre le sous-développement et la recherche d'une véritable indépendance pour les pays sous-développés (M. Flory).

• Mise en œuvre de *principes nouveaux* :
– Remise en cause de la notion d'égalité souveraine pour réaliser une égalité dans le développement *(inégalité compensatrice)* et assurer une véritable souveraineté économique *(souveraineté permanente sur les ressources naturelles).*
– Organisation de la solidarité internationale pour l'instauration de mécanismes compensatoires (préférences, compensations) : clauses dites d'habilitation,

introduites dans le GATT, en 1979, pour donner une base juridique permanente aux préférences commerciales en faveur des pays en développement ou entre eux.

• Mise en place d'*institutions spécifiques*. Diversité : système des Nations unies, système communautaire européen (Conv. de Lomé et de Cotonou, 2000), banques régionales de développement, organes de dialogue Nord-Sud (conférences sur la coopération économique internationale, Paris, 1975-1977 – conférence au sommet, Cancún, 1981), Nouveau partenariat pour le développement de l'Afrique (*NEPAD*, 2001), soutenu par le G8 en 2002.

• Champ d'application étendu :
– *aide financière :* réglementation internationale de l'aide publique ;
– accession à la technique : *transfert de technologie* ;
– aménagement des règles du commerce international : modification des règles du GATT (*General Agreement on Tariffs and Trade* – Accord général sur les tarifs douaniers et le commerce – Agetac : l'acronyme français officiellement recommandé n'a jamais été utilisé dans la pratique) en faveur des PED (dans le cadre du *Tokyo Round*, 1979, avant d'être repris par l'OMC créée en 1994, par l'*Uruguay Round*) ; conjonction du droit international économique et du droit du développement dans l'élaboration d'un **nouvel ordre économique international**, conditionné également par le droit interne et par les pratiques commerciales internationales ;
– organisation du marché des *produits de base* : produits miniers et agricoles faisant l'objet de transactions en quantités importantes sur le marché international et jouant un grand rôle dans l'économie des pays en développement (blé, sucre, café, cacao, zinc...).
On peut se demander s'il n'existe pas d'autres divisions géopolitiques.

B. Divisions spatiales

1. Les divers droits régionaux

a) Droit international américain
Règles qui, sans exclure l'application des règles du droit international universel, ont pour objet de *régler des problèmes et des situations propres aux États d'Amérique* (ex. : arbitrage, régime des fleuves, droit d'asile). La CIJ a toutefois considéré que ce système particulier de droit ne se formait que conformément aux règles sur les coutumes locales (aff. *Haya de la Torre* à propos du droit d'asile, 20 nov. 1950 – voir, plus loin, coutume locale).
L'*évolution de l'OEA*, consécutive à l'entrée de nouveaux États sans aucun lien avec la pensée ibéro-américaine (anciennes possessions britanniques et néerlandaises) est de *nature à atténuer le particularisme du droit international américain.*
b) Droit européen
En dehors des règles conventionnelles élaborées dans le *cadre du Conseil de l'Europe* (47 membres au 1er nov. 2009), il faut souligner le *développement croissant du* **droit communautaire** (droit *originaire* et droit *dérivé*) dans l'Union européenne qui se présente comme un *droit de subordination* et se distingue aussi du droit international général, droit de coordination (pouvoir réglementaire des institutions communautaires, droit de recours des individus devant la Cour et le Tribunal, pouvoir d'annulation de celle-ci à l'égard des actes des institutions communautaires).

Applicabilité directe aux particuliers du droit communautaire (CJCE, 5 févr. 1963, *Van Gend en Loos*, aff. 26-62) avec primauté sur le droit interne (15 juill. 1964, *Costa/ENEL*, aff. 6-64) et inapplicabilité de *plein droit* du droit national contraire au droit communautaire (9 mars 1978, *Adm. des Finances/Simmenthal*, aff. 106-77). En France, suprématie des principes généraux du droit communautaire sur la loi ordinaire votée par le Parlement (CE, 2 déc. 2001, *SNIP*).

• Le **traité de Maastricht** sur l'Union européenne (1992) a quelque peu bouleversé l'édifice communautaire, mis en place par les traités de Paris (1951) et de Rome (1957). En effet, il créait une **Union européenne** (comprenant, au 1er avril 2009, 27 États). Cette Union reposait sur 3 « *piliers* » : les *Communautés* (Communauté européenne – ex-CEE ou Marché commun – ; CECA – disparue, en 2002, à l'expiration de la durée prévue de 50 ans – et CEEA ou Euratom), une politique étrangère et de sécurité commune (PESC – à distinguer de la PESD, apparue par la suite, dans la pratique : politique européenne de sécurité et de défense) et une *coopération* dans le domaine des affaires intérieures et de la justice (JAI – le traité d'Amsterdam de 1997 avait entraîné une communautarisation partielle de ce 3e pilier qui devenait la coopération policière et judiciaire en matière pénale – CPJP). Le *droit communautaire* proprement dit ne concerne que les deux communautés restantes. Il n'existe pas de pouvoir normatif au titre de la PESC et la CPJP connaît, seulement, la notion de « décision-cadre » (art. 34 TUE – qui se rapproche de la directive, mais sans effet direct, ce qui n'exclut pas pour autant que la procédure de codécision – v. p. 168 – puisse être utilisée dans certains cas, pour prévoir, par ailleurs, des sanctions pénales : CJCE, 13 sept. 2005, aff. C-176/03).

Le traité établissant une Constitution pour l'Europe, dont le résultat négatif du référendum organisé en France le 29 mai 2005, a consacré l'abandon, devait sensiblement modifier, sinon les principes, du moins les règles et les mécanismes de fonctionnement de l'Union européenne. Il introduisait, en effet, un véritable pouvoir législatif, englobant des lois européennes (ex-règlements) et des lois-cadres européennes (ex-directives et décisions-cadres) et instituait, par ailleurs, des actes non législatifs (règlements, décisions et recommandations). D'autre part, la notion de « piliers », donc de Communautés européennes, disparaissait : la PESC, recouvrant la politique de sécurité et de défense commune, relevait de l'« action extérieure de la Communauté » et la CPJP était intégrée dans un « espace de liberté, de sécurité et de justice ». Ces deux points se retrouvent dans le traité de Lisbonne, qui fusionne l'Union européenne et la Communauté européenne et distingue le traité sur l'Union européenne (TUE) et les dispositions sur le fonctionnement de l'Union européenne (TFUE).

• En effet, depuis, un nouveau traité, permettant l'approfondissement de la construction communautaire, a été élaboré : il s'agit du **traité de Lisbonne**, signé le 13 décembre 2007. En 2008, vote négatif du peuple irlandais par voie de référendum ; un second référendum, cette fois positif, a eu lieu au mois d'octobre 2009, permettant l'entrée en vigueur du traité le 1er décembre 2009.

c) Droit africain

La décolonisation a accru le nombre d'États africains indépendants et a conduit à l'**ébauche de règles particulières** (successions, frontières) et à la **remise en question de régimes juridiques internationaux** (Niger). Ces États, comme tous les *États nouveaux*, ont manifesté une certaine réticence à se voir appliquer des règles à l'élaboration desquelles ils n'ont pas contribué. Le droit international classique fut accusé d'européocentrisme, d'où le souci d'actualisation du droit international pour tenir compte des problèmes intéressant les nouveaux États et satisfaire leurs intérêts : élaboration de règles écrites reposant sur une *extrapolation*, au-delà de la pratique, et sur une *anticipation*, à partir d'intentions politiques. Par des raisonnements passionnels, les nouveaux États ont initialement adopté une attitude militante, caractérisée par un certain opportunisme politique : acceptation sélective des règles du droit international, selon qu'elles servent ou non leurs intérêts. Contamination du droit par la politique. Pour les États nouveaux, le droit international est apparu comme étant plus qu'un ensemble de normes destinées à régir la conduite des États : c'était une *arme de la diplomatie au service d'une politique*.

Finalement, les réticences des États nouveaux à l'égard du droit international existant se sont atténuées. Et ils se sont attachés moins à remettre en cause le droit international existant qu'à infléchir son évolution grâce au poids numérique et politique qu'ils ont pu acquérir au sein de maintes instances internationales.

2. Rapports entre régionalisme et universalisme

a) Spécificité du droit international régional :

– quant à l'importance de la règle écrite et au rôle des organisations régionales pour l'élaboration des normes conventionnelles, sans méconnaître l'intérêt de la **coutume régionale** ;

– quant à son *contenu* : les traités mettent davantage l'accent sur des normes objectives de conduite que sur des règles d'ordre procédural. L'intérêt des particuliers est pris en considération d'où un effort dans les domaines de l'**harmonisation** du droit privé, du droit des brevets, du droit social, du droit de l'environnement, de la justice pénale, de la protection collective des droits fondamentaux (surtout dans le cadre européen).

b) Coopération entre droit régional et droit universel.

c) Prééminence du droit universel contestée du fait de l'existence, à côté de convergences entre les deux systèmes juridiques, de divergences dues soit à des règles différentes soit à une interprétation particulière de la norme internationale.

3. Le multiculturalisme

Dans la société internationale, le multiculturalisme renforce l'utilité d'un corps de règles communes (P. Weil). Cependant, importance, au regard du droit international, de la diversité culturelle.

C. Orientations nouvelles

1. La normalisation de la conception russe du droit international

a) Étapes de l'évolution

La doctrine soviétique, après quelque hésitation au lendemain de la révolution d'octobre 1917, avait fini par admettre l'existence d'un droit international général réglant les relations entre tous les pays, quel que soit leur régime politique, économique et social, mais les pays socialistes mettaient l'accent sur certaines **règles de conduite fondamentales** (non-agression, autodétermination, coexistence pacifique). Les États « socialistes » insistaient sur la notion de *souveraineté*, qui les conduisait à adopter une attitude de réserve à l'égard de l'intervention du juge et des pouvoirs des organisations internationales. Dans les rapports au sein du camp « socialiste », prééminence des exigences de l'*internationalisme prolétarien.* Le principe de non-immixtion dans les affaires intérieures cédait le pas devant les nécessités de l'intérêt général de la communauté socialiste : suprématie des lois générales de la construction socialiste, dites de l'édification socialiste (notion de **souveraineté limitée** ou doctrine dite de **Brejnev**, à propos de l'intervention soviétique en Tchécoslovaquie en 1968). Mais ces conceptions n'ont pas résisté à la *perestroïka* prônée par Gorbatchev (demeuré au pouvoir de 1985 à 1991). Ce mouvement de « restructuration », initialement appliqué à l'économie, s'est ensuite étendu aussi bien à la politique intérieure qu'à la politique étrangère. Tout d'abord, rapprochement avec l'Europe de l'Ouest (contacts avec le Conseil de l'Europe ; Charte de Paris, nov. 1990, pour une nouvelle Europe ; création de la Banque européenne pour la reconstruction et le développement – BERD – à ne pas confondre avec la Banque mondiale – Banque internationale pour la reconstruction et le développement, BIRD). Puis, éclatement du camp soviétique (dissolution du pacte de Varsovie et du Comecon, en 1991) avant la décomposition de l'Union soviétique elle-même qui a donné naissance, fin 1991 (accords de Minsk et d'Alma-Ata), à la **Communauté des États indépendants** (CEI), à laquelle ont finalement adhéré toutes les ex-Républiques fédérées, à l'exception des trois États baltes (Lituanie, Lettonie, Estonie), qui ont recouvré de leur côté leur indépendance. La Charte de Minsk (janv. 1993) fait de la CEI un ensemble ayant vocation à constituer une organisation internationale. Amorce de regroupements à l'intérieur de la CEI (autour de la Russie), mais, à l'heure actuelle, déclarations qui en sont restées au stade d'intentions sans véritables réalisations concrètes, d'autant plus que la CEI ressemble de plus en plus à une coquille vide. Il convient de relever que la Georgie s'est retirée de la CEI en 2009.

Sur le plan de la doctrine, la Russie se montre favorable à la réunification du système juridique international.

b) Place de la Russie

Les anciens « États satellites », les États baltes, l'Ukraine, la Moldavie, la Géorgie, l'Arménie et l'Azerbaïdjan sont membres du Conseil de l'Europe, ainsi que l'Albanie et les États issus de l'ex-Yougoslavie. En 2004, l'Union européenne s'est ouverte à certains d'entre eux (Hongrie, Pologne, République tchèque, Slovaquie, Slovénie et pays baltes). D'autres admissions sont intervenues en 2007 (Bulgarie, Roumanie). La Russie a été admise au Conseil de l'Europe, en 1996, et bénéficie d'un statut de partenaire privilégié de l'Alliance atlantique. D'abord associée, en 1994, elle participe également, formellement, depuis 1997 aux réunions du G7, devenu de ce fait le G8. Depuis 1975, en effet, les chefs d'État ou de gouvernement des 7 États les plus industrialisés du camp occidental (États-Unis, Royaume-Uni, France, Italie, Japon, Canada, Allemagne) se réunissent, annuellement : initialement consacrées à l'examen de problèmes économiques, ces rencontres abordent, actuellement, également des questions politiques.

Dans un premier temps, la Russie a cherché à se voir reconnaître un rôle dirigeant et le soin de garantir la paix dans l'ex-Union soviétique et aux frontières (doctrine de l'« étranger proche », d'où velléités d'intervenir dans les affaires intérieures en Ukraine, Géorgie – affaire de l'Ossétie (2008) –, Moldavie, Arménie et Azerbaïdjan). En 2009, volonté du Président Medvedev d'obtenir de la Douma le droit d'ordonner une opération à l'étranger.

Au printemps 2002, une nouvelle alliance américano-russe avait permis aux États-Unis d'intervenir en Asie centrale et, ainsi, d'exercer un contrepoids à l'emprise russe. Celle-ci a d'ailleurs été contrée par l'évolution démocratique intervenue en 2004-2005 dans plusieurs Républiques (Géorgie, Ukraine, Kirghizstan). Et la volonté des États-Unis de relancer l'idée d'un bouclier anti-missiles a provoqué, en 2007, des protestations russes contre le projet d'installations dans des pays d'Europe centrale (République tchèque et Pologne), d'où l'impression que Poutine était un adepte de la « souveraineté limitée ». Par ailleurs, mise en place avec cinq autres ex-Républiques soviétiques d'une Organisation du traité de sécurité collective en vue notamment de lutter contre le terrorisme.

Les ex-« États socialistes » sont parfois qualifiés, au plan économique et politique de « pays en voie de transition ». On relèvera qu'à l'instar de la majorité des États du monde, les nouvelles Constitutions de ces États ont consacré la suprématie du droit international sur le droit interne (*cf.* Constitution russe de 1993).

2. Le droit international islamique

La réalité d'un **droit international islamique** par référence au droit révélé au Prophète au VIIe siècle a été fortement ébranlée tant par la guerre Iran-Irak (1980-1988) que par la crise du Golfe, à la suite de l'invasion du Koweit par l'Irak en 1990.

Section 2 › FONDEMENT DU DROIT INTERNATIONAL

Dans la doctrine classique, il existe deux grands courants : l'un qui est axé sur le **volontarisme**, l'autre qui se situe **en dehors du volontarisme**.

§ 1 - Théories volontaristes

A. La doctrine

Le droit a sa source dans l'expression d'une volonté. Le droit international repose nécessairement sur la *volonté de l'État*. Il existe plusieurs modalités – qui ne sont pas antinomiques – de cette conception :

1. Théorie de l'autolimitation (Jellinek) : l'État ne peut être lié par le droit que s'il y *consent*.

2. Théorie de la Vereinbarung (Triepel) : le droit international naît de la fusion des volontés étatiques en une *volonté commune*.

3. Doctrine positiviste (Anzilotti) : l'expression de la volonté de l'État est nécessaire du *point de vue formel*.

B. La jurisprudence

La CIJ a, parfois, retenu une *conception volontariste* lorsqu'elle a mis l'accent sur le rôle des États dans la formation du droit en déniant tout effet juridique à des prises de position de l'Assemblée générale des Nations unies (aff. du *Sud-Ouest africain*, arrêt sur le fond, 1966).

Toutefois, ultérieurement, pratiquement dans la même affaire, mais, cette fois, dans l'exercice de sa fonction consultative, elle a, au contraire retenu une conception de la société internationale présentant des aspects plus *institutionnels*, donc plus contraignants, en donnant une portée étendue aux limitations de la souveraineté des États afin d'assurer le maximum d'efficacité au droit international (aff. de la *Namibie*, avis consultatif, 1971).

§ 2 - Théories objectivistes (non volontaristes)

A. Théorie du droit naturel

La *raison naturelle* impose certaines règles aux relations humaines, même en dehors de toute autorité sociale. Ces règles s'imposent aux États dans leurs rapports mutuels.

B. Théorie normativiste (Kelsen)

Il existe une *norme fondamentale* d'où découlent toutes les règles de droit.

C. École sociologique (Scelle, Politis)

La règle de droit positif a son origine dans le *fait social* : elle est un mode de constatation de la conscience collective.

Devant les critiques adressées à chacune de ces théories, mieux vaut considérer l'ordre juridique international comme une *réalité objective, dont l'existence se constate dans l'histoire*. Il n'y a pas à chercher son fondement, c'est un fait (R. Ago, ancien juge à la CIJ).

Section 3 › RAPPORTS DU DROIT INTERNE ET DU DROIT INTERNATIONAL

§ 1 - Positions théoriques

Il existe deux conceptions : l'une *dualiste*, l'autre *moniste*.

A. Le dualisme

Se rattache à une conception volontariste (mais l'expression « dualisme » est parfois contestée eu égard à la réalité d'un « pluralisme » – H. Kelsen, A. Pellet).

Le droit interne et le droit international constituent deux systèmes juridiques *égaux, indépendants et séparés.*

B. Le monisme

Il existe une *unité logique de système* entre les deux catégories de règles, qui sont soumises au principe de *subordination*. Aussi, y a-t-il deux modalités :

1. Monisme avec primauté du droit interne

Le droit international dérive du droit interne.

2. Monisme avec primauté du droit international

L'ordre juridique interne dérive du droit international. Les rapports entre les deux sont comparables à ceux existant, dans un État fédéral, entre le droit des États membres et le droit fédéral.
La *pratique* internationale ne confirme de manière absolue aucune des deux thèses, mais consacre, en général, la *primauté, c'est-à-dire le primat, du droit international.*
Alors que la France était généralement considérée comme se rattachant à la conception moniste avec primauté du droit international, la jurisprudence récente (v. *infra* p. 12-13) tend à consacrer une primauté du droit interne.

§ 2 - Solutions pratiques

La question n'est pas codifiée, d'où sa relative complexité. Il faut distinguer l'application de la coutume de l'application des traités dans l'ordre interne.

A. L'application de la coutume dans l'ordre interne

1. Clauses d'adoption des règles du droit international

a) Adoption globale pure et simple
Ex. : Autriche, Italie, Japon, République sud-africaine.
France : préambule de la Constitution de 1946 : « La République française, fidèle à ses traditions, se conforme aux règles du droit public international » (14e alinéa).
La reconnaissance de l'applicabilité de cet alinéa par le *Conseil constitutionnel* n'est plus contestable depuis la décision Maastricht I (v. *infra* p. 26 ; v. égal. déc. 98-399 du 5 mai 1998), qui se réfère à la règle *Pacta sunt servanda.*
En revanche, l'article 55 de la Constitution (v. *infra* p. 23) ne s'applique pas à la coutume ; donc pas de pouvoir dérogatoire par rapport à la loi (CE, 28 juill. 2000, *Paulin*). C'est l'existence sans la primauté (D. Alland). Cependant, quelque trois ans auparavant, le Conseil d'État, par sa formation de juridiction la plus élevée (Assemblée), avait rendu un arrêt (6 juin 1997, Aquarone) qui, eu à égard à sa rédaction – éclairée par les conclusions du commissaire du gouvernement Bachelier – ne tranchait pas la question soulevée par le rang hiérarchique du droit international non écrit dans l'ordre juridique français.
Mais, le *juge administratif* a longtemps ignoré la coutume (CE, 30 mars 1966, *Soc. Ignazio Messina*) et ce à la différence des *tribunaux judiciaires* (Cass. crim., 13 mars 2001), dès lors que la coutume présente un *« degré de certitude élevé ».*
Toutefois évolution avec, tout d'abord, la référence à l'absence d'un « principe du droit international » (CE, 23 oct. 1987, *Soc. Nachfolger*). Mais équivoque sur la portée de cette formule, qui semblait recouvrir à la fois coutume et principe général de droit. Or, la Cour de cassation évoquait, elle, à juste titre, distinctement, ces deux notions (Cass. crim., 6 oct. 1983, v. égal. CAA, Lyon, 5 avril 1993, *Aquarone*). Puis, plus récemment, le Conseil d'État s'est référé aux « principes du droit coutumier relatifs à la combinaison entre elles des conventions internationales » (CE, 21 avril 2000, *Zaidi*). Enfin, la distinction entre coutume et principe général de droit apparaît expressément dans l'arrêt du 28 juillet 2000 (*Paulin*). Mais l'article 55 est inappli-

cable dans les deux cas. Une exception existe au profit des principes généraux du droit communautaire, déduits du traité de Rome et ayant même force juridique que lui (CE, 3 déc. 2001, *SNIP*).

b) Clause d'adoption globale accordant de plus une supériorité au droit des gens

Ex. : loi fondamentale de la République fédérale allemande (art. 25 et 100, § 2).

2. Absence de dispositions constitutionnelles

C'est une situation fréquente.

Ex. : Belgique, Suisse et bien entendu Grande-Bretagne.

Dans ce cas, influence de la doctrine anglaise énoncée en 1765 par Blackstone : « *International law is part of the law of the land* » : application du droit international au même titre que le droit interne. Mais en cas de conflit, primat du droit national.

À noter l'application du droit international coutumier en droit communautaire (CJCE, 16 juin 1998, aff. C-162/96).

B. L'application des traités dans l'ordre interne

1. Dispositions constitutionnelles

a) Clause conférant valeur de droit interne aux traités

Ex. : Constitution des États-Unis (art. VI) : supériorité des traités *self-executing* (autoexécutoires, c'est-à-dire traités dont les dispositions sont suffisamment précises et inconditionnelles) sur les lois antérieures ; en cas de contrariété entre un traité et une loi postérieure, la loi nationale l'emporte. À relever : cas dans lesquels le Congrès manifeste sa volonté (aff. de la compatibilité de la loi antiterroriste et de l'accord de siège avec l'ONU, à propos du bureau de l'OLP à New York, 1988). La Cour suprême a ainsi écarté la suprématie d'une convention internationale du fait, notamment, que, en l'espèce, la législation fédérale étant suffisamment protectrice des individus, l'intéressé n'avait pas subi de préjudice à raison de la non-application de ladite convention (US, *SC Bread/Greene*, 1998).

Un traité ne peut, en tout cas, jamais déroger à la Constitution.

b) Clause affirmant la suprématie des traités :

- *sur la loi :*

Ex. : Constitution française de 1958 (art. 55) *trois conditions* : ratification (ou approbation), publication et application par l'autre partie ;

- *sur la Constitution :*

Ex. : Constitution des Pays-Bas et Constitution française de 1958 (art. 54 : suprématie *matérielle* mais *non formelle* puisque la révision constitutionnelle prend en compte la substance du traité jugé contraire à la Constitution). Mais souci du *Conseil constitutionnel* du respect formel de la Constitution : pas d'anticipation sur l'entrée en vigueur d'un traité (Maastricht) à propos du statut de la Banque de France (Déc. 93-324, 3 août 1993).

Le recours relativement récent du Conseil d'État (3 juill. 1996, *Koné*) à un « principe fondamental reconnu par les lois de la République » (ayant à ce titre valeur constitutionnelle en vertu du Préambule de la Constitution de 1946) pour l'interprétation d'un traité avait mis en évidence le problème posé par la place d'un traité par rapport à la Constitution, dans l'ordre juridique interne (dans les rapports internationaux). Le Conseil d'État avait implicitement reconnu la suprématie de la Constitution sur les traités, dès lors qu'ils n'ont pas fait l'objet d'une saisine du Conseil constitutionnel sur la base de l'article 54. C'est cette primauté de la Constitution qu'a consacrée la Haute juridiction administrative (30 oct. 1998, *Sarran* et *Levacher*; dans le même sens Cass. Ass. plén., 2 juin 2000, *Mlle Fraisse*). Cependant, en pratique, une disposition conventionnelle, postérieure et matériellement contraire à la Constitution, l'emporte sur cette dernière, le juge administratif ne contrôlant pas la constitutionnalité interne des traités (CE, 8 juill. 2002, *Commune de Porta*). Après quelques doutes sur la position du Conseil d'État (CE, 3 déc. 1999, *AOMSL* et *Rass. des opposants à la chasse*), il semble bien que la Haute juridiction affirme, également, la primauté des dispositions constitutionnelles sur le droit communautaire (CE, 30 juill. 2003, *Assoc. Avenir de la langue française*). V. cependant *infra*. En revanche, la Cour de cassation n'a pas expressément tranché, dans son arrêt précité du 2 juin 2000, le problème de la spécificité éventuelle des rapports entre la Constitution et le droit communautaire. Et la position du Conseil constitutionnel est plus nuancée et évolutive : une disposition de droit communautaire (en l'occurrence une directive) s'impose, sauf en cas de disposition expresse contraire à la Constitution (Déc. 2004-496 du 10 juin 2004 à propos de la loi pour la confiance dans l'économie numérique). La décision 2006-540 du 27 juillet 2006, sur la loi relative au droit d'auteur, considère que la transposition d'une directive ne peut aller à l'encontre d'une règle inhérente à l'identité constitutionnelle de la France, sauf consentement du constituant. Cette décision semble consacrer la prise en compte des exigences du droit communautaire dans le cadre du contrôle de constitutionnalité. Et cette évolution est confirmée par la décision 2006-543 DC du 30 novembre 2006, sur la loi relative au secteur de l'énergie, qui, pour la première fois, prononce une déclaration d'inconstitutionnalité partielle. Du coup, le Conseil d'État, semblant s'aligner sur le Conseil constitutionnel, a, récemment, renoncé à contrôler la constitutionnalité de certains actes, dès lors qu'un texte européen s'interpose entre la Constitution et le texte d'application français et a renvoyé devant la Cour de justice des Communautés européennes (CE, 8 févr. 2007, *Arcelor*).

On peut se demander si la loi constitutionnelle n° 2005-205 du 1er mars 2005, introduisant la Charte de l'environnement de 2004 dans le Préambule de la Constitution, n'a pas eu pour but de protéger la France de toute dépendance vis-à-vis des traités internationaux sur l'écologie.

Par ailleurs, on signalera que le Conseil d'État se refuse à apprécier, à propos du décret de publication d'une convention, si la loi autorisant la ratification est ou non conforme à la Constitution (CE, 8 juill. 2002, *Cne de Porta*). Cette jurisprudence pourrait évoluer (conséquence de l'évolution relative au contrôle de constitutionnalité : loi constitutionnelle du 23 juill. 2008). Toutefois, le Conseil d'État refuse de faire application d'un traité dont la ratification n'a pas été autorisée par une loi dont l'adoption, pourtant, était nécessaire en vertu de l'article 53 de la Constitution (CE, 18 déc. 1998, *SARL du Parc d'activités de Blotzheim*). De même, jurisprudence contestable aux termes de laquelle le moyen tiré de l'irrégularité de l'autorisation d'approuver ou de ratifier n'est pas un moyen d'ordre public et le juge, n'ayant pas à soulever d'office ce moyen, celui-ci ne peut donc pas être soulevé devant le Conseil d'État (CE, 6 déc. 2002, *Maciolak*).

• *sur d'autres traités* :
Tendance récente à donner valeur supérieure aux traités sur les droits de l'homme par rapport à d'autres traités au regard du droit interne (pays d'Europe centrale et orientale – PECO – et pays latino-américains).

c) Clause conférant un rôle à la loi
Ex. : Loi fondamentale de la République fédérale allemande (art. 59-2).
Belgique (au contentieux, le Conseil d'État – 5 novembre 1996, Orfinger – n'a pas hésité à faire primer le droit communautaire sur la Constitution) ; Italie.

2. Absence de disposition constitutionnelle

a) Lois constitutionnelles françaises de 1875 : les traités avaient force de loi et en cas de conflit avec une loi on tentait de concilier les textes, sinon la loi devait prévaloir (doctrine **Matter**).

b) Grande-Bretagne : il existe deux catégories de traités :
– traités entrant dans le *domaine réservé aux « prérogatives de la Couronne »* (essentiellement droit de la guerre) : incorporation automatique dans le droit anglais ;
– *autres traités*, notamment ceux touchant aux droits des individus : nécessité d'une loi. Pour faciliter les recours des individus devant les juridictions britanniques, le *Human Rights Act* de 1998 a introduit, en tant que telle, la Convention européenne des droits de l'homme qui, désormais, fait partie du droit anglais, écossais et nord-irlandais ;

c) Suisse : Tribunal fédéral des assurances (25 août 1993) : primauté du droit international conventionnel sur la législation fédérale.

Première partie

LES SOURCES DU DROIT INTERNATIONAL PUBLIC

En droit international, comme pour toute branche du droit, il existe deux *conceptions* des sources :

• Les **sources matérielles :** ce sont les causes profondes de formation des règles juridiques ; causes résultant d'éléments d'ordre social, économique, politique ou de facteurs idéologiques (croyances collectives, exigences morales, nécessités sociales, système de valeurs, etc.).

Il s'agit d'éléments variés qui, à un moment donné, conduisent à l'établissement d'une règle déterminée.

L'étude de ces sources fait appel, notamment, à l'histoire, à la sociologie ou encore à la philosophie.

• Les **sources formelles :** ce sont les modes par lesquels est établie ou constatée une règle applicable.

Ce problème se pose de façon particulièrement aiguë lors de la mise en place d'une juridiction dans la vie internationale et c'est cette acception que nous retiendrons.

À titre historique, on peut citer l'article 7 de la Convention de La Haye du 18 octobre 1907 relatif à la création (non réalisée) d'une Cour internationale des prises qui constitue l'une des premières tentatives de création d'une juridiction internationale permanente.

S'agissant de l'identification des sources formelles, on peut se référer à l'article 38 du **statut de la Cour internationale de justice** (annexé à la Charte des Nations unies de 1945), qui reprend une disposition introduite dans le statut de la Cour permanente de juridiction internationale (en 1920).

Cet article énumère, sans établir de hiérarchie entre elles, plusieurs catégories de sources. Cette énumération n'est d'ailleurs pas complète.

On distingue traditionnellement : d'une part, les *traités* et la *coutume* qui constituent les **sources principales** et d'autre part, les **sources de moindre importance (que l'on qualifiera, en conséquence, de « subsidiaires »)**.

Titre 1 › LES SOURCES CONVENTIONNELLES

Titre 2 › LES SOURCES NON CONVENTIONNELLES

Titre 1

LES SOURCES CONVENTIONNELLES

Parmi les sources du droit international, les traités tiennent une place particulièrement importante : sur le plan quantitatif, ils constituent une source de droit écrit qui a pris, avec le temps, une extension considérable (sur la base de l'article 102 de la Charte des Nations unies, le Secrétariat de l'ONU a déjà publié plus de 2 200 volumes contenant plus de 158 000 traités). On observera que, dans le cadre de la Cérémonie des Traités organisée annuellement par l'ONU, depuis l'an 2000, 1549 formalités liées aux traités ont été enregistrées (au 29 sept. 2009) – le terme « formalités » comprenant les signatures, ratifications, approbations, adhésions, acceptations et toute forme de consentement à être lié (sur ces notions, *infra* p. 31 et s.).

Chapitre 1 › NOTIONS GÉNÉRALES

> **› L'essentiel**
> *Il est nécessaire de s'arrêter, d'abord, sur* ***la notion*** *de traité et de préciser, ensuite, ce que recouvre* ***l'expression « droit des traités »*** *laquelle renvoie non seulement à des règles de droit international, mais encore à des règles de droit interne.*

Section 1 › LA NOTION DE TRAITÉ

§ 1 - Terminologie

La **pratique** consacre une grande variété de termes.

La **doctrine** définit généralement le traité comme une manifestation de volontés concordantes imputables à deux ou plusieurs sujets de droit international et destinée à produire des effets de droit selon les règles de droit international.

Les **Conventions de Vienne** du 23 mai 1969 et du 21 mars 1986 définissent le **traité de la façon suivante** : accord international, *quelle que soit sa dénomination particulière*, conclu par écrit entre États, ou entre un État et une organisation internationale ou entre organisations internationales et régi par le droit international.

Bien qu'il n'existe pas de critère d'une parfaite précision mathématique, il convient de signaler, sur le plan formel, la distinction entre :

– **les accords bilatéraux :** qui lient deux sujets de droit international (État ou organisation internationale) ;

– **les accords plurilatéraux :** qui lient plus de deux sujets de droit international (le nombre de sujets de droit liés demeurant, cependant, quantitativement limité) ;

– **Les accords multilatéraux :** qui ont vocation à lier l'ensemble des États (matériellement, ces accords peuvent porter sur des questions d'intérêt général).

Par ailleurs, on distingue souvent les **traités-contrats**, qui créent des droits et des obligations de caractère subjectif, des **traités-lois**, qui posent des règles générales.

Au regard du droit interne, on distingue, parfois, le *traité au sens large* et le *traité au sens étroit* caractérisé par l'intervention formelle du chef de l'État et par la procédure de ratification.

§ 2 - Éléments communs aux traités

A. Existence d'un document écrit

Des États peuvent être engagés, même sans écrit. À cet égard, on note un développement du phénomène conventionnel informel. Mais, un État peut aussi s'engager, sans écrit, unilatéralement (ex. : CIJ, aff. des *Essais nucléaires*, arrêt, 1974 ; rappr. CPJI, aff. *Groenland oriental*, arrêt, 1933).

Il peut y avoir pluralité de documents (ex. : échange de lettres).

B. Accords entre sujets de droit international

Seuls des sujets de droit international (États, organisations internationales, Saint-Siège) peuvent conclure des traités. Les conventions conclues entre un État et des individus étrangers ne sont pas des traités (on parle parfois dans ce cas d'*accords transnationaux*). On appelle **droit transnational** : les normes régissant les rapports présentant un élément d'*extranéité* (du fait de la nationalité, du domicile, du lieu d'exécution du contrat, etc.).

C. Accords ayant pour but de produire des effets de droit

Les traités ne créent pas nécessairement une règle de droit (ex. : traité portant renonciation d'une créance). Ils se distinguent toutefois des *gentlemen's agreements*, accords de caractère politique, indiquant l'intention de suivre une certaine politique, sans obligation juridique en découlant (ex. : Charte de l'Atlantique de 1941 ; Acte final de la conférence sur la sécurité et la coopération en Europe d'Helsinki de 1975 et son prolongement en 1990 par la Charte de Paris pour une nouvelle Europe, déclarations communes à l'issue d'entretiens entre les responsables politiques de deux ou plusieurs pays).
La pratique internationale récente fait place à des *MOU (Memorandum of understanding* = mémorandum ou instrument consignant un accord ou une entente) qui sont le plus souvent des *gentlemen's agreements* (eu égard à la portée limitée donnée par les signataires à leur engagement) ou de simples arrangements entre administrations de divers pays (ex. : domaine de l'espace cosmique ou de la protection de l'environnement marin).

D. Accords soumis au droit international

Les traités se distinguent, par exemple, des *conventions domaniales*, passées entre États ou avec une organisation internationale, qui sont régies par le droit de l'État.

Section 2 › LE DROIT DES TRAITÉS

Il existe deux catégories de règles s'appliquant aux traités : des **règles de droit interne** et des **règles de droit international**.

§ 1 - Les règles de droit interne

En raisonnant sur l'exemple français, on distingue trois catégories de règles applicables : les *textes constitutionnels*, les *textes législatifs* et *réglementaires* et les « *principes* » *jurisprudentiels*.

A. Textes constitutionnels

Un rapprochement avec les précédentes Constitutions françaises montre une *complexité croissante des textes.*
Plusieurs séries de dispositions de la Constitution de la Ve République – qui (au 15 nov. 2009) a été révisée 24 fois depuis le 4 octobre 1958, dont plusieurs fois sur des points touchant le droit international – doivent être signalées.

1. Dispositions générales sur les conventions internationales

a) Dispositions visant toutes les conventions

• **Dispositions relatives au caractère obligatoire des conventions internationales.**

– **Art. 5 :** le président de la République est *garant* du respect des traités.

– **Art. 16 :** le président de la République peut recourir aux *pleins pouvoirs* si l'exécution des engagements internationaux est menacée d'une manière grave et immédiate.

• **Art. 52 :** consacre le *rôle essentiel du président de la République* en matière de relations internationales. Il *négocie* (mais, de fait, le plus souvent, il y a délégation de pouvoirs à un plénipotentiaire, muni de *lettres de pleins pouvoirs*) et *ratifie* les **traités en forme solennelle.**

Il est seulement tenu informé de la conclusion des **accords non soumis à ratification** (pouvoirs délivrés par le ministère des Affaires étrangères ; rappr. jurisprudence du Conseil d'État, *infra*).

Aucune intervention du *Parlement* dans la conduite des *négociations*, sous réserve de l'article 88-4 de la Constitution (v. *infra*).

• **Art. 53 :**

– **Alinéa 1 :** le Parlement qui ne peut donc intervenir au stade de la négociation, doit **autoriser** la *ratification* de certains traités et l'*approbation* de certains accords, considérés comme étant pratiquement les plus importants : traditionnellement (commerce) ou parce que relatifs à des matières de nature à affecter la souveraineté (paix, organisation internationale, mutation territoriale) ou parce que portant sur des matières relevant de la compétence législative (incidence sur les finances de l'État, modification de dispositions de nature législative, état et capacité des personnes).

On relèvera qu'en principe un *traité relatif à l'organisation internationale* vise un traité qui crée une organisation internationale permanente investie du pouvoir d'adopter des actes unilatéraux. Quant à la notion de *traité engageant les finances de l'État*, elle est, dans la pratique, d'interprétation restrictive puisqu'à la limite tout accord international engagerait les finances publiques eu égard aux dépenses de fonctionnement (en personnel, en matériel) qu'il implique.

L'autorisation parlementaire doit être antérieure à la ratification ou l'approbation. Mais, le Parlement ne dispose, à cette occasion, d'aucun pouvoir d'amendement ni à l'égard du texte de la convention, ni même à l'égard du projet de loi. L'autorisation parlementaire peut être donnée implicitement (mise en œuvre de l'art. 49-3 de la Const.) ou par la seule Assemblée nationale statuant définitivement en cas de désaccord persistant avec le Sénat (art. 45).

Le Conseil constitutionnel admet (Déc. 75-60 du 30 déc. 1975) l'existence d'accords qualifiés de *techniques*, pour lesquels l'autorisation parlementaire est donnée globalement, lors du vote de la loi de finances, accordant les crédits nécessaires pour l'exécution de l'ensemble de ces accords (ex. : accords de consolidation des dettes d'États étrangers).

L'intervention du Parlement ne s'impose ni à l'égard d'un engagement politique, ni à l'égard d'une simple mesure d'application d'un précédent accord, qui lui aurait déjà été soumis. Inversement, l'autorisation de ratifier ou d'approuver un avenant à une convention implique l'autorisation d'approuver ou de ratifier l'accord initial (CE Ass., 5 mars 2003, *Aggoum*).

La loi de 1979, plusieurs fois modifiée, a créé, au sein des deux Assemblées, des « délégations parlementaires » chargées de suivre les affaires relatives à l'Union européenne, mais sans pouvoir de décision. V. également *infra* art. 88-4.

– **Alinéa 2 :** la ratification ou l'approbation est nécessaire pour qu'un traité ou un accord prenne *effet vis-à-vis de l'État français.* La jurisprudence admet l'effet rétroactif de la publication d'une convention quant à son applicabilité en France.

– **Alinéa 3 :** condition supplémentaire pour des traités entraînant une *mutation territoriale* : mise en œuvre du *droit des peuples à disposer d'eux-mêmes* (autodétermination) par l'expression du consentement des populations intéressées (exceptionnellement, consultation des élus : ex. : cession de certains Établissements français de l'Inde sous la IVe République). Selon le Conseil constitutionnel (Déc. 75-59 du 30 déc. 1975), le terme de *territoire* est à prendre au sens géographique et non juridique (d'où la consultation des habitants de l'île de Mayotte désireux de se dissocier du sort du reste de l'archipel des Comores) et la consultation s'impose même s'il y a sécession de territoire, sans conclusion d'un accord (doctrine **Capitant**). La rédaction de la question posée ne doit pas être équivoque (Déc. 87-226 du 2 juin 1987 relative au référendum en Nouvelle-Calédonie de sept. 1987 ; Déc. 2000-428 DC, 4 mai 2000 : loi organisant une consultation de la population de Mayotte).

La révision constitutionnelle de 1992, portant également sur l'article 74 relatif au statut des TOM, a été sans effet sur l'article 53 (Déc. 93-318 et 319 du 30 juin 1993).

• **Art. 55** : consacre la **supériorité des traités ou accords** sous *3 conditions* : régularité de leur ratification ou approbation, leur publication et leur application par l'autre partie.

Cette supériorité doit jouer aussi bien lorsque le traité est postérieur à une loi, que dans le cas inverse.

Mais, alors que ce principe était appliqué par les *tribunaux judiciaires* (Cass., 24 mai 1975, *Soc. des cafés J. Vabre*), le Conseil d'État refusait d'écarter l'application d'une loi contraire à un traité antérieur (CE, 1er mars 1968, *Synd. gén. de fabric. de semoule*, 24 juin 1977, *Astudillo*, 22 oct. 1979, *Un. démo. du trav.*, 8 févr. 1985, *Ass. centres distrib. Ed. Leclerc*). La décision 86-216 du Conseil constitutionnel du 3 septembre 1986 approuvait implicitement la Cour de cassation et condamnait l'attitude du Conseil d'État. Finalement, un arrêt du 20 octobre 1989 *(Nicolo)* consacre un revirement de jurisprudence et reconnaît la supériorité d'un accord international même sur une loi postérieure. Cette jurisprudence a été étendue aux règlements communautaires (24 sept. 1990, *Boisdet*) puis aux directives (28 févr. 1992, *Rothmans et Philip Morris*) auxquels même une loi postérieure ne peut déroger. Récemment, le Conseil d'État est allé plus loin, en reconnaissant une obligation à la charge de l'exécutif d'agir dans le sens d'une correcte application du droit communautaire. Les autorités administratives ne sont plus seulement tenues de ne pas faire application d'une loi incompatible, mais doivent en outre prendre les mesures positives à même d'assurer la primauté du droit communautaire (3 déc. 1999, *AOMSL et Assoc. France Nature Environnement*). Par ailleurs, l'examen de la compatibilité peut conduire à rechercher si une incompatibilité existait dès l'intervention d'une disposition législative, et également si elle est apparue postérieurement, mais seulement s'il y a eu un changement dans la situation de droit (CE,

2 juin 1999, *Meyet*). Ce contrôle de « *conventionnalité* » (B. Genevois), c'est-à-dire de conformité du droit interne à une règle conventionnelle de droit international, se distingue, selon le Conseil constitutionnel, du contrôle de « *constitutionnalité* » (conformité du droit interne avec la Constitution). Le Conseil constitutionnel se déclare traditionnellement incompétent pour vérifier la conformité d'une loi à un traité (jurisprudence constante depuis Déc. 74-54 du 15 janv. 1975, à propos de la loi sur l'interruption volontaire de grossesse – jurisprudence encore confirmée par la Déc. 2006-535 du 30 mars 2006, mais, *a contrario*, le Conseil admet, par sa motivation, une exception pour le droit communautaire : il contrôle la conformité d'une loi de transposition d'une directive au regard des dispositions de cette dernière).

Le Conseil constitutionnel se déclare, également, incompétent pour se prononcer sur la compatibilité de deux conventions entre elles (Déc. 80-116 du 17 juill. 1980 – v. égal. CE, 30 juill. 2003, *Assoc. Gurekin*). Pour le Conseil, le contrôle de conventionnalité est de nature relative (conditionnée par l'application par l'autre partie) et non de nature absolue, comme dans le cadre de la conformité d'une loi avec la Constitution.

À l'occasion de l'examen du traité de Maastricht, le Conseil constitutionnel avait pu faire naître quelque espoir d'évolution. Il avait, en effet, contrôlé la constitutionnalité d'un traité en prenant en compte les engagements déjà souscrits et avait donc examiné la compatibilité de deux accords entre eux (Déc. Maastricht I). Et le contrôle de constitutionnalité d'une loi organique (à propos du droit de vote et d'éligibilité des ressortissants de l'Union européenne aux conseils municipaux) a également entraîné un contrôle de conformité au regard des engagements internationaux. Mais, le Conseil constitutionnel n'a accepté de se départir de sa jurisprudence traditionnelle que pour se conformer à la volonté du constituant (Déc. 98-400 du 20 mai 1998). Et la formulation de la décision du 15 janvier 1975 se retrouve de façon constante dans la jurisprudence du Conseil constitutionnel (Déc. 98-405 du 29 déc. 1998).

Toutefois, en tout état de cause, le Conseil constitutionnel censure une loi qui viole directement l'article 55, dès lors que cet article vise toutes les conventions et pas seulement les traités (Déc. 86-216 du 3 sept. 1986) et il rappelle la nécessité de respecter les conventions internationales en vigueur à propos de la révision du Code du service national (intervenue en même temps que la révision des conditions d'octroi de la nationalité en 1993) : Déc. 93-321 du 20 juillet 1993 : service national des binationaux dans le pays de résidence sous réserve des conventions en vigueur.

Par ailleurs, le Conseil constitutionnel veille au respect d'un traité par une loi, lorsqu'il statue comme simple juge de l'application des normes dans le contentieux électoral (Déc. 88-1082 du 21 oct. 1988).

L'Assemblée plénière de la Cour de cassation a censuré (Cass. Ass. plén., 24 janv. 2003) la position de la chambre sociale qui, respectueuse de l'article 55, avait déclaré inapplicable une loi de « validation législative » qui lui semblait contraire à la Convention européenne des droits de l'homme (Cass. soc., 24 avril 2001). Elle a estimé qu'« un impérieux motif d'intérêt général » devait prévaloir sur les dispositions de ladite convention.

b) Accords sur le droit d'asile

• **Art. 53-1** (loi constitutionnelle du 25 nov. 1993). L'ambiguïté de la jurisprudence du Conseil constitutionnel (v. *infra*) a nécessité une révision interprétative. Interprétation du 4e alinéa du Préambule de la Constitution de 1946 relatif au **droit d'asile**

(« tout homme persécuté en raison de son action en faveur de la liberté a droit d'asile sur les territoires de la République ») eu égard à la Convention de Schengen (recul des frontières nationales aux frontières extérieures des États parties à la convention – tous les États de l'Union européenne ne sont pas encore liés). Faculté (et non obligation) d'examiner une demande d'asile déjà rejetée par un autre État signataire de la convention.

c) Dispositions relatives aux accords qui peuvent affecter les institutions internes

• **Art. 53-2** (loi constitutionnelle du 8 juill. 1999). Cette loi prévoit, de façon globale, que la France reconnaît le statut de la Cour pénale internationale sans entrer dans les détails : problèmes posés par l'immunité du président de la République, des ministres et des parlementaires, par le fait que le procureur de la CPI peut effectuer certains actes d'enquête sur le territoire national et par l'absence d'effet d'une loi d'amnistie ou la prescription concernant les crimes de guerre.

• **Art. 54 :** contrôle de constitutionnalité des engagements internationaux par le *Conseil constitutionnel,* indépendamment de la possibilité pour le gouvernement de solliciter un avis du *Conseil d'État* sur cette même question (v. *infra* p. 30). La Haute juridiction administrative est de plus en plus amenée à jouer le rôle de « vigie » lors de la conclusion d'engagements internationaux ou de la mise en œuvre d'actes communautaires. Ainsi, à propos de la Charte européenne des langues régionales ou minoritaires, un avis négatif du Conseil d'État (en 1996) n'a pas empêché la signature de ce texte par le gouvernement en 1999, d'où la saisine du Conseil constitutionnel par le président de la République et une décision concluant à l'inconstitutionnalité de la Charte (Déc. 99-412 du 15 juin 1999). Mais le président Chirac a refusé d'engager une procédure de révision constitutionnelle permettant la ratification, alors qu'il avait donné pleins pouvoirs pour la signature...

Le contrôle porte sur *2 points* :

– Le Conseil vérifie tout d'abord l'absence d'atteinte aux *« conditions essentielles de l'exercice de la souveraineté nationale »* (jurisprudence constante depuis 1970 – Déc. 70-39 du 17 juin 1970 – dernière décision : 2007-560 du 20 déc. 2007). Mais le Conseil a assoupli sa jurisprudence initiale en admettant, sous la réserve précitée, non plus seulement des *« limitations »* de souveraineté (Déc. 76-71 du 30 déc. 1976), mais également des *« transferts »* de compétences (Déc. 92-308 du 9 avril 1992). L'élément pris en considération est, notamment, relatif aux *conditions de vote* dans l'organe international (unanimité ou vote majoritaire ; v. Déc. 97-394 du 31 déc. 1997 et Déc. 2004-505 du 19 nov. 2004). L'absence de dénonciation possible d'un traité portant sur une matière de souveraineté (*ex. :* interdiction de la peine de mort, en toute circonstance, prévue par le 2e protocole au Pacte international sur les droits civils et politiques, sans dénonciation ni réserve possible) constitue une atteinte aux « conditions essentielles d'exercice de la souveraineté » (Déc. 2005-524/525 du 13 oct. 2005). D'où la révision constitutionnelle du 23 février 2007 bannissant la peine de mort par l'article 66-1 de la Constitution.

– En second lieu, par référence au 15e alinéa du Préambule de la Constitution de 1946 *(« sous réserve de réciprocité, la France consent aux limitations de souveraineté nécessaires à l'organisation et à la défense de la paix »),* le Conseil prend également en compte la condition de **réciprocité** dans l'acceptation de ces atteintes à la souveraineté, mais avec une conception formelle de cette condition (ex. : Déc. 92-308 du 9 avril 1992 : prise en compte de l'entrée en vigueur du traité de Maastricht après ratification de toutes les HPC sans évoquer le statut particulier, à l'époque, de la Grande-Bretagne). Cette condition de réciprocité n'est exigée qu'au regard de la ratification et non de l'application ou du respect des engagements (Déc. 98-400 du 20 mai 1998).

Révision éventuelle de la Constitution avant la ratification ou l'approbation : 1re application à propos du traité de Maastricht sur l'Union européenne (1992) ; nouvelles applications en 1999 à propos du traité d'Amsterdam (1997), en 2005 à propos du traité établissant une Constitution pour l'Europe et en 2008 concernant le traité de Lisbonne.

La révision constitutionnelle de 1974 (visant l'art. 61-2 : contrôle de constitutionnalité des lois) n'avait pas élargi la saisine restreinte du Conseil constitutionnel en application de l'article 54 (président de la République, Premier ministre ou président de l'une des deux assemblées), mais le Conseil pouvait être saisi, par 60 députés ou 60 sénateurs, par le biais du contrôle de constitutionnalité d'une loi autorisant la ratification ou l'approbation. Cette lacune a été comblée par la révision constitutionnelle de 1992.

Le contrôle du Conseil constitutionnel est indépendant de la question de l'entrée en vigueur du traité (à propos du refus initial du Danemark de ratifier le traité : Déc. 92-312 du 2 sept. 1992).

Attitude formaliste du Conseil constitutionnel : pas de révision du statut de la Banque de France (nécessitée par la perspective de l'Union économique et monétaire) avant l'entrée en vigueur du traité de Maastricht (Déc. 93-324 du 3 août 1993).

Ambiguïté de la jurisprudence du Conseil constitutionnel : conformité de la Convention de Schengen et de l'examen des demandes de droit d'asile par l'État d'entrée (Déc. 91-294 du 25 juill. 1991) et inconstitutionnalité, en 1993, d'un projet de loi sur les conditions d'entrée des étrangers tirant les conséquences de la Convention de Schengen (Déc. 93-325 du 13 août 1993). D'où nécessité d'une révision interprétative de la Constitution (v. *supra*).

Ainsi, concrètement, contrôle des engagements internationaux par le Conseil constitutionnel à *trois moments* :

1. *après la signature* et avant le vote de la loi autorisant la ratification ou l'approbation : ex. : Déc. 92-308 du 9 avril 1992 dite Maastricht I ;

2. *après la révision constitutionnelle* exigée par une première décision pour vérification de la non-contrariété de l'accord en question avec la Constitution révisée : ex. : Déc. 92-312 du 2 septembre 1992 dite Maastricht II ;

3. *après le vote de la loi d'autorisation* de ratifier ou d'approuver et avant la promulgation, sauf s'il s'agit d'une loi référendaire : ex. : Déc. 92-313 du 23 septembre 1992 dite Maastricht III.

Sur l'attitude du *Conseil d'État*, v. *supra* p. 14.

• **Art. 11 :** soumission au *référendum* d'un traité, qui, sans être contraire à la Constitution, aurait des *incidences* sur le fonctionnement des institutions. L'approbation populaire remplace l'autorisation parlementaire de ratifier (déjà applications controversées, en 1972, à propos du traité d'adhésion de la Grande-Bretagne aux Communautés européennes et, en 1992, à propos du traité de Maastricht ; des controverses plus âpres, témoignant de la difficulté de dissocier des considérations de politique interne du véritable enjeu international découlant du traité concerné, ont conduit au vote négatif à propos du traité établissant une Constitution pour l'Europe, en 2005). V. égal. *infra* p. 20 : art. 88-5. Mais, depuis la loi constitutionnelle du 23 juillet 2008, possibilité, dans le respect de certaines conditions procédurales, d'initiative référendaire (1/5 des membres du Parlement) : art. 4 de la loi constitutionnelle du 23 juillet 2008 (révision de l'article 11 de la Constitution).

2. Dispositions sur l'Union européenne

Voir lois constitutionnelles du 25 juin 1992 et du 25 janvier 1999 nécessitées, respectivement, par les traités de Maastricht (1992) et d'Amsterdam (1997), celle du 25 mars 2003 dans la perspective de la mise en place d'un mandat d'arrêt européen, en 2004, ainsi que la loi constitutionnelle n° 2005-204 du 1er mars 2005, qui devait permettre la ratification du traité établissant une Constitution pour l'Europe, signé le 29 octobre 2004, mais qui est devenue obsolète en raison du résultat du référendum du 29 mai 2005 ; voir, enfin, la loi constitutionnelle (n° 2008-103) du 4 février 2008 adoptée à la suite du traité de Lisbonne.
De façon curieuse, la loi constitutionnelle (n° 2005-204) du 1er mars 2005 avait prévu, d'une part, certains amendements au titre XV de la Constitution relatif aux Communautés européennes et à l'Union européenne, qui sont effectivement entrés en vigueur et, d'autre part, une nouvelle rédaction de ce même titre – beaucoup plus complète – relative à la seule Union européenne (les Communautés disparaissant formellement), à compter de l'entrée en vigueur de ladite Constitution européenne. Le vote négatif au référendum du 29 mai 2005 rend inutile l'examen de cette nouvelle version. Mais, les articles 88-1 et s. de la Constitution ont été modifiés par la loi constitutionnelle (n° 2008-103) du 4 février 2008. Plusieurs modifications effectuées par cette loi ne seront applicables qu'après l'entrée en vigueur du traité de Lisbonne. Cas des articles 88-6 (modifié par la loi constitutionnelle du 23 juill. 2008) et 88-7. Seuls seront évoqués les articles 88-1 à 88-5.

• **Art. 88-1 :** la révision de 1992 a introduit une déclaration de principe aux termes de laquelle : « La République participe aux Communautés européennes et à l'Union européenne, constituée d'États qui ont choisi librement, en vertu des traités qui les ont instituées, d'exercer en commun certaines de leurs compétences ».
Aussi le Conseil constitutionnel s'est fondé sur cette disposition pour considérer que « la transposition en droit interne d'une directive communautaire résulte d'une exigence constitutionnelle à laquelle il ne pourrait être fait obstacle qu'en raison d'une disposition expresse contraire de la Constitution » (Déc. 2004-496 du 10 juin 2004). Il en a été de même lors de l'examen du traité établissant une Constitution pour l'Europe, à propos du principe de primauté du droit de l'Union européenne (Déc. 2004-505 du 19 nov. 2004). Dans sa décision n° 2008-564 (19 juin 2008), le Conseil constitutionnel a indiqué que « la transposition d'une directive ne saurait aller à l'encontre d'une règle ou d'un principe inhérent à l'identité constitutionnelle de la France, sauf à ce que le constituant y ait consenti ». Le Conseil ne peut saisir la Cour de justice des Communautés européennes. C'est aux juridictions de droit commun de la saisir à titre préjudiciel. Quant à lui, le Conseil ne peut déclarer non conforme à l'article 88-1 qu'une disposition législative manifestement incompatible avec la directive qu'elle a pour objet de transposer (voir également, Déc. n° 2006-543 du 30 nov. 2006).

D'autre part, se référant également à l'article 88-1, le Conseil constitutionnel a affirmé que « le constituant a ainsi consacré l'existence d'un ordre juridique communautaire intégré à l'ordre juridique interne et distinct de l'ordre juridique international » (Déc. n° 2007-560 DC du 20 déc. 2007).
La loi constitutionnelle n° 2008-103 du 4 février 2008 a introduit un **nouvel alinéa** disposant que la République « peut participer à l'Union européenne dans les conditions prévues par le traité de Lisbonne..., signé le 13 décembre 2007 ». Cette formule générale permet d'éviter de préciser sur quels points la Constitution doit être modifiée pour tenir compte de la décision du Conseil constitutionnel considérant que plusieurs dispositions de ladite Constitution nécessitaient une révision préalable de la Constitution française.

• **Art. 88-2 :** disposition réaffirmant la condition de réciprocité et permettant la mise en œuvre de l'union économique et monétaire ainsi qu'une communautarisation des conditions d'entrée sur le territoire des États membres de la Communauté (politique des visas). La révision de 1999 a introduit un nouvel alinéa pour autoriser un transfert de compétence nécessaire à la détermination des règles relatives à la libre circulation des personnes et aux domaines qui lui sont liés (droit d'asile, immigration et franchissement des frontières). Et, dans un troisième alinéa, la révision de 2003 a purement et simplement renvoyé à la loi les règles relatives au mandat d'arrêt européen (institué par la décision-cadre du 13 juin 2002, prise sur le fondement du traité de l'Union européenne – v. loi du 9 mars 2004).

• **Art. 88-3 :** mise en œuvre de la *« citoyenneté de l'Union »*, impliquant, sous réserve de réciprocité, le droit de vote et d'éligibilité aux élections municipales (mêmes droits pour les élections au Parlement européen considérées par le Conseil constitutionnel comme ne nécessitant pas de révision de la Constitution). Loi organique soumise au contrôle du Conseil constitutionnel (v. Déc. 98-400 du 20 mai 1998).

• **Art. 88-4 :** dicté par le souci de compenser le *déficit démocratique* dans la construction communautaire. Les Assemblées, obligatoirement saisies, pouvaient, depuis 1992, voter des *résolutions* relatives aux propositions d'actes des Communautés européennes (règlements, directives) comportant des dispositions portant sur des matières relevant de la loi. Les parlementaires réclamaient une large extension de leur contrôle. La révision de 1999 leur a partiellement donné satisfaction puisque la nouvelle rédaction de l'article 88-4 permet également de soumettre au Parlement les actes de l'Union européenne, visant ainsi les deux autres « piliers » de l'Union (politique étrangère et de sécurité commune et coopération policière et judiciaire en matière pénale), qui sont dépourvus de fonctions normatives (v. plusieurs circulaires d'application du Premier ministre et, notamment, celle du 22 nov. 2005). Une circulaire du 19 décembre 2005 est relative à l'association du Parlement, des collectivités territoriales, des partenaires sociaux et de la société civile aux processus de décision européens.

• **Art. 88-5 :** pour tenir compte du débat – pourtant prématuré – engagé à propos de l'entrée ultérieure, éventuelle, de la Turquie, la loi constitutionnelle de 2005 a prévu que tout projet de loi autorisant la ratification d'un traité relatif à l'adhésion d'un État à l'Union européenne et aux Communautés européennes serait soumis au référendum. Cependant, la loi constitutionnelle du 23 juillet 2008 (art. 44) permet, dans le respect de certaines conditions procédurales, de mettre à l'écart – au profit du Parlement – la technique référendaire.

B. Dispositions législatives et réglementaires

Selon le plus important de ces textes, un **décret du 14 mars 1953** (complété en **1986**) :

1. Le **ministre des Affaires étrangères** joue un *rôle prépondérant* en matière de conclusion des traités.

2. Tout texte de nature à affecter les droits et les obligations des particuliers doit être **publié au** *JO*. Cette publication doit se faire dans la partie « Lois et décrets ». Les tribunaux (v. égal. circulaire du PM du 2 janv. 1993) refusent de faire application de conventions non publiées, mais il n'y a pas de responsabilité de l'État pour non-publication des accords internationaux.

Rétroactivité des effets de la publication à la date d'entrée en vigueur de la convention à l'égard de la France, sauf s'il s'agit de l'entrée en vigueur initiale d'une convention multilatérale (CE, 7 juill. 2000, *Féd. nat. des assoc. tutélaires*).

3. Toutefois, la publication des *règlements d'une organisation internationale* dans le recueil officiel de celle-ci suffit (ex. : règlements communautaires publiés au *JO de l'Union européenne (JOUE)*).

4. Un décret du 11 avril 1986 prévoit la publication des réserves ou déclarations interprétatives, ainsi que des actes de *dénonciation* des conventions et de *retrait* concernant les réserves et déclarations. Le Conseil d'État se contente d'un avis de *suspension* d'une convention internationale publié au *JO* (CE, 18 déc. 1992, *Préf. de la Gironde/M. Mhamedi*).

C. Principes jurisprudentiels relatifs à l'application des conventions internationales

1. Rôle respectif des tribunaux et du gouvernement dans l'interprétation des traités

a) Les tribunaux judiciaires reconnaissaient, généralement, leur compétence pour interpréter les conventions, lorsqu'il s'agissait de « conflits d'intérêts privés », mais refusaient d'interpréter des dispositions touchant des questions de droit public international ou l'ordre public international. Toutefois, la jurisprudence a évolué et, actuellement, la chambre sociale (29 avril 1993) et la 1re chambre civile (19 déc. 1995) de la Cour de cassation renoncent à rechercher si de telles questions sont en cause.

b) Mais la chambre criminelle de la Cour de cassation semble considérer que les traités – et pas seulement les traités d'extradition – sont des *« actes de haute administration »* et se refuse à les interpréter (v. 3 juin 1985 et 10 mai 1988), sauf en ce qui concerne les conventions en matière de droits de l'homme (Conv. EDH, pactes internationaux et Conv. sur les droits de l'enfant).

c) Également infléchissement relativement récent de la jurisprudence du Conseil d'État (29 juin 1990, *GISTI*), longtemps enclin, sous réserve de la théorie de l'**acte clair** à considérer qu'il y avait *question préjudicielle* et qui admet, désormais, sa compétence pour interpréter un accord international, eu égard à l'exigence d'un « procès équitable » (art. 6, Conv. EDH) ; car le renvoi systématique au ministre des

Affaires étrangères permettait à l'État d'être « juge et partie » (condamnation de la France par la CEDH, 24 nov. 1994, aff. *Beaumartin*). V. également, *infra* p. 48.
d) Renvoi – toujours possible – au ministre des Affaires étrangères à des fins d'interprétation. Mais, le juge – lorsqu'il est compétent pour interpréter – se réserve le droit de contrôler les indications données par le ministre (arrêt *GISTI* précité). Ainsi, *autonomie d'interprétation des juridictions.*
À noter que le Conseil d'État est de plus en plus sollicité par le droit international, aussi bien dans ses formations administratives (plusieurs avis donnés ces dernières années) (v. p. 25) qu'au contentieux.

2. Responsabilité du fait des conventions internationales

La jurisprudence a transposé dans le domaine des conventions internationales les *règles de la responsabilité du fait de lois* (CE, 30 mars 1966, *Comp. gén. d'énergie radioélectrique*). Le préjudice doit donc, notamment, présenter une certaine gravité et un *caractère spécial* (CE, 29 oct. 1976, *Dame Burgat*), mais irresponsabilité de l'État français pour l'inexécution d'une convention par l'autre partie contractante (CE, 17 févr. 1999, *Dame Teytaud*). Récemment le Conseil d'État a condamné l'État du fait d'une loi de validation législative des appels de cotisation à un régime de sécurité sociale, qui méconnaissait le droit à l'accès à un juge, reconnu par la Convention européenne des droits de l'homme (CE, Ass., 8 févr. 2007, *Gardedieu*).

§ 2 - Les règles de droit international

Longtemps coutumières, les règles de droit international relatives aux traités ont été codifiées, grâce aux travaux de la **Commission du droit international**, qui se sont poursuivis pendant près de 17 ans et ont permis la conclusion, après 2 conférences, tenues à Vienne, du **« traité des traités »** du 23 mai 1969. Cette convention ne concerne que les traités passés entre États. Elle laisse de côté certaines questions susceptibles de conventions particulières (ex. : succession, clause de la nation la plus favorisée) ou liées à d'autres questions (ex. : responsabilité, effets de la guerre).
La Convention du 23 mai 1969 comprend 85 articles édictant les règles concernant l'élaboration, l'application, la modification et la fin des traités conclus entre États. Cette Convention, entrée en vigueur en 1980, n'a pas été ratifiée par la France, qui n'en reconnaît pas moins la valeur coutumière de la plupart de ses dispositions.
Une Convention du 21 mars 1986, également signée à Vienne – mais non encore en vigueur –, concerne les traités conclus entre États et organisations internationales ou entre celles-ci.
La CIJ a insisté sur le fait que toutes les dispositions de cette Convention n'ont pas valeur coutumière, et notamment pas l'article 66 lui donnant compétence pour connaître du *jus cogens* (aff. *RDC/Rwanda*, 2006).

Chapitre 2 › LA CONCLUSION DES TRAITÉS

> **› L'essentiel**
> *La conclusion des traités peut être appréhendée d'un double point de vue : du point de vue **formel**, c'est-à-dire au regard de la formation du lien de droit conventionnel et du point de vue **matériel**, c'est-à-dire au regard de la validité du lien de droit conventionnel.*

Section 1 › LA FORMATION DU LIEN DE DROIT CONVENTIONNEL

Il faut distinguer deux aspects : d'une part, les **procédures** auxquelles les sujets de droit international (États et organisations internationales) peuvent recourir pour s'engager et, d'autre part, la **portée** de l'engagement.

§ 1 - Les procédures d'engagement

Les États peuvent recourir à plusieurs procédures pour s'engager, par voie conventionnelle, dans l'ordre juridique international. Il convient de mettre l'accent sur : la procédure longue, la procédure courte et certaines spécificités procédurales.

A. La procédure longue

Cette procédure est caractérisée par 3 phases : la *négociation*, la *signature* et l'*engagement définitif*.

1. Négociation

a) Autorités compétentes

Traditionnellement, nécessité d'une habilitation sous forme écrite *(lettre de pleins pouvoirs)* remise par l'autorité disposant du *treaty making power* (généralement le chef de l'État) à un représentant *(plénipotentiaire)*. La Convention de Vienne dispose que certaines personnes (notamment, chef d'État, de gouvernement, ministre des Affaires étrangères, chef de mission diplomatique) n'ont pas à établir qu'elles sont habilitées (art. 7).

b) Cadre de la négociation

Ce cadre est *variable* : voie diplomatique ordinaire, conférence spéciale, au sein d'une organisation internationale ou conférence convoquée par un État ou une organisation internationale.

c) Rédaction

• **Accord sur un texte :** propositions, contre-propositions ou amendements. L'adoption à la majorité tend à se substituer à la règle de l'unanimité.

• **Choix de la langue :** l'ancien système de la langue unique (autrefois latin, puis français) est remplacé par celui de la pluralité des langues, le plus souvent de valeur égale.

• **Présentation extérieure :** les invocations liminaires ont disparu. On distingue alors :
– *le préambule :* indication des noms des (hautes) parties contractantes (HPC), motifs et objet du traité, nom des plénipotentiaires ;
– *le dispositif ou corps du traité :* dispositions de fond (articles, alinéas) et dispositions finales concernant le régime juridique de la convention (entrée en vigueur, ratification, durée, dépôt, règlement des différends, etc.) ;
– *les annexes :* dispositions d'ordre technique ou complémentaire, mais ayant même valeur juridique que le traité.

2. Signature

Elle ne crée pas de lien juridique entre les HPC mais présente une **triple signification** :
– authentification du texte du traité,
– consécration du consentement des plénipotentiaires,
– fixation du lieu et de la date du traité pour le désigner.
Parfois, signature « *ad referendum* » (jusqu'à confirmation du pouvoir de signer) ou *paraphe* (signature abrégée permettant aux plénipotentiaires de consulter leur gouvernement).
Les Conventions de Vienne (art. 18) obligent les États et les organisations internationales signataires, avant l'engagement définitif et l'entrée en vigueur du traité, à s'abstenir d'actes qui priveraient celui-ci de son objet et de son but.

3. Engagement définitif

Après la négociation et la signature, nouvel examen par les organes internes compétents pour engager internationalement l'État et **acte supplémentaire liant définitivement l'État**.
Cet acte peut présenter un caractère solennel (*ratification*) ou non solennel (*approbation* ou *acceptation*, ces deux termes pouvant être considérés comme équivalents).

a) Champ d'application
L'acte d'engagement définitif n'est exigé qu'en cas de disposition expresse figurant dans le traité.

b) Forme
Ratification : acte écrit rédigé dans des formes traditionnelles (en France : décision du président de la République, contresignée par le Premier ministre et le ministre des Affaires étrangères), communiqué aux autres HPC (*échange des ratifications* pour les traités bilatéraux et *dépôt des ratifications* auprès d'un État ou une organisation internationale pour les traités multilatéraux).
Approbation ou acceptation : acte écrit rédigé sans utilisation de formes traditionnelles (en France : acte d'approbation peut consister en une simple lettre signée du Ministre des affaires étrangères). Comme pour la ratification, échange ou dépôt des instruments d'approbation ou d'acceptation.

c) Effets juridiques
Engagement de l'État à devenir partie au traité (art. 24, Conv. de Vienne).

• *Cas dans lesquels l'acte valant engagement définitif est irrégulier*
Nullité du traité sur le plan international qu'en cas d'irrégularité évidente et substantielle (art. 46, Conv. de Vienne).
La CIJ a, récemment, confirmé les conditions très restrictives qui entourent l'invocation d'une règle de droit interne comme cause de nullité d'un traité (CIJ, 10 oct. 2002, aff. de la *frontière terrestre et maritime Cameroun/Nigeria*).
En **droit français**, le Conseil d'État accepte la recevabilité du moyen tiré de l'absence d'autorisation parlementaire d'approuver un accord (*a contrario* CE, 18 déc. 1998, *SARL du parc d'activités de Blotzheim* et première application 23 févr. 2000, *Dieng*). Même attitude de la Cour de cassation (Cass. 1re civ., 29 mai 2001, *ASECNA*). Mais, à l'occasion d'un recours contre le décret de publication de la convention, pas de mise en cause de la loi autorisant la ratification, ni du contenu de l'accord (CE, 8 juill. 2002, *Cne de Porta*). Rapprocher cette dernière solution jurisprudentielle du contrôle de constitutionnalité par voie d'exception résultant de la loi constitutionnelle (nº 2008-724) du 23 juillet 2008 (art. 29 et 30 relatifs aux articles 61-1 et 62 al. 2 de la Constitution).

• *Liberté de s'engager définitivement : au sein de l'ordre juridique international*
La ratification, l'approbation et l'acceptation sont des actes établis discrétionnairement.
Sauf violation de l'article 18 de la convention de Vienne, le refus de se lier définitivement n'engage pas la responsabilité de l'État, mais peut avoir des *conséquences politiques* importantes (ex. : refus des États-Unis de ratifier le traité de Versailles ; refus de la France de ratifier la CED).

d) Réglementation interne de l'acte d'engagement définitif

On insistera ici uniquement sur l'acte de ratification. Ce sont les dispositions constitutionnelles qui réglementent la phase interne de la ratification, qui précède la phase internationale d'échange ou de dépôt des ratifications.
Il existe 3 principaux systèmes :

• **Ratification, œuvre exclusive de l'exécutif :** système exceptionnel, surtout utilisé dans les régimes autoritaires et, autrefois, dans certaines « démocraties populaires ».

• **Ratification, œuvre exclusive du législatif :** système tout aussi exceptionnel, en vigueur dans les régimes conventionnels ou autrefois dans des pays de « démocratie populaire » où l'aménagement des pouvoirs obéissait, en tout état de cause, à des règles particulières, du fait du rôle dirigeant du parti communiste.

• **Ratification, objet d'un partage de compétences :** c'est le système le plus fréquent :
– *En Grande-Bretagne :* pratique de l'approbation implicite préalable du Parlement (doctrine Ponsonby).
– *Aux États-Unis : autorisation de ratifier* donnée, pour tous les traités, par le Sénat, à la majorité des 2/3.
– *En France : autorisation* (donnée au président de la République) de *ratifier* les traités les plus importants (art. 53 : énumération de 7 catégories de traités) accordée par le Parlement sous forme de loi.
L'intervention parlementaire n'est qu'une simple autorisation de ratifier, donnée sous la forme législative, et non une loi au sens matériel, d'où un large pouvoir d'opportunité laissé au gouvernement pour faire usage ou non de cette autorisation.

La question de l'autorisation de dénoncer un traité n'est pas réglée par l'actuelle Constitution. Mais, le Conseil constitutionnel a considéré que la ratification d'un traité, relatif à une matière portant atteinte aux conditions essentielles d'exercice de la souveraineté (peine de mort), interdisant sa dénonciation, impliquait une révision de la Constitution (Déc. 2005-524-525 du 13 oct. 2005 – v. *supra* p. 25).

B. La procédure courte

Conclus selon cette procédure, les traités sont dits « accords en forme simplifiée ».

1. Caractéristiques générales

a) Ce sont des accords internationaux devenant obligatoires par la seule signature. Celle-ci remplit une *quadruple fonction* :

- **authentification du texte,**
- **précision du lieu et de la date,**
- **consentement des plénipotentiaires,**
- **force obligatoire.**

b) Nés des *relations administratives ou techniques* (ex. : accords entre administrations postales) et des *conventions d'armistice*.
Ces accords se sont généralisés pour les accords ayant une *grande portée politique* (ex. : accords de Munich de 1938, accords de Yalta de 1945, accords de Genève de 1954 et 1962 sur la cessation des hostilités en Indochine et la neutralité du Laos, accords de Paris sur le Cambodge, 1991).
c) La procédure des accords en forme simplifiée se combine parfois avec celle des traités solennels pour l'une des parties. C'est le cas des conventions passées par les États-Unis ou avec des organisations internationales.
d) Grand développement de ces accords en raison de la **simplicité** et de la **rapidité de la procédure**.

2. Régime juridique

Il relève du droit constitutionnel interne.
a) États-Unis
La pratique des accords en forme simplifiée *(executive agreements)* est très développée à cause de la complexité de la procédure de ratification (majorité des 2/3 au Sénat). Échec d'un amendement à la Constitution, tendant à imposer l'intervention du Congrès, et non plus du Sénat seul, pour tous les accords internationaux, y compris les *executive agreements* (rejet de l'*amendement Bricker* en 1954). Le président agit seul ou à la suite d'une autorisation du Congrès (à la simple majorité ; procédure de *fast track* en matière commerciale, rebaptisée *Trade Promotion Authority*, en 2002, interdisant aux parlementaires d'amender des accords négociés par le président) pour les accords qui ne sont pas *self executing* (autoexécutoires), c'est-à-dire qui nécessitent des mesures internes d'application – non renouvelé en 2007. Dans tous les cas, information du Congrès (*Case-Zablocki Act*, 1972). Éventuellement, approbation par le Congrès avant l'entrée en vigueur si « exécution des procédures légales obligatoires » (en cas d'incidences budgétaires) prévue dans l'accord (ex. : ALENA, 1993).

b) Pays-Bas

À la suite des révisions constitutionnelles de 1953 et 1956, limitation des accords en forme simplifiée à *4 hypothèses* :

– autorisation législative antérieure,

– accord exécutant un traité déjà ratifié,

– engagement pour une durée inférieure à 1 an et sans obligations financières importantes,

– circonstances extraordinaires.

c) France

• **Avant 1958**

La doctrine constitutionnelle doutait de leur régularité, mais la jurisprudence admettait l'application de tels accords (CE, 16 nov. 1956, *Villa* ; 27 juin 1958, *Georger*).

• **Constitution de 1958**

Elle consacre, de façon incertaine, l'existence de tels accords (art. 52 : accords « non soumis à ratification »). En pratique, une loi autorisant la signature (qui vaut engagement définitif) n'intervient pas. Le régime de ces accords est *complexe*, car il faut distinguer :

– *la validité internationale :* elle est immédiate, dès la signature, qui emporte entrée en vigueur de l'accord.

– *la validité interne :* en dépit de la confusion des textes, de la division de la doctrine et de l'imprécision de la pratique, il faut admettre, sur la base de la jurisprudence, la nécessité, dans tous les cas, d'une *approbation*. Mais, pour le Conseil d'État (13 juill. 1965, *Soc. Navigator*), l'approbation se confond avec le décret de publication (signé par le président de la République). Ainsi, la Haute juridiction administrative va au-delà des exigences de l'art. 52 de la Constitution et l'article 55 de la Constitution est applicable aux accords en forme simplifiée.

C. Spécificités procédurales

On insistera sur : les conventions multilatérales générales ; les traités conclus par les organisations internationales ; l'enregistrement et la publication des traités.

1. Les conventions multilatérales

La défense des intérêts communs de l'humanité, liée à la solidarité croissante des divers éléments de la société internationale, justifie le développement de ce phénomène conventionnel.

a) Élaboration du texte

Souvent, ces conventions sont généralement élaborées soit lors d'une *conférence internationale*, soit dans le cadre d'une *organisation internationale* (ex. : conventions internationales du travail).

• La détermination des États participants : est fonction de l'objet du traité et de l'intention des promoteurs. Tendance actuelle à encourager une participation universelle aux conventions élaborées sous les auspices des Nations unies (clause « *tous les États* »).

• Un règlement organise le travail et prévoit la *majorité requise* pour l'adoption du texte (art. 9-2, Conv. de Vienne : disposition supplétive : majorité des 2/3).

• Authentification du traité par le *paraphe* ou la *signature* des délégués ou l'incorporation des textes adoptés dans un *« acte final »*.
À signaler l'innovation de la signature *alternative* (simultanée ou successive) dans plusieurs villes désignées à l'avance pour faciliter les démarches des États.

b) Participation à la convention

Elle soulève *deux problèmes* : quels États peuvent devenir parties ? Comment devient-on partie à une convention multilatérale générale ?

• Quels États peuvent devenir parties ?
La pratique s'oriente vers l'ouverture à *« tous les États »*.

• Comment devient-on partie ?
Il existe plusieurs procédés :
– **Signature immédiate ou signature différée** (signature donnée par un État, postérieurement à la cérémonie officielle de signature et en vertu d'une clause figurant dans le traité) et acte d'engagement définitif (ratification, approbation, acceptation).
– **Adhésion ou accession** : acte unilatéral sous forme de déclaration, intervenant conformément à une clause du traité. Se distingue surtout des précédents procédés, par l'*absence de signature préalable.*

c) Dépôt de la convention

Dépôt du traité auprès d'un ou plusieurs États, appelé(s) État(s) dépositaire(s), chargé(s) de la garde matérielle et de la *« gestion »* du traité (délivrance de copies, notification des actes juridiques relatifs à la vie du traité : ratifications, dénonciations). Parfois, pluralité d'États dépositaires, correspondant à des signatures alternatives. Une organisation internationale peut être choisie comme dépositaire.

d) Entrée en vigueur

En vue d'assurer l'effectivité du but recherché, certaines conventions multilatérales font de la participation de certains États une condition de l'entrée en vigueur. Ainsi le traité sur l'interdiction totale des essais nucléaires (CTBT v. p. 222) exige la ratification de 44 États identifiés (ceux disposant d'une capacité nucléaire). D'où un véritable droit de veto et problème posé précisément par l'Inde refusant de ratifier.

2. Les traités conclus par les organisations internationales

a) Problème relativement *nouveau et complexe* non abordé par la Convention de Vienne de 1969. Pas de règles écrites uniformes et diversité des dispositions des conventions de base des organisations internationales.
b) Parfois, quelques *textes* portant attribution de compétence de traiter à des organes de l'Organisation (ex. : art. 63 de la Charte, art. 300 CE). Mais la plupart du temps absence de disposition.
c) On retrouve les *3 phases traditionnelles* : négociation, signature et acte d'engagement définitif (dans la Communauté européenne, la *conclusion* correspond à la phase finale). Le plus souvent, les négociations et la signature sont l'œuvre d'un organe individuel, sous réserve d'approbation par un organe collégial.
À noter, dans la *Communauté européenne,* le rôle croissant du Parlement européen, qui doit donner un avis conforme pour la conclusion des accords d'association et des accords internationaux les plus importants et particularité de l'Union européenne qui pouvait, d'après le traité d'Amsterdam, conclure des traités sans

avoir la personnalité juridique que reconnaît, désormais, le traité de Lisbonne (art. 47 TUE).

d) Sur la base des travaux de la Commission du droit international, une convention a été adoptée, à Vienne, en mars 1986. Le texte est largement calqué sur celui de 1969 (même plan et pratiquement même numérotation). Simples différences formelles (notamment : l'*acte de confirmation formelle* correspond à la *ratification* par un État).

D. L'enregistrement et la publication des traités

1. Fonction de la publication

Indépendamment des exigences du droit interne concernant la publication des traités, celle-ci est prévue sur le plan international, pour éviter les *inconvénients de la diplomatie secrète.*

2. Article 102 (Charte des Nations unies)

La *Charte des Nations unies* a repris certaines dispositions du pacte de la SDN et a institutionnalisé la pratique suivie. L'article 102 de la Charte indique :

a) Les actes devant être enregistrés auprès du secrétariat de l'ONU en vue de leur publication : il s'agit des traités ou accords internationaux. Pratiquement, tous les engagements internationaux sont enregistrés (ex. : déclarations d'acceptation de la compétence de la CIJ).

b) La sanction du non-enregistrement : inopposabilité relative de la convention non enregistrée. Elle ne peut être invoquée devant un organe des Nations unies (ex. : CIJ).

§ 2 - La portée de l'engagement

A. Portée matérielle de l'engagement

Technique des réserves.

Une réserve est une « **déclaration unilatérale** » **dérogatoire à la réglementation conventionnelle**. Elle permet d'exclure ou de modifier l'effet juridique (interprétation particulière) de certaines dispositions à l'égard d'un État, en limitant la portée des obligations découlant d'un traité.

Travaux en cours à la Commission du droit international, mais qui ne progressent pas.

1. Différentes catégories de réserves

a) Les réserves peuvent intervenir à la *signature* ou à la *ratification* (ou à l'acceptation ou à l'approbation ou à l'adhésion) pour les *traités multilatéraux* (pour les *traités bilatéraux*, les réserves, fréquentes dans la pratique des États-Unis, ne sont possibles qu'à la signature, mais ce ne sont pas des réserves au sens habituel, car elles ne constituent que des invitations à renégocier).

b) Dans les traités multilatéraux, les réserves permettent d'obtenir la participation du maximum d'États, compte tenu de l'adoption du texte à la majorité.

2. Conditions de validité des réserves

a) Condition de forme : insertion dans un instrument diplomatique.
b) Conditions de fond (art. 19 et 20, Conv. de Vienne) :
– ne pas être interdites par la convention qui peut se borner, d'ailleurs, à limiter les réserves ; pratique des déclarations interprétatives (à défaut ou en plus des réserves).
– ne pas être en contradiction avec l'*objet* et le *but* de la convention (CIJ, avis consultatif sur la *Convention sur le génocide*, 1951) ; problème posé par l'appréciation de la validité d'une réserve : en principe, incompétence du dépositaire. Consultation éventuelle de la CIJ ou compétence des organes chargés de veiller à l'application de la convention (ex. : Cour à l'égard de la Conv. EDH). En tout état de cause incompétence de la juridiction administrative (*Trib. adm.* Strasbourg, 20 juill. 1993, *Sarl Alsace Diffusion*).
– *acceptation* par les autres parties contractantes : cette acceptation qui n'a pas à être générale, en principe, peut être *expresse* ou *tacite*. Possibilité d'objections, mais effets limités de celles-ci (v. *infra*). Une objection n'est possible que si le régime des réserves n'est pas réglementé dans la convention.
Les dispositions de la Convention de 1969 apparaissent insuffisantes et inadéquates en ce qui concerne les réserves aux traités relatifs aux droits de l'homme.

3. Effets des réserves

a) Règle de la relativité
Seul est affecté le lien juridique entre l'État auteur de la réserve et les autres parties qui ont accepté la réserve. Mais, la réserve ne fait pas obstacle à l'*entrée en vigueur* du traité entre eux. Et efficacité variable des objections aux réserves : en premier lieu, l'État objectant peut s'opposer à toute relation conventionnelle avec l'État réservataire ; en deuxième lieu, l'État objectant peut ne pas manifester une telle opposition ; dans ce dernier cas, application de la convention à l'exception des dispositions affectées par une réserve, dans la mesure prévue par celle-ci (art. 21-3, Conv. de Vienne). Concrètement, une réserve écartant l'application d'une disposition entraînera effectivement la mise à l'écart de cette disposition, malgré une objection à la réserve. Une objection à une réserve limitant la portée d'une disposition (déclaration restrictive) entraînera l'inapplicabilité de cette disposition.
b) Règle de l'intégrité du traité
Les États adhèrent ou accèdent à un traité, compte tenu des réserves antérieurement émises. En France, recevabilité du moyen fondé sur une réserve (à propos d'une conv. d'extradition : CE, 27 oct. 1989, *Picabea Burunza* et Cass. 1re civ., 11 juill. 2006, *Agent jud. du trésor*).
c) Règle de la réciprocité
Une partie ayant accepté une réserve formulée par un État peut l'invoquer à l'encontre de cet État (ex. : CIJ, aff. des *emprunts norvégiens*, 1957), mais un État ne peut invoquer cette règle pour ne pas respecter ses propres engagements (CIJ, aff. des *activités militaires au Nicaragua*, 1984).

4. Retrait des réserves

Une réserve peut être retirée à tout moment, bien qu'il s'agisse d'un acte unilatéral dans son principe, qui a pris figure de stipulation conventionnelle du fait de son acceptation (art. 22, Conv. de Vienne). Mais, la notification du retrait de la réserve doit faire l'objet d'une « notification reçue au plan international » (CIJ, aff. *RDC/Rwanda*, 2006).

5. Pratique des réserves

a) Fonction : double, faciliter la participation des États minoritaires dans la négociation et assurer une garantie pour l'avenir.
b) Usage raisonnable de cette technique, faible atteinte à l'intégrité du traité, car acceptation de l'essentiel, les réserves ne portant que sur des dispositions secondaires. Deux séries de raisons : institutionnelles (ex. : contradiction avec le droit national), politiques (ex. : clauses sur le règlement des différends, fréquentes, autrefois, pour les « pays de l'Est »).

B. Portée spatiale de l'engagement

• Cette question fait généralement l'objet de dispositions dites **clauses territoriales**. Autrefois, il existait des **clauses coloniales**, réglant le problème de l'application d'une convention aux territoires non métropolitains d'un État (application sous réserve d'une déclaration expresse ou application automatique sauf exclusion expresse).
• Silence des Conventions de Vienne sur ce point, en raison de l'idéologie de la *décolonisation*.

Section 2 › LA VALIDITÉ DU LIEN DE DROIT CONVENTIONNEL

§ 1 - La capacité des parties

A. La capacité des États

1. La capacité de la personne morale

L'État doit avoir le *pouvoir juridique de conclure des traités (treaty making power)*. Contrairement à ce que sous-entend le *Conseil constitutionnel* français (Déc. 78-93 du 29 avril 1978), un traité ne peut pas porter atteinte à la souveraineté de l'État. Car, selon la jurisprudence internationale, « la faculté de contracter des engagements internationaux est précisément un attribut de la souveraineté de l'État » (CPJI, aff. du *Wimbledon*, 1923).
Il y a quelques situations particulières :
a) Cas des États fédéraux : le *treaty making power* appartient aux *autorités fédérales*. Sauf dispositions expresses de la Constitution (ex. : Suisse, Allemagne, Belgique), les États ou collectivités membres ne peuvent conclure des traités internationaux (ex. : Québec, où la pratique des *ententes internationales* se situe, généralement, dans le cadre d'accords interétatiques), mais sont, parfois, associés à la conclusion des accords internationaux. La **clause fédérale** permet à l'État fédéral de limiter ses engagements, en tenant compte de la compétence législative des États membres, dans la matière concernée par le traité (caractère implicite de la clause) : l'État fédéral n'est pleinement engagé que dans la limite des compétences qui lui sont reconnues par la constitution. Pour les matières relevant de la compétence des collectivités fédérées, il est seulement engagé moralement à intervenir auprès des autorités de celles-ci.

Le traité de Maastricht a entraîné une révision de la loi fondamentale de l'Allemagne pour permettre aux Länder d'avoir un droit de regard sur le développement du droit communautaire dans les domaines de leur compétence.
b) Cas des territoires autonomes : consultation des autorités locales avant l'entrée en vigueur du traité sur le territoire en question.
c) Accords spéciaux : un État peut avoir compétence pour passer des traités pour le compte d'un État étranger (ex. : cas de la Belgique pour le compte du Luxembourg dans le domaine douanier ; micro-États).
d) Situation des collectivités d'outre-mer (ex-TOM) : les conventions conclues dans le cadre de l'autonomie avec la France sont des actes de pur droit interne (Cons. const. Déc. 83-160 du 19 juill. 1983 à propos d'une convention fiscale), mais association de certains ex-TOM à la conduite des négociations diplomatiques (ex. : lois organiques sur le statut de la Polynésie française et sur la Nouvelle-Calédonie). Une loi ordinaire suffit pour autoriser l'application d'une convention internationale dans les ex-TOM (Déc. 93-318 du 30 juin 1993). Extension au nouveau statut (2001) de Mayotte du régime initialement applicable aux seuls DOM.
e) Situation des départements d'outre-mer français (DOM) : La loi d'orientation pour l'outre-mer du 13 décembre 2000 a reconnu aux DOM et aux régions d'outre-mer le droit d'intervenir dans la conclusion d'accords internationaux avec les États voisins et dans la représentation de la France dans des organismes régionaux. Le Conseil constitutionnel a, toutefois, précisé les limites de cette intervention (Déc. 2000-435 du 7 déc. 2000). La loi constitutionnelle du 28 mars 2003 réformant le régime des collectivités territoriales rapproche la compétence des DOM et des autres collectivités d'outre-mer dans le domaine des relations internationales.

2. La capacité des représentants de l'État

Régularité des pouvoirs : au sein de l'ordre juridique international, nécessité de pleins pouvoirs « appropriés » (art. 7 Convention de Vienne). Rappr. art. 47 : cas d'une restriction particulière apportée aux pouvoirs du représentant de l'État. **Dans le cadre du droit français**, des chefs de service administratifs ne peuvent conclure de conventions internationales (CE, 18 juin 1965, *Consorts Chatelain*). Parfois, des arrangements administratifs ou techniques conclus par des ministères techniques ou par des services administratifs sont repris par un accord intergouvernemental sous l'égide du ministère des Affaires étrangères.
Régularité de la ratification (v. *supra* p. 33).

B. La capacité des organisations internationales

Une organisation internationale a compétence pour passer tous les traités qui sont impliqués par les fonctions qui lui sont reconnues (*théorie des compétences implicites*). Donc *treaty making power* général dans la limite des compétences reconnues et non pas spécial, devant se fonder sur une disposition expresse de la convention de base ; cette notion de compétences implicites a été admise au profit des Communautés européennes par la CJCE (31 mars 1971, aff. 22/70, *AETR*), mais sous réserve du respect du **principe de subsidiarité** (art. 5, TUE).

§ 2 - La réalité du consentement

Elle peut être altérée par divers **vices du consentement**, qui entraînent la nullité.

A. La violence

Elle peut être évoquée dans deux hypothèses.

1. La violence contre le sujet de droit

a) Absence d'effet de la force tant qu'elle était licite mais parfois objections sur le plan politique (ex. : traité de Versailles considéré comme un *diktat* par les nazis).

b) Incidences de la renonciation à la force :

– *nullité des traités* dont la conclusion a été obtenue par la menace ou l'emploi de la force en violation des principes de la Charte (art. 52, Conv. de Vienne) ; c'est-à-dire que seule la violence *armée* est illicite ;

– remise en cause des traités, dits *traités inégaux*, imposés par les puissances européennes du temps du colonialisme et de l'impérialisme : ex. : contentieux frontalier sino-soviétique qui n'a été réglé que dans le cadre de la *perestroïka*, v. *supra* p. 9 ; remise en question du statut de Hong-Kong et de Macao par la Chine, d'où accords de 1984 et 1987 prévoyant la restitution de ces territoires (retour à la Chine de Hong-Kong en juill. 1997 et de Macao en déc. 1999), avec, cependant un régime transitoire particulier durant cinquante ans ;

– le traité de normalisation germano-tchèque (1973) consacre la nullité de l'*accord de Munich* (1938) dans les relations mutuelles entre les deux pays (recours à la contrainte contraire au pacte Briand-Kellogg de 1928).

c) Jurisprudence : le problème de la contrainte a été évoqué, mais écarté, par la CIJ dans l'affaire de la *compétence en matière de pêcheries* (arrêt du 2 févr. 1973).

2. La violence contre le représentant de l'État

a) La procédure de ratification peut conduire à éviter de poser le problème de la nullité du traité.

b) Dans la pratique, quelques exemples de pression (ex. : accord Hacha-Hitler de 1939 imposant un protectorat allemand sur la Bohême-Moravie).

c) Nullité des traités dont la conclusion aurait été obtenue par la contrainte exercée sur le représentant d'un État au moyen d'actes ou de menaces dirigés contre lui (art. 51, Conv. de Vienne).

B. Le dol

- Hypothèse beaucoup plus *rare* (évoquée toutefois dans le jugement du Tribunal militaire international de Nuremberg à propos des accords de Munich).
- La conduite frauduleuse d'une partie constitue un *vice du consentement* (art. 49, Conv. de Vienne).

C. L'erreur

1. L'erreur de droit

Elle n'est pas retenue par les conventions de Vienne sur le droit des traités.

2. L'erreur de fait

Surtout fréquente en matière de frontières, elle doit répondre à certaines *conditions* (art. 48, Conv. de Vienne) :

a) **elle doit être d'une gravité suffisante** (CIJ, aff. des *parcelles frontalières* entre la Belgique et les Pays-Bas, 1959) ;

b) **elle doit être de nature à affecter la réalité du consentement** (CIJ, aff. du *temple de Preah-Vihear* entre la Thaïlande et le Cambodge, arrêt sur exceptions préliminaires, 1961) ;

c) **l'État victime ne doit pas avoir contribué par son comportement à cette erreur**, ni en avoir été informé en temps utile (CIJ, aff. du *temple de Preah-Vihear*, arrêt sur le fond, 1962 – arrêt qui envisage une troisième exception que la convention de Vienne ne retient pas).

§ 3 - Licéité de l'objet du traité

1. La Convention de Vienne de 1969 a introduit, dans le droit positif, la notion de **norme impérative** *(jus cogens)* à laquelle un traité ne peut déroger sous peine de nullité (art. 53).

2. Cette notion fait l'objet de *vives critiques*, tant de la doctrine que de la part de certains États (France), car *aucune définition satisfaisante* de cette notion n'est donnée par la convention *(« norme acceptée et reconnue par la communauté internationale des États dans son ensemble, en tant que norme à laquelle aucune dérogation n'est permise »).*

3. Si quelques exemples peuvent être indiqués (génocide, agression, esclavage), cette notion risque, de fait, de servir plutôt de véhicule à des aspirations vives et confuses (décolonisation, développement, désarmement) touchant davantage la *sociologie politique* que le droit.

4. *Compétence de la CIJ*, en cas de différend portant sur la mise en œuvre de cette notion (art. 66, Conv. de Vienne), à condition qu'il n'y ait pas de réserve sur cet article (CIJ, aff. *RDC/Rwanda*, 2006). À noter, déjà, un *obiter dictum* (remarque incidente) de la CIJ, pouvant être rapproché de la notion de jus cogens, à propos de l'existence d'obligations *erga omnes* (opposables à tous les États ; v. aff. de la *Barcelona Traction*, 1970 : règles concernant les droits fondamentaux de la personne humaine). V. également aff. relative au *Timor oriental*, 1995 : droit des peuples à disposer d'eux-mêmes ; aff. *Bosnie/Yougoslavie*, 1996 et *RDC/Rwanda*, 2006 : à propos de la Convention sur le génocide ; aff. du « *Mur* », 2005 : droit à l'autodétermination et autres obligations de droit humanitaire, destruction ou réquisition de propriétés, liberté de circulation, etc..

On trouve une référence explicite au *jus cogens* dans la jurisprudence du Tribunal pénal international pour la Yougoslavie (10 déc. 1998, *Furundzija*) à propos de l'interdiction de la torture. V. également CEDH, 21 nov. 2001, *El Adsani/Royaume-Uni* ; TPI, 21 sept. 2005, *Yusuf* et 3 déc. 2005, *Kadi* (à propos du régime des sanctions décidées dans le cadre de la lutte contre le terrorisme international) et Cour interam. des droits de l'homme, 22 sept. 2006, *Goiburu/Paraguay*.

§ 4 - Compatibilité d'un traité avec des obligations conventionnelles antérieures

Le problème posé par la concurrence de deux traités est un aspect du problème plus général de la contrariété des règles de droit.

A. Les différentes hypothèses

1. Conflit entre deux règles particulières

Hypothèse dans laquelle l'État A conclut avec l'État C un traité contredisant un traité antérieurement conclu par lui avec l'État B. Possibilité de déclenchement des règles de la responsabilité internationale.

2. Conflit entre deux règles conventionnelles générales

Hypothèse dans laquelle un traité multilatéral abrogeant un autre traité multilatéral antérieur ne réunit pas tous les États parties au premier traité (*traité successif*, v. *infra*).

3. Conflit entre une règle conventionnelle générale et une règle conventionnelle particulière

Hypothèse dans laquelle un traité bilatéral est en contradiction avec, par exemple, la convention de base d'une organisation internationale (CPJI, aff. des *zones franches*, 1932).

B. Les solutions du droit positif

Les solutions très *variables*, confirmées par la *Convention de Vienne* (art. 30) s'efforcent de donner le *maximum d'efficacité* aux règles contradictoires. Ces solutions s'organisent autour de 3 tendances : *abrogation, dérogation, adaptation*.

1. Abrogation

Le traité postérieur se substitue au traité antérieur, lorsqu'il y a identité de parties contractantes.

2. Dérogation

En application d'une stipulation particulière : ex. : art. 103 de la Charte : prédominance des obligations de la Charte (ex. : CIJ, ord., aff. *Libye/États-Unis et Grande-Bretagne*, 1992 ; TPI, 21 sept. 2005, *Yusuf*, précité).

3. Adaptation

a) Par voie d'interprétation : ex. : conciliation du GATT (OMC) avec certains accords passés par la CEE.
b) Par voie de négociation : ex. : art. 351 TFUE.

4. Déclaration (éventuelle) judiciaire ou arbitrale d'incompatibilité ou de compatibilité

Ex. : CPJI, avis consultatif sur la validité du protocole d'union douanière austro-allemand, 1931 ; art. 300-6 CE : avis de la CJCE sur la compatibilité d'un projet de traité conclu par la CEE avec le traité de Rome : ex. : avis relatif au traité avec les pays de l'AELE, créant l'Espace économique européen, 1991 – devenu art. 218-11 TFUE.

Chapitre 3 › LES EFFETS DES TRAITÉS

> **› L'essentiel**
> *Conclus entre des entités qui s'engagent librement, les traités produisent des effets entre les parties. À cet égard, le* ***principe de l'effet relatif des traités*** *emporte une conséquence radicale : les tiers ne sont pas tenus de respecter les clauses conventionnelles auxquelles, par hypothèse, ils n'ont pas consenti à être liés. Cependant, par exception, les traités sont susceptibles de produire, dans certains cas, des effets à l'égard des tiers.*

Section 1 › LES EFFETS ENTRE LES PARTIES

§ 1 - Application et exécution des traités

A. Caractère obligatoire des traités

Le grand principe coutumier *Pacta sunt servanda* a été consacré par la Convention de Vienne (art. 26). Les parties sont tenues d'exécuter un traité de *bonne foi* et *raisonnablement* (CIJ, aff. des *ressortissants américains au Maroc*, 1952).

1. Principe de l'obligation incombant à l'État

a) Compte tenu du principe de la continuité de l'État, les changements relatifs à l'autorité ayant conclu un traité sont, en principe, sans effets sur les traités conclus au nom de l'État.

b) Il y a cependant parfois des problèmes en cas de changements révolutionnaires dans la structure de l'État (ex. : attitude du gouvernement soviétique, après 1917, reniant les traités conclus par les tsars ; suspension de Cuba par l'OEA, en 1962, après la prise du pouvoir par Fidel Castro – institutionnalisation de cette procédure par le Protocole de Washington, 1992).

2. Principe de la primauté du traité sur le droit interne dans les rapports internationaux

a) À regard du droit international, le droit interne est un fait.

b) Un État ne peut invoquer le droit interne pour ne pas appliquer un traité (art. 27, Conv. de Vienne – CIJ, aff. de l'*accord de siège États-Unis/ONU* à propos du bureau de l'OLP à New York, avis consultatif, 1988).

c) Un traité s'impose aux différents organes de l'État : autorités législatives (CIJ, aff. de la *tutelle des mineurs*, 1958), exécutives et juridictionnelles.

d) Un État est tenu de se donner une législation permettant d'assurer l'exécution d'un traité, sous peine de voir sa responsabilité internationale engagée. Celle-ci serait également mise en jeu si une autorité refusait d'appliquer un traité, même pour un motif légitime au regard du droit interne (ex. : traité non publié).

3. Principe de l'absence d'effets directs des traités à l'égard des individus

a) En principe, l'individu ne relève pas directement du droit international qui ne s'applique à lui que par le relais du droit interne. Les traités ne créent de droits qu'au profit des HPC et non à l'égard des particuliers, à moins que telle ait été l'intention des parties (CPJI, avis consultatif, aff. de la *compétence des tribunaux de Dantzig,* 1928). Ils ne créent généralement d'obligations qu'entre gouvernements (Cass. crim., 20 déc. 1951 ; CE, 8 mars 1985, *Alvaro Garcia Henriquez* à propos de certaines dispositions des conventions bilatérales d'extradition).

b) Mais, à la différence des conventions de procédures étatiques, des particuliers peuvent invoquer des conventions établissant des droits fondamentaux (CE, 29 janv. 1993, *Bouilliez*), qui sont de plus en plus fréquentes : statut des réfugiés, conventions d'établissement, conventions sur l'entrée et le séjour des ressortissants étrangers, conventions sur les droits de l'homme. Encore faut-il qu'il s'agisse de dispositions *self-executing* (autoexécutoires), d'où la prise en compte de la technique de rédaction du texte. Divergence de jurisprudence entre la Cour de cassation, qui écarte, par principe, l'invocabilité par les particuliers de la convention internationale sur les droits de l'enfant et le Conseil d'État qui admet l'invocabilité de certaines dispositions.

c) Le principe *pacta sunt servanda* peut être invoqué par un particulier à propos d'un accord conclu par la CEE (CJCE, 16 juin 1998, aff. C-162/96).

B. Limites de l'obligation conventionnelle

Certaines circonstances peuvent justifier la *non-exécution d'un traité.*

1. Limites résultant des principes généraux du droit

a) Exception de force majeure : exonère l'État de la responsabilité normalement encourue pour l'inexécution d'un traité.

b) Exception de légitime défense : réaction immédiate et spontanée contre une action de force illicite (art. 51 de la Charte). Implique une proportionnalité, sinon *abus de droit.* Opinion contestable de la CIJ, selon laquelle il faut qu'il y ait agression par un *État* étranger (dans l'aff. du « *Mur* », 2004, elle a écarté le droit à la légitime défense d'Israël au motif qu'il n'y avait pas d'État étranger concerné et que la menace se situait à l'intérieur du territoire israélien).

2. Limite fondée sur une institution juridique : l'exercice de représailles

a) Notion : Les représailles sont constitutives d'un *acte illicite* qui répond à un acte illicite dont il tend à obtenir le redressement (alors qu'une *mesure de rétorsion n'est que l'usage rigoureux de son droit* ; à l'OMC les mesures de rétorsion peuvent prendre la forme de suspension des concessions prévues par les accords relevant de l'OMC : ce sont donc des dérogations admises aux engagements souscrits).

Faculté pour les États de recourir à des *contre-mesures* pour faire respecter leur droit (arbitrage dans l'affaire de *l'accord aérien franco-américain,* 1978).

b) Conditions : existence préalable d'un acte internationalement illicite, mise en demeure restée sans effet, proportionnalité entre la riposte et l'offense, absence d'engagement de ne pas y recourir (d'où la question de savoir si la Charte admet les représailles ; mais, en tout état de cause, celles-ci sont interdites dans les Communautés européennes – en raison de l'existence d'une solution institutionnelle – et pour les conventions humanitaires, du fait du caractère objectif des obligations souscrites).

c) Effets : atteinte au caractère obligatoire des règles conventionnelles.

De fait, les représailles traduisent la conception d'une responsabilité collective qui tend à être remplacée par la responsabilité individuelle dans la répression des crimes contre l'humanité (v. p. 232).
Remarque : les contre-mesures désignent, au sens large, toute réaction à des mesures préalables et recouvrent donc mesures de rétorsion et mesures de représailles.
La Commission du droit international a été critiquée pour avoir retenu cette notion dans le projet d'articles sur la responsabilité (2001).

3. Limites déduites de considérations politiques : théorie de la nécessité

Un État peut-il prétendre que la sauvegarde de ses intérêts vitaux le met dans l'impossibilité de se conformer à des obligations internationales ?
La question est très discutée en doctrine, mais la jurisprudence admet, jusqu'à présent, cette notion, sous certaines conditions (CIJ, aff. du « *Mur* », 2004 : le recours à l'état de nécessité suppose la protection d'un *intérêt essentiel contre un péril grave et imminent* ; v. également aff. *Hongrie/Slovaquie*, 1997). En tout état de cause, quelques dispositions des conventions sur le droit de la guerre, des conventions humanitaires et de la convention sur le droit de la mer, par exemple, retiennent la notion de *nécessité* ; v. également la clause de sauvegarde dans la Convention de Schengen.

C. Conditions d'exécution des traités

1. Conditions d'application dans le temps

Principe de la *non-rétroactivité des traités* (art. 28, Conv. de Vienne ; CIJ, aff. *Ambatielos*, 1952).
Situation particulière : rétroactivité d'application éventuelle en droit interne français d'un traité, dès sa publication, en application d'une disposition conventionnelle.

2. Conditions d'application dans l'espace

Les traités s'appliquent à tout le territoire de l'État (art. 29, Conv. de Vienne). En ce qui concerne les territoires d'outre-mer, souvent, *clauses territoriales* (autrefois clauses coloniales). S'agissant de la France, applicabilité de principe, dans le silence de la convention, aux ex-TOM (CE, 14 mai 1993, *Mme Smets*).

§ 2 - Garanties d'exécution

A. La non-exécution constitue un acte illicite engageant la responsabilité internationale de l'État

– Si l'État a pris une mesure contraire à un traité, il devra la retirer.
– Si l'État s'est abstenu de prendre une mesure, il devra adopter cette mesure.
– Si l'État a adopté une attitude contraire aux fins du traité il devra rectifier son comportement.

Dans chacune de ces hypothèses, l'État devra accorder une réparation, si la non-exécution a causé un dommage.

Problème pratique : qui a compétence pour se prononcer sur la régularité, dans l'ordre juridique international, du comportement de l'État ?

B. Les procédés conventionnels pour assurer l'application des traités

Ces procédés existent surtout pour les traités multilatéraux (pour les traités bilatéraux, une clause de juridiction contribuera au respect des traités).

Par ailleurs, il faut mettre à part le cas des traités communautaires pour lesquels existent des mécanismes particuliers imposés par le caractère spécifique de l'ordre juridique communautaire.

1. Procédé de la garantie

Ex. : traité de neutralité permanente ; engagement des États-Unis à l'égard du traité de paix israélo-égyptien de 1979.

2. Réaction collective

Ex. : action collective sur la base du chap. VII de la Charte.

3. Sanctions

Concernant la qualité et les pouvoirs des membres d'une organisation internationale : exercice du *pouvoir disciplinaire* (suspension, exclusion).

4. Organisation d'un contrôle

Avec institution d'un organe permanent : ex. : tutelle, stupéfiants, armes chimiques ; ce système tend à se généraliser, même en dehors d'une organisation internationale (ex. : conventions d'armistice, traité sur l'Antarctique).

Le problème du contrôle de l'application des conventions internationales est fondamental pour certaines conventions (voir les difficultés pour aboutir à un désarmement général et par exemple les raisons de la portée limitée de l'accord de 1963 sur l'arrêt, à l'époque, partiel des expériences nucléaires).

§ 3 - L'interprétation des traités

Comme pour tout texte juridique, il peut être nécessaire de déterminer la *portée d'un texte obscur ou ambigu.*

A. Autorité compétente

1. Sur le plan international

a) Égalité de droit des HPC qui conduit soit à une *interprétation expresse* (clauses interprétatives dans le traité ou accords interprétatifs postérieurs), soit à une *interprétation tacite.*

b) En cas de différend, recours à l'arbitrage (ex. : France-Canada, aff. des *droits de pêche,* 1986) ou au règlement judiciaire (éventuellement avis consultatif de la CIJ s'il s'agit d'interpréter une convention de base d'une organisation de la famille des Nations unies ou un accord auquel est partie une de ces organisations).

c) Dans les Communautés européennes, renvoi en interprétation devant la CJCE (siège : Luxembourg) de toute question relative au droit communautaire originaire ou dérivé (art. 267 TFUE), mais réticence des juridictions suprêmes françaises, notamment du Conseil d'État, au « *nationalisme ombrageux* » (R. Drago), qui font application de la notion d'*acte clair*, pour étendre leur propre compétence, en matière d'interprétation. Le Conseil d'État est allé, parfois, jusqu'à donner, délibérément, une interprétation contraire à celle de la CJCE (CE, 22 déc. 1978, *Cohn-Bendit*; 13 juin 1986, *ONIC*).

2. Sur le plan interne

En général, compétence des juridictions sans rechercher et encore moins sans accepter automatiquement le point de vue de l'exécutif. À noter aux États-Unis, l'influence de l'« *executive suggestion* », généralement prise en compte par les tribunaux.

En France, interprétation par le juge national de droit commun depuis le tournant que constitue l'arrêt *GISTI* de 1990 (v. *supra* p. 29). Par ailleurs, **« autonomie nationale » du Conseil d'État** dans l'interprétation de la Convention européenne des droits de l'homme (mais évolution au regard de l'art. 6-1, à propos de la publicité des débats devant les juridictions saisies de contestations portant sur des droits et obligations de caractère civil). D'où, en l'absence de mécanisme analogue à celui prévu par l'article 267 TFUE, utilisation souhaitable du recours individuel devant la Cour européenne des droits de l'homme. En revanche, divergence de jurisprudence fondée, lorsque la jurisprudence de la CEDH est critiquable (ex. : quant à la place du commissaire du gouvernement dans la procédure devant la juridiction administrative, CE, 29 juill. 1998, *Mme Esclatine/CEDH*, - 7 juin 2001, *Kress* – jurisprudence encore plus contestable, lorsque la seule présence du commissaire du gouvernement au délibéré est jugée contraire à la convention : 12 avril 2006, *Martinie/France* – cette jurisprudence traduit une méconnaissance patente des traditions procédurales françaises, mais il est vrai que l'appellation de « commissaire du gouvernement » est particulièrement fâcheuse car contraire à la réalité, d'où la nouvelle appellation de rapporteur public). Le « dialogue des juges » devient un « dialogue de sourds » et les critiques se font de plus en plus nombreuses en France, car le « dynamisme interprétatif » (F. Sudre) de la CEDH est, parfois, excessif.

B. Méthode d'interprétation

Sur la base des Conventions de Vienne (art. 31 et s.), on peut considérer qu'il existe une *règle générale* et des *moyens complémentaires* d'interprétation. La Convention de Vienne de 1969 constitue, sur ce point, l'expression du droit coutumier (CIJ, aff. de la *compétence en matière de pêcheries*, 1973, *Hongrie/Slovaquie*, 1997, *Costa Rica/Nicaragua*, 2009 – *Tribunal arbitral* dans l'aff. des *droits de pêche dans le golfe du St-Laurent*, 1986).

1. Règle générale

Il faut retenir le sens ordinaire des termes, replacés dans leur contexte et à la lumière du but du traité :

a) sens ordinaire des termes : le texte est d'abord considéré isolément ;

b) recours au contexte : prise en compte de l'économie générale du texte de la convention : non seulement le dispositif du traité, le préambule et les annexes, mais également l'accord ultérieur ou la pratique des parties ;
c) considération du but du traité : ce qui revient à retenir le principe de l'effet utile de toutes les dispositions (ex. : arbitrage dans l'aff. de l'*accord sur les dettes extérieures allemandes,* 1980). Ne se confond pas avec les circonstances (CIJ, aff. *El Salvador/Honduras,* 1992).
Mais, si cela devait aboutir à un résultat manifestement *absurde* ou *déraisonnable,* il faudrait recourir à des moyens complémentaires.

2. Moyens complémentaires

Les *Conventions de Vienne* ne retiennent que les travaux préparatoires et les circonstances dans lesquelles le traité a été conclu, mais la pratique ultérieure peut être également utile.
a) travaux préparatoires : permettent de confirmer le sens du traité, de le déterminer ou d'éviter les résultats déraisonnables ou absurdes auxquels conduirait l'interprétation du sens ordinaire des termes ;
b) circonstances dans lesquelles le traité a été conclu : le droit international reflète les nécessités de la vie sociale. Ne se confond pas avec l'effet utile (CIJ, aff. *El Salvador/Honduras,* précitée) ;
c) application déjà suivie du traité : si la pratique concordante des parties constitue une interprétation quasi authentique (CIJ, aff. *Libye/Tchad,* 1994), l'attitude unilatérale constitue un instrument complémentaire d'interprétation (v. sentence arbitrale, 22 déc. 1963, interprétation de l'*accord aérien franco-américain ;* CIJ, aff. des *activ. milit. au Nicaragua,* 1984 ; CIJ, *Nicaragua/Colombie,* 2007).

C. La pratique jurisprudentielle

Contribution intéressante de la CIJ à l'interprétation des traités (aff. de la *Namibie,* avis consultatif, 1971).

1. Interprétation extensive

Afin de donner aux normes à interpréter un effet maximum du point de vue de leur efficacité internationale (à propos de l'art. 22 du pacte de la SDN concernant les mandats et qui impliquerait des garanties juridiques).

2. Interprétation évolutive

En fonction des principes juridiques en vigueur au moment de l'interprétation s'agissant de *notions évolutives* par définition (ex. : bien-être et développement, mission sacrée de civilisation).
Interprétation *évolutive* pour les concepts *« culturels »* : mission sacrée de civilisation (CIJ, aff. de la *Namibie,* avis consultatif, 1971), statut territorial (CIJ, aff. du *plateau continental de la mer Égée,* 1978), notion de commerce (CIJ, aff. *Costa Rica/Nicaragua,* 2009.) V. également jurisprudence de la Cour européenne des droits de l'homme (aff. *Marckx,* sur la discrimination en matière de filiation naturelle, 1979). Mais interprétation « statique » de concepts *« naturels »* : ex. : territoire, fleuve, canal (arbitrage dans l'aff. du *chenal de Beagle,* 1977). Le Conseil de sécurité interprète également de façon évolutive la notion de « maintien de la paix et de

la sécurité internationales » : prise en compte de la situation interne dans certains pays et même de considérations humanitaires (ex. : détresse de la population).

3. Interprétation téléologique

En vue de préciser ou de combler les lacunes d'un système ou d'une norme en tenant compte de la raison d'être, du but de l'institution ou de la norme en question (à propos des conséquences de la disparition de la SDN sur le système des mandats). À noter que la *Cour de justice des Communautés européennes* fait une large place à ce type d'interprétation dans sa jurisprudence.

Section 2 › LES EFFETS À L'ÉGARD DES TIERS

Si, en **principe**, les traités n'ont qu'un effet relatif aux parties, il existe un certain nombre d'**exceptions.**

§ 1 - Le principe : l'effet relatif des traités *(res inter alios acta)*

- Un État ne peut se prévaloir d'une convention conclue par d'autres États pour en tirer des droits et ne peut être obligé par une telle convention (art. 34 Conv. de Vienne).
- Principe consacré à plusieurs reprises par la *jurisprudence* internationale (CPJI : aff. des *intérêts allemands en Haute-Silésie*, 1926 – aff. franco-suisse des *zones franches*, 1932 – arbitrage dans l'aff. de l'*île de Clipperton*, 1931).

§ 2 - Les exceptions au principe

Consentement présumé s'agissant d'un droit créé au profit d'un État tiers : art. 36, Conv. de Vienne. Acceptation par écrit d'une obligation mise à la charge d'un État tiers : art. 35, Conv. de Vienne. Notion d'accord collatéral.

A. Les traités bénéficiant aux États tiers

1. Traités bénéficiant automatiquement aux États tiers

Les traités relatifs aux *voies de communications* internationales bénéficient immédiatement et de plein droit à tous les États (ex. : CPJI, aff. du *Wimbledon*, 1923 : liberté de passage dans le canal de Kiel).

2. Traités bénéficiant aux États tiers en vertu d'une disposition préalable

a) Clause de la nation la plus favorisée

Disposition d'une convention par laquelle un État s'engage à faire bénéficier un autre État des avantages supérieurs qu'il a déjà accordés ou qu'il accordera à des États parties à d'autres conventions (projet d'articles mis au point par la Commission du droit international, dès 1978, mais difficultés pour faire aboutir ce texte, les États occidentaux étant plutôt favorables à l'élaboration de directives que d'une convention).

Malgré sa multilatéralisation dans le cadre de l'OMC, cette clause présente encore un intérêt dans la mesure où tous les États ne sont pas encore membres de l'Organisation (153 membres – en juillet 2008 – contre 192 membres de l'ONU). Parmi la vingtaine de pays qui sont en cours de négociations en vue de leur admission figure, notamment, la Russie (la Chine et Taïwan ont été admis en 2002). La clause a, également, été un instrument, dans la défense des droits de l'homme dans la politique étrangère des États-Unis.

La CIJ a tranché deux problèmes soulevés par cette clause :

– *durée des effets pratiques de la clause :* celle-ci étant à effet indirect, l'avantage disparaît pour l'État bénéficiaire, lorsque le traité plus favorable disparaît (CIJ, aff. des *ressortissants américains au Maroc*, 1952) ;

– *point de départ du lien juridique :* le lien juridique entre l'État promettant et l'État bénéficiaire remonte à la date du traité contenant la clause (CIJ, aff. de l'*Anglo-Iranian Oil Comp.*, 1952).

b) Stipulation pour autrui

Clause d'un traité énonçant une promesse, dont le bénéficiaire est un État tiers. Cette notion souvent contestée a été consacrée par les *Conventions de Vienne* (art. 36). Si l'État intéressé a accepté le bénéfice de la stipulation, celle-ci ne peut être modifiée ultérieurement sans son consentement (CPJI, aff. des *zones franches* entre la France et la Suisse, 1932 ; art. 37-2, Conv. de Vienne).

B. Les traités obligeant les États tiers

1. Traités créant une situation objective

Ces traités s'imposent à tous les États ; cette situation pourrait s'expliquer par la notion d'*accord tacite*.

a) Traités créant un statut territorial ou politique international :

– *statut territorial :* les traités de cession sont opposables aux tiers (ex. : contentieux russo-japonais à propos des Kouriles du Sud, transférées à l'Union soviétique par les accords de Yalta en 1945, comme suite à l'engagement du Japon aux côtés de l'Allemagne). Il en est de même des traités de délimitation de territoire ;

– *statut politique :* neutralité (ex. : Suisse, traité de 1815), démilitarisation (ex. : îles d'Aaland, traité de 1856), internationalisation (ex. : Antarctique, traité de 1959), création d'un État (ex. : Belgique, traité de 1831).

b) Traités relatifs aux voies de communications internationales : ils obligent tous les États riverains et intéressés (aff. du *Wimbledon* précitée).

2. Conventions de codification

Conventions multilatérales formulant des normes qui ne sont que la codification de la coutume (art. 38, Conv. de Vienne). Les États tiers sont liés par la coutume et non par la convention ; cependant, le contenu de la règle conventionnelle et le contenu de la règle coutumière sont identiques.

3. Traités conclus par une organisation internationale

– dans les organisations internationales de *coordination* : les États sont des tiers, mais ils doivent respecter les traités conclus par l'organisation, dans la mesure où, membres de l'organisation, ils sont tenus d'en respecter l'acte constitutif ;

– dans les organisations d'*intégration* (ex. : Union européenne) : les traités s'appliquent aux États membres, car il y a eu transfert du *treaty making power*, mais, parfois, accords mixtes (ex. : association des pays ACP) lorsque des obligations complémentaires par rapport aux traités de base (ex. : aide financière) sont mises à leur charge.

Chapitre 4 › L'EXTINCTION DES TRAITÉS

› L'essentiel

Il faut distinguer la cessation provisoire *des effets d'un traité* ***(suspension)*** *et la* cessation définitive *des effets d'un traité* ***(extinction).***
L'extinction *d'un traité consacre sa disparition de l'ordre juridique. On peut en rapprocher la* révision, *qui se limite à des modifications du régime conventionnel. En principe, l'extinction résulte d'un* accord entre les parties, *mais certains* événements extérieurs *aux parties peuvent entraîner l'extinction d'un traité.*

Section 1 › L'EXTINCTION PAR LA VOLONTÉ DES PARTIES

La volonté – ici envisagée – peut émaner d'une ou de plusieurs parties. Elle peut s'exprimer *dans le traité lui-même.* Elle peut aussi résulter d'un *accord postérieur au traité.*

§ 1 - Expression de la volonté dans le traité

A. Arrivée du terme

Le traité fixe la date de cessation de ses effets. Cependant, il peut contenir une clause de tacite reconduction.

B. Exécution du traité

Ex. : traité portant sur la livraison de marchandises.

C. Survenance d'une condition résolutoire

- **Condition positive :** un événement donné, futur et incertain, entraîne l'extinction du traité s'il se produit.
- **Condition négative :** les dispositions d'un traité cesseront de produire leurs effets, si un événement donné ne se produit pas.

D. Dénonciation ou retrait

- Cette manifestation de volonté unilatérale de l'une des parties *doit avoir été prévue,* soit expressément, soit implicitement par les autres parties (art. 56, Conv. de Vienne).
- Elle est généralement *réglementée par le traité* :

– indication de l'organe auquel sera notifiée la dénonciation ;
– détermination de la date à partir de laquelle la dénonciation est possible ;
– fixation d'un délai de préavis pour la prise d'effets de la dénonciation ;
– sort du traité, lorsque le nombre des dénonciations dépasse un certain seuil (v. art. 55, Conv. de Vienne).

- Problème posé par la nature de certains traités : ex. : traités multilatéraux relatifs à des organisations internationales (ONU, Communautés européennes), traités d'alliance. Dénonciation ou retrait possible même en l'absence de disposition expresse (*cf.* art. 56, Conv. de Vienne : prise en compte de la nature des traités – le traité de Lisbonne contient une clause expresse relative au retrait volontaire de l'Union, art. 50 TUE).

E. Révision ou amendement

Modification du traité par voie d'amendement ou de révision (distinction éventuellement fondée uniquement sur la procédure).

1. Procédure de modification des dispositions conventionnelles

Des dispositions du traité déterminent généralement les modalités de l'*initiative*, de l'*élaboration* et de l'*entrée en vigueur* de la révision ou des amendements.

2. Sort de la minorité

Lorsque la révision ou un amendement ne nécessite pas l'accord unanime de toutes les HPC, le sort de la minorité peut être réglé de différentes façons :
– les États de la minorité cessent d'être liés par le traité : ex. : pacte de la SDN, traité sur l'Antarctique ;
– la révision ou l'amendement s'impose à tous les États, même ceux qui n'ont pas accepté (ex. : Charte de l'ONU : art. 108) ;
– création d'un système conventionnel complexe formé d'engagements différents pour les États suivant qu'ils acceptent ou non l'accord portant amendement (art. 40-4, Conv. de Vienne – même règle s'il s'agit d'un *traité successif*, art. 30-4 b) ;
– mise en place d'un mécanisme conventionnel original, mais complexe, en 1994, pour faciliter l'entrée en vigueur de la Convention de Montego Bay sur le droit de la mer afin d'éviter, autant que possible, la coexistence de deux séries d'engagements différents, certaines retouches ayant été apportées au texte initial.

3. Situation privilégiée de certains États (v. p. 36)

Certaines grandes puissances se sont vues reconnaître parfois un rôle plus important en raison de l'intérêt particulier porté à la matière (ex. : Antarctique) et notamment dans le domaine des armes nucléaires (ex. : traité sur les essais nucléaires, 1963 ; traité de non-prolifération, 1968). Mais, les privilèges des grandes puissances ont été contestés (ex. : traité sur la dénucléarisation du fond des mers, 1971 ; traité sur l'interdiction des armes bactériologiques, 1972).
En revanche, aucune modification ne peut être apportée à la Charte sans l'accord des cinq membres permanents du Conseil de sécurité (art. 108 et 109).

§ 2 - Accord postérieur au traité

A. Convention expresse

Une convention sur l'abrogation d'un traité met fin à celui-ci (art. 59, Conv. de Vienne).
Mais, dans le cas d'un traité multilatéral, si l'accord postérieur n'est pas conclu entre toutes les parties primitives, l'accord initial subsiste, théoriquement, entre les

États qui n'ont pas accepté l'abrogation. C'est ce **système complexe d'une pluralité de régimes juridiques** simultanément valables que retiennent les Conventions de Vienne (art. 40-4 et 30-4 b sur les *traités successifs*). Problème pour le GATT (1947), non abrogé par l'OMC (1994).
Un amendement à la constitution de l'OIT (art. 19-9), adopté en 1997, a prévu que, sur proposition du conseil d'administration, la Conférence de l'Organisation peut, à la majorité des 2/3 abroger toute convention internationale du travail, qui a perdu son objet ou n'apporte plus de contribution utile à l'accomplissement des objectifs de l'Organisation.

B. Accord tacite

1. La **désuétude** d'un traité a été parfois contestée (CJCE, 14 déc. 1971, 7-71, *Commission/Rép. française*). Mais, voir aff. Yuille-Shortridge (sentence arbitrale, 21 oct. 1861). Désuétude n'est pas nécessairement un accord tacite.
2. L'orientation générale du droit conventionnel était jusqu'à une date relativement récente réservée à l'égard de la théorie du consentement tacite et des présomptions de volonté dans les rapports interétatiques et exigeait un certain formalisme dans la technique de conclusion et d'extinction des traités internationaux. Mais, on constate, actuellement, une tendance à admettre une conception non formaliste du consentement, qu'il s'agisse de la conclusion d'un engagement (CIJ, aff. des *activ. mil. au Nicaragua*, 1984) ou de son extinction (Conv. de Vienne, art. 54-b).
3. La **conduite des parties** peut être la source d'une modification d'un accord : ex. : sentence arbitrale relative à l'*accord aérien franco-américain* 1963 ; pratique des Nations unies relative à la portée de l'abstention d'un membre permanent du Conseil de sécurité.

Section 2 › EXTINCTION EN DEHORS DE LA VOLONTÉ DES PARTIES

§ 1 - La portée limitée de l'action unilatérale d'un État

A. Un État ne peut se délier unilatéralement de ses obligations

Ce principe affirmé solennellement par le *protocole de Londres* du 17 janvier 1871 est périodiquement rappelé dans les relations internationales. Il condamne la *« théorie du chiffon de papier »*.

B. Un État peut toujours renoncer au bénéfice d'un traité

Cette renonciation est parfois consacrée par un traité, mais elle peut aussi intervenir en vertu d'un acte unilatéral.

§ 2 - La caducité d'un traité

C'est l'extinction d'un traité par suite d'un événement autre que l'accord des parties ou la dénonciation réglementée par le traité.
Elle ne se présume pas. Pour les effets de la succession d'États, v. *infra* p. 103-108.

A. Cas de la disparition d'un élément essentiel du traité

Si l'objet du traité (ex. : une île) ou l'une des parties disparaît, le traité devient caduc (art. 61, Conv. de Vienne).
Dispositions conventionnelles particulières prévues, sur ce point, entre les deux Allemagnes avant l'intégration de la RDA dans la RFA (1990).

B. Effet du changement des circonstances (clause *rebus sic stantibus*)

1. Un **changement essentiel** dans les circonstances de fait en vue ou en considération desquelles un traité a été conclu est de nature à affecter ce traité.
2. *Avant les Conventions de Vienne,* on considérait que le changement de circonstances autorisait, seulement, une *réadaptation conventionnelle* et non le dégagement unilatéral de l'une des parties.
3. Or, les *Conventions de Vienne* semblent admettre la *caducité* d'un traité ou sa *dénonciation*, lorsque les circonstances en question ont été une base essentielle du consentement et si le changement de circonstances transforme radicalement la portée des obligations conventionnelles (art. 62). Mais, dans l'affaire de la *compétence en matière de pêcheries* (CIJ, 2 févr. 1973), la CIJ paraît considérer que l'application de la théorie du changement de circonstances n'a pas pour effet de rendre automatiquement caduc le traité, mais d'ouvrir le droit de **demander** sa *révision* ou son *abrogation* conventionnelle ou judiciaire. Référence à cette clause dans la jurisprudence communautaire (CJCE, 16 juin 1998, aff. C-162/96).
4. Le changement de circonstances est sans effet sur les **traités de frontières** et application de l'adage « *nemo auditur* » (personne n'a le droit de se prévaloir de sa propre faute).
5. Il peut aussi justifier une simple *suspension*.

C. Effet de la violation d'un traité par l'une des parties

1. Il s'agit d'un problème délicat, compte tenu de l'intervention exceptionnelle du juge dans les relations internationales.
2. Bien que la violation d'un traité par l'une des parties soit fréquemment invoquée pour motiver la dénonciation unilatérale, il semble admis que l'*exceptio non adimpleti contractus* (exception d'inexécution) est limitée aux conventions comportant échange mutuel de prestations. La violation est de nature à engager la responsabilité de l'État.
3. On peut rapprocher de cette hypothèse l'article 55 de la Constitution française (v. *supra* p. 23) qui, dans sa rédaction, ne semble viser que les traités bilatéraux. Mais, le Conseil constitutionnel en donne une interprétation extensive (Déc. 76-71 du 30 déc. 1976). Toutefois, certaines conventions multilatérales excluent par leur nature même toute idée de réciprocité (ex. : Conv. intern. du travail, Conv. EDH et, généralement, traités-lois ; Déc. 98-408 du 22 janv. 1999).

Trois problèmes particuliers :

• *Appréciation de la condition de réciprocité :*

Divergence entre la Cour de cassation et le Conseil d'État. Certes, en tout état de cause, il y a incompétence du juge pour apprécier. Mais, pour la Cour de cassation

(Civ., 6 mars 1984, *Kryla*), il y a présomption de réciprocité si le gouvernement n'a pas dénoncé ou suspendu l'application de la convention. Au contraire, pour le Conseil d'État, il s'agit d'une question préjudicielle qui doit être renvoyée au ministre des Affaires étrangères (CE, Ass., 9 avril 1999, *Mme Chevrol-Benkeddach*). Mais cette solution a été condamnée par la CEDH dans cette même affaire (13 févr. 2003, *Chevrol/France*).

• *Effets de la non-réciprocité :*
Divergence entre Conseil d'État et Cour de cassation d'une part, qui considèrent, implicitement, que l'applicabilité de la convention est en cause et le Conseil constitutionnel d'autre part, qui semble admettre (Déc. 80-126 du 30 déc. 1980) que seule la supériorité sur la loi est affectée.

• *Évolution de la situation :*
Une loi pourrait devenir contraire à un traité du fait de l'évolution de la situation, mais seulement sur le plan du droit et non du fait (CE, 2 juin 1999, *Meyet*).

4. *Les Conventions de Vienne*

• **Distinguent** (art. 60) :
– *la violation substantielle d'un traité bilatéral :* peut être une cause de caducité ou de suspension (partielle ou totale) ;
– *la violation substantielle d'un traité multilatéral :* peut être une cause de suspension ou d'extinction au moins à l'égard du fautif.

• **Prévoient l'éventualité d'une procédure de conciliation** en cas de différend sur ce point (art. 66), tout en excluant toute forme de représailles à l'égard des personnes protégées par des traités de caractère humanitaire même en cas de violation de ceux-ci (art. 60-5).

• Des comportements illicites réciproques ne mettent pas nécessairement fin à un traité, ni ne justifient qu'il y fut mis fin (CIJ, aff. *Hongrie/Slovaquie*, 1997).

• Spécificité de la construction communautaire, d'où absence d'effets de la violation des obligations communautaires, du fait de l'existence d'une procédure spécifique de constatation des manquements (art. 258 TFUE).

D. Effet de la guerre sur les traités

Travaux en cours à la CDI.

1. Le sort des traités bilatéraux

a) Les traités prévus pour le temps de guerre (fréquents autrefois, en matière de prises) subsistent.
b) Les traités conclus pour le temps de paix sont caducs, sauf les traités relatifs à une situation territoriale et sous réserve des dispositions des traités de paix visant la remise en vigueur de certains traités. Solution plus nuancée proposée par l'*Institut de droit international* (session d'Helsinki, 1985).

2. Le sort des traités multilatéraux

a) Les traités relatifs à l'état de guerre (règles de conduite et conventions humanitaires) restent en vigueur.

b) Les autres traités sont suspendus dans leurs effets entre les *belligérants*, mais restent en vigueur entre les belligérants et les *neutres*.

E. Effet de l'entrée en vigueur d'une norme impérative contraire

Les Conventions de Vienne prévoient la caducité d'un traité contraire à une norme impérative du droit international *(jus cogens)* (art. 64), sans pour autant définir cette notion de façon précise (art. 53). Aussi, les conventions ont-elles prévu le recours à la CIJ, en cas de différend relatif à cette notion (art. 66). Mais, déjà réserve soviétique (1986) et prise en compte de l'existence d'une réserve non retirée sur ce point de la Convention de 1969 (CIJ, aff. *RDC/Rwanda*, 2006).

Titre 2

LES SOURCES NON CONVENTIONNELLES

Plusieurs sources du droit international ne se présentent pas sous la forme de conventions. Au nombre de ces sources, figurent la coutume internationale, source du droit importante et vivace, des sources « subsidiaires », c'est-à-dire de moindre importance, et l'équité.

Chapitre 1 › LA COUTUME

> **› L'essentiel**
> *La coutume est une* **pratique générale acceptée comme étant le droit** *(art. 38, statut de la CIJ). Une règle de droit international peut exister en l'absence de tout accord formel entre États, en conséquence de la répétition, dans certaines conditions, d'un comportement donné dans la vie internationale.*
> *Suivant le fondement retenu pour le droit international, certains considèrent la coutume comme étant le* produit de l'assentiment des États *(traité tacite, CPJI, aff.* du Lotus, *1927 – la position de la Cour, au demeurant, n'est pas univoque) ou comme l'*expression d'une règle objective *(CIJ, aff.* Nottebohm, *1955 et, de façon plus nuancée, aff.* du plateau continental de la mer du Nord, *1969 : la Cour évoque la «* nécessité logique *» d'une règle coutumière, mais valorise le rôle de la volonté des États, v.* supra *p. 3).*

Section 1 › ÉLÉMENTS CONSTITUTIFS

Traditionnellement on considère que la coutume exige la réunion de **deux éléments** : un **élément matériel** (*pratique*) et un **élément psychologique** (*opinio juris*). Mais dans son cours général à l'Académie de droit international de La Haye, en 2002, le professeur Pierre-Marie Dupuy relève, à juste titre, que les deux éléments sont liés, car c'est la pratique qui est la meilleure expression de l'*opinio juris*.

§ 1 - L'élément matériel : la pratique

La coutume naît d'un **usage fondé sur des précédents positifs** (actions) ou **négatifs** (omissions, abstentions). Cet usage doit être **continu et général**. Un comportement peut se limiter à un cas particulier : dans cette hypothèse, il ne saurait donner naissance à un usage (voir résol. 1816 [2008] du Conseil de sécurité : autorisation donnée à certains États d'entrer dans les eaux territoriales d'un autre État – Somalie – afin de réprimer des actes de piraterie et des vols à main armée en mer).

A. L'usage

1. Actes étatiques

a) Pratique gouvernementale et diplomatique : actes, correspondances, instructions.

b) Lois internes : portant sur des matières d'ordre international (mer, nationalisations, immunités, neutralité).

c) Décisions judiciaires internes : ex. : en matière de prises, immunités.

Importance des répertoires de la pratique nationale du droit international public (en France : répertoire Kiss, chronique *AFDI*).

Remarque : une seule **convention multilatérale** peut servir de base ou de point de

départ à une règle qui se présentera comme une règle coutumière (art. 38, Conv. de Vienne).
Mais, *deux conditions* doivent être remplies :

• **participation très large et représentative comprenant les États particulièrement intéressés** (CIJ, aff. du *plateau continental de la mer du Nord*, 1969) ;

• **comportement des États** tiers conforme à la pratique ;
Possibilité laissée pour les États tiers hostiles à l'édiction de cette règle nouvelle de se prémunir contre son application en exprimant leur dissentiment. Controverse sur la portée de l'exception du « *persistent objector* » : admise au stade de la formation de la coutume, elle est contestée lorsque l'existence de la coutume est établie. En tout état de cause, il faut qu'il y ait *coïncidence* entre la règle conventionnelle et la pratique et non création de la seconde par la première.

2. Actes interétatiques

a) Traités internationaux :
Traités cristallisateurs : traités particuliers contenant des *clauses-types* (ex. : traités d'arbitrage ou d'extradition, conventions consulaires). À distinguer des conventions multilatérales générales jouant un rôle créateur car servant de base à la formation d'une pratique des États.
b) Rôle des organisations internationales
Il est double :

• au regard de l'*élaboration* des **coutumes interétatiques** :
– le processus de formation de la coutume peut être stimulé par une proclamation solennelle initiale : les principes contenus dans une résolution de l'AG des Nations unies sont susceptibles de guider le comportement ultérieur des États ;
– il est toutefois excessif de parler de *« coutume instantanée »* dès lors que l'effectivité d'une pratique doit précéder la reconnaissance éventuelle de son caractère obligatoire ;
– le rôle d'*incitation* des organisations internationales dans la formation du droit coutumier ne s'exerce pas seulement à travers l'action des seuls organes politiques, mais également à travers l'action des organes administratifs (*ex :* exercice de la fonction de dépositaire des traités).

• au regard des *coutumes applicables aux organisations internationales* :
– dans les *rapports avec les États* : place du droit coutumier du fait des réticences des États à se lier avec des organisations internationales par des conventions multilatérales (ex. : responsabilité, statut des observateurs d'États non membres) ;
– dans l'*ordre interne* des organisations internationales : compléments coutumiers des chartes constitutives **(coutumes institutionnelles)** qui sont parfois contraires à celles-ci (ex. : portée de l'abstention au Conseil de sécurité) et constituent alors une révision.

3. Élaboration d'un droit coutumier dans les relations transnationales

a) dans le cadre d'un droit transnational contractuel dans lequel la coutume est appelée à jouer un rôle important (ex. : contrats d'État en matière d'investissements à l'étranger : répétition des mêmes clauses dans les contrats d'investissements) ;

b) dans les rapports des mouvements insurrectionnels et des organisations non gouvernementales (ex. : CICR) avec les États.

B. Continuité d'application dans le temps

1. Concordance et répétition des précédents

Il faut une répétition concordante de certains faits. La coutume naît d'« un **usage constant et uniforme** » (CIJ, aff. *Haya de la Torre*, 1950).

2. Ancienneté des précédents

Actuellement, *réduction de la durée de la formation* de la coutume (CIJ, aff. du *plateau continental de la mer du Nord*, 1969), d'où, à la limite, cette notion de coutume *« sauvage »*, dans laquelle l'élément volontaire l'emporte sur le facteur historique, dès lors que les précédents sont suffisamment nombreux et concomitants. La coutume *sauvage* apparaît comme « révisionniste », car elle se présente comme une « projection factuelle d'une volonté politique », alors que, dans la coutume *classique*, la multiplication des faits entraînait la croissance de la conscience juridique.

C. Généralité dans l'espace

La coutume implique sinon une participation unanime, du moins très large et représentative (CIJ, aff. du *plateau continental de la mer du Nord*, 1969).
On distingue les **coutumes universelles**, dont le champ d'application est relativement étendu, des **coutumes régionales ou locales**, qui ne concernent qu'un nombre limité d'États, et des **coutumes bilatérales** qui n'intéressent que deux États et qui peuvent prévaloir sur des coutumes universelles (ex. : CIJ, aff. du *droit de passage entre l'Inde et le Portugal*, 1960).

§ 2 - L'élément psychologique : l'« *opinio juris* »

A. Reconnaissance du caractère obligatoire de la pratique

- **Un simple usage dicté par la courtoisie internationale ne crée pas une coutume :** ex. : reconnaissance du nonce comme doyen du corps diplomatique.
- **La pratique doit être dictée par le sentiment d'une obligation juridique** et non par des raisons d'opportunité politique (CIJ, aff. *Haya de la Torre*, 1950). Le consentement donné sous l'effet d'une contrainte économique ne peut servir de précédent pour l'établissement d'une règle coutumière (sentence arbitrale, aff. *Aminoil/Koweit*, 1982). L'indemnisation à titre gracieux (ex. : *gratia* – v. *infra* p. 115) ou pour des motifs humanitaires est sans effet sur l'*opinio juris*.
- **Les organisations internationales peuvent renforcer la preuve de l'*opinio juris*** (CIJ, aff. des *activ. mil. au Nicaragua*, 1986).
- **La constance d'une pratique est moins importante que l'*opinio juris*** (CIJ, aff. précitée : à propos de la règle du non-recours à la force souvent bafouée).

B. Absence de réaction contraire de la part des États intéressés

- **Soit par des procédés d'ordre diplomatique :** ex. : protestation ;
- **Soit par des procédés d'ordre juridique :** ex. : réserve à une sentence ou déclaration dans un traité (ex. : attitude de la Grande-Bretagne dans le traité de 1871 relatif à l'aff. de l'*Alabama*).

Ayant même force juridique, **le traité et la coutume ont une valeur dérogatoire réciproque**, qui souligne l'importance de la preuve de la coutume. Ainsi apparaît le rôle de la codification de la coutume.

Section 2 › LA CODIFICATION DE LA COUTUME INTERNATIONALE

§ 1 - Définition

C'est la présentation systématique et ordonnée, dans un document écrit, des règles coutumières du droit international public. Elle peut être conventionnelle (coutume reprise dans un traité) ou non conventionnelle (œuvre doctrinale procédant à l'énoncé du droit coutumier ; coutume rédigée dans une déclaration émanant de l'organe d'une organisation internationale ou émanant d'une conférence internationale).

§ 2 - Rôle

Préparée par les travaux de la *doctrine*, notamment dans le cadre d'associations scientifiques (ex. : *Institut de droit international*), la codification est un instrument de *constatation* (dispositions de *lege lata*) et de *réformation* (dispositions de *lege ferenda*) du droit positif, donc un facteur de développement du droit international. Intérêt pour une connaissance plus exacte du contenu de la règle.

§ 3 - Cadre

À l'heure actuelle, la codification est essentiellement poursuivie sous les auspices de l'ONU.

A. Organes

1. Commission du droit international

Créée en 1947, elle est essentiellement compétente en matière de droit international public. Elle est composée de *34 spécialistes* du droit international désignés par l'AG des Nations unies et *siégeant à titre personnel*.
L'accroissement du nombre des membres a accentué la politisation et une baisse de la qualité du travail, que n'atténue pas la répartition géographique dans le choix des membres, parmi lesquels les diplomates l'emportent sur les universitaires.
Il faut noter que certaines questions échappent à la Commission en raison de leur plus grande acuité politique (ex. : droit de l'espace cosmique). Et, récemment, des critiques ont été formulées quant à l'utilité de son maintien comme organe autonome.

2. Commission des Nations unies pour le droit commercial international

La CNUDCI (ou UNCITRAL), créée en 1966, est, actuellement, composée de 60 membres, représentants d'États.

B. Méthodes

1. Expertise technique

Travail interne à la Commission : discussion des rapports des rapporteurs spéciaux, désignés pour chaque sujet. Importance du rôle de ces rapporteurs spéciaux surtout si l'aspect de développement du droit international est plus marqué que la simple codification.

2. Relations avec les gouvernements

Envoi de questionnaires aux gouvernements, transmission par ceux-ci de leurs observations sur les travaux de la commission, débats à la VIe commission de l'AG des Nations unies (problème des rapports entre les deux organes).

C. Résultats

Deux techniques.

1. Résultats non conventionnels

Résolutions déclaratoires, modèles de règles, CNUDCI (parmi les plus récents on citera la loi type sur les signatures électroniques de 2001 et la loi type sur la conciliation commerciale et internationale de 2002).

2. Élaboration d'une convention

À partir des travaux de la commission :

• soit dans le cadre d'une *conférence de plénipotentiaires* (convoquée par l'ONU) :

– conventions conclues sous les auspices de la Commission du droit international couvrant plusieurs domaines importants du droit international : mer (4 conventions, Genève, 1958), relations diplomatiques (Vienne, 1961), réduction des cas d'apatridie (New York, 1961), relations consulaires (Vienne, 1963), droit des traités (Vienne, 1969), représentation des États dans leurs relations avec les organisations internationales (Vienne, 1975), succession d'États en matière de traités (Vienne, 1978) et en matière de biens, archives et dettes d'État (Vienne, 1983), droit des traités entre États et organisations internationales ou entre celles-ci (Vienne, 1986) ; statut de la Cour pénale internationale (1998).

– conventions conclues sous les auspices de la Commission des Nations unies pour le droit commercial international : prescription en matière de vente internationale d'objets mobiliers corporels c'est-à-dire de marchandises (New York, 1974), transport des marchandises par mer (Hambourg, 1978), contrat de vente internationale de marchandises (Vienne, 1980), loi applicable aux ventes internationales de marchandises (La Haye, 1985), responsabilité des exploitants de terminaux de transport dans le commerce international (1991).

• soit dans le *cadre de l'AG des Nations unies* :
– la VIe Commission joue, en pratique, le rôle de *conférence de codification* ;
– conventions préparées par la Commission du droit international : missions spéciales (1969), prévention et répression des infractions commises contre les agents diplomatiques et autres personnes ayant droit à une protection internationale (1973), mercenaires (1989), utilisation des voies d'eau internationales à des fins autres que la navigation (1997).
– conventions préparées par la CNUDCI : sur les lettres de change et les billets à ordre internationaux (1988), les garanties indépendantes et les lettres de crédit *stand by* (1995), les cessions de créances (2001), le transport de marchandises par mer (Règles de Rotterdam, 2008).

§ 4 - Portée de la codification

Jusqu'à l'entrée en vigueur d'une convention de codification, les règles coutumières continuent à s'appliquer. Ensuite, elles continueront à s'appliquer entre les États tiers ainsi qu'entre les États tiers et les États parties. Enfin, le contenu non coutumier figurant dans la convention de codification ne lie que les États parties (CIJ, aff. du *plateau continental de la mer du Nord*, 1969). D'où l'importance et la difficulté de déterminer ce qui dans la convention constitue une pure *codification* de la coutume et ce qui consacre un **développement** du droit international.
Certaines questions particulièrement sensibles échappent aux travaux de la CDI : ex. : nouvelle convention sur le droit de la mer (1982 – v. *infra* p. 121).

Chapitre 2 › LES SOURCES SUBSIDIAIRES

> **› L'essentiel**
>
> ***L'article 38 du statut de la CIJ*** *mentionne quelques sources de moindre importance que les traités et la coutume. Sous ce rapport, ces sources sont « subsidiaires » : il s'agit des principes généraux de droit, de la jurisprudence et de la doctrine. Cependant, l'article 38 omet de citer les actes unilatéraux ; de plus, il situe mal le rôle de l'équité.*

Section 1 › LES ACTES UNILATÉRAUX

Un acte international unilatéral est un acte par lequel un seul sujet de droit international pose des normes génératrices de droits et d'obligations dans les rapports juridiques intéressant d'autres sujets de droit.
Donc, 3 caractéristiques :
– manifestation de volonté d'un seul sujet de droit international ;
– indépendance vis-à-vis d'autres manifestations de volonté ;
– production d'effets de droit.

§ 1 - Classification des actes unilatéraux

A. Pluralité de catégories d'actes unilatéraux

Actes juridictionnels, actes unilatéraux d'organisations internationales, actes unilatéraux étatiques.

B. Diversité des actes unilatéraux étatiques

Certains actes unilatéraux sont pris dans le cadre du pouvoir d'initiative de tout État souverain. D'autres interviennent dans le cadre de la mise en œuvre d'un accord international (ex. : déclaration d'acceptation de la compétence d'un organe).
La Commission du droit international a adopté, en 2006, un certain nombre de principes directeurs que l'Assemblée générale a décidé de diffuser.
Une classification plus intéressante peut se fonder sur le **but** recherché par l'auteur de l'acte.

1. Acte-condition : la notification

La notification est l'acte solennel par lequel un État porte à la connaissance d'un ou plusieurs autres un fait déterminé auquel se rattachent des conséquences juridiques.
a) La notification est généralement facultative.
b) La notification entraîne l'application d'un régime juridique de droit international (ex. : déclaration de guerre, de neutralité ou de succession à un traité).
c) On soulignera la nature juridique particulière de la déclaration facultative de juridiction obligatoire de la CIJ, en application d'une clause du statut de la Cour

(v. *infra* p. 207). Il s'agit, formellement, d'un acte unilatéral, mais qui s'intègre dans un système conventionnel (statut de la Cour), dont il ne peut être détaché (CIJ, aff. des *activ. mil. au Nicaragua*, 1984). Cependant, il convient de distinguer l'acte que constitue la déclaration facultative de juridiction obligatoire et l'acte procédant à la notification de cette déclaration.

2. Acte créateur d'obligations : la reconnaissance

La reconnaissance est la manifestation de la volonté d'un sujet de droit international de considérer comme légitime un état de choses donné, une prétention donnée.

a) La reconnaissance peut avoir un effet créateur ou simplement *déclaratif* (ex. : reconnaissance d'État ou de gouvernement).

Elle peut emporter un effet créateur en ce qu'elle est créatrice d'opposabilité à l'égard de celui qui procède à l'acte de reconnaissance.

b) La reconnaissance constitue un substitut de la prescription : elle interdit toute contestation ultérieure.

3. Acte confirmatif de droits : la protestation

La protestation est une déclaration de volonté par laquelle un État affirme ne pas reconnaître comme légitime une prétention, une conduite ou une situation donnée. **La protestation empêche la consolidation d'une situation :** c'est l'*acte contraire de la reconnaissance.*

À cet égard :

a) La protestation permet de préserver les droits d'un État, dans tous les cas où le silence implique acquiescement.

b) L'absence de protestation permet de rendre opposable une situation (CIJ, aff. des *pêcheries anglo-norvégiennes*, 1951).

4. Acte portant abandon de droits : la renonciation

La renonciation est l'acte unilatéral par lequel un État abandonne volontairement un droit.

a) La renonciation ne se présume pas.

b) La renonciation peut être définitive ou ne viser qu'une situation spéciale (ex. : CIJ, aff. de la *Barcelona Traction*, 1964 : portée d'un désistement).

C. Les actes unilatéraux des organisations internationales

Ces actes ne créent pas, en principe, des normes ayant, dans l'ordre international, une valeur juridique. Cependant, à titre exceptionnel, pouvoir de créer des normes juridiquement obligatoires (ex. : organes compétents dans le cadre des Communautés européennes, Conseil de sécurité). Ces normes peuvent être des *règles* de droit « international » (cas, par ex., des règlements communautaires). Sur la portée des résolutions, v. *infra* p. 171.

D. Les actes unilatéraux des organes juridictionnels

Les *décisions* juridictionnelles lient les parties au litige mais ne sont pas créatrices de règles du droit international. Par ailleurs, *autorité relative de chose jugée*. Sur le rôle de la jurisprudence dans la formation de la coutume, v. *infra* p. 71.

§ 2 - Régime juridique des actes unilatéraux

A. Autorité compétente

1. Compétence de l'*autorité habilitée à représenter l'État* dans les relations internationales. Normalement, en matière de traités, selon la Convention de Vienne, diverses personnalités sont autorisées à représenter l'État sans avoir à produire de « pouvoirs » : Chef d'État, chef de gouvernement et ministre des Affaires étrangères. Dans le domaine des actes unilatéraux, selon la CIJ, diverses autorités (ministres, certains fonctionnaires) peuvent être autorisées par un État à l'engager (aff. *RDC/Rwanda*, 2006). Dans l'affaire *Djibouti/France* (2008), un directeur de cabinet, au sein d'un ministère, n'a pas été considéré comme pouvant valablement engager son État.

2. Une prise de position du *Parlement* peut avoir une importance politique, mais pas d'effets juridiques.

B. Formes

1. C'est généralement un *document écrit* remis par la voie diplomatique.

2. Mais une simple *manifestation de volonté non équivoque* (ex. : déclaration, conférence de presse) recevant une publicité suffisante peut être retenue (ex. : prise en considération de déclarations officielles des autorités françaises, relatives à l'abandon des expériences nucléaires dans l'atmosphère, par la CIJ, dans l'aff. des *essais nucléaires*, 1974).

3. La portée juridique du silence dépend de la situation considérée (ex. : absence de protestation – CIJ, aff. *El Salvador/Honduras*, 1992).

C. Conditions de validité

1. Existence d'un **intérêt** à agir : intérêt à réglementer certaines relations internationales.

2. Conformité avec les normes du droit international : principes de la bonne foi, de l'effectivité, et... validité contestable lorsque l'acte entend remettre en cause unilatéralement des normes de droit international (*ex.* : réglementation unilatérale de zones de pêche, avant la Convention de 1982).

D. Portée

1. L'acte unilatéral détermine souvent l'*application d'un système de droit préexistant.*

2. L'acte unilatéral peut constituer un *précédent.*

3. L'acte unilatéral peut être créateur d'une *obligation* (ex. : CIJ, aff. des *essais nucléaires français*, 1974), à deux conditions :
- intention de se lier ;
- publicité de l'acte unilatéral.

4. L'acte unilatéral peut entraîner l'application de l'**estoppel** : c'est-à-dire l'objection péremptoire qui s'oppose à ce qu'une partie à un procès prenne une position qui contredit ce qu'elle a antérieurement admis expressément ou tacitement *(« nul ne peut souffler le froid et le chaud »).* Encore faut-il que l'autre partie, se fondant sur cette attitude, ait modifié sa position à son détriment ou ait subi un préjudice quelconque (CIJ, aff. *Cameroun/Nigéria*, 1998). Cette notion est, souvent, invoquée devant les instances de règlement des différends de l'OMC. L'estoppel est une modalité de l'*acquiescement* (CIJ, aff. des *activ. mil. au Nicaragua*, 1984) applicable dans le cadre d'une procédure contentieuse.

Section 2 › LES PRINCIPES GÉNÉRAUX DE DROIT

Ce sont les principes généraux tirés de la convergence des normes juridiques existant au sein des différents systèmes juridiques nationaux.

Il convient de relever que :

• la formule de l'article 38 du statut de la CIJ (référence aux « *nations civilisées* », legs de l'époque coloniale) est périmée.

• le mot « principe » est souvent utilisé, en pratique, pour désigner des règles coutumières internationales (ex : principe d'interdiction du recours à la force ou encore principe de liberté de la haute mer).

§ 1 - Nature juridique

A. Les principes généraux font partie de l'ordre juridique positif

1. Ils se distinguent des principes de droit naturel

Ce sont des principes juridiques consacrés dans les droits nationaux.

2. Catégories de principes généraux

Toutes les déclarations de « principes » adoptées par des organisations internationales, notamment par l'AG des Nations unies, ne formulent pas des principes généraux de droit ayant une valeur obligatoire. On peut distinguer dans ces déclarations solennelles plusieurs catégories de principes :

a) Principes ayant valeur conventionnelle : lorsqu'ils formulent des normes incluses dans un traité en vigueur : ex. : déclaration des principes du droit international touchant les relations amicales et la coopération entre les États (1970) : formulation de principes directement empruntés à la Charte.

b) Principes ayant valeur coutumière : lorsqu'ils correspondent à une pratique établie et reconnue : ex. : Déclaration sur la souveraineté permanente sur les ressources naturelles (1962) : droit de nationaliser des investissements étrangers moyennant une indemnité appropriée.

c) Principes généraux de droit : ex. : Déclaration universelle des droits de l'homme (1948).

d) Principes n'ayant pas encore valeur de droit positif : ex. : déclaration des principes sur l'environnement (conférence de Rio, 1992 : principe de précaution) ; certains principes formulés dans la déclaration relative à l'instauration d'un nouvel ordre économique international (6e AG extraordinaire, 1974) ; Charte mondiale de la nature (1982).

Ces déclarations, n'ayant que la valeur de précédents, ne prendront valeur de droit positif qu'à la suite d'une confirmation par la pratique des États.

Elles traduisent l'expression concertée d'intentions politiques, de vues communes sur ce qui paraît nécessaire pour assurer un ordre inspiré de certains idéaux correspondant, suivant leurs auteurs, aux exigences actuelles de la société internationale.

3. Application des principes généraux

Ils sont appliqués par les juridictions nationales qui acceptent l'autorité du droit international non écrit dans l'ordre juridique interne (ex. : CE, 28 juill. 2000, *Paulin*).

B. Les principes généraux sont une source distincte du droit international

1. Fondés sur une justification de morale sociale (P.-M. Dupuy), ils ne se confondent ni avec la coutume (car ils dépendent moins de la pratique des États), ni avec l'équité. On qualifie, généralement, de principes des normes de caractère plus général et plus fondamental, relevant plus ou moins de la technique des standards (P. Weil).
2. Ils ne sont pas un simple procédé de raisonnement (application du procédé de l'analogie).

§ 2 - Contenu

Leur *caractère de nécessité logique* justifie leur transposition en droit international.

A. Règles de droit procédural

1. Application du principe du respect de l'autorité de la chose jugée.
2. Transposition du régime des preuves : ex. : admissibilité des moyens de preuve indirecte (CIJ, aff. du *détroit de Corfou*, 1949).

B. Règles de droit matériel

1. Règles tirées du droit des obligations conventionnelles : ex. : *pacta sunt servanda* et théorie des vices du consentement (jusqu'à leur consécration par la Convention de Vienne), notion d'abus de droit, respect des droits acquis.
2. Règles tirées du droit des obligations délictuelles : ex. : principe et étendue de la réparation de l'acte illicite.

§ 3 - Place dans la hiérarchie des règles juridiques

1. Les principes généraux de droit (art. 38 du Statut de la CIJ) présentent un *caractère supplétif* : *ils s'appliquent en l'absence de règle* conventionnelle ou coutumière applicable.
2. Dans l'ordre juridique français, le Conseil d'État reconnaît le principe d'une suprématie des principes généraux du droit communautaire sur la loi (3 déc. 2001, *SNIP*). Mais cette solution ne vaut pas pour les principes généraux de droit international (CE, 28 juill. 2000, Paulin).

Section 3 › PLACE DE LA DOCTRINE ET DE LA JURISPRUDENCE

La doctrine et la jurisprudence ne constituent pas des sources du droit international, mais des **moyens pour déterminer ces règles.**

§ 1 - La doctrine

1. L'œuvre doctrinale est plus une *œuvre critique* qu'une œuvre créatrice.
2. La doctrine favorise l'élaboration du droit positif par un travail d'*analyse* et de *synthèse* préalables, traduisant un souci de clarification et de mise en ordre.

§ 2 - La jurisprudence

1. La jurisprudence *ne peut obliger le juge* en l'absence d'autorité des précédents.
2. La jurisprudence joue un rôle dans le domaine de la règle coutumière.
• Les décisions arbitrales ou judiciaires ne contribuent pas, par leur répétition, à la formation de coutumes internationales. Cependant, elles ont valeur de précédents et, à ce titre, peuvent être invoquées devant les juridictions internationales.
• Les sentences arbitrales ou judiciaires peuvent contenir l'expression de la coutume internationale (ex. : CIJ, aff. *Nottebohm*, 1955, à propos de la protection diplomatique).
3. Le *raisonnement judiciaire*, notamment par les méthodes d'interprétation utilisées, faisant place, *motu proprio*, à l'équité, peut, dans certains cas, dégager une règle de droit (v. *infra* p. 72 ; ex. : jurisprudence dans le domaine de la délimitation maritime).

Chapitre 3 › L'ÉQUITÉ

> **› L'essentiel**
>
> *Le recours à l'équité vise à appliquer les principes d'une* ***justice idéale*** *à une espèce donnée (intuition de ce qui est juste). En dépit des incertitudes quant au contenu exact de l'équité et des variantes de terminologie (*ex aequo et bono, *amiable compositeur), cette notion est appliquée dans la société internationale. Elle ne constitue pas à proprement parler une source du droit ; en revanche, le droit conventionnel autorisant à statuer* ex aequo et bono *constitue une source du droit.*

Section 1 › RÔLE DES PARTIES

Le recours à l'équité doit être prévu par les parties (art. 38 statut de la CIJ), si la décision rendue doit reposer sur ce seul fondement.

Section 2 › PLURALITÉ DES FONCTIONS

§ 1 - Fonction modératrice

Moyen d'*atténuer* l'application du droit (solution *infra legem*). L'équité correspond à un certain bon sens et à une éthique commune. Elle permet d'écarter tout ce qui, sous couvert d'application automatique, aboutirait à des résultats anormaux ou déraisonnables (CIJ, aff. du *plateau continental de la mer du Nord*, 1969), car la CIJ se réfère à la notion d'équité, non pas détachée du droit objectif, mais comme partie intégrante du droit. La Convention sur le droit de la mer (1982) évoque la recherche d'une *« solution équitable »*, à propos de la délimitation de la zone économique exclusive et du plateau continental. C'est bien en ce sens qu'a statué la CIJ, en 1984 (aff. du *golfe du Maine*) et en 1992 (aff. *Danemark/Norvège*). Il faut donc, pratiquement, distinguer l'application de principes équitables, où l'équité apparaît en tant que méthode d'interprétation du droit (CIJ, aff. du *différend frontalier Burkina Faso/Mali*, 1986) et le fait de rendre une décision *ex aequo et bono*, qui se rattache à la deuxième fonction de l'équité.

§ 2 - Fonction supplétive

Moyen de *compléter* le droit, en comblant une lacune (solution *praeter legem*).

§ 3 - Fonction politique

Moyen de *réformer le droit* (solution *contra legem*) : la plus discutée. Rappr. CIJ, aff. du *plateau continental entre la Tunisie et la Libye*, 1982.

Deuxième partie

LE STATUT INTERNATIONAL DE L'ÉTAT

En **introduction** à cette seconde partie, nous nous bornerons, tout d'abord, à rappeler que l'État est à la fois un **phénomène politico-social** et un **phénomène juridique.**

En tant que *phénomène politico-social*, l'existence d'un État suppose réunis trois éléments constitutifs : un *territoire*, une *population* et des *pouvoirs publics*.

En tant que *phénomène juridique*, l'État doit répondre à un *critère*. Traditionnellement, ce critère est défini par la **souveraineté** (caractère suprême et inconditionné de la puissance étatique ; l'une des « justifications » de l'intervention de la coalition anglo-américaine, en Irak, au printemps 2003, a suggéré à Charles Zorgbibe la notion de « souveraineté conditionnelle », c'est-à-dire subordonnée au respect des règles de la démocratie. Mais, en tout état de cause, ce critère ne permet pas de rendre compte de la soumission de l'État au droit international. Car, il faut (même si c'est un idéal) reconnaître l'autorité du droit auquel le pouvoir de l'État est subordonné.

De telle sorte que le véritable critère de l'État nous paraît devoir être recherché dans l'**indépendance** de l'État, c'est-à-dire la façon dont sont exercés les pouvoirs de l'État, que nous envisagerons par la suite. Dans cette acception du critère de l'État, son indépendance suppose, à la fois, l'*exclusivité* de ses compétences, l'*autonomie* de ses compétences et la *plénitude* de ses compétences. À noter que lors de l'éclatement de l'Union soviétique et de la Yougoslavie au début des années 1990, il y a d'abord eu proclamation de la souveraineté des anciennes entités fédérées (mais sans conséquence pratique) puis proclamation de leur indépendance (seule suivie d'effets). Le Kosovo, alors administré par l'ONU, a proclamé, unilatéralement, son indépendance en 2008, en écartant un projet de « souveraineté sous surveillance », visant à veiller au respect des droits de la minorité serbe, d'où une demande d'avis consultatif à la CIJ de la part de l'AG de l'ONU.

Il faut également distinguer plusieurs problèmes, qui ne se confondent pas : l'*existence* de l'État, sa *reconnaissance*, son *admission* dans des organisations internationales et sa *représentation* dans celles-ci ; v. *infra* p. 158-159.

Nous soulignerons, seulement, ici, l'*effet déclaratif* (et non créateur) de la reconnaissance d'un État et sa *valeur politique*. Un État qui reconnaît un autre État accepte de lui accorder, automatiquement, sur son territoire tous les droits généralement admis au profit d'un État. Toutefois, un État non reconnu peut également bénéficier de certains droits (ex. : immunité de juridiction), mais alors sur une base purement discrétionnaire (c'est-à-dire, notamment, révocable).

Ce Mémento est uniquement consacré à l'**examen des divers titres en raison desquels l'État peut agir comme tel**, c'est-à-dire à l'examen des diverses compétences de l'État selon le droit international **(détermination, établissement, répartition** et **sanction des compétences)**. L'examen des **éléments constitutifs** de l'État (territoire, population, pouvoirs publics) ne relève pas de cet ouvrage.

Chapitre 1 › DÉTERMINATION DES COMPÉTENCES

› L'essentiel

On appelle compétence le pouvoir juridique, conféré ou reconnu par le droit international à un État, de connaître d'une affaire, de prendre une décision, de faire un acte, d'accomplir une action.

Le terme de « juridiction » *est, parfois, utilisé comme synonyme de compétence (en anglais :* jurisdiction*).*

La **délimitation** *des compétences étatiques peut se faire soit :*

– de façon concertée *par convention bilatérale ou multilatérale (ex. : traités de paix ; accords de Londres et de Zurich, de 1959, sur les compétences du futur État cypriote).*

– par acte unilatéral :

• *émanant d'un État : pour être opposable aux États tiers, cette délimitation (ex. : législation sur la juridiction pénale ou la nationalité) ne doit pas être contraire à une règle prohibitive du droit international (ex. : CPJI, aff. du* Lotus*, 1927) et même doit se conformer aux règles du droit international (CIJ, aff. des* pêcheries anglo-norvégiennes*, 1951 – aff.* Nottebohm*, 1955). À cet égard, on relèvera que la CIJ semble avoir admis que ce qui n'est pas expressément interdit par le droit international n'est pas pour autant nécessairement autorisé (CIJ, avis consultatif, aff. des* armes nucléaires*, 1996).*

• *émanant d'une organisation internationale :* exemple : *résolution de l'AG des Nations unies sur le sort des colonies italiennes, 1949 ; résolutions du Conseil de sécurité contre l'Irak, en 1991, après l'opération de police ;*

Le pouvoir d'action de l'État se rattache soit à des individus ou des engins assimilés à des individus **(compétence personnelle)***, soit à des services organisés* **(compétence à raison des services publics)***, soit à l'espace* **(compétence territoriale)***.*

Section 1 › LA COMPÉTENCE PERSONNELLE DE L'ÉTAT

C'est le pouvoir juridique reconnu à un État d'agir à l'égard de ses nationaux se trouvant à l'étranger en leur donnant des ordres, en réglant leur statut personnel et en exerçant vis-à-vis d'eux sa protection.

§ 1 - Étendue de la compétence personnelle

L'État exerce sa compétence personnelle à l'égard de ses nationaux, qui se trouvent hors de son territoire (sur le territoire d'un État, toutes les personnes, quelle que soit leur nationalité, relèvent de la compétence territoriale).

A. La nationalité

1. C'est le lien juridique qui rattache une personne à un État.

2. Non seulement les **personnes physiques**, mais également les **personnes morales**

et des **ensembles organisés**, se rattachant à des engins susceptibles de se déplacer (navires, aéronefs, satellites), ont une nationalité.

B. Règles d'attribution de la nationalité

1. Chaque État est libre de fixer les règles d'acquisition de la nationalité

CJCE, 20 févr. 2001, aff. C-192/99. S'agissant des personnes physiques, on distingue :

a) la nationalité d'origine : attribuée à la naissance suivant le critère de filiation *(jus sanguinis)* ou le critère du lieu de naissance *(jus soli)*.
Souvent combinaison de ces deux critères (ex. : France).

b) la nationalité par voie d'acquisition : obtenue après la naissance par mariage, option, naturalisation.

2. Le respect des principes généraux du droit international

La compétence exclusive de l'État dans ce domaine doit cependant respecter certains principes généraux du droit international : Ex. : principe du rattachement effectif à un État (CIJ, aff. *Nottebohm*, 1955). Jurisprudence critiquable de la CJCE écartant ce principe d'effectivité (7 juill. 1992, aff. C-369/90, *Micheletti*).

3. La liberté des États peut provoquer des conflits de nationalités

Conflits soit *positifs* (pluralité de nationalités), soit négatifs (absence de nationalité : *apatridie* ; souci d'éviter de tels cas ; v. *infra* p. 107). Des conventions internationales visent à atténuer les inconvénients (obligations militaires, doubles impositions) qui résultent de la pluralité de nationalités (par ailleurs, tendance à une réduction des cas de pluralité de nationalités ; v. en ce sens Convention de 1963 modifiée, dans le cadre du Conseil de l'Europe : perte automatique de la nationalité d'origine en cas d'acquisition volontaire d'une autre nationalité).

4. Les individus n'ont pas un libre choix de leur nationalité

Sauf convention, consacrant un droit d'option (cas de cession de territoire ou sécession).

C. Situations particulières de rattachement

1. Nationalité des personnes morales

a) Il existe plusieurs critères (siège social, incorporation ou contrôle) et, en France, il n'y a pas de critère unique ; mais le critère du siège social est prédominant. Il faut relever que la mondialisation de l'économie rend souvent difficile l'identification de la nationalité réelle.

b) Un État ne peut exercer sa compétence personnelle en faveur de ses nationaux actionnaires d'une société étrangère, dès lors que seuls leurs intérêts, mais non des droits propres, seraient affectés (CIJ, aff. de la *Barcelona Traction*, 1970), sauf cas particulier (CIJ, aff. *Elettronica Sicula*, 1989). Récemment, la Cour, en soulignant le caractère spécifique de cette dernière affaire, a considéré qu'il n'existait pas de possibilité pour un État d'exercer, en l'absence de règle de droit coutumier, sa compétence diplomatique « par substitution » à l'égard de l'État défendeur, s'agissant d'une société ayant la nationalité de celui-ci, alors même qu'un de ses nationaux serait associé dans une telle société. Il ne peut agir que pour la protection des droits propres – un simple intérêt ne suffisant pas – d'un national en tant qu'associé de cette société (aff. *Guinée/Rép. démo. Congo*, exc. prélim., 2007).

2. Autres cas particuliers

Il faut citer :
– ressortissants d'États associés (ex. : Antilles britanniques) : situation voisine des anciens protectorats ;
– nationaux d'un pays sans représentation diplomatique : représentation par un État tiers ;
– réfugiés ;
– ressortissants de l'Union européenne : sur la base de négociations menées à cet effet, ils bénéficient sur le territoire d'un pays tiers, où leur État n'est pas représenté, d'une protection diplomatique de la part des autorités diplomatiques ou consulaires de tout État membre (art. 20 CE ; depuis le traité de Maastricht, il existe une **citoyenneté** de l'Union, qui se distingue de la nationalité, qui reste de la compétence des États membres).

§ 2 - Effets de la compétence personnelle

A. Droit de légiférer à l'égard des nationaux

1. Application de la législation générale et des actes individuels

Ex. : ordres de mobilisation aux nationaux résidant à l'étranger.
Compétence d'édiction, mais non compétence d'exécution (pas d'acte de contrainte). Problème posé par les mesures d'embargo (interdiction d'exporter) ou de *boycottage* (rupture des relations économiques : synonyme de *blocus*) visant les succursales et les filiales étrangères. *Cf.* mesures décidées par le gouvernement américain, en 1979, contre l'Iran (blocage des avoirs dans les banques américaines situées à l'étranger) et en 1980 contre l'Union soviétique (non-livraison de matériels pour la construction du gazoduc sibérien). De même pour les effets de mesures de nationalisations de biens situés à l'étranger (ex. : nationalisations françaises : v. Déc. 82-139, Cons. const., 11 févr. 1982). Pratiquement, une loi d'application extraterritoriale ne produira d'effets qu'en l'absence d'opposition de l'autre pays (ex. : problème posé par la notion d'*ordre public*).

2. En matière pénale, tendance à reconnaître une double compétence

a) Compétence personnelle active : fondée sur la nationalité de l'auteur de l'infraction (commise à l'étranger). Conséquence du refus quasi général de l'extradition d'un national (extradition : procédure par laquelle un État remet l'auteur d'une infraction à un autre État, qui le réclame pour que celui-ci le juge ou lui fasse exécuter une peine à laquelle il a été condamné).
b) Compétence personnelle passive : fondée sur la nationalité de la victime d'une infraction (commise à l'étranger). Reconnaissance du principe par la CPJI dans l'affaire du *Lotus*.

3. Ordre juridique national seul applicable dans les espaces échappant à toute compétence territoriale

Ex. : haute mer.

B. La protection diplomatique

C'est le droit pour l'État d'agir en faveur de ses nationaux auprès de l'État de séjour.
À ne pas confondre avec la protection dont jouissent les agents diplomatiques, grâce aux *immunités diplomatiques*.
Examen de la question par la Commission du droit international, qui a adopté, en 2006, un projet d'articles, considéré comme timide et timoré.

1. Agents de la protection diplomatique

Ce sont les agents diplomatiques et surtout les agents consulaires.

2. Domaine

a) Aspect administratif : délivrance de certains actes (état civil), secours.
b) Aspect juridique : afin d'obtenir le respect du droit international conventionnel (ex. : clause de traitement national ou clause de la nation la plus favorisée) ou coutumier et du droit interne (ex. : exécution d'une décision de justice).
La jurisprudence communautaire considère que les États membres de l'Union européenne doivent assurer la protection diplomatique des personnes visées par des sanctions internationales (TPI, 12 juill. 2006, *Ayadi/Conseil*).
c) Aspect politique : afin d'obtenir un traitement favorable pour les nationaux (démarches gracieuses).

3. Procédés d'exercice

a) Action personnelle des agents diplomatiques et consulaires.
b) Procédures diplomatiques : négociation, conciliation.
c) Procédures coercitives : rétorsion, représailles, autrefois même recours à la guerre (dès 1907, limitation par la **Convention Drago-Porter**).
d) Recours à l'arbitrage ou la juridiction internationale : mise en jeu de la responsabilité internationale.

4. Efficacité

Elle est *limitée*, car :
a) elle est fonction à la fois de la puissance politique de l'État et de l'acceptation par l'État mis en cause du recours au juge ou à l'arbitre ;
b) elle constitue un droit de l'État (CPJI, aff. *Mavrommatis*, 1924 – v. égal. Cour const. Afr. du Sud, 4 août 2004, *Samuel Kaunda et a./Prés. Rép. Sud-afr. et a.*) et non des individus, pour qui elle est une **faculté** : ceux-ci ne peuvent y renoncer conventionnellement (inopposabilité de la **clause Calvo**, sauf renonciation par l'État) et l'État jouit d'un pouvoir discrétionnaire dans l'exercice de la protection diplomatique. Toutefois, une remarque incidente dans l'arrêt rendu par la CIJ dans l'affaire *Mexique/États-Unis*, 2004, semble avoir provoqué certains « frémissements » (J.-F. Flauss), en liaison avec la protection des droits de l'homme. Pour le TPI (Communautés européennes), le droit à la protection diplomatique est un droit

fondamental en droit communautaire (arrêts du 12 juill. 2006, *Ayadi et Hassan/ Conseil et Commission*).
En France, application de la **théorie des actes de gouvernement** (insusceptibles de tout recours juridictionnel ; absence de tout contrôle, même restreint, pourtant, généralement admis, en matière de pouvoir discrétionnaire). Problème de la compatibilité de cette notion avec la Convention européenne des droits de l'homme (art. 13 : recours effectif devant une instance nationale) pour les droits garantis par la convention et les protocoles additionnels (ex. : droit de propriété).
Assouplissement de la jurisprudence du Conseil d'État qui admet la recevabilité d'un recours dirigé contre l'insuffisance alléguée de la protection consulaire (CE, 29 janv. 1993, *Bouilliez*).

Section 2 › LA COMPÉTENCE DE L'ÉTAT À RAISON DES SERVICES PUBLICS

C'est le pouvoir juridique reconnu à un État d'exercer son action même à l'étranger et à l'égard d'étrangers pour ce qui concerne ses services publics.
Cette compétence apparaît principalement pour les services publics qui sont en contact avec l'étranger. Caractère subsidiaire de cette compétence par rapport aux autres compétences.
Signalons, incidemment, le problème posé par la dénomination de l'ancienne République yougoslave de Macédoine – ARYMA – que la Grèce a porté devant la CIJ.

§ 1 - La compétence en ce qui concerne l'organisation politique

A. Organisation, fonctionnement et défense des services publics

L'État est compétent pour **organiser**, faire **fonctionner** et **défendre** ses services publics (répression des atteintes à la sûreté – autrefois, droit de guerre).

B. Immunités de l'État

L'État a un **droit de contrôle exclusif** sur ses services publics : il bénéficie d'une **immunité de juridiction** (privilège qui le fait échapper à la compétence des tribunaux étrangers). Cette immunité est distincte de l'**immunité d'exécution** (absence d'exécution forcée et de mesures conservatoires sur les biens).
Le régime de ces immunités est variable suivant les pays (caractère absolu ou relatif), mais il faut souligner l'*inutilité* de la levée de l'immunité de juridiction, si l'on maintient l'immunité d'exécution. Et il y a *immoralité* de l'immunité d'exécution, en cas de renonciation volontaire à l'immunité de juridiction (d'ailleurs, la Cour de cassation – 1re civ., 6 juill. 2000, *Sté Creighton Ltd/Min. finances Qatar* – considère que la renonciation à l'immunité de juridiction implique la renonciation à l'immunité d'exécution).

1. En France

Il n'y a pas de texte législatif en la matière. Selon la jurisprudence civile, dont la motivation est, parfois, flottante, l'*immunité de juridiction* s'applique aux seuls actes de puissance publique, c'est-à-dire si l'acte qui donne lieu au litige participe par sa *nature* ou sa *finalité* à l'exercice de la souveraineté de l'État (Cass. ch. mixte,

20 juin 2003, *X/École saoudienne de Paris*). Le contenu de l'acte (clause exorbitante) n'est plus pris en considération. Pratiquement, les domaines des contrats de travail (sauf responsabilité particulière dans l'exercice du service public diplomatique, Cass. soc., 22 mars 2006, *X/Koweit*) et des transactions commerciales ne sont pas couverts par l'immunité de juridiction. De même, un contrat de bail pour loger du personnel diplomatique constitue un acte de gestion (Cass. 1re civ., 20 sept. 2006, *Soc. Prony/Guinée Bissau*). En matière de licenciement, l'examen des fonctions du salarié permet de déterminer si le licenciement est un acte de gestion (Cass. soc., 10 juin 2008, *X/Royaume du Maroc*). D'autre part, l'immunité est fondée sur la nature de l'activité (*critère fonctionnel*) et non sur la qualité de celui qui l'exerce (*critère organique*).

Quant à l'*immunité d'exécution*, la jurisprudence semble admettre une limitation de sa portée, traditionnellement absolue, lorsque le refus d'immunité ne risque pas de porter gravement atteinte à la souveraineté de l'État, du fait que les sommes frappées de saisie ne constituent pas des fonds publics. Ceci est réalisé lorsqu'il y a un lien entre le bien saisi et la créance, cause de la saisie, et lorsque l'activité en cause est régie par le droit privé (Cass. civ., 14 mars 1984, *Eurodif/Iran*). Plus récemment, l'immunité d'exécution a même été écartée à propos d'un arriéré de charges de copropriété pour un logement de diplomates (Cass. 1re civ., 25 janv. 2005, *Rép. démo. Congo/Synd. copropr.* : le bien saisi ne se rattachant pas à l'exécution d'une activité de souveraineté, mais à une opération économique, commerciale ou civile relevant du droit privé donnant lieu à la demande en justice). À un certain moment, la Cour de cassation a estimé que les sanctions infligées à l'Irak avaient apporté une limitation à sa souveraineté et l'empêchaient d'opposer l'immunité d'exécution (Cass. 1re civ., 15 juill. 1999, *Soc. Dumez*). Mais, en 2006, cette formation, sur pourvoi après renvoi, est revenue sur cette jurisprudence, en considérant qu'une résolution du Conseil de sécurité ne saurait, à elle seule, privé cet État de son immunité d'exécution (25 avril 2006).

Problème posé par la portée des immunités à l'égard des démembrements ou *émanations de l'État* (personnes morales jouissant d'une certaine autonomie) pour lesquelles l'immunité d'exécution ne joue pas, en principe (Cass. civ., 1er oct. 1985, *Sonatrach*). Encore faut-il qu'il s'agisse d'une véritable émanation de l'État, un simple contrôle de celui-ci sur une personne morale n'implique pas nécessairement une assimilation à l'État (Cass. 1re civ., 4 janv. 1995). Voir aussi, Cass. civ., 6 février 2007.

2. Aux États-Unis

Le *Foreign Sovereign Immunity Act* (*FSIA* – 1976) reconnaît une immunité aux États (US Court of appeals, 1st circuit, 31 mars 2005, *Ungar et al. v. PLO et al.* : l'Autorité palestinienne n'est pas un État). Mais le *FSIA* exclut toute immunité (de juridiction ou d'exécution) pour les activités commerciales (US Court of appeals, 5th circuit, 17 sept. 2004, *Af-Cap Inc/Rép. Congo*). Le FSIA ne s'applique pas aux biens immobiliers (US Supreme Court, 14 juin 2007). Par ailleurs, la théorie de l'*Act of State* se rapproche de l'immunité de juridiction des États étrangers, sans se confondre avec elle. L'*immunité de juridiction* empêche une action en justice dirigée contre un État étranger, tandis que la théorie de l'*Act of State* s'applique dans toute procédure engagée même entre particuliers ou contre une entité émanant d'un État étranger.

Compte tenu de la territorialité de la loi nationale, les tribunaux américains refusent de se prononcer sur la validité des actes de puissance publique d'un État étranger, accomplis sur son territoire. Mais l'*amendement Sabbatino* ou *Hickenlooper* (1964) a limité la portée de cette jurisprudence à l'égard des actes de gouvernements étrangers affectant des biens américains, dans des conditions contraires au droit international (ex. : nationalisation sans indemnité), si les biens sont situés aux États-Unis. La loi Helms-Burton de 1996 a une portée plus étendue, car peu importe la localisation actuelle des biens en cause (v. *infra* p. 82-83). Application de l'exception même rétroactivement (CS, 7 juin 2004, *Rep. of Austria v. Altmann*: à propos de la saisie de biens juifs en Autriche, avant la Seconde Guerre mondiale). De même, une loi de 1988 écarte l'application de cette théorie en matière d'exécution de sentences arbitrales transnationales. Encore faut-il que l'entité mise en cause soit un État.

3. Convention européenne du 16 mai 1972 (Conseil de l'Europe)

Elle adopte une solution de compromis, tout en maintenant, par ailleurs, l'**immunité d'exécution** (sous réserve de donner effet aux jugements rendus contre un État étranger, dans les cas prévus par la Convention). Pratiquement, celle-ci écarte toute immunité de juridiction pour des activités étatiques sans rapport avec l'exercice de la souveraineté (liste d'actes). Un protocole additionnel crée un tribunal pouvant être saisi par des particuliers, en cas de litige portant sur l'application de la Convention. Concernant le Conseil de l'Europe, voir aussi les liens entre Cour européenne des droits de l'Homme, art. 6 Conv. EDH et immunités de juridiction.

4. Convention des Nations unies du 2 décembre 2004

Après l'échec du projet d'articles adopté par la Commission du droit international, en 1991, l'AG des Nations unies a, sur la base des travaux d'un comité spécial (créé en 2000), adopté une *Convention sur les immunités juridictionnelles des États et de leurs biens*: principe de l'immunité mais avec de très nombreuses exclusions (en matière de transactions commerciales, de contrats de travail, d'atteintes à l'intégrité physique, de dommages aux biens, en matière de propriété, de possession et usage de biens, de propriété intellectuelle, de navires dont un État est propriétaire si le navire est utilisé à des fins autres qu'à des fins de service public non commercial ou encore quant aux effets d'un accord d'arbitrage en matière commerciale). Le texte a été ouvert à la signature le 17 janvier 2005.
Au mois de **décembre 2008**, l'Allemagne a introduit, devant la Cour internationale de justice, une instance contre l'Italie pour non-respect de son immunité de juridiction en tant qu'État souverain.

§ 2 - Le service public de la défense nationale

1. L'État est libre d'**organiser** sa **défense** d'après ses besoins, ses moyens, sa politique, sauf respect d'obligations internationales limitant les armements (quantitativement ou qualitativement: *cf.* CIJ, aff. des *activ. mil. au Nicaragua*, 1986 ; ex. : traité sur le règlement définitif concernant l'Allemagne, 1990 – résolution 687 du Conseil de sécurité sur l'Irak, 1991) ou imposant un niveau minimum (système d'assistance mutuelle).
2. Le **stationnement des troupes** à l'étranger est subordonné à une autorisation :

partage de compétences entre l'*État du drapeau* (discipline et sécurité : *CPA*, aff. des *déserteurs de Casablanca*, 1909) et l'*État de séjour*.

3. Des troupes peuvent exercer des **compétences à l'égard de puissances tierces**, notamment en cas de *guerre* (contrôle de la navigation neutre, occupation) ou en cas de *crise* (ex. : contrôle de sanctions économiques décidées par le Conseil de sécurité).

§ 3 - Les services diplomatiques et consulaires

1. L'État est compétent pour organiser et faire fonctionner des services diplomatiques et consulaires en territoire étranger.

2. L'État est compétent même à l'égard d'**étrangers** collaborant à ces services (consuls marchands, agents consulaires).

3. Compétence à raison des services publics et non compétence territoriale, car il n'y a pas d'*extraterritorialité* des locaux.

4. L'État doit veiller à ce que ses agents diplomatiques et consulaires n'interviennent pas dans les **affaires intérieures** de l'État de séjour (déclarations, contacts, etc.) et respectent les lois de celui-ci.

5. Il n'existe pas, en principe, de **droit d'asile** dans les locaux diplomatiques (*asile diplomatique* à distinguer de l'*asile territorial*, v. *infra* p. 83), même en faveur de réfugiés politiques. Mais, la pratique internationale semble admettre un droit de *refuge temporaire*.

6. La CIJ veille au respect de la Convention de Vienne sur les relations diplomatiques (aff. des *otages américains*, 1980 et aff. *RDC/Ouganda*, 2005).

Section 3 › LA COMPÉTENCE TERRITORIALE

C'est le pouvoir juridique d'un État d'agir dans l'espace qui constitue son territoire. L'État tire un titre de compétence de son territoire (souveraineté territoriale).

§ 1 - Les caractères de la souveraineté territoriale

Les caractères de la souveraineté territoriale (**généralité** et **exclusivité**) permettent d'en déterminer le contenu.

A. Généralité de la souveraineté territoriale

1. Affirmation de la souveraineté territoriale

La souveraineté territoriale est constituée par un **large faisceau de compétences** : *législative* : inapplicabilité en France de mesures législatives étrangères contraires à l'ordre public français, d'où le problème posé par certaines mesures visant des succursales étrangères sur le territoire français (ex. : banques américaines) ; *administrative* et *juridictionnelle*.

Volet économique de la souveraineté : la *Charte des droits et devoirs économiques des États* (1974) reconnaît la souveraineté permanente sur les richesses, ressources naturelles et les activités économiques y compris la possession et le droit de les utiliser et d'en disposer. Validité des mesures de **nationalisation** à une triple condition : intérêt public, non-discrimination (à l'égard des étrangers), indemnisation. À distinguer, toutefois, à nouveau, la *compétence d'édiction* et la *compétence d'exécution* (effets hors du territoire).

La Convention de Rio (1992) sur la diversité biologique, sans consacrer la notion de « patrimoine commun de l'humanité » sur les ressources génétiques, reconnaît toutefois le droit à un partage des avantages découlant de l'exploitation des ressources génétiques.

Principe de la *territorialité de la loi* : théorie de la localisation des effets de la loi : théorie de la localisation des effets de la loi sur le territoire de l'État d'édiction.

– Application en droit communautaire (droit communautaire applicable à des entreprises étrangères sur le territoire de la Communauté ; exceptionnellement application extraterritoriale du droit communautaire).

– Controverses autour de la légalité internationale de la législation américaine adoptée en 1996 (loi Helms-Burton contre Cuba et loi d'Amato-Kennedy contre l'Iran et la Libye – levée en 2003 contre ce pays) pour contribuer au rétablissement de la démocratie à Cuba et pour lutter contre le terrorisme international : mécanisme d'interdictions et de sanctions applicables à n'importe quelle personne dans le monde. Cela s'apparente à un boycott secondaire de ces trois pays. Critiques fondées essentiellement sur l'extraterritorialité contestable des effets de la législation américaine mais également sur l'atteinte à la souveraineté et au principe de non-immixtion dans les affaires intérieures et sur la violation des règles conventionnelles universelles (OMC) et régionales (ALENA, OCDE) sur les échanges internationaux. Cette question soulève à nouveau le problème de la conciliation de la légitimité d'une action internationale (c'est-à-dire de la conformité à des valeurs de référence, en l'occurrence la démocratie et la lutte contre le terrorisme international) avec la légalité internationale, qui désigne la conformité au droit (conventionnel ou coutumier). L'Union européenne a finalement obtenu la non-application de la législation américaine (1998).

Compétence pour réglementer l'entrée et le séjour des étrangers, sous réserve de certains engagements internationaux (ex. : définition de normes communautaires et contrôle unique aux frontières extérieures des HPC : accord de Schengen, 1985 dont l'acquis a été intégré dans l'Union européenne par le traité d'Amsterdam, 1997 et accord complémentaire, 1990 ; accord sur l'Espace économique européen, 1992).

Afin de lutter contre le **terrorisme international** (v. définition *infra* p. 86), multiplication des conventions autorisant un État à poursuivre (à défaut d'*extradition*) les responsables d'infractions graves, cherchant refuge sur son territoire (limitation du droit d'*asile territorial*) : « *aut dedere, aut judicare* ». Le traité de Maastricht (1992) sur l'Union européenne classe, par ailleurs, la politique d'asile parmi les « *questions d'intérêt commun* » et le traité d'Amsterdam (1997) la soumet à la communautarisation.

En France, jusqu'en 2003, il y avait deux types d'asile : *conventionnel* (sur la base de la Convention de 1951 sur le statut des réfugiés) et « *territorial* » (sur la base du préambule de la Constitution de 1946 – v. *supra* p. 24-25). Depuis, il n'existe plus que l'asile conventionnel et une *protection subsidiaire*.

Les *juridictions américaines* ont tendance à admettre une compétence extraterritoriale des autorités de police en matière de lutte contre le terrorisme et le trafic de stupéfiants, mais, en principe, sous réserve de l'acceptation de l'État concerné.

V. cependant jurisprudence critiquée de la Cour Suprême dans l'affaire *Alvarez-Machain* (1992) validant un enlèvement en territoire mexicain sans respecter le traité d'extradition. Mais dans cette même affaire, une juridiction inférieure a estimé qu'il y avait eu violation du droit international justifiant l'octroi d'une indemnité, selon la *common law* (Court of appeals, 9th circuit, 11 sept. 2001, *Alvarez-Machain v. US*) : cette décision a été infirmée par la Cour suprême le 29 juin 2004. Idée de légitime défense ou d'auto-protection (ex. : après des attentats portant atteinte à des intérêts américains à l'étranger, frappes militaires américaines en Libye, en 1986 et sur des bases terroristes au Soudan et en Afghanistan, en 1998).

2. Atteintes à la souveraineté territoriale

La souveraineté tend à s'estomper devant certaines valeurs considérées comme universelles (ex. : refus d'accepter l'épuration ethnique au Kosovo, d'où frappes aériennes de l'OTAN en Serbie, opération *Force alliée*, 1999). Mais crainte d'une trop large extension, d'où les hésitations de la communauté internationale face à la situation au Timor oriental tant que l'Indonésie n'a pas accepté une intervention internationale pour garantir l'effectivité du droit à l'indépendance (1999), encore que l'invasion de ce territoire en 1975 et son annexion par l'Indonésie, en 1976, n'avaient pas été reconnues. Par ailleurs, l'attitude de certains membres permanents du Conseil de sécurité suscite (implicitement) la paralysie de l'ONU (ex. : face à la situation en Tchétchénie depuis 1999, à cause de la Russie ; même phénomène face à la situation au Tibet, depuis beaucoup plus longtemps, à cause de la Chine).

On peut également se demander si le principe de souveraineté n'est pas remis en question, dans certains cas où, au nom du principe d'autodétermination, une population réclame l'indépendance (démembrement/sécession). Et se pose alors un certain droit d'ingérence devant le massacre de populations revendiquant l'indépendance.

Perspective d'un **espace judiciaire**, voire juridique, européen dans le cadre de l'Union européenne (rapprochement législatif, notamment en matière d'asile et de migration, coopération des services de police et de justice : *Europol* pour coordonner la lutte contre les grandes formes de criminalité internationale et, en liaison avec cet organisme, *Eurojust,* amorce de parquet européen – Adoption d'un pacte européen sur l'immigration et l'asile en 2008). Au lendemain des attentats de New York et Washington (sept. 2001), l'Union européenne a décidé, en juin 2002, de mettre en place un *mandat d'arrêt européen,* qui s'est substitué à la procédure d'extradition : il s'agit d'une procédure plus rapide et moins aléatoire, car entièrement judiciarisée (sans intervention du pouvoir politique).

Par ailleurs tendance à l'universalité de la compétence pénale dans des domaines de plus en plus nombreux (terrorisme, tortures et traitements inhumains et dégradants, etc.). Incidence de l'établissement de la Cour pénale internationale et réglementation conventionnelle de l'extradition dans le cadre européen (Conseil de l'Europe, 1957 – Union européenne : Convention du 10 mars 1995 : procédure simplifiée reposant sur le consentement de la personne concernée et Convention du 27 septembre 1996 facilitant l'extradition des nationaux, sauf réserve et extradition pour infraction politique). Une loi belge de 1993, modifiée en 1999, avait introduit la « compétence universelle » des tribunaux belges en matière de répression de génocide, de crimes de guerre et de crimes contre l'humanité. Mais, cette conception d'une compétence universelle, par défaut, c'est-à-dire en l'absence de tout rattachement avec le pays (nationalité de la victime ou de l'auteur et surtout quel que soit le lieu où se trouve celui-ci) a été critiquée (v. opinion individuelle du président de la CIJ, G. Guillaume, dans l'aff. *Rép. démo. du Congo/Belgique*, 2002). D'où, la modification, adoptée en 2003, en vue d'établir un lien avec la Belgique, du fait de la nationalité ou la résidence de l'auteur ou de la victime, afin de supprimer le caractère absolu de la compétence universelle. De son côté la CEDH adopte une conception restrictive d'une compétence civile universelle pour des actes de torture, bien que leur interdiction soit considérée comme une norme de *jus cogens* (21 nov. 2001, *El Adsani/Royaume-Uni*). La portée de la législation française est actuellement en cause devant la CIJ dans l'affaire *Congo/France*. De leur côté, les plus hautes instances juridictionnelles espagnoles ont admis la compétence du juge espagnol pour juger les crimes de génocide, de crimes contre l'humanité et les actes de torture commis hors d'Espagne, quelle que soit la nationalité des victimes (Trib. const., 5 oct. 2005 et Audiencia Nacional, 22 févr. 2006).

Ainsi, de plus en plus souvent, la contrainte se substitue à la coopération dans le domaine de la justice pénale internationale.

En France, un avis du Conseil d'État (1995) consacre la valeur constitutionnelle du principe de non-extradition pour les infractions politiques. Et valeur supplétive de la loi de 1927 sur l'extradition par rapport aux conventions d'extradition : la loi ne s'applique que sur les points non réglementés conventionnellement.

Un État est responsable des conditions dans lesquelles il exerce ses compétences (CPA, aff. *Savarkar*, 1911).

B. Exclusivité de la souveraineté territoriale

1. Non-immixtion dans les affaires intérieures de la part des États étrangers

(organisation constitutionnelle ou régime des libertés publiques).

Exceptionnellement, des accords internationaux limitent la compétence des États : ex. : accords de Londres et de Zurich (1959) sur *Chypre*, accords de Paris (1991) sur le *Cambodge* et accords de Dayton/Paris (1995) sur la *Bosnie*. Originalité de l'accord de paix de 1998 associant les autorités irlandaises à certains aspects de l'administration de l'*Irlande du Nord*.

À noter, toutefois, pratiquement une véritable mise en « tutelle » de l'Irak, dans l'exploitation de ses ressources pétrolières (résolutions du Conseil de sécurité 706 et 708) et de son industrie d'armement (résolution 715 de 1991) jusqu'à l'intervention de la coalition anglo-américaine en 2003.

La CIJ a condamné l'Ouganda pour ingérence dans les affaires intérieures de la République démocratique du Congo (aff. *RDC/Ouganda*, 2005).

2. Interdiction des actes de contrainte de la part des États étrangers

(notamment pas d'enlèvements de personnes, mais recours à la procédure de l'*extradition*, non applicable aux infractions politiques). Mais il est vrai que, généralement, les États appliquent l'adage « *male captus, bene detentus* » qui permet des poursuites devant les tribunaux nationaux, même s'il y a un doute sur la légalité de l'arrestation intervenue au regard du droit international.

V. *supra* idée d'auto-protection.

§ 2 - Les obligations nées de la souveraineté territoriale

En contrepartie des droits qu'il tire de sa souveraineté territoriale, l'État est soumis à certaines obligations (arbitrage de Max Huber, aff. de *l'île des Palmes*, 1928).

A. Les droits des ressortissants étrangers

1. Obligation d'assurer aux étrangers l'exercice effectif de leurs droits conventionnels

Ex. : CPA, affaire des *pêcheries de l'Atlantique Nord*, 1910.

2. Obligation de vigilance à l'égard d'actes nuisibles à des étrangers

Ex. : CIJ, affaire du *détroit de Corfou*, 1949.

B. Les droits des États étrangers

1. Droit à l'intégrité et à l'inviolabilité

a) Obligation de ne pas tolérer sur son territoire des **actes portant atteinte à la sécurité des États étrangers** (Protocole du 20 janv. 1869 à propos des insurrections de Crète). Le problème de la lutte contre le **terrorisme international** s'est posé avec acuité depuis la tragédie des jeux olympiques de Munich (1972). En 1979, adoption d'une Convention aux Nations unies contre la prise d'otages, mais déjà du temps de la SDN, deux conventions avaient été élaborées et ne sont pas entrées en vigueur. Convention dans le cadre du Conseil de l'Europe (1977) et des Communautés européennes (1979). Le territoire d'un État ne doit servir ni de repaire ni de sanctuaire pour des actes de **terrorisme**. En l'absence de convention globale, il existe un certain nombre de conventions – dont la dernière en date d'avril 2005 sur la répression des actes de terrorisme nucléaire – qui visent, chacune, certaines formes de terrorisme, ce fléau du monde moderne. De plus, il n'y a même pas de définition officielle. On observera, tout de même, que la convention du Conseil de l'Europe pour la prévention du terrorisme (entrée en vigueur le 1er juin 2007) rappelle, en son préambule, que « les actes de terrorisme, par leur nature ou leur contexte, visent à intimider gravement une population, ou à contraindre indûment un gouvernement ou une organisation internationale à accomplir ou à s'abstenir d'accomplir un acte quelconque, ou à gravement déstabiliser ou détruire les structures fondamentales, politiques, constitutionnelles, économiques ou sociales d'un pays ou d'une organisation internationale ». Concrètement, il faut que la définition, qui sera adoptée, n'admette aucune justification (comme c'est déjà le cas pour les actes de torture) pour des attaques dirigées contre des civils. Non seulement il faut réprimer les actes terroristes, au plan international, mais il faut également assurer la *prévention* des actes de terrorisme. Ceci implique une traque impitoyable – déjà amorcée au plan international – contre le financement de ces actes, par un contrôle très poussé des mouvements de capitaux.

La lutte contre le terrorisme vise à assurer la défense effective des valeurs essentielles de la démocratie et des droits fondamentaux de la personne humaine.

b) Obligation de ne pas tolérer d'**actes inamicaux** à l'égard des États étrangers (activités des réfugiés politiques, respect du drapeau, articles de presse, films, etc.).

Ainsi l'attitude bienveillante de la Nouvelle-Zélande à l'égard du mouvement *Greenpeace* était de nature à atténuer la responsabilité de la France dans l'affaire de la destruction du *Rainbow Warrior* (1985).

2. Principe de l'utilisation non dommageable du territoire (P.-M. Dupuy)

CIJ, avis consultatif sur les *armes nucléaires*, 1996 ; affaire *Hongrie/Slovaquie*, 1997.

§ 3 - Les limitations à la souveraineté territoriale

A. L'application de règles relatives à l'exercice de la compétence territoriale

1. À l'égard des étrangers

a) Règles coutumières

– Respect d'un *standard minimum de civilisation* (notamment droit d'accès aux tribunaux).

– Nécessité de concilier le principe du respect du droit de propriété avec la *souveraineté de l'État sur ses ressources naturelles*. La *Charte des droits et devoirs économiques des États* (1974) se prononce en faveur de l'extension croissante des droits des États en matière de contrôle des investissements privés étrangers, surtout, dans le cadre des nationalisations (en excluant le droit international et en renvoyant à la compétence exclusive de l'État-hôte).

b) Règles conventionnelles

– Conventions *bilatérales* (ex. : conventions d'établissement). Ainsi, en dépit du caractère incontestable du droit de l'État à nationaliser, obligation de respecter des engagements conventionnels antérieurs (sentence arbitrale de R.-J. Dupuy dans l'aff. *Texaco/Gouvernement libyen*, 1977). Mais, ces engagements *(clauses de stabilisation)* n'auront qu'un effet limité si elles sont rédigées en termes très larges (sentence arbitrale, *Aminoil/Koweit*, 1982).

– Conventions *multilatérales*: relatives aux droits de l'homme (ex. : Convention européenne, 1950, pactes internationaux de 1966), aux réfugiés (ex. : Convention de 1951) ou à l'égalité de traitement (ex. : Convention sur le Spitzberg, 1930 : souveraineté norvégienne devant se concilier avec le principe de la liberté économique). Signalons, par ailleurs, un traité international sur les *disparitions forcées*, ouvert à la signature en février 2007, qui interdit, en toutes circonstances, l'enlèvement de personnes et leur détention dans des lieux secrets et cela quels que soient les auteurs de ces forfaits, qu'ils soient les agents d'un État (police, armée) ou tout groupe non étatique, telles milices ou guérillas.

Bien évidemment, application du droit communautaire dans l'Union européenne.

2. À l'égard des nationaux

a) Statut des minorités : *cf.* système instauré après la Première Guerre mondiale et certains accords bilatéraux signés après la Seconde Guerre mondiale (ex. : Autriche-Italie sur le Haut-Adige, 1946 ; accords d'Évian, 1962 ; Allemagne-Pologne, 1991 ; Convention-cadre du Conseil de l'Europe, 1993 : mais avis négatif du Conseil d'État, 1995, quant à la constitutionnalité de cette Convention. Même avis négatif, 1996, à l'égard de la charte des langues régionales et minoritaires, mais le gouvernement a décidé de passer outre, d'où la saisine du Conseil constitutionnel par le président Chirac – décision négative du 16 juin 1999 – et refus du président de la République de procéder à une révision constitutionnelle).

À noter la condition posée pour la reconnaissance de nouveaux États, par la CEE, fin 1991 : respect du droit des minorités, mais dans le cadre du droit interne.

b) Règles internationales sur la protection des droits de l'homme : Convention européenne de 1950, pactes internationaux de 1966 et Convention interaméricaine de 1969.

c) Controverses sur un éventuel droit d'ingérence (intervention humanitaire) fondé sur un devoir d'assistance (ou responsabilité de protéger). Certes l'ingérence *immatérielle* (M. Bettati) sous forme de rapports, délibérations, résolutions a fait son chemin. Mais, il n'en est pas de même de l'action humanitaire sous forme d'ingérence *matérielle*. Car il est difficile de faire coïncider une notion *morale (devoir d'ingérence)* avec une notion *juridique*.

Prises de position de l'AG des Nations unies (résolutions 43/131 de 1988 et 45/100 de 1990) relatives à l'assistance humanitaire que les organisations non gouvernementales et mêmes intergouvernementales devraient pouvoir apporter en cas de nécessités (catastrophes naturelles) et du Conseil de sécurité (résolutions 688/1991 lors de la répression contre les Kurdes et 713/1991 sur la Yougoslavie en proie à la guerre civile). Mais, dans ces différentes hypothèses, mention a été faite de la souveraineté des États ou de la recherche de l'accord de l'État concerné. En principe, appel de l'État concerné (résol. AG 46/182 de 1991). En quelque sorte, principe de *subsidiarité* pour une action extérieure à l'État. Liens avec les mécanismes tenant à la « responsabilité de protéger » : notion prise en compte par le sommet des Nations unies en 2005. Il n'y a pas de norme de droit positif, même pas un droit à l'état naissant *soft law*, les États en cause ayant, bon gré mal gré, donné leur accord pour des actions humanitaires sur leur territoire (centres humanitaires en Irak ou couloirs ou corridors d'urgence, y compris sur le territoire maritime, en Yougoslavie, en 1992-1993).

C'est ce que confirment certains **cas exceptionnels** :

– *Somalie :* en l'absence de pouvoirs publics effectifs dans le pays, le Conseil de sécurité autorise (résol. 794/1992) une opération multinationale d'aide humanitaire *(Restore Hope)*.

– *Rwanda :* le Conseil de sécurité autorise l'opération *Turquoise* (résol. 924/1994) d'assistance humanitaire (été 1994), en attendant la mise en place de casques bleus ; opération menée pratiquement seule par la France afin d'éviter un génocide en cours (guerre civile et non opposition des autorités officielles, de fait sans pouvoir).

– *Darfour :* même autorisation donnée en 2007 pour une action en commun Nations unies/Union africaine.

Mettre à part l'opération « Soutenir la démocratie » (automne 1994) à Haïti autorisée par le Conseil de sécurité à la demande du président légitimement élu, chassé du pouvoir. Réalisée par les États-Unis pratiquement avec le consentement des autorités *de facto*, en place.

d) De même, controverses à propos de la **politique américaine à l'égard de l'Irak** : en septembre 1996, à la suite d'une intervention « musclée » de Saddam Hussein au

Kurdistan : destruction de bases antiaériennes et extension au sud de la zone d'exclusion aérienne (v. p. 148).

e) Controverses également à propos de l'opération **Force alliée** (frappes aériennes de l'OTAN en Serbie, au printemps 1999) fondée sur la légitimité d'une réaction contre l'entreprise serbe de « purification ethnique » au Kosovo et au printemps 2003 lors de l'intervention de la coalition anglo-américaine en Irak.

f) Hésitations de la communauté internationale devant la **situation au Timor oriental** (v. *supra* p. 84). Que dire des silences de cette même communauté lorsqu'un membre permanent du Conseil de sécurité (Russie, Chine) est concerné (en Tchétchénie ou au Tibet) ?

Le caractère discrétionnaire de ces réactions est particulièrement choquant. Les pays en développement sont d'ailleurs hostiles à tout « prétendu droit d'intervention humanitaire » (Sommet des 122 à La Havane, avril 2000). Kofi Annan a, en 2004, suggéré de retenir l'idée d'une « responsabilité collective » devant certaines situations (ex. : risque de génocide).

3. À l'égard de certaines parties du territoire

Il existe certaines règles de nature à favoriser les communications internationales (v. *infra* : domaine public international) et qui limitent la souveraineté territoriale.

B. Les exceptions à la généralité de la compétence territoriale

Alors que la compétence territoriale s'applique à tous ceux qui sont sur le territoire d'un État, il y a certains **cas où des biens ou des personnes vont y échapper**.

1. Caducité du régime des capitulations

Régime conventionnel particulier au profit des étrangers et notamment des chrétiens en pays d'Islam (dès le XVIe s.) et en Chine (lié à l'expansionnisme européen au XIXe s.). Disparition au XXe siècle.

2. Régime des immunités

Au profit des États étrangers, des chefs d'État, des agents diplomatiques et des agents consulaires, des organisations internationales et de leurs agents.

L'immunité des chefs d'État tend à s'amenuiser du fait, d'une part, de la mise en place d'une Cour pénale internationale compétente pour connaître de la commission de certains crimes (ex. : inculpation du président yougoslave Milosevic par le Tribunal pénal international en 1999) et, d'autre part, d'une jurisprudence nationale visant à limiter l'immunité des anciens chefs d'État, suspectés de génocide, de prises d'otages, de crimes de guerre et/ou de crimes contre l'humanité, d'actes de torture (jurisprudence britannique dans l'aff. *Pinochet*, 1998-1999). Mais la Cour de cassation a confirmé qu'en l'absence de dispositions internationales contraires, les chefs d'État en exercice bénéficient d'une immunité de juridiction (13 mars 2001 : à propos de l'implication du président libyen Khadafi dans l'attentat contre un avion français au-dessus du Niger, en 1989). La question de l'immunité pénale du président de la République du Congo est soulevée dans l'aff. *Congo/France*, pendante devant la CIJ). Aucune violation constatée dans l'affaire *Djibouti/France*, 2008.

La CIJ a reconnu l'existence d'une coutume consacrant l'immunité du ministre des Affaires étrangères en exercice, en tant qu'il représente un État, y compris en cas de crime de guerre ou contre l'humanité (CIJ, 14 févr. 2002, *Rép. démo. Congo/Belgique*). La question de l'immunité du ministre de l'Intérieur est soulevée dans l'affaire *Congo/France*.

3. Jeu de la compétence personnelle

Détermination de l'état et de la capacité des personnes. V. *supra* p. 77 : application extraterritoriale de la loi nationale si elle ne heurte pas l'ordre public de l'autre État.

4. Situations particulières

Ex : Hong-Kong, Macao, après leur rétrocession à la Chine en 1997 et 1999, en vertu d'accords conclus avec la Grande-Bretagne ; Nouvelle-Calédonie, après les accords de Nouméa, consacrés par la loi constitutionnelle du 20 juillet 1998 (art. 77 de la Constitution) ; création, en 1998, d'un tribunal écossais siégeant aux Pays-Bas pour juger deux ressortissants libyens impliqués dans l'attentat terroriste au-dessus de Lockerbie, en 1988, et dont l'un sera condamné en 2001 ; de même problème posé en Bosnie du fait de l'arbitrage imposé de Brcko, 1999, relatif aux frontières délimitées par les accords de Dayton et du pouvoir du représentant de l'Union européenne d'intervenir directement dans la vie politique du pays.

C. Les exceptions à l'exclusivité de la compétence territoriale

Il s'agit de limitations au monopole de la juridiction et de la contrainte d'un État sur son territoire :
– fonctions quasi juridictionnelles des consuls (marine marchande) ;
– stationnement de forces étrangères ;
– exercice de représailles en vertu du droit de légitime défense ;
– interventions dites d'*humanité* en vue de protéger la vie de **nationaux** à l'étranger, sans l'accord de l'État concerné (ex. : opération israélienne à Entebbe, 1976) ;
– interventions sollicitées : ex. : Belgique et France, à Kolwezi (ex-Zaïre – RDC), 1978 ; Australie, au Timor Leste, 2006.
– accord particulier : ex. : accord de paix à propos de l'Ulster (1998).

§ 4 - Les modalités de la compétence territoriale

Il existe des cas où un État n'exerce sur un territoire que des compétences limitées, appelées parfois **droits territoriaux mineurs**.

A. Exercice collectif de la compétence territoriale

Plusieurs États agissant de concert exercent une compétence territoriale, soit pour la gestion d'un intérêt commun, soit sur le fondement d'une idée de garantie.

1. Idée d'intérêt commun

a) Gestion d'un service public à base territoriale : ex. : Commission européenne du Danube (1856-1940) – gestion du *patrimoine commun de l'humanité* au fond des mers (service public industriel et commercial à l'échelle mondiale).
b) Condominium : plénitude de la compétence territoriale à deux États agissant

conjointement (ex. : autrefois les Nouvelles-Hébrides, devenues le Vanuatu ; golfe de Fonseca, CIJ, aff. *El Salvador/Honduras*, 1992).

c) Occupation militaire collective : ex. : Alliés en Allemagne de 1945 à 1954 et à Berlin (jusqu'en 1990) ; l'occupation de l'Irak par la coalition dirigée par les États-Unis, en 2003, constatée par le Conseil de sécurité (résol. 1483), a, officiellement, pris fin le 28 juin 2004.

2. Idée de garantie

Faire échapper un territoire à des rivalités politiques.

a) Administration internationale d'un territoire : ex. : Sarre (1919-1939), Mostar (en Bosnie, 1994-1996 : administration temporaire par l'Union européenne) ; Kosovo (1999-2008) : administration provisoire du territoire par les Nations unies (mission d'administration intérimaire des Nations unies au Kosovo – MINUK) ; Timor oriental (1999-2002) : administration transitoire des Nations unies pour le Timor oriental – ATNUTO.

Situation particulière de la Bosnie, soumise dans une certaine mesure à une « tutelle » de l'ONU en liaison avec l'Union européenne (haut représentant civil).

b) Autrefois régime de la tutelle : droit de contrôle des Nations unies.

c) Régime original du district de Gaza et du district Nord-Cisjordanie dans le cadre du règlement du problème israélo-palestinien.

Après le refus des États voisins et de la population arabe de Palestine du plan de partage proposé par l'ONU (1947), plusieurs guerres ont eu lieu avant l'adoption par Israël et l'OLP d'une déclaration de principes (13 sept. 1993 à Washington) et d'un accord sur *« Gaza et Jéricho d'abord »* (4 mai 1994, Le Caire) : à titre transitoire, régime d'autonomie sous la direction d'une Autorité palestinienne. Partage des compétences entre Israël et cette Autorité sur le plan territorial, fonctionnel et personnel. Longues et difficiles négociations en vue de l'extension de ce régime à l'ensemble de la Cisjordanie (1995, Washington). Accords de Wye Plantation (1998) et Charm el Cheikh (1999) : zones entièrement sous administration palestinienne (A), zones sous administration mixte (B) et zones entièrement sous administration israélienne (C). Passage progressif de C vers B puis vers A. Éloignement d'un accord définitif de paix, escompté en 2000, du fait de l'échec, à l'automne, des négociations à Camp David, sous l'égide des États-Unis. Il s'en est suivi une reprise des actions terroristes dirigées contre Israël (seconde *Intifada* – une première *Intifada* – « révolte » en arabe – avait eu lieu entre 1988 et 1991 jusqu'à la crise du Golfe).

Une « *feuille de route* », élaborée, en 2003, par le « Quatuor » (ou « Quartet » : États-Unis, Russie, Union européenne et Nations unies) a été proposée aux deux parties, et aurait dû aboutir, en 2005, à la mise au point du statut définitif d'un État palestinien et, ce faisant, mettre un terme au conflit israélo-palestinien, qui dure depuis près de soixante ans. Mais cette date n'a pu être respectée, en raison de la persistance des actes de terrorisme (un avis consultatif de la CIJ, en juill. 2004 a, cependant, estimé illégale la construction par Israël d'un « Mur » – de fait une « barrière de sécurité » – en vue d'empêcher le passage de terroristes). Toutefois, la disparition de Yasser Arafat fin 2004, premier président de l'Autorité palestinienne, et la décision unilatérale de désengagement de la bande de Gaza, mise en œuvre par Israël, durant l'été 2005, avaient ouvert de nouvelles perspectives de paix. Mais les élections de 2006 ayant donné la victoire au *Hamas*, mouvement qui refuse de reconnaître l'État

d'Israël, ont rendu impossible l'ouverture de véritables négociations, malgré l'attitude conciliante de Mahmoud Abbas, président de l'Autorité palestinienne. Par ailleurs, la direction du gouvernement palestinien étant toujours aux mains du *Hamas*, la communauté internationale, et notamment l'Union européenne, a restreint l'aide financière, dont la population a pourtant un besoin urgent, afin d'empêcher un détournement de cette aide à des fins agressives, les lancements de roquettes se poursuivant depuis la bande Gaza, en direction du territoire israélien. Restent donc, toujours à régler, notamment, le sort des implantations israéliennes en Cisjordanie, le « droit au retour » effectif en Israël des réfugiés palestiniens (et non une compensation financière), réclamé par les Palestiniens et le sort de Jérusalem.
À noter l'originalité – mais aussi l'inutilité – d'une « Présence temporaire internationale à Hebron » (TIPH), groupe d'observateurs non armés, depuis 1994, sur la base, implicite, de la résolution 904 du Conseil de sécurité.

B. Dissociation de la compétence territoriale

Les compétences territoriales sont partagées entre plusieurs États ou groupes d'États.

1. Dissociation portant sur tout un territoire

a) Protectorat : partage de compétences entre l'État protecteur et l'État protégé.
b) Régime de la tutelle : administration par un État d'un territoire sous contrôle des Nations unies (dernière tutelle levée en 1994).

2. Dissociation dans un but défini

a) Les cessions à bail diplomatiques (ex. : Chypre cédée en 1878 à la Grande-Bretagne) ou de type *économique* (ex. : en Chine au XIXe) ont pratiquement disparu (dernier vestige : territoire limitrophe de Hong-Kong jusqu'en 1997 ; par la suite, régime de *droit interne* particulier, sur le plan administratif et économique pendant 50 ans : Région administrative spéciale).
b) Développement des cessions à bail stratégiques (bases militaires) entraînant une limitation de souveraineté : partage de compétences, notamment dans le domaine juridictionnel, entre l'État cédant et l'État cessionnaire. Contentieux entre Cuba et les États-Unis à propos de la base de Guantánamo (concession perpétuelle accordée aux États-Unis au début du XXe siècle).

3. Remise à un État ou à une organisation internationale de l'exercice pratique des compétences étatiques

a) Remise à un État : ex. : zone du canal de Panama : sur la base du traité Hay-Bunau Varilla de 1903, les États-Unis administraient cette zone comme s'ils étaient souverains. Le traité de 1977 prévoyait une période transitoire, au cours de laquelle s'effectua un transfert graduel de compétences au profit de Panama, qui a recouvré sa pleine souveraineté en 2000.
b) Remise à une organisation internationale : si l'administration internationale, par les Nations unies, de l'*Irian occidental* (1962-1963) n'a soulevé aucun problème, il n'en a pas été de même pour la *Namibie* (ex-Sud-Ouest africain). La CIJ avait toutefois reconnu le droit de l'Assemblée générale de révoquer le mandat de l'Union sud-africaine (avis du 21 juin 1971). Mais, le Conseil et le commissaire des

Nations unies pour la Namibie n'ont pratiquement exercé aucun pouvoir. Après de longues négociations avec l'Afrique du Sud, la Namibie a accédé à l'indépendance en 1990. Mission active de participation de l'ONU à l'administration du *Cambodge* (APRONUC), dans le cadre des accords de Paris (1991) jusqu'en 1993. À rappeler également la mission de l'Administration transitoire des Nations unies pour la Slavonie orientale, la Baranja et le Srem occidental (ATNUSO) en Croatie (1996-1998).
Exemples récents du **Kosovo** (1999-2008) et du **Timor oriental** devenu indépendant sous le nom de Timor-Leste (1999-2002) – V. *supra*.

Chapitre 2 › ÉTABLISSEMENT DES COMPÉTENCES

> **› L'essentiel**
> *Le droit international réglemente essentiellement l'établissement des compétences territoriales, c'est-à-dire les* ***modes d'acquisition du territoire.***
> *Il faut distinguer l'acquisition d'un* ***territoire non encore approprié*** *et l'acquisition d'un* ***territoire déjà approprié.***
> *À la fin du XIXe, d'après la CIJ, les territoires habités par des tribus ou des peuples ayant une organisation sociale et politique n'étaient pas des territoires sans maître (avis consultatif dans l'aff. du* Sahara occidental, *1975).*

Section 1 › ACQUISITION D'UN TERRITOIRE NON ENCORE APPROPRIÉ

L'acquisition d'un territoire non encore approprié *(terra nullius)* a joué un rôle important du point de vue historique, mais a, aujourd'hui, perdu de son intérêt sauf pour les régions polaires. L'idée d'une appropriation du fond des mers ou de l'espace cosmique a été écartée.

§ 1 - Les diverses techniques d'acquisition des territoires sans maître

Historiquement, divers systèmes se sont succédé, mais en application de la notion de *droit international intertemporel*, l'exercice d'un droit a dû suivre les conditions requises par l'évolution du droit.

A. Attribution pontificale

Sur la base de l'autorité pontificale à l'égard des États catholiques. Plusieurs décisions *(bulles)* portant attribution de territoires : la plus célèbre fut la bulle *Inter Coetera* du pape Alexandre VI (1493) partageant les terres nouvellement découvertes entre l'Espagne et le Portugal.

B. Découverte avec occupation fictive

Système préconisé au XVIe par les États dont les marins faisaient des découvertes.

C. Système de l'occupation

Une prise de possession effective (exercice des fonctions étatiques) fait suite à la volonté d'un État d'acquérir. Affirmé au XVIIe et XVIIIe, ce système a été consacré par l'acte final de la *conférence de Berlin* de 1885 (avec l'exigence d'une notification). Ce principe qui a servi de base à l'édification des empires coloniaux a permis la détermination des frontières des États issus du mouvement de décolonisation (*conférence d'Addis-Abeba*, 1963 : principe de l'intangibilité des frontières héritées de la colonisation ; CIJ, aff. du *différend frontalier Burkina Faso/Mali*, 1986 et *Bénin/Niger*, 2005). Attachement de l'OUA à ce principe, d'où hostilité à l'égard de

l'« accord de paix » conclu en 2000 aux Comores, avec les séparatistes anjouanais, de nature à remettre en cause l'unité de ce pays, déjà affectée par la sécession de Mayotte en 1974.
Conception extensive de la notion d'occupation par la CIJ : il y a occupation, même en l'absence de frontières (aff. du « *Mur* », 2004 : la Cour a retenu l'occupation de la « Palestine »).
Sur les conditions d'acquisition de la Nouvelle-Calédonie par la France au XIXe siècle, voir le préambule de l'accord sur ce territoire, signé à Nouméa, le 5 mai 1998 par les différentes composantes de la population.

D. Acquisition résultant de la continuité, de la contiguïté ou de l'effectivité

1. Continuité

L'établissement d'un pouvoir effectif sur certains points du territoire entraîne l'extension de la souveraineté sur les régions avoisinantes (ex. : colonisation de l'Afrique : zones d'*hinterland*).

2. Contiguïté

Système utilisé pour les *archipels* : la souveraineté sur quelques îles entraîne la souveraineté sur tout l'archipel et la souveraineté sur la terre entraîne la souveraineté sur les îles situées dans les eaux territoriales. Voir affaire *Malaisie/Singapour*, CIJ, 2008.

3. Effectivité

À défaut d'un titre conventionnel, exercice effectif de fonctions étatiques (actes législatifs, administratifs et quasi-judiciaires) sur des îles au large des côtes (CIJ, 17 déc. 2002, aff. *Indonésie/Malaisie*) ou sur un fleuve (aff. *Bénin/Niger*, 2005).

§ 2 - Les régions polaires

Ne peuvent faire l'objet d'une occupation effective. Il faut distinguer l'**Arctique**, zone polaire Nord *(bassin maritime gelé)* et l'**Antarctique**, zone polaire Sud *(terres recouvertes de glace)*.

A. L'Arctique

1. Revendications fondées sur le système de la contiguïté

Les États possédant un littoral sur l'océan Glacial Arctique auraient un titre sur le secteur correspondant allant jusqu'au pôle Nord **(théorie des secteurs).**
Revendication de la Russie (depuis 1926, périodiquement réaffirmée et encore, en dernier lieu, durant l'été 2007, sur la base du prolongement de son plateau continental). Le Canada s'en tient à une revendication sur les îles de l'archipel arctique, mais l'adoption de lignes de base droites autour de l'archipel (1985) fait entrer l'ensemble des eaux de l'archipel, mais non celles de l'océan Arctique, dans la

souveraineté canadienne. De plus, législation extensive (100 milles) contre la pollution des eaux arctiques (1970).

2. Revendications fondées sur le système de l'occupation

Application des mêmes principes que pour le territoire, d'où liberté de la haute mer même occupée par des glaces (thèse américaine).
Souveraineté *danoise* (Groenland) et *norvégienne* (Spitzberg) fondée sur l'occupation.

3. Création d'un Conseil arctique (1996)

En vue de promouvoir la protection de l'environnement, notamment dans la perspective d'un « développement durable » (v. *infra* p. 110). En sont membres 8 États exerçant leur souveraineté sur un territoire de cette zone.

B. L'Antarctique

1. Multiplicité et diversité des revendications

Un certain nombre d'États, dont la France (Terre Adélie), ont prétendu exercer leur souveraineté sur certains espaces de l'Antarctique. Le fondement de ces revendications est varié (découverte, contiguïté, occupation).
Les États-Unis n'ont formulé aucune revendication territoriale, mais n'en reconnaissent aucune.

2. Gel des revendications territoriales

Le **traité de Washington** de 1959 ratifié par tous les États intéressés a, en même temps qu'il édictait une *internationalisation scientifique* et un régime de *démilitarisation* pour l'Antarctique, décidé un *gel des revendications territoriales.* Pendant la durée du traité (susceptible d'être révisé depuis 1991), aucun État ne pourra se prévaloir de ses activités dans l'Antarctique pour étayer ses revendications (art. IV).
Mise en place de ce qu'on appelle le **« système du traité sur l'Antarctique »** reconnaissant un statut privilégié à des parties dites « consultatives » (28 sur les 47 HPC en 2009). Création d'un secrétariat du traité de l'Antarctique, en 2003.
Ébauche d'une réglementation internationale concernant la *protection de l'environnement,* depuis 1980 (Conv. sur la conservation de la faune et de la flore marines). Controverses concernant l'exploitation des ressources naturelles. À peine signée, une convention réglementant cette activité (Conv. de Wellington, 1988) a été remise en question et, après des négociations ardues, un « gel » des activités minières, pendant au moins 50 ans, a été décidé (protocole de Madrid, 1991). Problème de l'effectivité de cette réglementation en l'absence d'autorité internationale compétente. D'où l'importance des mesures prises au plan national (ex. : France : loi du 15 avril 2003).
Contestation du régime de l'Antarctique par les pays en développement en vue d'exploiter les ressources sur le modèle du fond des mers (v. *infra* p. 131).

Section 2 › ACQUISITION D'UN TERRITOIRE AUX DÉPENS D'UN ÉTAT PRÉEXISTANT

§ 1 - Procédés d'acquisition

On peut citer 4 procédés d'acquisition.

A. La cession

1. Procédé conventionnel emprunté au droit privé

La cession peut être une opération avec compensation (vente ou échange) ou sans compensation (suites d'une guerre ou contrepartie d'un service rendu : ex. : cession de Nice et de la Savoie à la France en 1860 après consultation de la population).

2. Procédé couramment utilisé pour les rectifications de frontières

Il s'agit de transferts minimes à l'occasion de la révision du tracé de la frontière généralement pour améliorer les voies de communication.

B. La décision d'une organisation internationale

1. Système fréquemment utilisé au XIXe et au début du XXe

Ex. : décisions du Concert européen et du Conseil suprême après la Première Guerre mondiale.

2. Système pratiqué parfois par les Nations unies

Ex. : partage de la Palestine (la résolution A/181 du 29 nov. 1947, rappelée par la résolution 1397 du 13 mars 2002 du Conseil de sécurité, et recommandant la création de deux États a été initialement rejetée par tous les États arabes) ; sort des colonies italiennes (1950).

C. La conquête ou *debellatio*

1. Définition

C'est l'acquisition d'un territoire effectuée à la suite d'une guerre, lorsque l'État vaincu disparaît et l'État vainqueur établit sa souveraineté sur l'ensemble du territoire qui relevait de l'État vaincu.

2. Conditions

Il faut non seulement que la lutte soit terminée (sinon il y a seulement occupation) et que le gouvernement ait disparu, mais encore qu'il y ait volonté d'incorporer le territoire (cette condition a fait défaut, en 1945, à propos de l'Allemagne). Échec de la tentative de *debellatio* du Koweït par l'Irak (1990).

D. La sécession

Procédé largement utilisé dans le cadre de la *décolonisation*, il s'agit de la création d'un État nouveau par voie de détachement.

§ 2 - Conditions de validité des transferts de territoire

A. Exercice effectif de la souveraineté

L'effectivité du pouvoir viendra *consolider un titre juridique* (CIJ, aff. des *Minquiers et Ecrehous* entre la France et la Grande-Bretagne, 1954 ; arbitrage entre l'Inde et le Pakistan relatif au *Rann de Kutch*, 1968 ; CIJ, aff. *El Salvador/Honduras*, 1992, arbitrage entre *l'Érythrée et le Yémen*, 1998 ; CIJ, *Malaisie/Singapour*, 2008), sinon le territoire pourra être revendiqué par un autre État.

B. Reconnaissance par les États tiers

En principe, les accords portant transfert de territoires sont opposables aux États tiers et, en cas de contestation, la reconnaissance de l'État implique abandon des objections.

C. Problème de la contrainte

Autrefois, il n'y avait pas de problème, le recours à la force étant licite. Mais déjà, le *pacte Briand-Kellogg* (1928) mettait en cause la politique annexionniste de l'Allemagne et du Japon.

L'acte final de la *conférence sur la sécurité et la coopération en Europe* (1975) a consacré le maintien du *statu quo* **territorial** en Europe, rendant ainsi difficile la contestation de certaines situations. Si la sécession des États baltes, au lendemain du démembrement de l'Union soviétique, a réglé le problème posé par l'annexion de ces pays lors de la seconde guerre mondiale, on peut, en revanche, continuer à s'interroger sur le sort des autres mutations territoriales imposées par l'ex-Union soviétique et affectant la Roumanie, la Hongrie et la Finlande.

Illégalité de toute annexion résultant d'un recours à la force, dans des conditions incompatibles avec les buts des Nations unies (donc, sauf cas de *légitime défense*).

Faiblesse de la communauté internationale devant l'invasion du Timor oriental et son annexion par l'Indonésie, en 1976. D'où problème, en 1999 à la suite du référendum d'autodétermination.

D. Problème du consentement des populations

1. Fondement

Le principe du consentement des populations est conforme au **droit des peuples à disposer d'eux-mêmes** (principe d'autodétermination) : ce droit est consacré par la Charte et par la résolution du 14 décembre 1960 de l'AG des Nations unies. Le conflit entre la géographie et l'histoire fait, souvent, fi du droit des peuples à disposer d'eux-mêmes (ex. : conflit entre l'Argentine et la Grande-Bretagne à propos des îles Falkland-Malouines et plusieurs litiges frontaliers en Afrique).

2. Forme

Ce consentement se manifeste généralement à l'occasion d'un **plébiscite** (de ratification ou de détermination) : il est préférable que la consultation populaire soit organisée sur une base conventionnelle et non pas unilatérale pour éviter toute contestation (ex. : situation de la Rhodésie dans les années soixante). Problème du respect du résultat (v. Timor occidental en 1999). Parfois, difficultés d'organisation (ex. : Sahara occidental où la consultation est reportée d'année en année depuis de nombreuses années).

3. Cas du droit français

La **Constitution française** prévoit le consentement des populations en cas de cession, échange ou adjonction de territoire par *voie conventionnelle*. Mais, selon le Conseil constitutionnel, la consultation des populations s'impose également en cas de *sécession* (Déc. du 30 déc. 1975). Des consultations populaires (*référendums*) ont déjà été organisées dans le cas de l'*Algérie* (1962), de *Djibouti* (1967 et 1977), des *Comores* (1974), de *Mayotte* (1976) et de la *Nouvelle-Calédonie* (1987 ; remise en question en 1988 et nouvelle consultation en 1998, après la loi constitutionnelle du 20 juill. 1998).

Chapitre 3 › RÉPARTITION DES COMPÉTENCES

> **› L'essentiel**
> *Répartition des compétences dans l'espace **(théorie de la frontière)** et dans le temps **(théorie de la succession d'États)**.*

Section 1 › THÉORIE DE LA FRONTIÈRE

§ 1 - La délimitation du territoire

C'est une opération très importante car elle est un **facteur de paix** (des *lignes de cessez-le-feu* n'ont qu'un caractère provisoire et ne constituent pas des frontières : *cf.* accords d'armistice de Rhodes, 1949, entre Israël et les États arabes voisins, mais ces accords n'ont pas été pris en compte par la CIJ, dans son avis consultatif sur le « *Mur* », 2004), un **signe d'indépendance** et un **élément de sécurité**. Elle passe par 3 phases successives : *préparation*, *opération* et *exécution* de la délimitation.

A. Préparation de la délimitation

Il s'agit de choisir une ligne frontière : on peut retenir soit une *limite préexistante*, soit une *limite nouvelle*. Mais, le terme de « *limite* », utilisé dans un instrument diplomatique, ne se confond pas, nécessairement, avec celui de « *frontière* » (*Trib. arb.*, aff. de la *frontière maritime Guinée/ Guinée Bissau*, 1985).

1. Choix d'une limite préexistante

Ce peut être soit une limite internationale, soit une limite interne.
a) Limite internationale : système utilisé lors de la sécession d'États membres d'une union (ex. : Autriche et Hongrie en 1918).
b) Limite interne : les limites administratives préexistantes (*uti possidetis*) sont choisies comme frontières : ex. : émancipation des colonies espagnoles et portugaises d'Amérique au XIXe (CIJ, aff. *El Salvador/Honduras*, 1992 ; aff. *Nicaragua/ Honduras*, 2007) et mouvement de décolonisation en Afrique à l'époque contemporaine (CIJ, aff. du *différend frontalier Burkina Faso/Mali*, 1986). Encore faut-il qu'il s'agisse de l'exercice des attributs de puissance publique (CIJ, aff. *Botswana/ Namibie*, 1999). Ce même principe a été appliqué, sans difficultés, dans le cadre de l'éclatement de l'Union soviétique. En revanche, la même méthode utilisée dans l'ex-Yougoslavie a posé des problèmes.

2. Choix d'une limite nouvelle

À défaut de retenir une limite préexistante, on peut retenir une limite artificielle ou une limite naturelle (mais dans les 2 cas, il s'agit d'une **limite juridique**).
a) Limites artificielles : astronomiques (méridiens ou parallèles) ou géométriques (ligne droite ou arc de cercle).
b) Limites naturelles : orographiques (ligne de crêtes, ligne de partage des eaux ou ligne du pied des monts), fluviales (limite à la rive, aff. *Costa Rica/Nicaragua*,

2009 ; ligne médiane ou milieu du chenal navigable, dit thalweg), lacustres (généralement milieu du lac).

B. Opération de délimitation proprement dite

1. Procédure

La délimitation peut être opérée par un traité, un arbitrage ou une décision judiciaire internationale, voire une organisation internationale. Accord italo-suisse 2009 (variabilité suivant l'évolution des cours d'eau).

2. Caractères

La délimitation doit être *précise* (pas de formules vagues), *exacte et complète* (c'est-à-dire englober toute la frontière).

C. Exécution de la délimitation (démarcation)

La *délimitation* d'une frontière consiste en sa définition, tandis que la *démarcation*, action matérielle, consiste en son *abornement* sur le terrain (CIJ, 3 févr. 1994, aff. *Libye/Tchad*).

1. Il faut donc établir des cartes : rôle des **commissions de délimitation**.
2. Il faut ensuite tracer la frontière sur le terrain : rôle des **commissions d'abornement** (installation, entretien et vérification des bornes-frontières).

§ 2 - Le régime des zones proches de la frontière

Bien qu'il n'y ait pas de zone territoriale particulière (arbitrage dans l'aff. du *lac Lanoux*, 1957), les contacts entre populations frontalières soulèvent certains **problèmes de voisinage.**
La frontière n'est pas seulement un facteur de séparation, mais, également, un *élément de coopération*.

A. Problème des habitants

Le voisinage est à la fois une **source d'avantages** (ex. : régime administratif plus souple pour les déplacements) et une **source d'obligations** (ex. : servitudes concernant les constructions).

B. Problème des services publics

La frontière sert de **lieu de raccordement des services publics**, notamment, concernant les communications internationales. Afin de faciliter celles-ci, nécessité d'aménager le **contrôle frontalier** (police, douanes) dans des gares internationales (unique ou juxtaposées) et des aéroports internationaux (ex. : Mulhouse-Bâle).
Les Conventions de Schengen ont déplacé aux frontières extérieures de la plupart des États membres de l'Union européenne le contrôle frontalier, et on s'oriente vers la création d'une agence européenne de gestion de la coopération pour le contrôle des frontières extérieures.

C. Problème des États limitrophes

Le voisinage peut être :
– une **source d'avantages** : ex. : **droit de poursuite** (mais uniquement sur une base conventionnelle – ex. : accords de Schengen, 1985 et 1990 – sauf légitime défense), zones franches (régime fiscal et douanier particulier) ou exploitation en commun des ressources naturelles ; éventuellement, démilitarisation (Sinaï) ;
– un **facteur de coopération** : utilisation et protection des ressources naturelles, création ou équipement de points de passage. Diversité et graduation des modalités de la coopération (information, consultation, réglementation, actions communes). Convention-cadre du Conseil de l'Europe sur la coopération transfrontalière des autorités locales (1980). Conventions particulières conclues entre la France et plusieurs États voisins postérieurement à la convention-cadre. La loi du 6 février 1992 relative à l'administration territoriale reconnaît expressément la compétence des collectivités territoriales de conclure des conventions avec leurs homologues étrangers (la loi du 2 mars 1982 – dite de décentralisation – ne visait que les régions).

Section 2 › THÉORIE DE LA SUCCESSION D'ÉTATS

Il faut *distinguer* **succession d'États** et **succession de gouvernements**. Celle-ci est en principe sans effets en droit international, du fait du *principe de l'identité de l'État en cas de mutation politique*. Mais, des difficultés surgissent parfois, lorsqu'un gouvernement s'empare du pouvoir par la force, lorsqu'il y a plusieurs gouvernements à la fois et aussi à la fin d'une période exceptionnelle de cette nature (ex. : remise en cause par le régime soviétique, en 1917, des traités passés par les tsars, v. *infra* p. 106 ; problèmes soulevés par l'entrée du gouvernement de Pékin aux Nations unies, en 1971).
La succession d'États désigne la substitution d'un État *(État successeur)* à un autre *(État prédécesseur)* dans l'exercice des compétences internationales sur un territoire, c'est-à-dire la responsabilité des relations internationales le concernant. Phénomène qui apparaît à la suite d'une *mutation territoriale* (annexion, fusion, sécession, etc.).
Occasionnelle autrefois, cette situation s'est généralisée dans le cadre du mouvement de décolonisation et de l'éclatement de l'Union soviétique, de la Tchécoslovaquie et de la Yougoslavie (accord du 29 juin 2001 entre les républiques issues de l'ex-Yougoslavie sur la question de succession, dix ans après l'éclatement de la Fédération). En dehors de quelques dispositions conventionnelles bilatérales (v. par ex. entre la France et précisément les pays issus de l'ex-Yougoslavie), de décisions jurisprudentielles et d'engagements unilatéraux, il n'existait pas jusqu'à une date relativement récente de règles *générales* écrites en la matière.
La *Commission du droit international* a entrepris la codification du droit international dans ce domaine en distinguant la *succession aux traités* et la *succession aux droits et obligations résultant de sources autres que les traités*. C'est ainsi qu'ont été conclues : une Convention sur la succession d'États en matière de *traités* (1978) et une Convention sur la succession d'États en matière de *biens, archives* et *dettes d'État* (1983). Il faut, cependant, noter que la Commission s'est éloignée de la conception traditionnelle de la codification en accentuant, dans son travail, la partie « développement » du droit.
Les Conventions de 1978 et 1983 ont remis en question les règles coutumières suivies jusqu'alors et, sous la pression des pays en développement, le nouveau droit de la

succession repose sur la seule volonté de l'État successeur ou, en tout cas, lui donne un rôle prééminent, surtout, lorsqu'il s'agit d'une succession consécutive à l'accession à l'indépendance d'un territoire issu de la décolonisation. Sorte de légitimation *a posteriori* de la pratique suivie en ce domaine.
L'intégration de la RDA par la RFA, en 1990, selon une procédure de droit interne (art. 23 de la Loi fondamentale) a permis d'éviter certains problèmes de succession (toutefois cas particulier des traités passés par la RDA prévu dans l'accord entre les deux États).
Difficultés soulevées par la décomposition de l'Union soviétique et situation particulière des États baltes (renaissant après 51 ans d'annexion). Attitude de la Communauté européenne subordonnant la reconnaissance des nouveaux États (regroupés dans le cadre – imprécis – de la Communauté des États indépendants) à certaines conditions, parmi lesquelles le respect des engagements internationaux antérieurement souscrits par l'Union soviétique, notamment dans le domaine du désarmement.

§ 1 - La succession aux traités

Comme le fait la Convention de 1978, dont l'entrée en vigueur n'est intervenue qu'en novembre 1996, il y a lieu de distinguer plusieurs hypothèses, dans lesquelles les règles diffèrent. Mais, par ailleurs, certains principes s'appliquent dans toutes les situations.

A. Principes valables pour toutes les situations

1. Maintien en vigueur de certains traités

a) Les traités territoriaux : les traités concernant la fixation de la frontière ou les voies de communication sont maintenus. Cette règle coutumière (aff. de la *frontière maritime Guinée/Guinée-Bissau*, 1985 ; *Hongrie/Slovaquie*, 1997) a été codifiée par la Convention de 1978.
b) Les traités-lois : ils ont été conclus dans l'intérêt général de la communauté internationale (le plus souvent confirmation ou notification formelle de succession - Cas récent de l'ex République fédérative Serbie-Montenegro, aff. *Croatie/Serbie*, CIJ, 2008). Pour les traités-contrats, la pratique est contradictoire (ex. : concordats : succession dans le cas de l'Alsace-Lorraine, 1871 et 1919).

2. Non-transmission des traités politiques

a) La **pratique internationale** relève que les traités de caractère politique, tels que les traités de garantie, les traités d'alliance, les accords relatifs à un statut de neutralité ou à l'arbitrage ou ceux prévoyant une assistance mutuelle ne sont généralement pas transmis.
b) Difficulté pour apprécier la **nature d'un traité** : ex. : traités d'extradition : si, avant 1945, on insistait sur leur aspect politique, depuis, on insiste davantage sur les aspects techniques et d'assistance juridictionnelle internationale.

3. La Convention de 1978

Interdit toute atteinte à la souveraineté permanente sur les richesses et ressources naturelles.

B. Distinctions suivant les situations

1. Succession concernant une partie du territoire

Principe de la variabilité des limites ou des frontières mouvantes *(moving frontiers)*.

• Les traités de l'État prédécesseur s'appliquent sur le territoire de l'État successeur dans ses nouvelles limites (solution de la convention de 1978).

• Les traités de l'État successeur s'appliquent, sauf exception (v. déclaration de la Chine, en 1997, concernant les traités applicables à la Région administrative spéciale de Hong-Kong).

2. Unification ou sécession d'États

Principe de la *continuité des traités*.

• Succession sans difficulté des États issus de l'Union soviétique (sauf s'agissant des trois États baltes – v. *supra*), de la Yougoslavie et de la Tchécoslovaquie.

• Problème de l'**admission** dans les organisations internationales : distinction entre *sécession* (seule l'entité nouvelle doit demander son admission : ex. : Pakistan, 1947 ; Singapour en 1965 ; Bangladesh, 1971) et *dissolution* (demande d'admission exigée de toutes les anciennes composantes : ex. : Yougoslavie : tous les États issus du démembrement de ce pays ont demandé leur admission en 1992-1993, à l'exception de la République fédérale de Yougoslavie (aujourd'hui la Serbie), qui n'a demandé son admission que fin 2000, laissant vacant, jusqu'à cette date, le siège de la Yougoslavie ; Tchécoslovaquie 1993). Situation particulière dans le *cas de l'ex-Union soviétique* : procédure d'admission à l'ONU pour les ex-républiques fédérées, sauf Ukraine, Biélorussie – déjà membres – et Russie, considérée par les autres Républiques comme successeur de l'URSS, y compris au Conseil de sécurité.

3. États nouvellement indépendants

a) Pratique de la décolonisation : la liberté de l'État successeur l'a emporté sur le souci de ne pas bouleverser les relations juridiques dans un territoire, alors que l'identité de population justifiait une certaine continuité. Technique de la **table rase** : pas de succession, notamment aux obligations. Parfois, modalité du *temps de réflexion* permettant un réexamen au cas par cas des traités concernés, en accord éventuel avec l'État démembré.

b) La Convention de 1978 a consacré la pratique de la décolonisation en mettant l'accent sur les conséquences du principe d'autodétermination d'où principe de la *table rase* à moins d'une notification de succession à un traité multilatéral ou consentement des parties au maintien d'un traité bilatéral.

§ 2 - La succession aux droits et obligations résultant de sources autres que les traités

La Convention de 1983, qui ne régira que les successions à venir, distingue, également, les trois hypothèses envisagées par la Convention de 1978. Elle ne concerne d'ailleurs, que la succession aux *biens, archives* et *dettes d'État,* alors que, dans la pratique, bien d'autres problèmes ont été soulevés. L'entrée en vigueur de cette Convention est très aléatoire.

A. Succession en matière de responsabilité internationale

En *principe*, il n'y a pas de succession d'États en matière de responsabilité internationale et un *changement de régime politique* est sans incidence sur la responsabilité internationale de l'État.
On peut distinguer, d'une part, les *droits de réclamation dérivant d'un acte illicite* et, d'autre part, *les obligations résultant d'actes illicites.*

1. Les droits de réclamation dérivant d'un acte illicite

a) En principe, un État C (État successeur) ne peut faire valoir les prétentions d'un ancien ressortissant de l'État A (État cédant) contre un État B (CPJI, aff. du *chemin de fer de Panevezys Saldutiskis*, 1939).
b) Une *exception* semble admise en faveur des États nés de la décolonisation ou si l'État A avait déjà épousé la cause de son ressortissant avant la cession.
c) De même, cas particulier des accords de réparation concernant l'indemnisation de crimes contre l'humanité (ex. : accord RFA-Israël, 1952).

2. Les obligations résultant d'actes illicites

Un État B ne peut se retourner contre un État C (État successeur) ayant succédé à un État A (État cédant) à propos d'actes illicites imputables à ce dernier État (*Tribunal arbitral anglo-américain*, aff. *Brown*, 1923 ; *Tribunal arbitral*, aff. des *phares*, 1956).

B. Succession au domaine public

1. Le domaine de l'État cédant passe à l'État acquéreur, dans la mesure où il s'agit de **biens destinés à l'usage du public**, la population restant la même.
2. Le principe du transfert des biens de l'État cédant ne vaut pas nécessairement pour les biens des **autres collectivités publiques** (CPJI, aff. de l'*Université de Peter Pasmany*, 1933).
3. Le transfert se fait à **titre onéreux** (ex. : traités de paix de 1919) ou à **titre gratuit** (ex. : décolonisation). La Convention de 1983 consacre le transfert sans compensation.
4. Lors de l'éclatement de la *Tchécoslovaquie* (1993), critère territorial (localisation des biens) retenu pour les biens immobiliers.

C. Succession en matière d'archives

1. Succession aux *archives de gestion* (dites techniques), c'est-à-dire les archives des administrations.
2. Non-succession aux *archives de souveraineté*, c'est-à-dire émanant des autorités représentant la souveraineté de l'État prédécesseur (ex. : archives des gouverneurs et des préfets en Algérie, avant 1962).
3. La Convention de 1983 consacre une notion extensive des archives de l'État prédécesseur, qui doivent être transférées sans compensation.

D. Succession aux dettes publiques

La Convention de 1983 est très restrictive quant à la succession aux dettes d'État. Aucune succession de principe pour un État nouvellement indépendant. La Convention ne traite d'ailleurs que des dettes interétatiques et non à l'égard des particuliers. Dans la pratique, en l'absence de dispositions conventionnelles (ex. : traité de Francfort, 1871, concernant la cession de l'Alsace-Lorraine), on distingue : les *dettes d'État* et les *dettes de régime*.

1. Le sort des dettes d'État

Ce sont les *dettes contractées dans l'intérêt général de la collectivité installée sur le territoire cédé*.

a) L'État successeur prend en charge une *partie de la dette publique générale*, concernant le territoire cédé. Problème du choix du critère de répartition aux dettes : superficie, population ou *faculté contributive* (critère fiscal ou importance de l'actif transféré).

b) L'État successeur prend en charge l'*intégralité des dettes localisées*, c'est-à-dire contractées dans l'intérêt exclusif du territoire cédé.

c) À noter l'attitude des États issus de l'ex-Union soviétique qui ont proclamé leur engagement de principe à assurer solidairement le respect de la dette de l'Union soviétique. Cet engagement figurait, d'ailleurs, dans les conditions posées par les « lignes directrices » définies par la CEE, fin 1991, en vue de la reconnaissance des nouveaux États. Dans un premier temps, répartition en fonction de plusieurs critères (pourcentages des importations, des exportations, PNB, population). Puis, la Russie a proposé d'assumer seule les dettes sous réserve de l'abandon à son profit de tous les actifs de l'ex-Union soviétique.

Par ailleurs, la Russie a finalement accepté par un accord conclu avec la France, en 1996, d'accorder une indemnisation (limitée, donc pas de remboursement) de la *dette tsariste* (« emprunts russes »).

Dans le cas de la Tchécoslovaquie, répartition sur la base d'un critère démographique (rapport de 2 pour 1 à la charge de la République tchèque).

2. Le sort des dettes de régime

Ce sont les *dettes contractées dans l'intérêt d'une certaine forme politique*. Elles ne sont généralement pas transmises qu'il s'agisse de dettes du temps de paix (dites dettes d'asservissement politique ou *dettes odieuses*) ou de dettes de guerre.

Au lendemain de l'accession de l'Algérie à l'indépendance (1962), la France n'a pas transmis les dettes liées aux opérations de maintien de l'ordre (1954-1962 : appellation officielle de « guerre d'Algérie » que depuis 1999). En revanche, sur la base des **accords d'Évian**, l'Algérie aurait dû, en principe, succéder à la France dans les obligations, comme elle a accepté de succéder aux droits assumés, précédemment, pour le compte de la collectivité algérienne. Mais, la Cour de cassation a considéré que les accords d'Évian ne s'appliquaient qu'aux rapports entre États et n'affectaient pas les droits de créance détenus à l'égard du gouvernement français, sur la base, par exemple, de mesures d'expropriation (Cass. civ., 27 mars 1973).

E. Le changement de nationalité

1. Principe

L'État successeur donne sa nationalité aux habitants du territoire cédé.

2. Atténuations

a) Dans l'intérêt de l'État acquéreur : pour écarter les éléments hostiles, l'État peut parfois refuser la nationalité (ex. : en Alsace-Lorraine en 1919) ou procéder à des transferts de population (la Conv. EDH interdit toutefois les expulsions collectives).
b) Dans l'intérêt de la population : une *faculté d'option* est parfois laissée aux habitants, mais se traduit finalement par l'obligation pratique d'émigrer dans des conditions désavantageuses.

3. Personnes morales

La jurisprudence française a tendu, à propos de l'Algérie, à substituer le *critère du contrôle* à celui du siège social de telle sorte que la succession d'États se révèle sans effets sur la nationalité des personnes morales (Cass., 30 mars 1971).

4. Apatridie

Convention du Conseil de l'Europe de 2006 visant à éviter l'apatridie, en cas de succession d'États.

F. Le respect des droits acquis

1. Principe

Admis par la CPJI (aff. des *intérêts allemands en Haute-Silésie*, 1926).

2. Domaine d'application

Le domaine d'application du principe est variable :
a) Le respect des droits privés – de nature patrimoniale – s'impose (v. cependant, méconnaissance par l'Algérie du contenu des accords d'Évian).
b) Le respect des concessions (droits mixtes) soulève des difficultés en raison des implications économiques et financières. Nécessité de concilier la souveraineté de l'État successeur sur les ressources naturelles et le respect des droits régulièrement acquis par le concessionnaire.

3. Pratique des expropiations et des nationalisations

Cette pratique met en cause le respect des droits acquis à propos du calcul de l'*indemnité*. Évolution de la notion : de l'indemnité juste et préalable déterminée par référence au droit international on est passé à l'indemnité équitable déterminée par l'État, suivant le droit national (*Charte des droits et devoirs économiques des États*, 1974) avec éventuellement application contestable de la théorie des bénéfices excessifs (ex. : nationalisations chiliennes en 1971).

G. Le sort de la législation

1. Principe

Le système juridique de l'État successeur s'applique. Les actes législatifs, administratifs et juridictionnels de l'État cédant ne s'appliquent plus.

2. Exceptions

Si le maintien de la législation antérieure apparaît opportun (ex. : Alsace-Lorraine, États issus de la décolonisation).

Chapitre 4 › LA SANCTION DE L'EXERCICE DES COMPÉTENCES ÉTATIQUES : LA RESPONSABILITÉ INTERNATIONALE

› L'essentiel

Bien que cette question figure dans la partie consacrée au statut international de l'État, nous ne limiterons pas nos développements à la seule responsabilité étatique.

La responsabilité internationale est l'institution selon laquelle un sujet de droit international, auquel est imputable un acte ou un comportement contraire à ses obligations internationales, est tenu d'en fournir réparation au sujet de droit international qui en a été victime (en lui-même ou dans la personne ou les biens de ses ressortissants ou agents).

L'existence de la responsabilité dans l'ordre international a été consacrée par des dispositions conventionnelles (ex. : Conventions de La Haye sur les lois et coutumes de la guerre) et par la jurisprudence (ex. : CIJ, avis consultatif sur l'interprétation des traités de paix, 1950). Il existe un projet de codification sur la base des travaux de la Commission du droit international, qui avait mis cette question à son ordre du jour, dès 1955. Ce projet a été transmis à l'Assemblée générale des Nations unies en 2001, sans que la CDI ait pris position sur la forme que devrait prendre ce texte (traité, résolution, déclaration ou autre). L'AG a simplement pris note de ce projet.

Section 1 › LES CONDITIONS DE MISE EN JEU DE LA RESPONSABILITÉ INTERNATIONALE

Selon la doctrine classique, la mise en jeu de la responsabilité internationale suppose que *quatre conditions* soient réunies : il faut qu'un fait soit imputable à un sujet de droit international, qu'il ait atteint une autre personne de droit international, que ce fait constitue un manquement au droit international et qu'il ait causé un dommage.

§ 1 - Fait imputable à un sujet de droit international

A. Fait émanant d'un organe d'un État

Un État est responsable des *actes législatifs* (actions ou omissions), *administratifs* (des autorités centrales ou décentralisées) et *juridictionnels* (déni de justice, mauvaise administration de la justice, jugement manifestement injuste, mais non pour erreur de droit).

Un organe étatique est considéré comme tel s'il dispose de *prérogatives de puissance publique* (pouvoir décisionnel et/ou de contrainte).

Cas particuliers : organes étatiques se rattachant à des formes politiques ayant une certaine autonomie *(États fédérés, États protégés* ou *associés, territoires sous tutelle)* : responsabilité de l'État qui représente cette collectivité sur le plan international. D'autre part, une action entreprise pour le compte d'une organisation internationale (en l'occurrence, l'ONU – au Kosovo – sur la base du Chapitre VII) n'est pas imputable aux États (CEDH, *Behrami et Saramati*, 31 mai 2007).

B. Le cas des actes d'une organisation internationale

D'après la CIJ (avis consultatif sur les *dommages subis au service des Nations unies*, aff. *Bernadotte*, 1949), reconnaissant la personnalité juridique des organisations internationales, titulaires de droits et d'obligations, la responsabilité d'une organisation internationale peut être mise en jeu (ex. : accord du 20 févr. 1965 consacrant la responsabilité de l'ONU du fait de l'ONUC – casques bleus au Congo – vis-à-vis de la Belgique).

Mais, *réticences des États* à reconnaître une pleine autonomie des organisations internationales, d'où, par exemple, le *principe d'une responsabilité solidaire* des États membres et de l'organisation internationale concernée, en cas de dommages causés par des objets spatiaux (art. XXII-3, Conv. du 29 mars 1972).

C. Le cas des actes commis par un individu

1. L'État n'est responsable que s'il a manqué de **diligence**.

2. L'État est tenu à une double obligation de **prévention** et de **répression** des dommages causés par ses ressortissants, ou par toute personne résidant sur son territoire, à l'égard d'étrangers.

3. En cas de **guerre civile**, l'État n'est que très exceptionnellement responsable des actes accomplis par des rebelles, si ceux-ci sont vaincus (ex. : en cas d'amnistie accordée aux rebelles). Les conditions dans lesquelles s'est opéré le démembrement de l'ancienne Union soviétique ont, parfois, donné lieu à des soubresauts dans les anciennes Républiques fédérées, devenues indépendantes. Il en est résulté des difficultés d'imputation de violations à la Convention européenne des droits de l'homme (v. à propos de la Moldavie : CEDH, 8 juill. 2004, n° 48787/99).

4. Problème de l'imputabilité à un organe non étatique : la CDI a retenu l'existence d'instructions, de directives ou le contrôle de l'État. Divergence de jurisprudence entre la CIJ, qui prend en compte l'instigation qualifiée et un *contrôle effectif* (aff. des *activ. milit. au Nicaragua*, 1986) et la CEDH (arrêt *Loizidou*, 1995) ou le Tribunal pénal international pour l'ex-Yougoslavie (aff. *Tadic*, 1999) pour qui un *contrôle global* suffit.

§ 2 - Fait atteignant un sujet de droit international

A. Manquement au droit d'un État

Tout manquement aux droits d'un État engage la responsabilité de l'État auquel ce manquement (ex. : atteinte au drapeau) est imputable.

Mais, la responsabilité internationale étant un **rapport d'État à État**, seul le gouvernement de l'État lésé peut s'en prévaloir, à l'exclusion d'un particulier.

B. Manquement au droit d'une organisation internationale

Toute atteinte aux droits d'une organisation qu'elle soit directe ou indirecte (dommage causé à un fonctionnaire international bénéficiant de la protection fonction-

nelle de l'organisation) engage la responsabilité de l'État auquel cette atteinte est imputable (CIJ, avis consultatif précité, 1949).
Pour les mêmes raisons que celles évoquées précédemment, la Convention du 29 mars 1972 sur la responsabilité internationale pour les dommages causés par des objets spatiaux a refusé un droit de réclamation propre au profit d'une organisation internationale. La réclamation doit être présentée par un État membre (art. XXII-4).

C. Manquement au droit d'un individu

Il y a lieu de mettre à part le mécanisme de réparation devant la Cour européenne des droits de l'homme et la CJCE, devant lesquels la responsabilité internationale peut être mise en jeu contre un État, sans l'intermédiaire d'un État (devant la CJCE ou devant les tribunaux administratifs internationaux, il en est de même en cas de mise en jeu de la responsabilité d'une organisation internationale).
Dans tous les autres cas, la responsabilité internationale d'un État ne peut être engagée que si l'État national de l'individu lésé prend fait et cause pour lui, c'est-à-dire *endosse la réclamation* de l'individu. (Pour les sociétés, v. *supra* p. 76, CIJ, aff. de la *Barcelona Traction*).
L'endossement de la réclamation d'un individu s'exerce dans le *cadre de la protection diplomatique* (v. *supra* p. 78). Cette notion n'a pas été retenue dans le projet d'articles sur la responsabilité de la Commission du droit international, qui, par ailleurs, lui consacre des travaux spécifiques.
La recevabilité de l'endossement est subordonnée à **plusieurs conditions :**

1. La nationalité du réclamant

Un État ne peut endosser que la réclamation d'un national, ce qui soulève des difficultés :
a) en cas de changement de nationalité : la demande doit émaner d'un national au moment du dommage et au moment de la réclamation (aff. des « *veuves du Lusitania* », 1923) ;
b) en cas de double nationalité : la nationalité effective l'emporte (CPA, aff. *Canevaro*, 1912 – CIJ, aff. *Nottebohm*, 1955) mais la protection diplomatique ne peut jouer contre un État qui considère l'individu comme son propre national (jurisprudence en sens contraire du *Tribunal des différends Iran-États-Unis*, en 1983, mais qui ne se situe pas sur le plan de la protection diplomatique).

2. La conduite du réclamant

Théorie des « *clean hands* » : la victime ne doit pas pouvoir se voir reprocher une conduite incorrecte (manquement au droit interne ou international, imprudence).

3. L'épuisement des voies de recours internes

La protection diplomatique ne peut jouer qu'en l'absence de voies de droit interne (*local remedies*) ou si les voies de droit internes ont été épuisées (ex. : CIJ, aff. de l'*Interhandel*, 1959 ; aff. de l'*Elettronica Sicula*, 1989).

§ 3 - Manquement au droit international

A. Violation d'une règle de droit international

1. Le fait (acte ou comportement) imputable doit être internationalement **illicite.**
2. L'illicéité de l'acte ne doit pas être couverte par une **exception** reconnue par le droit international (force majeure, représailles régulières, légitime défense).
3. Dans le dernier état de ses travaux (2001), la CDI a abandonné la logique pénaliste qui l'avait inspirée dans un premier temps (distinction entre crimes et délits internationaux), mais elle retient la notion de « violations graves découlant de normes impératives du droit international général » (*jus cogens*).
4. À la suite de la crise provoquée par l'**annexion illégale du Koweit** par l'Irak, l'ONU avait décidé que la responsabilité de cet État était engagée (résol. 674/1990) et avait ordonné la saisie des avoirs irakiens à l'étranger pour financer les indemnités dues aux victimes des dommages causés (résol. 778/1992), indépendamment d'une affectation d'une partie des recettes susceptibles d'être retirées des exportations de pétrole, par ailleurs limitées (résol. 706/1991). Mise en place d'une commission d'indemnisation pour gérer le Fonds créé en conséquence. Adoption, par ailleurs, par l'ONU du programme « *pétrole contre nourriture* » (1995-2003) en vue de satisfaire, également, des besoins humanitaires de la population irakienne. Mais, une enquête indépendante diligentée, à l'initiative de Kofi Annan, a abouti, fin 2005, à la mise en cause de la gestion de ce programme par différentes instances de l'Organisation mondiale.
5. Progressivement se dégage la notion de principe (ou de devoir) de « **précaution** » dans le domaine de la protection de l'environnement, mais principe au contenu encore incertain.

B. Caractère objectif de la responsabilité

1. La notion de **faute subjective** n'est pas, en principe, prise en considération.
2. Mais les notions de **«** *due diligence* **»** (diligence normale) de la part de l'État (CIJ, aff. des *otages américains*, 1980) et de **« standard minimum de civilisation »** auquel ont droit les étrangers laissent un certain pouvoir d'appréciation au juge.
3. Tendance actuelle à la réparation de certains dommages résultant d'*activités licites* (ex. : domaine nucléaire – activités spatiales). Notion de *risque*.
Après avoir, initialement, écarté la responsabilité pour risque, la Commission du droit international étudie, à l'heure actuelle, la responsabilité internationale pour les conséquences préjudiciables découlant d'activités qui ne sont pas interdites par le droit international (prévention des dommages transfrontières résultant d'activités dangereuses).
4. La CIJ retient la notion de circonstances atténuantes (CIJ, aff. du *détroit du Corfou*, 1949). Cette notion aurait dû jouer dans l'affaire du sabotage du *Rainbow Warrior* (1985).
5. Développement conventionnel des règles de la responsabilité sans faute dans de nouveaux domaines : activités nucléaires (protocole de Vienne de 1988 englobant Conv. de Paris de 1960 et Conv. de Vienne de 1963 complétée en 1997, Conv. de Vienne de 1994 sur la sûreté nucléaire, Conv. commune de Vienne de 1997 ; Conv. de Bruxelles, 1962 et 1971) ; pollution par les hydrocarbures (réaction initiale des transporteurs maritimes concernés – Convention TOVALOP, 1969 –

relayée, par la suite, par des initiatives intergouvernementales : Convention de 1969, révisée en 1992) ; activités spatiales (1972).

À la limite, ces hypothèses se rapprochent de la responsabilité internationale de type classique *(fait illicite)*, car le non-versement de l'indemnité prévue constituerait un acte illicite entraînant l'obligation de réparer (c'est-à-dire l'obligation de verser l'indemnité compensatrice prévue à titre de réparation).

6. Plusieurs affaires, au contentieux, ont soulevé la question de la responsabilité en cas de dommages involontaires causés à l'environnement (*Hongrie/Slovaquie*, 1997 ; *Argentine/Uruguay* et *Équateur/Colombie*, affaires pendantes devant la CIJ au mois de novembre 2009).

§ 4 - Existence d'un dommage

La Commission du droit international a relativisé la place de cette notion qui ne joue que pour déterminer l'obligation de réparer et ses modalités.

A. Dommage causé à un État

1. Le dommage peut être **matériel** ou non (ex. : offense à un agent diplomatique).

2. Tout manquement au droit international constitue un **dommage immatériel** ou **moral** (ex. : déminage d'autorité dans l'aff. du *détroit de Corfou*).

B. Dommage causé à un individu

1. Le dommage peut être *matériel* ou *moral*.

2. Lorsque l'État endosse la réclamation d'un particulier, le dommage moral constitué par le manquement au droit international se combine avec le dommage matériel causé au particulier.

3. L'exercice de la protection diplomatique étant un *droit de l'État* (v. *supra* p. 78), les résultats obtenus par celui-ci n'épuisent pas, nécessairement, les droits que pourraient faire valoir directement les particuliers (Cass., 14 juin 1977).

Section 2 › EFFETS DE LA RESPONSABILITÉ INTERNATIONALE

La réparation du dommage subi constitue une *obligation subsidiaire découlant du manquement au droit.* La responsabilité internationale est une technique d'exécution du droit, non pas directement, mais par *équivalence.* Le respect du caractère obligatoire de la règle de droit international exige la *cessation de l'illégalité* et la *réparation du dommage* (CIJ, aff. des *activ. milit. au Nicaragua*, 1986). Critiques dirigées contre les travaux de la Commission du droit international, qui semblent placer les contre-mesures dans la mise en jeu de la responsabilité internationale, alors qu'il s'agit d'un mode d'exécution du droit international.

Le principe de la réparation, consacré par la jurisprudence internationale (CPIJ, aff. de *Chorzow*, 1928 – CIJ, aff. du *détroit de Corfou*, 1949 ; aff. des *otages américains*, 1980) peut être mis en œuvre de deux façons : par la **satisfaction** ou par la **réparation au sens strict.**

§ 1 - La satisfaction

C'est un **avantage d'ordre moral** qu'obtient un État à titre de redressement d'un acte engageant la responsabilité internationale d'un autre État.

A. Domaine d'application

Ce mode de réparation est utilisé toutes les fois que le préjudice subi n'est pas un préjudice matériel et qu'il concerne, généralement, un État (atteinte à la dignité, à l'honneur ou au prestige de l'État). À noter, cependant, le recours à la satisfaction, dans le cas d'un dommage moral subi par un particulier, dans la jurisprudence de la Cour européenne des droits de l'homme, dans celle de la CJCE et dans le contentieux de la fonction publique internationale.

B. Modalités

Toutes les manifestations extérieures de la reconnaissance de la responsabilité : reconnaissance par voie arbitrale (aff. du *Rainbow Warrior,* 1986) ou judiciaire (ex. : CIJ, aff. du *détroit de Corfou*, 1949, aff. *Rép. démo. Congo/Belgique*, 2002 ; *Djibouti/France*, 2008), regrets, excuses, honneurs rendus à la personne offensée, sanctions d'ordre interne à l'égard du fautif (mesures disciplinaires ou administratives).

§ 2 - La réparation au sens strict

C'est la **prestation** à fournir à un État ou une organisation internationale, en compensation d'un dommage subi.

A. Domaine d'application

Mode de réparation utilisé en cas de dommages matériels, mais aussi parfois, en cas de dommage moral (aff. du *Rainbow Warrior*, 1986).

B. Modalités

La réparation doit autant que possible effacer toutes les conséquences de l'acte illicite et rétablir l'état qui aurait vraisemblablement existé si cet acte n'avait pas été commis (CPJI, aff. de *Chorzow*, 1928).
La réparation au sens strict se présente donc sous les formes suivantes :

1. Rétablissement de la situation antérieure à l'acte dommageable

C'est ce que l'on nomme la *restitutio in integrum*.

2. Versement d'une indemnité

Réparation par équivalence : indemnisation du *damnum emergens* (perte éprouvée) et du *lucrum cessans* (manque à gagner) à l'exclusion des *dommages indirects* (aff. de l'*Alabama*, 1872 ; aff. du *Wimbledon*, 1923). *Sentences de la Commission des réclamations Érythrée/Éthiopie* : compensation concernant les réclamations de ces deux États *(sentence finale, 2009)*.

3. Jurisprudence récente de la CIJ

Dans un avis consultatif de 2004, la CIJ a considéré qu'Israël devait démanteler les parties de la barrière de sécurité construite au-delà de la *Ligne verte* (lignes de cessez-le-feu de 1949), cesser la poursuite de cette édification et devait réparer les dommages causés aux personnes physiques et morales du fait de réquisitions et destruction d'habitations, pour les activités commerciales et les exploitations agricoles (restitution ou indemnisation). L'indemnisation des dommages causés par les forces ougandaises étant intervenues sur le territoire de la RDC a, également, été retenue par la CIJ (aff. *RDC/Ouganda*, 2005).

4. Développement de procédures non contentieuses de réparation

a) réparation *ex gratia* **(à titre gracieux) :** pour activités licites mais dangereuses : ex. : affaire des pêcheurs japonais du *Fukuryu Maru*, 1954, après les essais nucléaires américains au-dessus de l'atoll de Bikini ;

b) réparation négociée :

– *règlement amiable* dans le cadre de la Convention européenne des droits de l'homme,

– accords d'*indemnisation forfaitaire* pour le préjudice subi par des sociétés étrangères,

– à l'heure actuelle, émergence d'un droit individuel de réclamation au profit des personnes victimes de violation du droit international, indépendamment des mécanismes institués par les traités internationaux relatifs aux droits de l'homme. Mise en place d'organismes pour la réparation des dommages subis : commission des Nations unies pour l'indemnisation des dommages liés à l'agression irakienne contre le Koweït (*UNCC* – 1991 : v. *supra* p. 112) ; commission pour les réclamations relatives aux biens immobiliers en Bosnie (*CRPC* – accords de Dayton – 1995) ; commission d'indemnisation au Kosovo, sous les auspices de l'Autorité administrative intérimaire des Nations unies (*HPCC* – 1999 ; v. *supra* p. 91) ; commission de réclamations érythréo-éthiopienne, à la suite de la fin des hostilités entre ces deux pays (*EECC* – 2000) ; commission pour les réclamations relatives aux biens en Irak (*IPCC* – 2004), proposition de commission identique concernant les crimes internationaux commis au Darfour (*CCD* – 2005). Différentes modalités sont envisagées : restitution ou indemnisation pour violations du droit des conflits armés, du droit humanitaire, y compris pour les crimes contre l'humanité.

Troisième partie

LE DOMAINE PUBLIC INTERNATIONAL

C'est un **ensemble d'espaces dont l'utilisation intéresse la communauté internationale**, dans son entier, ou du moins la population de plusieurs États. Qu'ils soient soumis, ou non, à une souveraineté territoriale, leur régime juridique est régi par des *règles particulières en raison de cet intérêt commun*. Cet intérêt n'est d'ailleurs plus limité à l'utilisation comme voie de communication internationale. Le développement de la science a mis l'accent sur l'intérêt du point de vue économique (exploitation des ressources naturelles, énergie hydro-électrique, irrigation), technique (télécommunications) et au regard du problème de la protection de l'environnement.

Le domaine public international constitue, en quelque sorte, le terrain d'élection du **droit international de l'environnement**. Cette branche du droit international résulte de la prise de conscience de la menace découlant de l'essor démographique, du développement technologique et de la diversification des activités humaines (A.-C. Kiss). Parallèlement à la technique conventionnelle (bilatérale et de plus en plus multilatérale), la matière est dominée par l'émergence de la « *soft law* » que favorisent les grandes conférences internationales (Stockholm, 1972 – « Sommet de la terre », Rio, 1992). Les organisations internationales – et notamment l'ONU, grâce au Programme des Nations unies pour l'environnement (PNUE) – jouent un rôle incitatif déterminant (ex. : « Action » ou « Agenda 21 » : programme pour le XXIe siècle). Les *espaces fluviaux* et *maritimes* ont cessé d'être les seuls vecteurs de la pollution transfrontière, et à ce titre soumis à réglementation. Celle-ci s'applique désormais, également, à certains phénomènes (couche d'ozone, pluies acides, changements climatiques dus au réchauffement de la planète) « localisés » dans l'*espace atmosphérique*. L'effectivité de cette action internationale est conditionnée par l'existence de ressources financières, car la pollution internationale n'est pas seulement imputable aux pays industrialisés. Les pays en développement tolèrent, parfois, des techniques (ex. : une déforestation non contrôlée aggrave le phénomène de serre) ou des pratiques nuisibles (ex. : importations de déchets dangereux). L'*espace cosmique*, de son côté, commence à être encombré de « débris » de satellites et court le risque de pollution en cas d'accident ou d'incident survenu à un satellite propulsé à l'énergie nucléaire.

Liaison entre la protection de l'environnement et le respect de la souveraineté. Ainsi, la Convention de 1992 sur la biodiversité reconnaît le droit souverain des pays, essentiellement des pays en voie de développement, détenteurs de ressources génétiques, végétales et animales (« or vert »), et encourage un partage équitable avec les pays industrialisés.

Prise en compte de l'environnement dans les objectifs du GATT (acte final de l'*Uruguay Round*, 1993 – OMC).

Par ailleurs, apparition de la notion de **« développement durable »** *(sustainable development)*: notion nouvelle visant à concilier les exigences du développement et celles de la protection de l'environnement et à réaliser une « équité intergénérationnelle » (Daillier et Pellet), c'est-à-dire ne pas compromettre le bien-être des générations futures en donnant satisfaction aux besoins immédiats des générations présentes.

Le devoir de protection de l'environnement des autres États se confond avec le devoir de prévention (CPA, 24 mai 2005, *Belgique/Pays-Bas*).

Le développement de la technique a ouvert des domaines nouveaux à la collaboration internationale, en même temps qu'il a rendu plus complexe la réglementation concernant l'utilisation du domaine public international, constitué par **la mer, les fleuves, l'espace aérien** et **l'espace extra-atmosphérique.**

Chapitre 1 › LA MER

> **› L'essentiel**
>
> *Très ancien, le droit de la mer a connu, en quelques siècles, une profonde évolution. Désormais régi par une convention multilatérale générale (convention du 10 déc. 1982), il est composé de normes juridiques s'appliquant à des espaces maritimes variés. Ces espaces sont constitutifs d'une emprise maritime dans laquelle l'État côtier est titulaire de droits et destinataire d'obligations.*

Section 1 › GÉNÉRALITÉS

§ 1 - Définition

Au regard du droit international, les espaces maritimes sont constitués par les **étendues d'eau salée, en communication libre et naturelle**. En sont donc **exclues** : les *eaux douces* et les *mers intérieures*.

§ 2 - Élaboration des règles du droit de la mer

A. Ancienneté des règles applicables

Cette ancienneté tient au fait que la mer a toujours joué un rôle important dans les relations internationales, en tant que *voie de communication internationale*. Dès le XVIIe siècle, une distinction est faite entre la haute mer, qui échappe à toute compétence territoriale et diverses zones, se trouvant en deçà, sur lesquelles s'exerce la compétence territoriale de l'État riverain avec certaines limitations. Les règles concernant le droit de la mer ont été, pendant très longtemps, largement *coutumières*.

B. Codification

Entreprise par l'ONU, en tenant compte du rôle de la mer en tant que réservoir de richesses. Sur la base des travaux de la **Commission du droit international**, 4 conventions ont été adoptées lors de la **conférence de Genève de 1958** : Convention sur le *plateau continental*, Convention sur la *pêche et la conservation des ressources biologiques de la haute mer*, Convention sur la *haute mer*, Convention sur la *mer territoriale et la zone contiguë*. Seules les deux premières conventions ont été ratifiées par la France. Mais, tous les problèmes n'ont pas été réglés en dépit d'une nouvelle conférence à Genève en 1960.

C. La remise en cause du droit de la mer

La mer ayant cessé d'être avant tout une voie de communication internationale, on a rapidement assisté à une **remise en cause du droit de la mer**, dans le prolongement du mouvement de décolonisation. Ce droit présente de nouveaux caractères. Jusqu'alors unidimensionnel, personnel et universel, le droit de la mer est devenu *pluridimensionnel, territorial* et *situationnel,* cependant qu'il a également cessé d'être un droit du mouvement pour devenir un droit de l'emprise.

1. Facteurs de l'évolution du droit de la mer

a) Primauté de l'économie :
– exigences de la *conservation des ressources* : les ressources halieutiques ne sont pas illimitées, or on pêche plus, plus longtemps et plus loin : industrialisation des méthodes de pêche ;
– impératifs du *développement économique* : revendications des pays en voie de développement, qui veulent remettre en question la domination des pays économiquement forts, en mesure de s'approprier les richesses minières du fond des mers (nodules polymétalliques) sans parler de l'intérêt récent porté aux hydrates de méthane.
b) Importance du progrès technique :
– risques de *pollution* du milieu marin : par les hydrocarbures : accroissement des capacités de transport et prolifération des installations *off shore* (en mer), risque de « marée noire » ; par l'immersion de déchets industriels, radioactifs ou toxiques ; par des déversements telluriques ;
– *activités nouvelles* dans le milieu marin : activités de recherche scientifique et activités d'exploration des fonds marins (perfectionnement des méthodes d'extraction du pétrole et des minerais).
c) Influence des données stratégiques : souci de certains États d'étendre les eaux territoriales pour éloigner les navires de guerre étrangers et empêcher le survol de cette zone.

2. Tendances de l'évolution du droit de la mer

a) Rôle croissant des États côtiers :
– dans l'*élaboration du droit* : au détriment des pays maritimes qui contribuèrent, par le passé, à la formation du droit de la mer ;
– par la *réclamation de droits accrus* **(droits de riveraineté)** : extension des zones de pêche réservée, adoption, qui a tendu à se généraliser, d'une zone économique exclusive de 200 milles, donc au-delà de la mer territoriale **(mer patrimoniale)**. Manifestation d'un *nationalisme maritime*.
Attention : 1 mille = 1,852 km. Ne pas confondre le mille nautique ou marin avec le *mile*, unité de mesure anglo-saxonne valant 1,609 km.
b) Apparition de particularismes :
– de type géographique : ex. : mer du Nord, Baltique, Caraïbes, Méditerranée. On assiste à une sorte de « quadrillage » des espaces maritimes sous les auspices du Programme des Nations unies pour l'environnement (PNUE) ;
– de type catégoriel : pays en développement, États enclavés et pays géographiquement défavorisés, pays dépendant de la mer (Islande) ;
– fonctionnel : particularités biologiques de certains milieux marins.
c) Accent mis sur la protection de la vie humaine et de l'environnement
d) Orientations contradictoires :
– renouveau du mouvement vers l'appropriation sur le lit et sur les eaux *(droits de riveraineté)* ;
– gestion collective d'un *patrimoine commun* ;

– protection des *activités de mouvement* (navigation et pêche) et des *activités d'immobilisation* (ex. : installations *off shore*).

D. Passage du plan purement juridique au plan politique

1. Les *Conventions* de 1958 ont été préparées par un organe composé d'*experts juridiques* (Commission du droit international).
2. Les nouvelles règles ont été préparées par un *organe politique* de l'ONU : le comité des fonds marins, composé de représentants d'États.
3. La 3e conférence sur le droit de la mer (après celles de 1958 et 1960), convoquée par l'ONU a tenu de nombreuses sessions entre 1973 et 1982 (divergences de vues, notamment, entre pays industrialisés et pays en voie de développement ; revendications des États géographiquement désavantagés ; multiplicité et interdépendance des problèmes examinés). Cette conférence a été plus *révisionniste* que codificatrice. À noter le pragmatisme de cette conférence, qui a, largement, innové en matière de négociation multilatérale (caractère officieux des travaux, rôle des groupes d'États et de personnalités).
Finalement, la conférence a abouti à l'adoption le 10 décembre 1982, à Montego Bay (Jamaïque), de la **Convention sur le droit de la mer**.
Signée par un grand nombre d'États (dont la France), on comptait, cependant, à la veille de son entrée en vigueur, en 1994, des absents de marque (ex. : États-Unis, Grande-Bretagne, Allemagne).
La *globalité* des problèmes traités se conciliait mal avec l'*unicité* du texte (320 articles et 8 annexes).
Le nombre et l'importance économique des États qui risquaient de rester en dehors du cercle conventionnel étaient de nature à soulever de nombreuses difficultés, du fait de l'incertitude quant au caractère purement *codificateur* ou au contraire *novateur* de certaines dispositions. De plus se posait le problème de la compatibilité de certaines lois nationales avec la convention.
En l'absence des grandes puissances, il y avait de graves difficultés de financement du régime d'exploitation des fonds marins (Partie XI de la Conv.). C'est l'une des raisons essentielles pour laquelle, sous couvert d'une convention d'application, un accord, adopté par l'Assemblée générale des Nations unies, en juillet 1994, modifia sensiblement cette Partie XI (v. *infra* p. 131). En même temps, cet accord mettait en place un mécanisme original afin d'en accélérer l'entrée en vigueur et d'en généraliser l'acceptation, tout en s'efforçant de lier cette acceptation avec la ratification ou l'adhésion à la Convention de Montego Bay. Celle-ci entra en vigueur en novembre 1994 (159 États parties à la Convention, en juillet 2009 : 137 sur les 153 États côtiers et 22 sur 43 États enclavés).
Mais le nouvel accord ne fait pas disparaître pour autant :
– la complexité du régime de *règlement des différends* (qui a pratiquement échoué, puisqu'il a fallu attendre 2006 pour le premier arbitrage : délimitation de la zone économique exclusive et du plateau continental entre la Barbade et Trinité et Tobago). La Cour de justice des Communautés européennes s'est même reconnue compétente, à l'exclusion des mécanismes prévus par la Convention (30 mai 2006, *Commission/Irlande*, aff. *459/03*) ;
– le *caractère hétéroclite* des dispositions de fond (pas seulement droit de la mer mais aussi droit minier et droit institutionnel) ;

– l'équilibre fragile entre le *nationalisme côtier* et l'*internationalisme maritime* (J.-P. Queneudec). À la fois charte des droits et devoirs des États sur les espaces maritimes et également constitution du nouvel ordre international des fonds marins. À noter le *changement de terminologie*, révélateur de l'évolution des mentalités. La Convention de 1982 substitue la notion d'**État côtier** (qui traduirait une attitude militante) à celle d'État *riverain* (situation passive) utilisée précédemment.

4. *Intérêts contradictoires de certains pays* (ex. : France), pris entre leur qualité de puissance maritime et de puissance côtière.

Concrètement, la *conférence de Genève* faisait apparaître **cinq** zones maritimes : les *eaux intérieures*, les *eaux territoriales*, la *zone contiguë*, le *plateau continental* et la *haute mer*. La *Convention de 1982* en **ajoute quatre** : les *eaux archipélagiques*, la *zone économique exclusive*, les *détroits utilisés pour la navigation internationale* et le *fond des mers*.

Nous étudierons tour à tour : la situation juridique des navires, la haute mer, la mer territoriale, les eaux intérieures et les grandes voies maritimes internationales.

Section 2 › LA SITUATION JURIDIQUE DES NAVIRES

En l'*absence de définition* au plan international, on peut considérer comme navire tout engin flottant, organisé, susceptible de se déplacer suivant une direction donnée dans les espaces maritimes et susceptible d'affronter les périls de la mer (d'où l'exclusion des radeaux et des engins de plage).

§ 1 - La nationalité des navires

A. Attribution de la nationalité

1. Le pavillon national

a) Un navire est rattaché à un État par une nationalité, indiquée par le pavillon (TIDM, arrêt du 1er juill. 1999, aff. du *Saiga*).

b) Les conditions de *francisation* (droit de battre pavillon français) sont réglementées par le Code des douanes (art. 216 et s. : conditions relatives à la propriété du navire et à la nationalité de l'équipage).

c) La preuve de la nationalité est fournie par les *papiers de bord* (lettres de mer). En ce qui concerne les navires français, l'*acte de francisation* prouve la nationalité du navire et le rôle d'équipage celle des officiers et marins (voir loi du 7 avril 2008).

d) *Incidence du droit communautaire* quant aux conditions d'immatriculation (CJCE, 25 juill. 1991, *Factortame* v. égal. 14 oct. 2004, *Commission/Pays-Bas*) et quant aux conditions de nationalité des marins (CJCE, 4 avril 1974, *Commission/France* et condamnation de la France pour ne pas avoir exécuté cet arrêt : CJCE, 6 mars 1996). La loi du 26 février 1996 adapte le droit français aux exigences du droit communautaire en ce qui concerne les conditions d'immatriculation.

2. Les pavillons de complaisance

a) Principe

Un *lien substantiel* (principe d'effectivité) doit exister entre un navire et l'État, dont il bat le pavillon.

b) Pratique

Certains États (ex. : Liberia, Panama, Chypre, Malte) accordent libéralement le droit de battre leur pavillon. Ce sont les **« pavillons de libre immatriculation »** (autrefois appelés *pavillons de refuge* ou de *complaisance*) qui présentent des avantages pour les armateurs (charges salariales, fiscales et sociales moins lourdes). Depuis un certain nombre d'années pratique d'un pavillon national « *bis* », visant à alléger les coûts d'exploitation (ex. : Norvège, Danemark, Allemagne, Pays-Bas, Espagne, Italie). En France, pour lutter contre le « dépavillonnement » des navires français (en 40 ans, la France est passée du 5e rang en tonnage au 29e rang, le nombre des navires ayant chuté de plus de 300 %), création, non sans difficultés, en 2005 d'un « Registre international français », visant à simplifier les règles applicables, tout en assurant des garanties, notamment sociales, aux marins français et tout en autorisant l'emploi de marins étrangers (désormais 75 % de personnel ne résidant pas dans l'Espace économique européen pourront être embauchés). Mais, maintien du Registre des Terres australes et antarctiques pour les navires de pêche (ex-« pavillon des Kerguelen », mis en place, par une loi en 1996, après annulation du décret de 1987 : garantie d'embauche de 35 % de marins français).

c) Insuffisance de l'état du droit

Il n'existe encore aucune réglementation, en vigueur, concernant cette pratique qui constitue une concurrence pour les autres pavillons (CIJ, avis consultatif concernant le *comité de sécurité maritime de l'OMCI*, 1960). Le laxisme de la CIJ a été suivi par la CJCE (2 déc. 1992, *Commission/Irlande* : il n'y a pas nécessité d'un lien substantiel entre le navire et l'État du pavillon). La jurisprudence du Tribunal international du droit de la mer (TIDM) n'est pas plus probante (v. aff. citée *supra*).

On a pourtant enregistré, en ce qui concerne ces navires, un taux plus élevé d'accidents, ce qui a entraîné une hausse générale des polices d'assurance. Dans un premier temps, mesures visant indirectement les pavillons de complaisance : dispositions de la Convention de 1982 sur le contrôle de la qualification des équipages (art. 94) et prévention de la pollution par les navires (art. 211) et de la Convention de l'OIT de 1976 sur les normes minimum à observer à bord des navires. *Convention sur l'immatriculation des navires* adoptée en 1986, sous les auspices de la CNUCED. Cette Convention rend obligatoire la participation de nationaux à la propriété des navires ou à la composition des équipages et impose aux États de contrôler le respect des lois et règlements et des conventions internationales et de veiller à la solvabilité financière des propriétaires. En quelque sorte, la Convention considère que le lien substantiel implique des éléments économiques et administratifs.

Cette Convention n'est pas encore entrée en vigueur. Aussi, le scandale continue (ex. : marée noire de l'*Erika*, fin 1999 et du *Prestige*, fin 2002). À l'heure actuelle, plus de 60 % de la flotte mondiale (contre 9 % en 1955) navigue sous pavillon de complaisance. Initiative, début 2000, en France des milieux maritimes concernés : Charte de la sécurité maritime équivalant à un code de bonne conduite des transporteurs maritimes. Mais, le naufrage, fin 2000, du *Ievoli Sun*, navire italien, prouve que même des États européens sont incapables de réagir contre des négligences criantes dans la sécurité des navires transportant des matières dangereuses. Difficultés de réactions au niveau communautaire (adoption, fin 2000 seulement, d'une série de mesures destinées à renforcer la sécurité maritime dans l'Union européenne ; complément en 2003). Une Agence européenne pour la sécurité maritime existe, ainsi, depuis plusieurs années, mais ne dispose que de moyens limités.

3. Le cas des États enclavés et des organisations internationales

a) Les États sans littoral maritime (dits enclavés, au nombre d'une quarantaine) ont le droit d'avoir une flotte battant leur pavillon. Une Convention du 8 juillet 1965 réglemente les conditions d'accès et de transit de leurs navires dans les ports étrangers. La Convention de 1982 confirme le *droit d'accès* et la *liberté de transit*, mais seulement, sur une base non discriminatoire par rapport aux autres États.

b) Le droit pour une organisation internationale d'avoir des navires battant son propre pavillon soulève le problème de l'exercice de la compétence juridictionnelle (absence d'ordre juridique applicable). Le plus souvent, elles affrètent (louent) des navires d'un État et le pavillon de l'organisation garantit certaines immunités.

B. Effets juridiques du pavillon

1. Soumission au droit et à l'autorité de l'État du pavillon

a) L'État exerce sa *compétence personnelle* à l'égard des navires battant son pavillon.

b) Mais, l'État est tenu de respecter certaines règles : signaux, communications, composition et compétence de l'équipage, conditions de travail à bord, sécurité.

2. Protection de l'État du pavillon

a) Un navire bénéficie de la *protection diplomatique* de la part de l'État, dont il bat le pavillon (assistance technique ou médicale).

La protection diplomatique à l'égard du navire couvre les personnes impliquées dans son activité, quelle que soit leur nationalité (TIDM, arrêt du 1er juill. 1999, aff. du *Saiga*).

b) Les navires français bénéficient de l'aide éventuelle de la marine de guerre et/ou de navires armés par le Comité central des pêches maritimes.

3. Bénéfice des traités passés par l'État du pavillon

a) Dans les traités de commerce et de navigation, il y a des dispositions concernant le séjour des navires dans les ports des HPC.

b) La *clause de la nation la plus favorisée* généralement contenue dans ces traités en étend la portée pratique.

§ 2 - Distinction entre navires publics et navires privés

On distingue les **navires publics** des **navires privés** (navires de commerce). S'agissant des navires publics, une distinction doit être effectuée entre navires de guerre et navires affectés à un service gouvernemental.

A. Les navires de guerre

1. Définition

a) La Convention de Genève sur la haute mer et celle de 1982 retiennent des *éléments formels* et non l'aptitude au combat (arbitrage dans l'aff. des *phares*, 1956).

b) Un navire de guerre appartient aux forces armées d'un État et en porte les signes extérieurs distinctifs *(flamme de guerre)*. Le capitaine est au service de l'État et l'équipage est soumis à la discipline militaire.

2. Condition juridique

a) Immunités : en tant qu'élément du service public de la défense nationale d'un État étranger, un navire de guerre bénéficie de l'immunité la plus complète ; une Convention de Bruxelles de 1926 règle les problèmes d'ordre civil intéressant les navires de guerre (fournitures, sauvetage, abordage). La France considère que l'immunité dont jouissent ses navires de guerre les autorise à recevoir, à bord pour leur donner asile, des personnes qui, fuyant un danger imminent, ne peuvent se réfugier sur des navires de leur nationalité (décret du 20 mai 1997, art. 30).

b) Droit de police à l'égard des navires nationaux : ce droit s'exerce non seulement dans les eaux territoriales, mais également en haute mer.

c) Exercice de certaines compétences à l'égard des navires étrangers :

– *en temps de paix :* compétences exceptionnelles : ex. : constatation des infractions à la protection des câbles sous-marins ou actes de légitime défense ; cas particulier des sanctions économiques décidées par le Conseil de sécurité (v. *infra* p. 128) et problème posé par la lutte antidrogue et contre le trafic d'armes ou d'êtres humains.

– *en temps de guerre :* compétence normale de contrôle de la navigation neutre et de capture des navires ennemis *(prises)*.

B. Les navires affectés à un service gouvernemental

1. Navires affectés à des services publics techniques

Les navires affectés au service des renseignements météorologiques et les navires affectés au service des postes (pose de câbles) bénéficient d'une *immunité* complète de juridiction.

2. Navires exerçant des activités commerciales

Ils sont soumis au régime général des navires de commerce.

Section 3 › LA HAUTE MER

C'est l'**ensemble des espaces marins s'étendant au-delà des eaux intérieures et de la mer territoriale des différents États** (Conv. de Genève sur la haute mer, art. 1). La Convention de 1982 (art. 86) exclut, également, de la haute mer la zone économique exclusive et les eaux archipélagiques d'un État-archipel.

§ 1 - La liberté de la haute mer

Admise dès le XVIIe siècle (controverse entre le Hollandais **Grotius** et l'Anglais Selden), la liberté de la haute mer a été consacrée par la Convention de Genève de 1958, mais rapidement certaines données nouvelles furent de nature à la mettre en cause. La Convention de 1982 a dû en tenir compte.

A. La codification par la Convention de Genève

1. La liberté de la haute mer est illimitée

Notamment liberté de la navigation, de la pêche, de la pose de câbles et de pipelines, de survol.

2. Mais cette liberté n'est pas inconditionnée

Les États doivent tenir compte de l'intérêt que la liberté de la mer présente pour les autres États. Problème de la compatibilité entre les *diverses utilisations de la mer*: activités de mouvement (navigation, pêche) et d'immobilisation (installations d'exploration et d'exploitation).

B. Données nouvelles de nature à affecter la liberté

1. Apparition de principes nouveaux

a) Une **déclaration de principes** du 17 décembre 1970 de l'AG des Nations unies considéra comme **patrimoine commun de l'humanité**, insusceptible d'appropriation nationale, le *fond des mers* et des *océans*, ainsi que leur *sous-sol* et les ressources de la *zone située au-delà des limites de la juridiction nationale* (limites qu'il n'a pas été aisé de définir).
b) La déclaration prévoyait l'affectation de cette zone à des *fins exclusivement pacifiques* et la soumission de son exploration et de son exploitation à un régime international, qui a fait l'objet d'âpres discussions à la conférence des Nations unies sur le droit de la mer, notamment en ce qui concerne le rôle de l'*Autorité internationale*, face aux États et aux entreprises privées. Entre la solution d'une fonction réglementaire et celle d'une fonction opérationnelle, la conférence s'est orientée vers un *système mixte parallèle* (v. *infra* p. 131). Résultats décevants.
c) La notion de *zone économique exclusive* et l'extension géographique des droits de l'État sur le *plateau continental* ont également contribué à limiter la liberté des mers.

2. Développement des techniques

a) Prolifération des îles artificielles: installations d'exploitation pétrolière (« *off shore* ») : obstacles à la navigation et à la pêche et danger de pollution en cas d'accident.
b) Mise au point de systèmes d'acquisition de données océaniques (*SADO*) : plates-formes, bouées, etc. : nécessité d'un régime juridique garantissant la liberté de recherche et l'égalité d'accès aux informations recueillies.
c) Répression des émissions radio pirates: accord européen de 1965 pour la

répression des émissions de radio effectuées par des stations situées hors des territoires nationaux. Le droit d'intervention, en haute mer, contre une station pirate est toutefois contesté.

3. Activités militaires

a) Missions d'espionnage sous couvert d'activités halieutiques ou de recherche scientifique.

b) Essais nucléaires et d'engins téléguidés : risque de pollution et danger pour la navigation.

c) Utilisation de la mer à des fins pacifiques : en attendant un désarmement général, le traité du 11 février 1971 consacre la *dénucléarisation du fond des mers*, au-delà de 12 milles marins.

d) Prétentions de certains États à fermer certaines mers aux navires de guerre d'États non riverains. L'AG des Nations unies a, en 1971, déclaré l'*océan Indien « zone de paix »* et invité les grandes puissances à y limiter leur présence militaire.

4. Lutte contre la pollution

a) Prévention de la pollution par les navires

À l'origine, réaction des transporteurs maritimes concernés (Conv. TOVALOP, 1969) relayée, par la suite, par des initiatives intergouvernementales.

– Convention de Londres de 1973 (MARPOL remplace celle de 1954, plusieurs fois amendée) : réglementation des rejets de substances nuisibles en provenance des navires (hydrocarbures, substances liquides nocives, eaux usées, ordures). Lutte contre la pollution volontaire par *« dégazage »* (nettoyage des soutes) et contre la pollution accidentelle affectant la flore et la faune marines. Les navires battant pavillon de complaisance ne sont pas les seuls à être impliqués dans des catastrophes écologiques (v. échouage de l'*Exxon Valdes*, américain, au large de l'Alaska en 1989).

– Convention de Bruxelles (1969) et protocole de Londres (1973) : reconnaissance d'un *droit d'intervention en haute mer* en cas d'accident entraînant ou pouvant entraîner une pollution par les hydrocarbures ou d'autres substances polluantes ; imprécision de la notion de *« danger grave et imminent »*.

b) Prévention de la pollution résultant de l'immersion de déchets industriels : réglementation et contrôle du *dumping* (immersion de déchets industriels).

c) Prévention de la pollution d'origine tellurique (protection de l'environnement marin) : conventions régionales.

d) Prévention de la pollution par les hydrocarbures résultant de l'exploration et de l'exploitation des ressources minérales des fonds marins (Conv. de Londres de 1977 à portée régionale : mer du Nord, Atlantique du Nord-Est et Baltique).

e) Prévention de la pollution par le rejet de déchets nucléaires en mer : plusieurs conventions : moratoire puis interdiction définitive.

f) Prévention du danger des « navires-poubelles » transportant des déchets dangereux refoulés d'États à États : Convention de Bâle de 1989.

Un abus de terminologie tend, à l'heure actuelle, à désigner par le terme de « navire-poubelle » un navire en mauvais état.

Ainsi, prévention des divers types de pollution, mais aussi protection de certaines zones spécifiques (ex. : Méditerranée concernée par diverses conventions et protocoles – action du PNUE).

C. La Convention de 1982

Le texte adopté confirme les libertés reconnues en 1958. Il mentionne, en outre, expressément, la liberté de construire des îles artificielles et la liberté de la recherche scientifique.

Mais les libertés reconnues aux États doivent, également, tenir compte du nouveau régime des fonds marins, de l'extension de la notion de plateau continental et de la nécessité de veiller à la conservation des ressources biologiques (notamment pour les stocks de poissons communs ou interdépendants à plusieurs États).

La Convention de 1982 met l'accent sur la coopération internationale en matière de recherche scientifique, l'obligation des États de protéger le milieu marin (mesures préventives contre la pollution) et l'affectation de la haute mer à des fins pacifiques (ce qui n'implique cependant pas sa démilitarisation).

§ 2 - L'ordre juridique applicable en haute mer

La haute mer est une *res nullius* (domaine public) et échappe donc à toute souveraineté territoriale. L'ordre juridique qui s'y applique est normalement celui des *autorités du pavillon*, mais ce principe comporte certaines *exceptions* ou *limitations*.

La reconnaissance du fond des mers comme **patrimoine commun de l'humanité** met l'accent sur la qualité de *res communis* (héritage commun) de la haute mer et multiplie les limitations aux compétences étatiques. D'où la notion de « *res nullius communis usus* » (domaine public d'un usage commun).

A. L'ordre juridique des autorités du pavillon

1. La compétence des autorités du pavillon est une **compétence personnelle** (fondée sur la nationalité) et non une compétence territoriale (le navire ne peut être considéré comme une portion flottante du territoire).

2. Les navires de guerre de tous pays ont un **droit d'approche** et peuvent procéder à une **enquête de pavillon**.

3. Seuls les **navires nationaux** peuvent faire l'objet de mesures d'**arraisonnement** et de **déroutement** (difficultés soulevées par les arraisonnements de navires étrangers durant la guerre d'Algérie, 1954-1962). Pas d'actes de contrainte contre des navires étrangers (problème posé par les mesures de *quarantaine* prises par les États-Unis, lors de la crise de Cuba, en 1962). *Légitime défense* contestée, malgré des actes apparemment illégaux (CIJ, aff. *Iran/États-Unis*, 2003). Exceptions concernant la mise en œuvre de sanctions économiques décidées par le Conseil de sécurité (ex. : Irak, 1990 ; Yougoslavie, 1992).

4. Une loi française du 15 juillet 1994 précise les modalités de l'exercice par l'État de ses pouvoirs de contrôle en mer (Décret du 19 avril 1995 relatif aux modalités de recours à la coercition et de l'emploi de la force en mer).

B. Les exceptions et limitations à la compétence des autorités du pavillon

1. Il n'y a plus d'exception en cas de délit commis en haute mer (ex. : abordage)

Une Convention de Bruxelles de 1952 consacre la compétence exclusive de l'État du pavillon et condamne ainsi la solution adoptée par la CPJI dans l'affaire du *Lotus* (1927).

2. Polices spéciales de la haute mer : exceptions ou limitations

Certaines ploices spéciales constituent autant d'*exceptions* ou *limitations*, actuellement conventionnelles, à la compétence des autorités du pavillon.

a) Répression de la piraterie : droit réciproque de police et de juridiction des États pour réprimer le brigandage maritime (violences pour des buts personnels ; pratique qui se perpétue le long des côtes de l'Afrique – cas de la Somalie en 2008 – d'Amérique du Sud et dans le Sud-Est asiatique). Ce droit n'existe pas si les actes de violence ont un but politique (ex. : aff. de la *Santa Maria*, 1961). Mais, aucune complaisance ne doit être admise à l'égard des actes de terrorisme (ex. : aff. de l'*Achille-Lauro*, 1985). Convention du 10 mars 1988 sur la répression des actes illégaux contre la sécurité de la navigation maritime : extension de la compétence personnelle active et passive et dans une certaine mesure de la compétence territoriale (*cf.* Convention de 1979 sur la prise d'otages). Accord régional sur la répression de la piraterie en Asie (nov. 2004). En 2009, guide de bonne conduite pour lutter contre la piraterie signé par les États de l'Afrique de l'Est, l'Afrique du Nord-Est et de l'Océan indien.

b) Répression de la traite : droit de police pour tout État mais compétence juridictionnelle de l'État du pavillon.

c) Protection des câbles sous-marins et des pipelines :

– constatation par tout État de la rupture d'un câble, mais compétence juridictionnelle de l'État du pavillon (Conv. de Paris de 1884) ;

– principe de la réparation des dommages causés aux câbles et aux pipelines.

d) Prévention de la pollution des eaux de la mer : les diverses conventions se limitent à une réglementation internationale, sans véritable système de police internationale, ni même le plus souvent de contrôle international. *La compétence juridictionnelle relève, en principe, de l'État du pavillon*, d'où l'inefficacité du système. Cependant, tendance récente à reconnaître une extension des compétences de l'*État du port* où le navire fait escale. Mais, souvent, carence de ces autorités.

Problème des risques provoqués par le transport de substances dangereuses (et notamment par les *« mouvements transfrontières de déchets dangereux »* d'où l'accord de Bâle – 1989 – sous les auspices du PNUE) ; lacunes concernant le régime des *épaves* et réglementation insuffisante des transports par porte-conteneurs.

e) Répression du trafic illicite de stupéfiants et de substances psycho tropes : la Convention de 1982 prévoit une coopération internationale dans ces domaines. Une Convention de Vienne de 1988 prévoit (art. 17) la conclusion d'accords bilatéraux ou régionaux en vue de donner effet aux dispositions de la convention visant à réprimer le trafic illicite de stupéfiants et de substances psychotropes. Les accords doivent faciliter le droit d'intervenir en haute mer à l'égard d'un navire battant pavillon étranger.

f) Émissions non autorisées diffusées depuis la haute mer (radio-pirates) : principe d'une coopération internationale consacrée par la Convention de 1982, déjà mise en œuvre, par exemple, dans le cadre du Conseil de l'Europe (accord de 1965). Droit étendu de visite et de juridiction.

La Convention de 1982 consacre, par ailleurs, l'obligation des États de coopérer pour la *conservation* et la *gestion des ressources biologiques* de la haute mer.

3. Réglementation internationale de la sécurité en mer

a) Conclusion de plusieurs conventions internationales en vue d'assurer la sécurité des navires, des passagers et de l'équipage (Conv. de 1974 dite SOLAS – *Safety of life at sea*).

b) Action de diverses institutions spécialisées : OIT, OMM et OMI (mise au point d'un système de routes imposées).

4. Réglementation internationale de l'exploitation des richesses de la mer

a) Réglementation de la pêche

• Le principe traditionnel de la liberté de la pêche en haute mer (hauturière), qui se traduit par une réglementation nationale, est atténué par une *réglementation internationale* (il existe une quarantaine de commissions internationales), comportant parfois certains éléments de police internationale (droit d'inspection). Mais la compétence juridictionnelle ressortit à l'État du pavillon.

• *Multiplication des conventions internationales* :

– bilatérales : ex. : France-Espagne ;

– multilatérales : régionales ou protectrices d'espèces particulières (ex. : phoques à fourrure, baleine, saumon, thon).

• Compte tenu des revendications nationales concernant la *conservation des ressources biologiques* de la haute mer (ex. : proclamation américaine de 1945), la Convention de Genève sur la pêche et la conservation des ressources biologiques de la haute mer imposait aux États intéressés l'obligation de négocier. En cas de différend, arbitrage de nature « quasi législative » (n'a jamais fonctionné). Nombreux litiges d'où remise en question par la notion de *zone économique exclusive*, qui n'est cependant pas considérée comme une portion de haute mer (v. *infra*). Et en haute mer, la Convention de 1982 insiste sur la coopération internationale en vue d'assurer la conservation des ressources biologiques.

• Le *rôle de la FAO* dans la conservation des ressources biologiques de la mer est à souligner (création d'organismes de pêche maritime, notifications des mesures de conservation).

• Il faut souligner les incidences de la *politique communautaire européenne*, en matière de pêche (mais incidents, il y a quelques années, entre pêcheurs français et pêcheurs espagnols et britanniques, notamment dans le golfe de Gascogne). Pour ce qui concerne la haute mer, la Communauté a, dans les matières relevant de ses attributions, la même compétence réglementaire que celle qui est reconnue par le droit international à l'État du pavillon et elle peut donc conclure des engage-

ments internationaux tendant à la conservation des ressources de la mer (CJCE, 19 mars 1996, *Commission/Conseil*).
La Communauté est, d'ailleurs, partie à la Convention sur le droit de la mer et à l'accord relatif à l'application de la Partie XI de la Convention (v. *infra*).

• À signaler également les diverses tentatives d'organisations de *gestion concertée* des ressources de la pêche (ex. : Pacifique sud, golfe de Guinée).

b) Exploitation des fonds marins

D'après la Convention de 1982 (Partie XI), les fonds marins (la « Zone ») constituent le *patrimoine commun de l'humanité*. Une *Autorité internationale*, établie à la Jamaïque, est l'organisation par l'intermédiaire de laquelle les États parties à la Convention organisent et contrôlent les activités menées dans la Zone, notamment aux fins de l'administration des ressources des fonds marins et de leur sous-sol au-delà des limites de la juridiction nationale.
Cette Autorité, mise en place en 1994, comprend une Assemblée, composée de tous les États membres et d'un Conseil de 36 membres, répartis en 5 chambres (principaux consommateurs ou importateurs de produits, plus importants investisseurs, principaux exportateurs, pays en développement et en fonction de la répartition géographique).
Pratiquement, l'exploitation du fond des mers fait l'objet d'un **système mixte parallèle** *(banking system)*: une partie de la Zone sera exploitée par les États ou en leur nom, sous le contrôle de l'*Autorité* internationale (organe administratif) et une autre le sera directement par l'*Entreprise* (organe opérationnel) agissant pour le compte de l'Autorité, seule ou dans le cadre d'opérations conjointes *(joint ventures)*.
L'hostilité des États-Unis, attachés à la libre entreprise, à cette Convention se fondait, essentiellement, sur cette partie du texte qui, en limitant les possibilités d'exploitation pour le compte des pays industrialisés, mettait à leur charge des sommes importantes destinées à financer le fonctionnement de l'Entreprise.
Originalité d'un régime provisoire, dès la 50e signature à la Convention, donnant priorité à des **« investisseurs pionniers »**. Mise en place dès le printemps 1983 d'une *commission préparatoire*.
En attendant l'entrée en vigueur de la Convention sur le droit de la mer, plusieurs pays avaient édicté une *législation nationale* (France : loi du 23 déc. 1981) : caractéristique commune : exploration à compter de janvier 1982, et exploitation à compter de janvier 1988. *Accord intérimaire* (sept. 1982) entre les États-Unis, la France (rôle de l'Ifremer), la Grande-Bretagne et la RFA et nouvel accord (août 1984) auquel se sont joints les Pays-Bas, l'Italie, la Belgique et le Japon (accord visant à éviter le chevauchement des programmes d'exploration et d'exploitation).
De fait, les espoirs placés dans la zone ont été déçus (crise économique, difficultés technologiques) et handicap résultant de l'absence de plusieurs grandes puissances industrialisées (v. *supra* p. 121). D'où la négociation de l'accord du 29 juillet 1994, qui sous couvert d'application de la partie XI, contient en réalité des dispositions qui modifient sensiblement ladite partie, tant en ce qui concerne les institutions (mise en place progressive par souci d'économie, accroissement du pouvoir de décision des pays industrialisés) que les mécanismes de gestion (diminution des frais pour les investisseurs, atténuation des obligations de transfert de technologie).

Bilan des 10 premières années d'activité de l'Autorité internationale des fonds marins :
- adoption d'un code minier pour les nodules ;
- octroi de contrats aux investisseurs pionniers enregistrés auprès de la Commission préparatoire : notamment la France (par l'entremise de l'Ifremer) ;
- convocation d'ateliers et de groupes d'experts pour une meilleure connaissance des fonds marins ;
- préparation d'un code minier pour les autres ressources.

De fait, il semblerait qu'il ait fallu constater que l'idéal généreux de la gestion du patrimoine commun de l'humanité conservé dans les fonds abyssaux n'a pas résisté aux réticences des États qui n'auraient pas bénéficié de sa réalisation. Et à cela se sont ajoutés la chute du cours des matières premières et l'appétit de ceux qui les transforment (J.-P. Queneudec).

Toutefois, un programme ambitieux a été envisagé pour l'avenir :
- exploitation d'un site minier ? ;
- distribution d'une partie des recettes de l'exploitation du plateau continental au-delà des 200 milles ;
- examen de la problématique des ressources génétiques des fonds marins.

Pratiquement, 190 accords de délimitation maritime ont été conclus de 1942 à 2004, dont 119 ont pour objet précis le plateau continental et 85, soit les trois-quarts de ce total, comportent des dispositions sur l'exploitation des gisements sous-marins. Une étude exhaustive de ces dispositions révèle une complexité des réglementations applicables à l'exploitation en commun des gisements, parfois confiée à un seul opérateur.

C. La zone contiguë

1. Définition

C'est un espace maritime qui s'étend au-delà de la limite extérieure de la mer territoriale jusqu'à une certaine distance en direction du large. Bien que la Convention de 1982 ne définisse pas sa nature juridique, on peut cependant, encore, la considérer comme une portion de haute mer.

2. Origine

Pratique anglaise des *Hovering Laws* du XVIIIe (contrôle douanier à l'égard des bateaux suspects), américaine (*Liquor treaties* du temps de la Prohibition) et française (loi de 1817 instituant un contrôle douanier dans un rayon de 20 km des côtes).

3. Étendue

La Convention de Genève sur la mer territoriale et la zone contiguë limitait l'ensemble de ces deux espaces à 12 milles. La Convention de 1982 porte cette distance à 24 milles. Une loi française du 31 décembre 1987 consacre une extension des compétences des autorités nationales sur une telle distance.

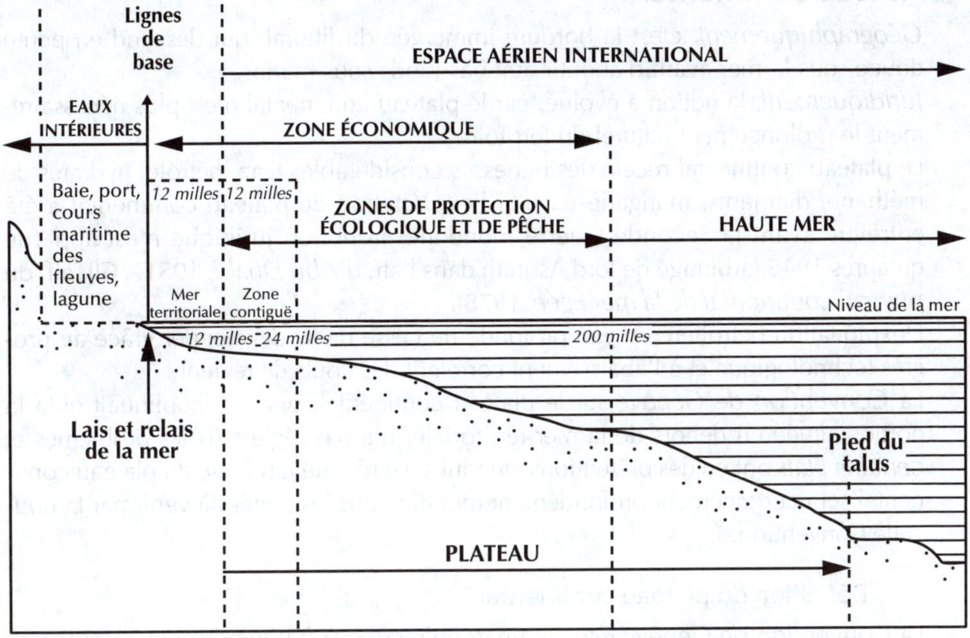

Source : meretmarine.com

4. Objet

L'État riverain peut exercer un contrôle afin de prévenir les atteintes à la législation douanière, fiscale, sanitaire ou d'immigration. C'est, en quelque sorte, un *espace-tampon*, qui permet à l'État de protéger, à distance, la mer territoriale et le territoire terrestre (J. Combacau). Et l'État riverain peut également exercer des mesures de police en cas d'infraction aux lois et règlements nationaux, si la poursuite a commencé dans les eaux intérieures ou la mer territoriale. Elle pourra même se continuer en haute mer *(hot pursuit)*. On peut rapprocher de la notion de cette zone contiguë, la décision prise par la France, en 1973, de créer une *zone de sécurité* de 60 milles (limitée, par la suite, à 30 milles au-delà des eaux territoriales), autour de l'atoll de Mururoa, où avaient lieu les expériences nucléaires françaises dans l'atmosphère. Il en fut de même par la Grande-Bretagne, en 1982, lors de la guerre des Falkland-Malouines (zone de 200 milles autour de l'archipel, puis zone d'interdiction de 150 milles pour les navires de guerre et aéronefs argentins, indépendamment d'une zone exclusive de pêche de même largeur).

Cette zone ne fait, finalement, pas double emploi avec celle de zone économique exclusive (à finalité limitée) puisqu'elle autorise l'État à exercer des compétences dans des domaines autres que l'économie.

§ 3 - Emprises étatiques

Il s'agit de zones dites *« sous juridiction* (compétence) *nationale »*, sans relever du territoire d'un État.

A. Plateau continental

Géographiquement, c'est la bordure immergée du littoral, qui descend en pente douce sous la mer avant d'aboutir aux bas-fonds sous-marins.

Juridiquement, la notion a évolué, car le plateau continental n'est plus nécessairement le prolongement naturel du territoire.

Le plateau continental recèle des richesses considérables (gaz, pétrole, hydrates de méthane, diamants, manganèse...). Si l'exploitation du plateau continental a été entrevue avant la Seconde Guerre mondiale, la notion juridique n'est apparue qu'après 1945 (arbitrage de lord Asquith dans l'aff. d'*Abu Dhabi*, 1951 – CIJ, aff. du *plateau continental de la mer Égée*, 1978).

L'exploitation pétrolière en eau profonde ne cesse de se développer grâce au progrès technologique et à l'abaissement corrélatif des coûts de revient.

La *Convention de Genève* sur le plateau continental, qui ne s'appliquait qu'à la portion située en dehors de la mer territoriale, n'a pas réglé tous les problèmes et *certains États* ont eu des prétentions étendues. Le régime juridique du plateau continental sera certainement profondément modifié dans les années à venir par la nouvelle Convention.

1. Définition du plateau continental

La *Convention de Genève* retenait un double critère : *bathymétrique* (jusqu'à une profondeur de 200 m) et *technique* (limite de l'exploitabilité). Donc, limites indéterminées en dépit du caractère adjacent aux côtes souligné par la Convention de 1982.

La *Convention de 1982* confirme que le plateau continental au sens juridique ne vise que la zone située au-delà de la mer territoriale. Elle consacre le droit des États riverains sur un plateau continental minimum s'étendant jusqu'à 200 milles des lignes de base de la mer territoriale. Mais, elle reconnaît, également, leurs droits jusqu'au *rebord externe de la marge continentale*, c'est-à-dire jusqu'à une pente quasiment nulle de sorte que l'État exerce ses droits sur le plateau proprement dit, le talus et le glacis ainsi que sur leur sous-sol. La Convention pose cependant certaines limites (distance maximum de 350 milles des lignes de base ou distance de 100 milles au-delà de la profondeur de 2 500 m). À cette distance, le plateau continental n'est plus nécessairement le prolongement du territoire, mais plutôt une *projection* du territoire terrestre. Intervention éventuelle de la *Commission des limites du plateau continental* pour les incidences sur l'extension de la zone économique exclusive (cas de l'Australie en 2008 – Zone de deux millions de km^2 environ).

2. Délimitation entre États voisins

Des difficultés peuvent surgir entre deux États, dont les côtes sont adjacentes ou se font face. Nombreux litiges soumis à différentes procédures (conciliation, arbitrage, CIJ).

Dans l'affaire du *plateau continental opposant la France et la Grande-Bretagne* en mer d'Iroise et à propos des îles Anglo-Normandes, le tribunal arbitral a pris en considération, en 1977, des *circonstances spéciales*, invoquées par la France, faisant échec à l'application pure et simple de la *règle de l'équidistance*, retenue, en principe, par la Convention de Genève.

En revanche, dans son litige avec le Canada, la France, contestant toute circons-

tance spéciale, découlant de la situation de Saint-Pierre-et-Miquelon par rapport aux côtes de Terre-Neuve, n'a pas pu faire prévaloir le principe de l'équidistance (arbitrage dans l'aff. des *espaces maritimes,* 1992).
La Convention de 1982 renvoie, en cas de litige entre États, dont les côtes sont adjacentes ou se font face, à un accord de façon à aboutir à une *solution équitable*. La référence à la règle de l'équidistance est en principe abandonnée (*Nicaragua/Honduras,* 2007).
Pratiquement, la jurisprudence (arbitrale et celle de la CIJ) rapproche la Convention de 1958 de celle de 1982. L'équidistance semble servir de point de départ mais contrôle du résultat sous l'angle de l'équité avec prise en compte des « *circonstances pertinentes* » (particularités factuelles). Voir, en dernier lieu, CIJ, *Roumanie/Ukraine,* 2009 : approbation des parties – « Les deux parties ont exprimé leur satisfaction à l'égard de la solution retenue bien qu'elle aboutisse à reconnaître une large partie de la zone contestée à la Roumanie ».

3. droits de l'État côtier

Ce sont des droits souverains « finalisés » (exploration et exploitation des ressources naturelles) qui concernent les ressources minérales et les espèces animales sédentaires. Droit de construire des installations (protocole de 1988 pour la répression des actes illicites contre la sécurité des plates-formes) et d'établir une *zone de sécurité* autour d'elles (dans cette zone, l'État y exerce des compétences sur une base personnelle ou d'un service public, mais non sur une base territoriale, car les installations ne constituent pas des îles) ; *droits exclusifs* indépendants de toute occupation ou effectivité.

4. Droits des États tiers

Les droits de l'État côtier ne portent pas atteinte, en principe, au régime des eaux surjacentes, ni à celui de l'espace aérien : la Convention de 1958 reconnaissait une liberté de navigation, de pêche, de recherche scientifique et de survol. La Convention de 1982, en consacrant, par ailleurs, la notion de *zone économique exclusive* écarte la liberté de pêche, mais les droits d'exploitation des ressources non biologiques seront, légèrement, limités au-delà de 200 milles (versement d'une contribution par l'État côtier au profit de l'Autorité des fonds marins). Les prétentions de la Russie sur le fond de l'océan arctique, sur la base du prolongement de son plateau continental, ont remis en question les droits des États tiers, qui se fondent sur leur zone économique exclusive.

B. Zone économique exclusive

Parallèlement aux négociations au sein de la 3e conférence des Nations unies sur le droit de la mer, le *droit coutumier* international avait consacré la notion de **« zone économique exclusive »**, dont la *nature juridique* exacte est difficile à préciser (zone de transition, mais ne se rattachant ni à la haute mer, donc distincte de la zone contiguë, ni à la mer territoriale).
La *loi française* du 16 juillet 1976 a créé une zone économique de 188 milles au-delà des limites des eaux territoriales, dans laquelle la France exerce des *droits souverains* en ce qui concerne l'exploration et l'exploitation des ressources naturelles, biologiques ou non biologiques du fond de la mer, son sous-sol et des eaux surjacentes. Difficultés persistantes avec les pêcheurs espagnols, malgré la « communautarisation » des problèmes de la pêche.

La *Convention de 1982* consacre l'existence d'une zone économique exclusive au-delà de la mer territoriale et adjacente à celle-ci. Sa largeur maximum est de 200 milles à partir des lignes de base de la mer territoriale (donc, pratiquement : 188 milles), sous réserve d'une extension résultant d'une décision de la Commission des limites du plateau continental (v. *supra*) : demande conjointe en ce sens, en 2006, de la France, de l'Espagne, de la Grande-Bretagne et de l'Irlande. L'*État côtier* y exerce des *droits souverains finalisés* (exploration, exploitation, conservation et gestion des ressources naturelles, biologiques et non biologiques). Les droits portant sur les eaux surjacentes, le lit et le sous-sol de la mer recouvrent, pratiquement, les droits reconnus sur le plateau continental.
Droits de juridiction en vue de la recherche scientifique et la protection de l'environnement (d'où loi française de 1986).
Pas d'impératif de sécurité, d'où critiques de la décision britannique d'établir une zone de sécurité autour des îles Falkland-Malouines (1982-1990).
Coopération entre les États côtiers concernés par des stocks de poisson se trouvant dans plusieurs zones économiques exclusives ou à la fois dans une zone et dans un secteur adjacent à la zone (poissons migrateurs et stocks chevauchants – *straddling stocks*). Une Convention de 1995 remet quelque peu en question la Convention de Montego Bay sur la liberté de la pêche en haute mer. Car, d'une part, les États doivent accepter le principe d'une limitation des prises et d'autre part le régime du contrôle en haute mer tend à éclipser la loi du pavillon. Rôle de l'État du port pour contrôler le respect des normes. Par ailleurs, il existe depuis 1994 une loi canadienne sur la protection des stocks chevauchants en haute mer.
Les *États tiers* conservent la liberté de navigation, de survol et de pose de câbles et pipelines. Les États sans littoral et ceux ayant des caractéristiques géographiques particulières (ex. : États riverains d'une mer fermée ou semi-fermée) peuvent prétendre à l'exercice de la pêche, selon une *« formule équitable »*, dans les zones exclusives des États côtiers de la région.
La délimitation de la zone entre États, dont les côtes sont adjacentes ou se font face, se fera, dans les mêmes conditions et suscitera les mêmes difficultés, que pour le plateau continental (accord pour aboutir à une *solution équitable*). Les États pourront se prononcer pour une délimitation du plateau et de la zone économique exclusive, suivant une ligne unique (en ce sens : CIJ, aff. du *golfe du Maine*, 1984 ; aff. *Danemark/Norvège*, 1993 – Trib. arb., aff. de la *frontière maritime Guinée/Guinée-Bissau*, 1985 ; aff. *Nicaragua/Honduras*, 2007 ; aff. *Roumanie/Ukraine*, 2009).
Indépendamment de l'entrée en vigueur de la Convention de 1982, plus des deux tiers des États côtiers ont adopté une législation consacrant leurs droits sur un espace maritime *au-delà des limites des eaux territoriales* (zone économique exclusive, zone économique ou zone de pêche). Diversité de contenu de ces législations (droits exclusifs, pouvoir discrétionnaire, juridiction exclusive).

Section 4 › LA MER TERRITORIALE

La mer territoriale (ou eaux territoriales) désigne **l'espace marin compris entre le territoire et les eaux intérieures d'un État d'une part, et la haute mer d'autre part**. La Convention de 1982 fait une place à part aux eaux archipélagiques (v. *infra*).

La conférence de Genève de 1958 avait abouti à une Convention sur la mer territoriale qui en fixait le **régime juridique**. Mais, elle avait échoué sur la question de son **étendue**. Il en a été de même en 1960. La question a, enfin, été réglée par la 3e conférence des Nations unies sur le droit de la mer.

§ 1 - Le régime juridique de la mer territoriale

La Convention de Genève et celle de 1982 consacrent la souveraineté de l'État côtier sur ses eaux territoriales, mais cette souveraineté comporte certaines *limitations.*

A. Souveraineté de l'État côtier

1. Exclusivité des compétences étatiques

a) L'État côtier est souverain sur la nappe d'eau, l'espace aérien (pas de droit automatique de survol), le lit et le sous-sol de la mer territoriale (y compris donc le plateau continental inclus dans cette zone). Distinguer « souveraineté » et « droits souverains ».

b) L'État côtier exerce notamment des compétences territoriales exclusives en matière de pêche, de police, de douanes et de législation sanitaire.

2. Absence d'unité du régime juridique de la mer territoriale française

Étendue à 12 milles en 1971.

a) *Imperium* (pouvoir de police et de sûreté de l'État) sur la nappe liquide qui ne constitue pas une portion de territoire (Cass., 26 nov. 1918) et ne peut faire l'objet de la procédure des contraventions de voirie (CE, 24 mai 1935, *Thireault*). Le Conseil d'État reconnaît le droit de souveraineté de la France (CE, 4 déc. 1970, *Starr*).

b) *Dominium* (droit de propriété publique de l'État) sur le sol et le sous-sol de la mer territoriale (loi de 1963).

B. Limitations aux droits de l'État côtier

1. Règle du libre passage inoffensif

a) Règle *coutumière* traditionnelle reprise par la Convention de Genève et celle de 1982 (plus précise).

b) Le libre passage est ouvert *latéralement* (transit) et *perpendiculairement* aux côtes (entrée ou sortie).

c) Le droit de *séjour* des navires étrangers est cependant limité : incidents de navigation, relâche forcée, détresse ; v. réaction du gouvernement australien, durant l'été 2001, contre l'entrée d'un navire norvégien ayant à son bord plusieurs centaines de réfugiés afghans.

d) Le passage doit être *inoffensif :* pas d'atteinte à la sécurité, à la paix et au bon ordre de l'État riverain. La Convention de 1982 interdit, également, toute action de pollution délibérée et grave et toute activité sans rapport direct avec le passage ;

v. France : décret du 6 février 1985. Cas particulier de la lutte contre la piraterie (ex : en 2008, coopération internationale en liaison avec les autorités somaliennes).
e) Le libre passage inoffensif existe aussi bien au profit des navires de commerce que des *navires de guerre* étrangers. Mais, généralement, l'entrée de ceux-ci est subordonnée à un préavis et peut faire l'objet de limitations.

2. Pouvoirs de l'État sur les navires étrangers

a) À l'égard des navires de commerce : *compétence juridictionnelle* limitée dans l'intérêt de la navigation :
– compétence *pénale* : si l'infraction a des conséquences extérieures au navire ou si l'assistance de l'État riverain est demandée par le capitaine du navire ou le consul de l'État du pavillon ;– compétence *civile* : n'existe pas à l'égard d'une personne à bord et se trouve limitée à l'égard du navire lui-même aux seules obligations afférentes à la navigation présente dans les eaux territoriales.
b) À l'égard des navires de guerre :
– absence de pouvoir d'action ;
– simple droit d'exiger la sortie des eaux territoriales.

§ 2 - La délimitation des eaux territoriales

Question délicate, car elle est liée aux impératifs de la **pêche** et de la **sécurité** (éloigner les navires de guerre vers le large et interdire le survol aux aéronefs).

A. Détermination de la ligne de base

C'est la ligne à partir de laquelle sont mesurées les eaux territoriales.

1. Procédés de détermination

a) Méthode du tracé parallèle lorsque la côte est rectiligne : la ligne de base suit la laisse de basse mer longeant la côte.
b) Méthode des *lignes de base droites* ou *ligne des caps* (*headland theory*) lorsque la côte est très découpée et comprend de nombreuses îles : choix de points appropriés de la côte (îlots et rochers extérieurs) à condition de ne pas s'écarter de façon appréciable de la direction générale de la côte (CIJ, aff. des *pêcheries anglo-norvégiennes*, 1951).
En principe, chaque île (art. 121 CNUDM, aff. *Nicaragua/Honduras*, 2007) est normalement entourée d'eaux territoriales (en revanche, l'existence d'un plateau continental et d'une zone économique exclusive est subordonnée à la présence d'une population sur l'île) ; mais son statut politique est indifférent (arbitrage, aff. des *espaces maritimes*, 1992). Un haut-fonds découvrant ne peut être assimilé à une île (*Malaisie/Singapour*, CIJ, 2008).
c) Pour la *France*, un décret de 1967 a opéré une nouvelle délimitation des eaux territoriales en s'inspirant de la ligne des caps. Le nouveau tracé s'écarte, par endroits, jusqu'à 25 milles des côtes.
d) Sous la pression des *États-archipels* (17 États ; ex. : Philippines, Indonésie, Fidji), la 3e conférence des Nations unies sur le droit de la mer a retenu la notion d'*eaux archipélagiques*, zone maritime se situant entre les eaux intérieures et les eaux

territoriales. La largeur de la mer territoriale, de la zone économique exclusive et du plateau continental est mesurée à partir des lignes de base archipélagiques, étendant, ainsi, les espaces soumis aux compétences de l'État riverain. Cette zone, relevant de la souveraineté de l'État-archipel, est normalement soumise au régime juridique de la mer territoriale, mais laisse, cependant, subsister, le *passage en transit* (passage continu et rapide) sans entrave des navires et aéronefs étrangers dans des voies de circulation internationale *(droit de passage archipélagique).*

2. Problème des baies

a) Baies ordinaires : la Convention de Genève et celle de 1982 retiennent comme largeur d'ouverture d'une baie une distance de 24 milles :
– Baie dont l'ouverture est inférieure à 24 milles : ses eaux sont des eaux intérieures si la baie n'est entourée que par un seul État.
– Baie dont l'ouverture est supérieure à 24 milles : une ligne de base droite de 24 milles est tracée à l'intérieur de la baie, dont un seul État est riverain.
b) Baies historiques : elles constituent des eaux intérieures par suite d'un usage continu et incontesté (ex. : baie d'Hudson – en revanche, revendication contestable de la Libye sur le golfe de Syrte ; CIJ, aff. *El Salvador/Honduras*, 1992).

B. Largeur des eaux territoriales

1. Le principe traditionnel

a) L'autorité de l'État ne peut s'étendre que sur des espaces maritimes que l'État domine effectivement depuis la terre.
b) De la limite de la portée du canon (XVIIIe), on était passé à la limite de 3 milles marins (XIXe).

2. La remise en cause du principe

a) Au XXe, on a assisté à une *tendance progressive à l'extension* : les États se contentant de 3 milles ne constituent plus qu'une infime minorité (3), la grande majorité (129), dont la France, ont opté pour une limite de 12 milles, certains allant jusqu'à 200 milles (ex. : quelques pays d'Amérique latine et d'Afrique).
b) Les *raisons* en sont diverses : configuration des côtes, exploitation des ressources (pêche), raisons de sécurité, lutte contre la pollution.
c) Tendance à une *différenciation* entre les eaux territoriales et certaines *zones fonctionnelles* :
– *Les zones affectées à des fins économiques :* exploitation des ressources en général (ex. : France), pêche exclusive ou conservation des pêcheries.
À propos de la *« guerre de la morue »* qui a opposé l'Islande à la Grande-Bretagne et à l'Allemagne fédérale, la CIJ avait dénié à l'Islande le droit de porter, à l'époque, unilatéralement les limites de ses zones exclusives de pêche, de 12 à 50 milles (aff. de la *compétence en matière de pêcheries*, arrêt sur le fond, 1974).
Le nouveau droit de la mer a consacré la notion de **zone économique exclusive** (v. *supra* p. 135).
– *Les zones de prévention de la pollution* (ex. : législation canadienne, 1970).
d) L'absence de réglementation générale était source de nombreux incidents internationaux. La Convention de 1982 retient une largeur de 12 milles, qui correspond

à la pratique dominante (la Grande-Bretagne et les États-Unis s'y sont également ralliés).

Section 5 › LES EAUX INTÉRIEURES

Les eaux intérieures, comprises dans le territoire de l'État, relèvent de la souveraineté territoriale, mais sont soumises à des **obligations juridiques spéciales** en raison de leur affectation aux communications internationales.
Ainsi, lorsque le tracé d'une ligne de base droite inclut dans les eaux intérieures des eaux qui n'étaient pas précédemment considérées comme telles, le droit de passage inoffensif s'applique à ces eaux, alors qu'il ne s'applique pas aux eaux intérieures. Dans le silence des textes, qui ne traitent que des ports, la pratique fait, cependant, apparaître une *liberté d'accès*, sous certaines conditions de sécurité, et, éventuellement, moyennant perception de redevances.

§ 1 - Contenu des eaux intérieures

A. Ports, havres et rades

1. Les **ports** sont les lieux aménagés où les navires viennent charger ou décharger des passagers et des marchandises.
2. Les **havres** sont des petits ports très abrités (naturels ou artificiels) généralement à l'embouchure d'un fleuve.
3. Les **rades** sont des lieux de mouillage à une certaine distance des côtes, organisés, notifiés et signalés par certains ouvrages. La Convention de 1982 rattache à la mer territoriale les rades qui se trouveraient entièrement ou partiellement au-delà de la limite extérieure de celle-ci.

B. Une portion de mer

1. Les eaux intérieures comprennent la **partie de la mer située en deçà de la ligne de base** des eaux territoriales (dont les baies d'une ouverture inférieure à 24 milles et les baies historiques). Le droit de passage inoffensif continuera à s'appliquer dans la zone incluse dans les eaux intérieures, du fait de la méthode des lignes de base droites (art. 8 §2 de la CNUDM).
2. Les **estuaires** sont considérés comme des eaux intérieures.

C. Les mers intérieures

1. Les **mers sans communication** (ou lacs) et comprises dans le territoire d'un seul État. Cela correspond, d'ailleurs, à une définition géographique, mais non à un régime juridique des mers intérieures, car ces espaces ne sont pas accessibles aux navires étrangers.
2. Mers communiquant avec un océan, mais entourées par un seul État. Cependant, situation nouvelle pour certains espaces du fait de l'éclatement de l'Union soviétique : ainsi, la mer d'Azov relève désormais de l'Ukraine et de la Russie, tandis que la mer d'Aral est partagée entre le Kazakhstan et l'Ouzbékistan.
3. Problème particulier de la **mer Caspienne**, au lendemain du démembrement de

l'Union soviétique : est-ce une mer, un fleuve ou un lac (solution retenue par la doctrine dominante) ? Négociations menées depuis plusieurs années, qui s'orientent vers un double statut : les eaux de la mer auraient le statut de lac (ses ressources constitueraient une propriété commune aux riverains), tandis que les fonds feraient l'objet de délimitations maritimes. D'ores et déjà, une Convention-cadre, conclue entre les cinq États riverains, est entrée en vigueur en 2006 en vue de protéger le milieu marin. Elle devra être complétée par des protocoles définissant les obligations spécifiques et détaillées concernant la conservation de la biodiversité, l'évaluation des conséquences environnementales des activités humaines et les accidents de pollution, liée notamment au pétrole.

§ 2 - Statut des navires

A. Statut des navires privés

1. Les navires privés n'ont un **droit de libre entrée** dans les ports que sur la base d'une *disposition conventionnelle* (Conv. de Genève de 1923 ou convention bilatérale).
2. Ils bénéficient de l'**égalité de traitement** pour l'accès aux services portuaires.
3. Ils sont soumis à la **compétence territoriale de l'État riverain**, mais celui-ci n'exerce sa compétence juridictionnelle que s'il est directement intéressé, notamment en matière pénale (France : avis du Conseil d'État de 1806) ; toutefois développement d'un *pouvoir de contrôle* dans la mise en œuvre des accords relatifs à la sécurité maritime et à la protection de l'environnement marin (protocole de 1993 à la Convention de Torremolinos sur la sécurité des navires de pêche) ainsi que des conventions internationales du travail (rôle de l'État du port, avec risque de voir des *« ports de complaisance »*, d'où premières initiatives prises, au printemps 2000, par la Commission européenne pour lutter contre un laxisme de certains États de l'Union européenne, mais également problème des navires éventuellement bloqués dans les ports, d'où situation dramatique des équipages). Principe posé par la Convention de Montego Bay et parfois mis en œuvre dans un cadre régional (ex. : mémorandum d'accord – *MOU* – dans le cadre régional européen).
4. Le séjour des **navires à propulsion nucléaire** est généralement soumis à un régime particulier.

B. Statut des navires de guerre

1. L'État côtier peut **réglementer** et même **interdire** l'accès de navires de guerre étrangers dans ses ports. Autorisation généralement nécessaire pour les navires nucléaires.
2. Les navires de guerre sont soumis à la **législation de l'État riverain**, mais bénéficient d'**immunités** de juridiction et d'exécution, en raison de leur caractère représentatif.
3. L'octroi du **droit d'asile** peut soulever des difficultés (les délinquants de droit commun doivent être remis par le capitaine du navire).
4. Aucun **acte de contrainte** ne peut être exercé par les autorités de l'État côtier.

Section 6 › LES GRANDES VOIES MARITIMES INTERNATIONALES

Il faut distinguer les **détroits** et les **canaux**.

§ 1 - Les détroits

Ce sont des voies naturelles, qui constituent des portions de mer resserrées, faisant communiquer deux mers.

A. Principes généraux

1. Différents types de détroit

a) Détroits faisant communiquer deux mers libres ou une mer libre et une mer intérieure (ex. : détroit de Kertch entre la mer d'Azov et la mer Noire).
b) Détroits qui font communiquer deux mers libres et dont les deux rives sont sous la souveraineté du même État (ex. : Bosphore).
c) Détroits dont les rives appartiennent à des souverainetés différentes ou dont la largeur est supérieure à deux fois celle de la mer territoriale (zone de mer libre entre les rives : ex. : détroit du Pas-de-Calais avant l'extension des eaux territoriales à 12 milles).

2. Régime juridique général

a) La liberté de passage ne soulève aucune difficulté lorsque les détroits ont une largeur suffisante pour ne pas être entièrement compris dans les eaux territoriales des États riverains.
b) Mais, l'extension générale à 12 milles de la mer territoriale place intégralement de nombreux détroits dans les eaux territoriales des États riverains, dans lesquelles les navires étrangers, et notamment les navires de guerre, sont soumis au régime plus restrictif du passage inoffensif.
c) Lorsque l'accès de la haute mer est en jeu, les nécessités de la navigation internationale imposent, en effet, en tout état de cause le droit de passage inoffensif (Conv. de Genève sur la mer territoriale, art. 16-4). Après d'âpres discussions, la Convention de 1982 consacre, en principe, le droit de **passage en transit** sans entrave dans les détroits servant à la navigation internationale. Le passage en transit (passage continu et rapide) est plus libéral et moins ambigu que le libre passage inoffensif (qui continuera à s'appliquer à certains détroits). Un accord franco-britannique de 1988 consacre ce droit de passage en transit dans le détroit du Pas-de-Calais et semble reconnaître un caractère coutumier à cette règle.
d) La CIJ a eu l'occasion d'affirmer que le fondement déterminant du droit de passage était le critère géographique et non le volume du trafic ou l'importance du détroit pour la navigation (CIJ, aff. du *détroit de Corfou*, arrêt sur le fond, 1949). À plus fortes raisons, des considérations politiques sont inopérantes : ex. : détroit d'Ormuz pour le golfe Arabo-Persique et détroit de Tiran pour le golfe d'Akaba.
e) Mais l'importance stratégique et politique des détroits influe sur leur régime juridique, qui est généralement complété par des dispositions conventionnelles spéciales.

B. Régimes conventionnels spéciaux

Le principe de la liberté de passage, aménagé par diverses conventions, doit se concilier, à l'heure actuelle, avec les impératifs de sécurité, menacés par les caractéristiques présentes de la navigation (taille des navires, modes de propulsion, nature des cargaisons et/ou des armements).

1. Détroits danois

a) Droit de passage pour tous les navires en temps de paix (Conv. de 1857).
b) Possibilité pour le Danemark de fermer les détroits en temps de guerre.
c) La Finlande a renoncé, en 1992, à l'action qu'elle avait intentée contre le Danemark devant la CIJ à propos de la construction d'un pont sur le grand Belt.

2. Détroits turcs (Bosphore et Dardanelles)

a) Leur régime juridique a souvent été modifié et en dernier lieu par la Convention de Montreux de 1936, dont l'Union soviétique avait demandé la révision, à plusieurs reprises, mais sans succès.
b) Droit de passage pour tous les navires en temps de paix, mais préavis et limitation de tonnage et de puissance de l'armement pour les navires de guerre. Régime plus restrictif pour les non-riverains, notamment en ce qui concerne la durée de séjour.
c) En temps de guerre, pouvoir discrétionnaire de la Turquie si elle est belligérante et interdiction du passage des navires de guerre belligérants si elle est neutre.
d) Réglementation unilatérale turque (1994) pour limiter les risques d'accident, mais de nature à affecter la navigation, puisque, notamment, possibilité de suspension temporaire de trafic dans certains cas (ex. : pollution). Refus de l'OMI de prendre nettement position sur ce point.

3. Détroit de Gibraltar

Liberté de passage et interdiction de fortifier les rives.

4. Détroit de Magellan

Même régime.

§ 2 - Les canaux internationaux

Ce sont des voies d'eau artificielles creusées dans le territoire d'un ou plusieurs États pour faire communiquer deux mers libres et faciliter le trafic maritime.

A. Principes généraux

1. Souveraineté de l'État riverain

L'État riverain possède notamment le droit de réglementation, de percevoir des taxes, de prendre des mesures défensives (ex. : canal de Corinthe).

2. régime d'internationalisation

Généralement, régime réalisé par voie conventionnelle comportant des obligations à la charge de l'État riverain dans l'intérêt de la navigation internationale. L'existence d'un régime de droit commun, qui serait de nature coutumière, est contestée malgré certaines formules de la CPJI (aff. du *Wimbledon*, 1923).

B. Régimes conventionnels spéciaux

1. Canal de Suez

a) La Convention de Constantinople de 1888 a édicté un statut objectif opposable à tous les États.
b) Ce régime dérogatoire au droit commun de la guerre a prévu l'ouverture du canal à tous les navires et en tous temps.
c) Ce régime a été remis en cause unilatéralement par l'Égypte au lendemain de la création de l'État d'Israël (1948). Les navires israéliens ne bénéficient d'une liberté de passage que depuis l'entrée en vigueur du traité de paix (1979).
d) Fermé une première fois par l'Égypte pendant quelques mois en 1956-1957, lors de l'expédition militaire franco-britannique, le canal a été à nouveau fermé à la suite de la guerre des Six Jours en 1967. Les travaux de remise en état entrepris en 1974, ont permis la réouverture du canal en 1975. Travaux de rénovation en vue d'accroître les capacités d'accueil.

2. Canal de Panama

a) Le régime juridique a été longtemps régi par deux traités bilatéraux (Hay-Pauncefote entre États-Unis et Grande-Bretagne 1901 ; Hay-Bunau Varilla entre États-Unis et Panama, 1903) auxquels s'est substitué un traité signé en 1977, entre les États-Unis et Panama.
b) Régime de totale liberté *(neutralité perpétuelle)*, mais responsabilité principale des États-Unis pour protéger et défendre le canal et droit de passage en priorité pour les navires américains et panaméens.
Élargissement du canal adopté par voie de référendum en 2006. Début des travaux en 2007. Achèvement prévu en 2015.

3. Canal de Kiel

a) Le traité de Versailles a prévu l'ouverture de ce canal qui joint la Baltique à la mer du Nord à tous les navires des nations en paix avec l'Allemagne (CPJI, aff. du *Wimbledon*, 1923).
b) Dénonciation des clauses fluviales des traités de paix par le régime hitlérien en 1936.
c) Remise en vigueur en 1945 du principe de la liberté de passage.

Chapitre 2 › LES FLEUVES INTERNATIONAUX

› L'essentiel

Ce sont des ***cours d'eaux qui séparent ou traversent des territoires dépendant de plusieurs États****. On distingue ainsi les fleuves contigus (ou frontières) et les fleuves successifs.*

Après avoir essentiellement servi comme ***moyen de transport, l'utilisation des fleuves internationaux à d'autres fins*** *tend à se généraliser : irrigation et énergie hydro-électrique. C'est parfois la source de différends internationaux (ex. : arbitrage dans l'aff. du* lac Lanoux, *1957 ; CIJ, aff.* Hongrie/Slovaquie, *1997 et* Argentine/Uruguay, *en cours).*

L'évolution du droit fluvial a consacré le passage du monopole à celui de la liberté d'utilisation, le plus souvent dans le cadre d'une gestion internationale, caractérisée par une double tendance à la ***régionalisation*** *et à la* ***centralisation****.*

L'accent est mis, à l'heure actuelle, sur le problème de la pollution transfrontière *(ex. : pollution d'une rivière hongroise puis du Danube par un rejet de cyanure en provenance d'une mine d'or en Roumanie, févr. 2000). Le contentieux entre la Hongrie et la Slovaquie, en 1997, et l'affaire en cours, entre l'Argentine et l'Uruguay, à propos de l'installation d'usines de pâte à papier sur le fleuve Uruguay, ont mis l'accent sur l'importance de la protection de l'environnement.*

La ***Convention de Barcelone de 1921*** *a posé les grandes lignes du régime juridique des fleuves internationaux, mais l'essentiel de leur statut résulte de* ***conventions spéciales****. Une Convention adoptée sous les auspices de l'ONU traite de l'utilisation des fleuves internationaux à des fins autres que la navigation (1997).*

Concernant les droits de navigation, pas de règle coutumière universelle (CIJ, Nicaragua/Costa Rica, *2009).*

Section 1 › CONVENTION DE BARCELONE (1921)

§ 1 - Principes fondamentaux

La convention de Barcelone consacre deux principes fondamentaux : la **liberté de navigation** et l'**égalité de traitement** (CPJI, aff. *Oscar Chinn*, 1934). Sur les incidences de l'exercice du *droit de grève* sur la liberté de navigation sur les fleuves internationaux, v. CE, 16 nov. 1979, *Soc. Alb-Murg*, et 4 février 1981 *CFTC*.

§ 2 - Taxes

La convention de Barcelone admet la licéité des **taxes** rémunérant des **services rendus**, mais interdit les taxes d'enrichissement, d'où l'illégalité des péages instaurés par la Yougoslavie sur le Danube, en 1995.

§ 3 - Obligations incombant aux États riverains

La convention de Barcelone précise ces obligations : ne pas mettre d'obstacles à la navigation, interventions élémentaires pour enlever les épaves, travaux d'entretien.

§ 4 - Modes de gestion

La convention de Barcelone laisse le **choix des modes de gestion** : individualiste (assurée par chaque État), régionale (réservée aux États riverains), « internationale » (admettant des États non riverains).

Section 2 › CONVENTION DES NATIONS UNIES SUR LE DROIT RELATIF AUX UTILISATIONS DES COURS D'EAU À DES FINS AUTRES QUE LA NAVIGATION (1997)

Cette Convention – qui trouve son origine dans un projet de la CDI – met l'accent sur le principe d'une utilisation équitable et raisonnable. Elle privilégie une gestion concertée des ressources naturelles intéressant plusieurs États et précise les facteurs à prendre en considération (géographiques, économiques, sociaux, conservation et protection...).

Section 3 › RÉGIMES CONVENTIONNELS SPÉCIAUX

§ 1 - Fleuves européens

A. Rhin

Convention de Mannheim de 1868 (révisée à différentes reprises) : Commission centrale du Rhin disposant d'un pouvoir réglementaire et juridictionnel.

B. Danube

Multiplicité d'actes parmi lesquels le traité de Paris de 1856 et le statut de 1921 instituant deux régimes (Danube maritime et Danube fluvial). Les traités de paix de 1947 réaffirment la liberté de navigation au profit de tous les États, mais la Convention de Belgrade de 1948, non signée par les États occidentaux, exclut les États non riverains de la gestion du fleuve. Convention de 1998 relative à la protection du Danube. En 2002, processus de coopération relatif au Danube (protection de l'environnement).

C. Escaut

Traité de 1839 : coexistence de deux gestions indépendantes et pouvoir discrétionnaire des États riverains (Belgique et Pays-Bas).

D. Meuse

Convention hollando-belge de 1863 (CPJI, aff. des *prises d'eau*, 1937).

E. Moselle

Convention franco-germano-luxembourgeoise de 1956 décidant la canalisation du fleuve et la navigation (à péage pour couvrir les frais des écluses) sous l'autorité de la Commission de la Moselle, dotée d'un pouvoir réglementaire et juridictionnel.

§ 2 - Fleuves africains

Le Congo, le Niger, le Nil, le Zambèze, le Sénégal et la Gambie ont fait l'objet de conventions.

§ 3 - Fleuves asiatiques

Le Mékong fait l'objet d'un régime international ; les eaux de l'Indus ont été partagées entre l'Inde et le Pakistan et celles du Gange entre l'Inde et le Bangladesh. Relance du régime international en 1995.

§ 4 - Fleuves américains

Accord américano-canadien concernant le Saint-Laurent ; gestion dans un cadre régional de certains fleuves sud-américains (ex. : bassin de la Plata).

Chapitre 3 › L'ESPACE AÉRIEN ET L'ESPACE EXTRA-ATMOSPHÉRIQUE

> **› L'essentiel**
> *Si le régime juridique de l'**espace aérien** est déterminé par la condition juridique de l'espace sous-jacent, celui de l'**espace extra-atmosphérique** (cosmique) tend à se rapprocher de celui de la haute mer.*
> *Le problème délicat de la **délimitation** de ces deux espaces n'est pas encore réglé.*

Section 1 › RÉGIME JURIDIQUE DE L'ESPACE AÉRIEN

§ 1 - Principes généraux

A. Condition juridique de l'espace aérien

1. Souveraineté de l'État sous-jacent

S'exerce au-dessus de son territoire (terrestre et maritime).
Amendement (1984) à la Convention de Chicago pour la limitation de l'usage de la force (renonciation à recourir aux armes), après l'incident tragique survenu au-dessus du territoire soviétique à un avion sud-coréen (1983). Codification, par cet amendement, d'une règle coutumière déjà établie.
Zones d'**« exclusion aérienne »** sur une partie du territoire irakien (de 1991 à 2003) et en Bosnie (de 1992 à 1995).
Vol de surveillance dans le cadre du désarmement (mesures de confiance) : traité « Ciel ouvert » *(Open sky)*, 1992.

2. Liberté de l'espace aérien

Ce régime de liberté est reconnu par le droit international au-dessus de la haute mer et des territoires non appropriés.

3. Coopération internationale

Ayant pour objectif de lutter contre la pollution trans-frontière : protection de la couche d'ozone, prévention contre les « pluies acides ».

B. Nationalité des aéronefs

1. Définition

Appareil pouvant se soutenir dans l'atmosphère, grâce aux réactions de l'air, autres que les réactions de l'air à la surface de la terre. Les hydroglisseurs, naviplanes ou aéroglisseurs ne sont donc pas des aéronefs. Le terme désigne les avions et les hélicoptères et, selon la jurisprudence française, les parapentes.

2. Conditions d'attribution

Tout aéronef a une nationalité, dont les **conditions d'attribution** sont déterminées par chaque État, qui exerce sa compétence personnelle (contrôle et protection). Transfert éventuel, par voie conventionnelle de la responsabilité de l'État d'immatriculation à l'État de l'exploitant de l'aéronef (art. 83 *bis*, Conv. de Chicago).

3. Organisations internationales et aéronefs

Il n'y a pas encore d'immatriculation au profit d'**organisations internationales**, mais il existe des compagnies aériennes transnationales (ex. : SAS-compagnie scandinave).

C. Qualité des aéronefs

On distingue les **aéronefs civils** des **aéronefs militaires**, qui sont soumis à un statut spécial, mais ne bénéficient, cependant, pas d'une immunité comme les navires de guerre (v. incident sino-américain au printemps 2001).

§ 2 - Utilisation de l'espace aérien

A. Réglementation du transport aérien

1. Le cabotage (transport intérieur)

Est généralement réservé à l'État sous-jacent (libéralisation de l'espace aérien dans la Communauté européenne depuis 1997).

2. Réglementation du contrat de transport

Notamment, problèmes de responsabilité : Convention de Varsovie de 1929. Une nouvelle Convention a été conclue en 1999, à Montréal, laissant subsister celle de 1929. Mais, si les deux États concernés sont parties aux deux conventions, celle de Montréal l'emportera.

3. Organisation du transport aérien international

a) Les libertés de l'air

• **Définition :** on distingue deux *libertés techniques* (droit de survol et droit d'escale technique) et *trois libertés commerciales* ou *droits de trafic* (concernant le transport de passagers, de fret et de courrier). La 5e liberté assure une pleine concurrence commerciale entre les avions des divers pays.

• **Régime :** du fait de la souveraineté de l'État sous-jacent, nécessité d'une autorisation et *problème des États enclavés.*

b) Distinction entre services réguliers et services non réguliers (ex. : **charters** : vols affrétés).

c) Développement conventionnel relatif aux libertés de l'air sur une base autonome ou en complément de la Convention de Chicago :

• *Accords aériens autonomes :* en voie de régression en raison de l'existence des conventions multilatérales.

• *Accords de Chicago (1944) :*
– réglementation nationale de l'entrée, du séjour et de la sortie des aéronefs ;
– règles relatives à la navigation aérienne : statut de l'aéronef, du personnel navigant, infrastructure des aéroports, circulation aérienne et police ;
– principe de l'égalité de traitement pour tous les avions ;
– octroi des libertés techniques (convention et accord sur le *transit*) mais échec concernant les libertés commerciales (accord sur le *transport international* non entré en vigueur), d'où négociations bilatérales *(conventions de trafic).*

• *Bilatéralisme de complément :* accords aériens précisant le régime des libertés de l'air (notamment la 5e), la détermination des escales (routes aériennes), les entreprises agréées, les capacités de transport (parfois accords de pool). Interdépendance de ces accords. Recours à l'arbitrage pour le règlement du contentieux (ex. : accord aérien franco-américain de 1946 dénoncé en 1992 ; nouvel accord en 1998 seulement ; arbitrages en 1963 et en 1978).

d) Perspective d'une « communautarisation » des droits de trafic (ex. : règlement de 1991 relatif au fonctionnement des services de fret aérien entre les États membres). Désir de certains États (ex. : États-Unis) de conclure des accords « ciel ouvert » *(open skies)* permettant de multiplier le nombre d'entreprises agréées pour effectuer le transport aérien et de diversifier les aéroports d'embarquement et de débarquement. La CJCE a considéré que les accords de ce type (à ne pas confondre avec le traité de 1992 – v. *infra* p. 221), conclus par plusieurs pays, dont la France, avec les États-Unis violaient le droit communautaire (arrêt du 5 nov. 2002). Aussi, un accord a-t-il été conclu par l'Union européenne, au printemps 2007.

4. Embargo aérien

Rupture des relations aériennes décidée par le Conseil de sécurité (chap. VII) : Irak (1990-2003), nouvelle Yougoslavie (1992-1994), Libye (1992-1999), Soudan (depuis 1996). Réduction des vols vers Haïti (pendant plusieurs mois en 1994).

5. Coopération internationale

a) Intergouvernementale au sein de l'OACI : uniformisation des règles de la navigation aérienne.
b) Inter-compagnies aériennes au sein de l'IATA : notamment fixation des tarifs, mais crise en raison de l'intervention des États dans ce domaine.

B. Réglementation de la sécurité aérienne

1. Réglementation technique

Utilisation des aérodromes, consignes de sécurité...

2. Coopération internationale en matière de contrôle de la sécurité aérienne

Eurocontrol, ASECNA (pays africains francophones).

3. Répression du terrorisme dans les airs

a) Répression des crimes et délits commis à bord d'aéronefs : compétence de l'État d'immatriculation, mais insuffisance de la Convention de Tokyo de 1963 à l'égard des détournements illicites (**piraterie aérienne**, assimilée à la piraterie maritime par la Convention de Genève de 1958 sur la haute mer et celle de 1982) d'où la Convention de La Haye de 1970 édictant l'obligation de poursuivre les délinquants ou de les extrader.

b) Répression des atteintes à la sécurité de l'aviation civile (destruction d'avions en vol ou au sol) : Convention de Montréal de 1971 : même alternative. Un protocole de 1988 réprime plus particulièrement les actes illicites de violence dans les aéroports.

c) Eu égard à l'efficacité limitée du système mis en place, conditionnée par l'aire géographique d'application de ces conventions, *gentlemen's agreement* adopté dans le cadre des « sommets du G7 » prévoyant l'interruption des vols en provenance ou à destination des pays qui ne poursuivraient pas ou n'extraderaient pas les auteurs des infractions aux Conventions de La Haye et de Montréal (déclarations de Bonn, 1978 et de Venise, 1987). Une seule application (1982-1986) contre l'Afghanistan.

d) Résolution 718 du Conseil de sécurité (1992) embargo sur les liaisons aériennes avec la Libye en raison du refus de ce pays de coopérer dans la poursuite des responsables d'attentats contre des avions américains et français (sur la portée de cette résolution, v. CIJ, ord. aff. *Libye/États-Unis et Grande-Bretagne*, 1992). Suspension en 1998, à la suite d'un compromis visant à permettre la poursuite des responsables de l'attentat contre un avion américain, en 1988, au-dessus de Lockerbie, en Écosse (mais rien n'a été prévu en ce qui concerne la poursuite des responsables de la destruction d'un avion français, au-dessus du Niger, en 1989) : livraison des suspects libyens et jugement devant un tribunal écossais, siégeant aux Pays-Bas : l'un a été condamné à la prison à vie, l'autre acquitté (2001) – levée des sanctions en 2003. **Légitimité** (à défaut de légalité) du détournement par l'aviation américaine d'un avion transportant les pirates-terroristes de l'*Achille-Lauro* (1985).

§ 3 - Régime international des télécommunications

A. Rôle de l'IUT

Rôle capital de l'UIT dans la répartition des fréquences.

B. Radio pirates

L'accord de 1965, conclu sous les auspices du Conseil de l'Europe, a abouti à l'« asphyxie » des stations de radio pirates. La Convention de 1982 (art. 109) consacre la coopération internationale pour réprimer les émissions non autorisées (radio et TV) depuis la haute mer.

C. Satellites de télécommunications

Coopération internationale pour l'exploitation de satellites de télécommunications

a) Organisations internationales à vocation universelle ou interrégionale réseau *Intelsat* (sous les auspices des États-Unis et auquel avait adhéré l'Union soviétique en 1991), réseau *Inmarsat* (télécommunications maritimes sous les auspices de l'OMI). L'Union soviétique avait mis en place le réseau *Interspoutnik*, aux résultats limités.

b) Organisations internationales à vocation régionale : *Eutelsat* (exploitation de satellites de télécommunications européens), *Eumetsat* (satellites européens de météorologie), *Arabsat* (dans le cadre de la Ligue arabe).

D. Diffusion

Problème posé par la possibilité de diffusion directe par satellite

a) Utilisation des satellites à des fins d'information, d'enseignement et de culture.

b) La conciliation des principes de **liberté** (d'utilisation de l'espace cosmique et de l'information), de *souveraineté* et d'*égalité* a fait l'objet de vives discussions, au plan universel, au sein de l'ONU, de l'Unesco et de l'UIT.

c) En revanche, la *coopération*, au plan régional européen, n'a pas fait de difficultés, ni au plan bilatéral (programmes franco-allemands) ni au plan multilatéral (Conv. de 1989 dans le cadre du Conseil de l'Europe ; Eutelsat, Eumetsat). Réglementation communautaire (directive de 1989).

Afin d'éviter une domination américaine, dans ce domaine, comme pour Intelsat, un sommet mondial sur la société de l'information (SMSI), qui s'est déroulé à Tunis en novembre 2005, a ouvert la voie à une internationalisation progressive de la gouvernance de l'**Internet** (gestion des noms de domaine, spams, cyber-criminalité et surtout liberté d'accès pour tous les citoyens).

Section 2 › RÉGIME JURIDIQUE DE L'ESPACE EXTRA-ATMOSPHÉRIQUE

La rivalité initiale entre l'Union soviétique (1er Spoutnik lancé en 1957) et les États-Unis (1er atterrissage sur la Lune en 1969) a fait apparaître la nécessité d'élaborer un droit de l'espace cosmique, facilitant d'ailleurs la *coopération* ultérieure entre les deux pays.

Bien que l'épineux problème de la limite d'application du droit aérien n'ait pas encore été réglé, l'**ONU** a joué un grand rôle dans l'élaboration de ce *nouveau corps de règles* et on assiste à une intense *coopération internationale*. Par ailleurs, ébauche d'une réflexion sur une *« éthique spatiale »*. Au même titre qu'il existe, déjà, un droit de la bioéthique (y compris avec une dimension internationale), peut-être s'oriente-t-on, dans les années à venir, vers un droit de la spatioéthique (M. Couston).

§ 1 - Élaboration de règles de droit positif

Dans le cadre de l'ONU a été adoptée la **Convention de 1967** qui pose les principes gouvernant les activités des États dans l'exploration et l'utilisation de l'espace extra-atmosphérique, y compris la Lune et les autres corps célestes. Absence de définition de l'espace cosmique. Définition fonctionnelle des activités spatiales.

A. Non appropriation

L'espace cosmique, la Lune et les autres corps célestes sont insusceptibles d'*appropriation nationale*, même par suite de l'utilisation de l'espace cosmique. Or, rareté des orbites équatoriales utilisées par les satellites de télécommunications (satellites géostationnaires) d'où prétention des États équatoriaux sur ce qu'ils considèrent comme une ressource naturelle. Controverses sur l'existence d'un *droit coutumier* de passage des lanceurs de satellites dans l'espace aérien.

B. Liberté d'exploration et d'utilisation

Liberté caractérisant l'espace cosmique et les corps célestes. Un traité relatif à la Lune a été adopté, en 1979, aux Nations unies.
Cette liberté d'utilisation doit se concilier avec le respect de l'*égalité entre les États* (or, écart entre les pays à technologie avancée et les pays en voie de développement).
D'où extension de la notion de **patrimoine commun de l'humanité** aux ressources de la Lune. Idée d'un régime international régissant leur exploitation (transposition du régime du fond des mers).

C. Dénucléarisation

Espace interplanétaire seulement mais, devant l'inquiétude provoquée par le programme américain anti-missiles (*« Initiative de défense stratégique »* ou *« guerre des étoiles »*), l'Union soviétique avait relancé un projet de véritable démilitarisation. Abandon du projet américain en 1993. V. égal. p. 233.
Démilitarisation des corps célestes et relance de la question du désarmement de l'espace cosmique par une initiative sino-russe en 2004 et, à nouveau, en 2008, pour contrer le projet de bouclier anti-missiles des États-Unis, abandonné par la suite.

D. Collaboration internationale

Développement d'un esprit de **collaboration internationale** : secours aux astronautes (Conv. de 1968), libre accès aux installations, exploitation en commun des résultats.

E. Rôle de l'État national

a) Exercice de la *compétence personnelle* du fait de l'immatriculation nationale des engins (Conv. de 1975 sur l'enregistrement des objets lancés dans l'espace).
b) Responsabilité internationale de l'État de lancement (définition large) pour les activités étatiques et privées (une Convention du 29 mars 1972 sur la responsabilité internationale en matière de dommages provoqués par des engins spatiaux a également prévu la responsabilité solidaire d'une organisation internationale et des États membres dans ce domaine).

§ 2 - Action internationale concertée

A. Travaux des Nations unies

Dans le cadre du Comité pour l'utilisation pacifique de l'espace extra-atmosphérique (examen des problèmes techniques et juridiques confiés à deux sous-comités). Élaboration de « Principes » dans un cadre non conventionnel : télédétection (1986), TV directe (1989), utilisation de sources d'énergie nucléaire (1992) ; par ailleurs, travaux sur : nature physique, caractéristiques techniques et régime juridique de l'orbite des satellites géostationnaires.

B. Coopération européenne dans le domaine spatial

a) Mise en place d'une structure unique regroupant l'ensemble des activités et programmes (ASE, 1975) : activités obligatoires ou facultatives.

b) Émergence de nouvelles formes de coopération pour l'exploitation opérationnelle des produits développés, dans le cadre de l'*Agence spatiale européenne*, du fait de leur spécificité ou des nécessités de gestion : cadre interétatique (Eumetsat), ou de droit privé (ex. : Arianespace, Eutelsat SA). Coopération opérationnelle avec la NASA : mise au point d'une **station spatiale internationale (ISS)** dans le cadre d'un accord intergouvernemental entre les États-Unis et les États membres de l'ASE et d'accords d'exécution, sous forme de MOU entre la NASA, l'ASE et le Canada (1988) ; programme révisé en 1998 et ouverture à la Russie et au Japon, d'où nouveaux accords. Premiers essais en 2000 et achèvement prévu avant 2010. Les débris, en orbite, constituent des risques majeurs, alors que les risques naturels que constituent les micrométéorites peuvent être, plus facilement, évités.

C. Vastes projets

Visent à développer le rôle de l'espace cosmique comme lieu d'expériences (astronomiques, médicales et industrielles), mais problèmes de financement.

D. Difficultés de la coopération internationale

Difficultés dans le domaine des technologies avancées, qui impliquent des investissements financiers importants. Or, la *notion de juste retour* conduit les États à rechercher un bénéfice au moins égal au coût financier de leur participation.

E. Le droit transnational

Complète le droit international public. Les entreprises privées sont de plus en plus associées aux activités spatiales à vocation économique (télécommunications, TV directe, télédétection).

Quatrième partie

THÉORIE GÉNÉRALE DES ORGANISATIONS INTERNATIONALES

Personnalité juridique des organisations internationales

1. Même dans le silence des textes, toute organisation internationale est dotée de la personnalité juridique, c'est-à-dire de l'aptitude à être titulaire de droits et d'obligations (CIJ, avis consultatif dans l'aff. des *dommages subis au service des Nations unies*, 1949).

2. Cette personnalité juridique est de caractère objectif, c'est-à-dire qu'elle est opposable même aux États non membres, du moins en ce qui concerne les organisations universelles. Concernant les organisations régionales, la même solution n'a pas prévalu en droit français (Cour Paris 13 janv. 1993 : à propos de la CEDEAO).

3. À la différence de l'État, cette personnalité juridique est de caractère fonctionnel, car toute organisation internationale est soumise au principe de la spécialité (CIJ, avis consultatif dans l'aff. des *armes nucléaires*, 1996).

4. La personnalité juridique des organisations internationales entraîne leur responsabilité sur le plan international (v. *supra* p. 110), avec, parfois, un régime particulier. Les juridictions nationales ont, jusqu'à présent, écarté une responsabilité solidaire des États membres à l'égard des tiers, en cas de dettes (v. difficultés résultant de la cessation de paiements du Conseil international de l'étain, dans les années 1980).

5. Problème soulevé par l'initiative prise par certaines « conférences » créant des institutions, dotées de privilèges et d'immunités, alors qu'elles ne possèdent pas de personnalité juridique : ex. : Charte de Paris, 1990, dans le cadre de la CSCE, créant un centre de prévention des conflits (Vienne), un bureau des élections libres devenu bureau des institutions démocratiques et des droits de l'homme (Varsovie) et un secrétariat (Prague). Transformation en OSCE – mais sans personnalité juridique, en quelque sorte une « *soft organization* » (L. Condorelli, E. Decaux) – en décembre 1994. Même problème pour les entités n'ayant pas la personnalité juridique (ex. : Union européenne), qui sont cependant habilitées à conclure des accords internationaux (v. traité d'Amsterdam). Rappelons que le traité de Lisbonne – entré en vigueur le 1er décembre 2009 – consacre la personnalité juridique de l'Union européenne.

6. Problème de « succession » au sens strict (ex. : OECE/OCDE) ou reprise des mêmes objectifs (ex. : SDN/ONU – GATT/OMC).

7. Généralement, création d'un organisme provisoire pour la mise en place des institutions d'une nouvelle organisation.

Sources de droit applicable

En dehors des *règles coutumières* (v. *supra* p. 61), plusieurs catégories de règles écrites.

1. La convention de base : l'acte constitutif (terminologie variable) est l'acte le plus important d'où le caractère exceptionnel des réserves et le principe de la supériorité sur les autres accords. Interprétation éventuelle par la CIJ (ex. : Convention de l'OMCI, 1960).

À signaler la situation particulière d'Interpol, organisation internationale intergouvernementale, qui ne repose pas sur une convention internationale.

2. Les documents de base écrits et de forme non conventionnelle : mise en place d'un organisme préparatoire, résolutions votées en conférence (ex. : Union panaméricaine) ou par des Parlements (ex. : Conseil nordique, dont les statuts n'ont été intégrés dans une convention internationale qu'en 1971) ou sur la base d'un *gentlemen's agreement* (ex. : OSCE : Charte de Paris, 1990 et Sommet de Budapest, 1994).

3. Les accords conclus par les organisations internationales

- Accord relatif à la situation d'une organisation par rapport à l'État du siège : *accord de siège.*
- Accords relatifs à l'*activité d'une organisation internationale* sur *le territoire d'un État* : en vue de préciser le statut des activités de l'organisation (ex. : assistance technique).

4. Le droit interne des organisations internationales :

exercice de la compétence réglementaire interne (ex. : règlements intérieurs des différents organes et statut du personnel).

5. L'application du droit interne et du droit international

- L'application de la loi *territoriale est exceptionnelle.*
- L'application des *règles de droit international* est normale, y compris en ce qui concerne le droit de la guerre (ex. : activités militaires des Nations unies ; v. circulaire du secrétaire général, en 1999, sur le respect par les forces des Nations unies du droit humanitaire). Statut particulier des ressortissants américains, membres de ces forces, du fait que les États-Unis ne sont pas parties au traité sur la Cour pénale internationale (v. *infra* p. 231).

Chapitre 1 › STRUCTURE DES ORGANISATIONS INTERNATIONALES

› L'essentiel

Des personnes physiques (représentants des États membres et agents internationaux) participent au fonctionnement des organisations internationales. Ces dernières – entités possédant une structure propre – sont caractérisées par l'existence d'organes variés.

Section 1 › LES PERSONNES QUI PARTICIPENT AU FONCTIONNEMENT DES ORGANISATIONS INTERNATIONALES

Il faut distinguer les **représentants des États membres** et les **agents internationaux**. Les *particuliers* n'ont pas, en principe, accès aux organisations internationales.

§ 1 - Les représentants des États membres

A. Les membres des organisations internationales

Les organisations internationales gouvernementales sont des associations d'États souverains.

Bien que nous n'envisagions que ces seules organisations internationales interétatiques (intergouvernementales) ne regroupant que des États, il faut évoquer les rapports existant entre les organisations internationales ainsi définies et les organisations non gouvernementales (**ONG**), notamment dans le cas de l'ONU et des institutions spécialisées.

De plus, il faut souligner la tendance à l'ouverture sur le secteur privé. Ainsi, lors de son arrivée à la tête de l'ONU, en 1997, le secrétaire général Kofi Annan s'attacha à faire de l'Organisation mondiale « un pont entre la société civile et les gouvernements ». D'où les contacts accrus non seulement avec les ONG mais même avec les syndicats et les multinationales (de fait ce terme n'est pas totalement approprié, car ces entités n'ont qu'une nationalité, mais l'expression vise à souligner que leur action s'étend à travers le monde, ce que traduisait d'ailleurs tout aussi bien l'appellation de « transnationales », utilisée autrefois).

Les *États non membres* peuvent y être représentés par des *observateurs*, dont le statut légal défini sur une base multilatérale (Conv. de 1975), doit être complété par voie de négociation bilatérale avec l'État du siège.

Statut privilégié de la délégation de la Palestine (depuis 1998) et du Vatican (ou Saint-Siège – depuis 2004) aux Nations unies.

Les organisations internationales interétatiques peuvent également être représentées par des observateurs auprès d'autres organisations internationales. Cas particulier du CICR (ONG), qui a obtenu le statut d'observateur à l'ONU (1990) et à l'OUA (1992).

1. Acquisition de la qualité de membre

a) On distingue les *membres originaires* et les membres *admis*, mais *sans effet*, généralement, sur le statut de membre.
b) L'admission de nouveaux membres est fonction du *caractère ouvert* ou *fermé* de l'organisation (appréciation discrétionnaire de l'opportunité d'une admission et/ou unanimité). Le problème posé par les *micro-États* semble résolu : pratiquement tous sont entrés aux Nations unies (192 membres depuis 2006). À noter, le refus systématique, depuis de nombreuses années, d'examiner la candidature de Taïwan (État peuplé de 23 millions d'habitants). Problème posé par le Kosovo.
c) *La procédure d'admission* est subordonnée à des conditions de *fond* et à des conditions de *forme* (pour l'ONU voir avis consultatifs de la CIJ en *1948* et *1950*).
d) Sur le problème en cas de *sécession* ou de dissolution d'un État v. *supra* p. 104.
e) Admission d'une organisation internationale comme membre : ex. : Communauté européenne, membre de la FAO.

2. Perte de la qualité de membre

a) Circonstances touchant à la nature même des organisations internationales et du rapport d'association : *extinction de la personnalité internationale* ou *statut de neutralité au regard d'une organisation militaire.*
b) Volonté de l'État : lorsqu'il est prévu par la convention de base, le droit de retrait est parfois soumis à des conditions (paiement des contributions, préavis). En cas de silence des textes, un doute subsiste quant à l'existence d'un tel droit (ex. : cas de l'Indonésie vis-à-vis de l'ONU en 1965) mais on doit admettre qu'on ne peut obliger un État à rester membre d'une organisation internationale. Rappelons que le traité établissant une Constitution pour l'Europe avait, expressément, prévu la possibilité d'un retrait éventuel de l'Union européenne.
c) Volonté de l'organisation : exercice du pouvoir disciplinaire de l'organisation. L'exclusion, qui doit être prévue par la convention de base, est la sanction la plus grave. Autres sanctions possibles : suspension du droit de vote (ex. : FMI à l'égard du Soudan, 1993-2000), suspension générale, voire privation de toute assistance ou coopération technique (ex. : cas de la Birmanie à l'OIT, 1999, en raison de la politique officielle de travail forcé dans le pays). Guinée suspendue par l'Union africaine (coup d'État, fin 2008), Honduras suspendu par l'OEA (juill. 2009).

B. Structure de la représentation des États

1. Les agents diplomatiques n'ont plus le monopole de cette représentation

Il est fait appel à des **techniciens** d'autres ministères (Finances, Travail, Santé, etc.).

2. Certaines organisations limitent la liberté de choix des États

Exigence de certaines qualités (ex. : ministre) ou de qualifications (ex. : santé, météorologie).

3. Développement d'une représentation extragouvernementale

a) Représentation de certains intérêts privés : ex. : représentation syndicale (« employeurs » et « travailleurs ») à l'OIT.

b) Représentation parlementaire dans certaines organisations européennes (ex. : Conseil de l'Europe, UEO) existence d'une assemblée composée de délégués des Parlements nationaux.

c) Représentation directe des citoyens, élection au suffrage universel direct du **Parlement européen** des Communautés européennes, depuis 1979.

C. Statut de la représentation des États

1. Statut des représentants des États

Ce statut s'apparente au statut des diplomates. Une Convention sur la représentation des États auprès des organisations internationales a été adoptée en 1975. Les représentants délégués ne siègent pas en toute indépendance : ils obéissent à des instructions émanant des instances gouvernementales.
Ce statut (désignation, pouvoirs, immunités, vérification des pouvoirs, etc.) défini par la convention est complété par la convention de base, les conventions sur les privilèges et immunités, les règlements intérieurs et les accords de siège.

2. Vérification des pouvoirs

La vérification des pouvoirs soulève parfois des difficultés, notamment en cas de rivalité entre deux gouvernements. Cette procédure est parfois utilisée comme une voie détournée pour sanctionner un État membre (ex. : Afrique du Sud à l'AG de l'ONU à plusieurs reprises entre 1974 et 1994 : refus de validation des pouvoirs et expulsion de la délégation).

3. Cas particuliers

La représentation de la **Chine** à l'ONU a longtemps fait l'objet de contestations (1949-1971). Elle rebondit, périodiquement, à la suite de demandes d'admission présentées par Taïwan et, en dernier lieu, durant l'été 2007. Mais pour l'ONU, il n'y a qu'une seule Chine, dont la République populaire de Chine est « la seule représentation légale ». Or cette fois la demande visait, pourtant, l'admission de « Taïwan » en tant que telle.
En cas de rivalité entre gouvernements, l'organisation décide de la représentativité de l'un ou de l'autre, le critère de l'*effectivité* n'étant pas toujours déterminant (ex. : Cambodge entre 1979 et 1991).

§ 2 - Les agents internationaux

Est agent international **« toute personne par qui l'Organisation agit »** (CIJ, avis consultatif dans l'aff. des *dommages subis au service des Nations unies*, 1949).

Deux transformations sont à relever à leur sujet :

• **Accroissement de l'indépendance de certains agents internationaux :** personnalités indépendantes agissant en dehors de tout pouvoir hiérarchique pour exercer des fonctions d'expert (ex. : Commission du droit international) ou juridictionnelles (ex. : CIJ).

• **Passage de l'administration au gouvernement :** lorsque les organisations disposent de véritables pouvoirs dans des matières politiquement importantes (ex. : rôle de la

Commission dans les Communautés européennes et, à un degré moindre, rôle du secrétaire général de l'ONU).

La catégorie la plus importante d'agents internationaux est constituée par les **fonctionnaires internationaux**.

À noter une **grande diversité** des statuts. Mais, double tendance à l'harmonisation :

– dans le cadre universel de la « *famille* » ou « *système* » des Nations unies, le « *régime commun* » désigne l'ensemble des règles relatives aux conditions d'emploi du personnel (de l'ONU et des institutions spécialisées à l'exception des institutions financières) sous les auspices de la *Commission de la fonction publique internationale*, disposant, suivant les questions traitées, d'un pouvoir de recommandation ou d'un véritable pouvoir de décision ;

– dans le cadre régional des « *organisations européennes coordonnées* » (Conseil de l'Europe, Agence spatiale européenne, OCDE, UEO, OTAN et Centre européen de prévision météorologique à moyen terme) : travaux du *Comité de coordination sur les rémunérations*.

A. Définition du fonctionnaire international

1. C'est un agent exerçant une fonction publique au service d'une organisation internationale interétatique, d'une manière exclusive et continue et qui est soumis à un régime juridique particulier de caractère international.

2. Il se distingue à la fois du représentant d'un État et d'un fonctionnaire national, car **il n'est pas au service d'un État**.

3. Il est **au service de la communauté des États** groupée dans une organisation créée par un accord interétatique et consacre tout son temps à son activité internationale.

B. Recrutement et cessation des fonctions

1. Recrutement

a) Choix et nomination

• Le pouvoir de nomination appartient à l'organisation ou à son représentant (directeur ou secrétaire général) malgré certaines *tentatives d'ingérence des États*.

• Quant aux conditions de recrutement, à côté des *conditions techniques* (âge, aptitude physique, compétence et intégrité), il existe une condition de caractère politique (*représentation géographique*).

• Les procédés de recrutement sont variés : concours (largement pratiqué dans les Communautés européennes et introduit aux Nations unies pour le recrutement des administrateurs « juniors »), recrutement sur titres, tests et entretiens, nomination différée (stage), mutation, promotion.

b) Lien de fonction

À l'exception de certaines organisations (ex. : Union européenne) où le lien de fonction est de nature statutaire et réglementaire, ce lien est généralement de nature contractuelle. Mais si l'acte d'engagement est de cette nature, la condition juridique est mixte (partiellement contractuelle et partiellement réglementaire).

Problème du droit de modification unilatérale de l'organisation : si le lien est contractuel, la notion de *droits acquis* ou de *droits essentiels* tempère l'étendue de ce droit. Même si le lien est purement statutaire, la notion de *confiance légitime* limite l'ampleur du pouvoir de modification des dispositions statutaires et peut même engager la responsabilité de l'Organisation dans l'application de ces dispositions.

c) Droit applicable

- Application normale du droit international (conventionnel et interne à l'organisation).
- Application exceptionnelle du droit interne d'un État.

2. Cessation des fonctions

En dehors de la mort, de la démission (avec préavis) et d'une limite d'âge, il existe trois modes principaux :

a) Survenance du terme : expiration ou résiliation en cours de stage, expiration du contrat (souvent conclu pour une durée déterminée).

b) Licenciement sans caractère disciplinaire : suppression de poste, intérêt de l'organisation ou raisons de santé.

c) Révocation : services non satisfaisants, faute, perte de qualités requises, découverte de faits antérieurs à la nomination.

C. Droits et obligations

1. Droits du fonctionnaire international

a) Rémunération : traitement (dans le système des Nations unies, existent deux principes : pour les catégories professionnelles : principe **Noblemaire** : rémunération supérieure à celle de la fonction publique nationale – pratiquement celle des États-Unis – la mieux payée ; pour les services généraux : principe **Flemming** : rémunérations établies après enquêtes, en tenant compte des meilleures conditions en vigueur dans le lieu d'affectation), indemnités et allocations (périodiques ou non).

b) Congés : annuel, maladie et particularité du *congé dans les foyers.*

c) Avancement : essentiellement avancement d'échelon, car les possibilités de carrière sont limitées (sauf dans les Communautés européennes).

d) Avantages sociaux : caisse de prévoyance ou d'assurance et caisse de pensions (ou versement d'un pécule).

e) Protection de l'organisation : protection fonctionnelle (actes de fonction) et non protection diplomatique (actes de la vie privée). Par ailleurs, « *devoir de sollicitude* » (obligation de respecter un équilibre entre les droits et obligations réciproques des organisations et de leurs agents : prise en considération, lors d'une décision, non seulement de l'intérêt du service, mais aussi de celui du fonctionnaire concerné).

f) Droit d'association : existence d'organismes représentatifs du personnel associés à la gestion du personnel. Le droit de grève, admis, est rarement exercé.

2. Obligations du fonctionnaire international

a) Accomplissement des devoirs de la charge : soumission exclusive au chef hiérarchique en dehors de toute ingérence extérieure (notamment gouvernementale). **Allégeance à l'égard de l'organisation**.

b) Incompatibilités d'activités (service exclusif) et d'intérêts (intégrité).
c) Loyalisme : à l'égard de l'organisation et non à l'égard du gouvernement national. **Indépendance à l'égard de l'État.**
d) Secret professionnel : devoir de discrétion encore accentué dans les organisations militaires ou scientifiques.
e) Tact et réserve : ne pas nuire à l'organisation (même dans la vie privée) ni faire douter de son impartialité. Problème des rapports avec les médias (instruction écrite du secrétaire général des Nations unies, 1999).
f) Refus des distinctions honorifiques et cadeaux : pour assurer l'indépendance de la fonction publique internationale.
g) Réduction des activités politiques : réserve dans l'expression des convictions politiques.
h) Responsabilité exceptionnelle devant les tribunaux nationaux, en raison des immunités. Mais responsabilité éventuelle devant l'organisation pour dommages causés par négligence ou action illégale (ex. : statut du personnel de l'ONU).

D. Discipline

Pas de particularités par rapport au droit de la fonction publique nationale (française) tant en ce qui concerne la *faute* (toutefois certains faits de la vie privée peuvent être sanctionnés s'ils nuisent au prestige de l'organisation), la *procédure* (contradictoire) ou la sanction (généralement principe de la proportionnalité).

E. Garanties

1. Garanties administratives

a) Avant une décision : procédure contradictoire et consultation d'organismes consultatifs mixtes.
b) Après une décision : recours administratif devant un organisme paritaire de recours, éventuellement après la saisine d'un *ombudsman* (ex. : PNUD, OMS) ou d'un médiateur (ex. : OCDE).

2. Garanties juridictionnelles

a) Mise en place de juridictions administratives internationales pour régler le contentieux relatif à la fonction publique internationale (du fait de l'incompétence des juridictions nationales, Cass. 1re civ., 14 nov. 1995, résultant de l'immunité de juridiction des organisations internationales) : tribunal administratif ou commission de recours. Sinon, pas d'immunité de juridiction (Cass. soc., 25 janv. 2005, *Banque africaine de développement*). À l'exception de l'ONU (mise en place récente en 2009) et de l'Union européenne, pas de double degré de juridiction.
b) Contrôle par la CIJ des jugements rendus par le Tribunal administratif des Nations unies (jusqu'en 1996) et celui de l'OIT : procédure particulière des avis consultatifs ayant un effet obligatoire (procédure utilisée en 1956 à l'égard du TAOIT et en 1973, 1982 et 1987 à l'égard du TANU).

F. Privilèges et immunités des fonctionnaires internationaux

1. Fondement et but

a) Ces privilèges visent à assurer l'*indépendance de la fonction publique* internationale et à maintenir une *égalité entre les États.*

b) Ils sont institués dans le seul *intérêt de l'organisation internationale*, qui peut en décider la levée.

2. Sources

Elles sont *variées* : accords annexes à la convention principale, conventions distinctes de l'accord de base (conventions générales ou accords de siège), actes unilatéraux.

3. Distinctions fondamentales

a) suivant la nature des actes : actes publics ou privés ;

b) suivant la catégorie de fonctionnaires : seuls les fonctionnaires de la *1re catégorie bénéficient de très larges immunités ;*

c) cas particulier des agents régnicoles (ressortissants du pays où ils exercent leur activité) : immunités réduites.

4. Contenu

a) Privilèges et immunités non fiscaux : facilités d'immigration et de résidence, liberté de circulation, inviolabilité, immunité de juridiction (pénale et civile – v. Cass. crim., 6 sept. 2006, *Peter W./Nadia C.*). À deux reprises, la CIJ a été amenée à se prononcer, par voie d'avis consultatif, sur l'immunité de rapporteurs spéciaux d'organes subsidiaires des Nations unies, considérés comme agents de l'Organisation (aff. *Mazilu*, 1989 ; aff. *Cumaraswamy*, 1999).

b) Immunités fiscales : concernent essentiellement l'imposition des traitements, mais réticence de certains États (en tout état de cause pas de règle coutumière concernant une éventuelle immunité fiscale des pensions). Généralisation d'une imposition interne aux organisations.

Section 2 › LES ORGANES DES ORGANISATIONS INTERNATIONALES

Nous évoquerons : les différents types d'organes, leur composition et les modes de votation.

§ 1 - Les différents types d'organes

À signaler la pratique informelle à l'ONU des *« groupes de contact »*, à partir d'un noyau de membres du Conseil de sécurité (ex. : Namibie, Yougoslavie, Kosovo) ou des « groupes d'amis » du Secrétaire général, dans des affaires particulières, afin de préparer l'adoption de résolutions (ex. : Afghanistan, Haïti). Ces groupes ne sont pas des organes de l'organisation.

A. Distinctions secondaires

1. *Organes délibérants et organes exécutifs* : ex. : au sein des Institutions spécialisées de l'ONU.
2. *Organes indépendants et organes liés* : ex. : Assemblée générale de l'ONU et Ecosoc.
3. *Organes politiques et organes techniques* : ex. : Conseil de sécurité des Nations unies et Commission du droit international.
4. *Organes centraux et organes régionaux et locaux* : déconcentration des services administratifs (ex. : bureaux régionaux de la FAO) et décentralisation géographique (ex. : commissions économiques régionales des Nations unies).
5. *Organes intergouvernementaux* (composés de représentants d'États) et *organes intégrés* (administratifs, judiciaires, militaires, techniques, etc.) composés de personnes indépendantes des États.

B. Distinction fondamentale entre organes principaux et organes subsidiaires

1. Création

a) Les organes principaux sont institués par la convention de base tandis que les organes subsidiaires sont créés par les organes principaux pour les aider dans l'accomplissement de leurs fonctions.
b) Parfois, création d'un organe subsidiaire au lieu d'une véritable institution spécialisée, car plus grande *souplesse* et *simplicité* du statut, adopté par voie de résolution (ex. : CNUCED et ONUDI). Peut constituer une étape préliminaire avant la création d'une institution spécialisée (ex. : ONUDI).
c) Dans certains cas, création, sur la base d'un accord distinct, d'une institution, dotée d'une large autonomie, dans le cadre d'une organisation déjà existante, d'où notion d'*organe annexe* (ex. : Agence internationale pour l'énergie, 1974, et Fonds de soutien financier, 1975, créés dans le cadre de l'OCDE et Banque de développement du Conseil de l'Europe, 1956).

2. Composition

a) Possibilité de faire participer des *États non membres* (ex. : commissions économiques des Nations unies, CNUCED).
b) Danger de *politisation*, lorsque certains États sont volontairement écartés d'organes subsidiaires auxquels ils ont vocation à participer (ex. : Israël exclu de la Commission économique des Nations unies pour l'Asie occidentale). Or, la composition des organes devrait être non discriminatoire.

3. Fonctions

a) Organes de *gestion* (*« operational agencies »*).
b) Organes de *règlement des différends.*
c) Organes d'*étude*, d'*information* et de *consultation.*

4. Pouvoirs

a) Un organe principal ne peut donner à un organe subsidiaire que des attributions conformes à la *spécialité de l'organisation*.

b) Un organe subsidiaire peut avoir des *pouvoirs différents* de ceux de l'organe principal si *la notion de délégation* est écartée (ex. : CIJ, avis consultatif dans l'aff. des *jugements du TANU*, 1954). Si la notion de délégation est retenue, nécessité de respecter l'équilibre institutionnel (ex. : Communautés européennes : pouvoirs des comités de gestion – comitologie).

c) L'action sur un territoire déterminé nécessite le *consentement* des États intéressés (d'où problème pour l'assistance internationale humanitaire).

d) Un organe subsidiaire n'a pas de pouvoir direct à l'égard des États (controverses à propos d'un « décret » du Conseil de la Namibie, dans les années 1970, édictant un pouvoir de saisie sur des navires) sauf si une résolution du Conseil de sécurité, ayant valeur de décision, donne un pouvoir normatif à l'organe concerné (ex. : pouvoir normatif donné à la MINUK au Kosovo).

§ 2 - Composition des organes

Le **principe** de la représentation gouvernementale des États sur une base égalitaire subit des **exceptions**.

A. Présence de représentants non gouvernementaux

1. *Présence de forces politiques* : syndicales (ex. : OIT) ou parlementaires (ex. : organisations européennes).

2. *Présence de personnalités isolées* : comités d'experts, organismes juridictionnels.

B. Inégalité fonctionnelle dans la représentation

1. Il y a des *organes pléniers* et des *organes restreints.*

2. Un système de *rotation* corrige la consécration d'une inégalité entre les États.

3. Diversité du *fondement de l'inégalité* de représentation :

• **adaptation de la composition aux compétences :** ex. : *membres permanents du Conseil de sécurité* ; aux Nations unies, l'absence de rattachement à un groupe géopolitique entraîne l'isolement de l'État concerné (ex. : non-rattachement d'Israël à tout groupe et, en 2000, seulement, rattachement provisoire à l'Europe de l'Ouest et autres pays, mais sans vocation à être désigné pour faire partie de certains organismes – en 2005, pour la 1re fois depuis 1952, ce pays a, à nouveau, été désigné pour faire partie du bureau de l'AG).

• **représentation géographique ou géopolitique :** *ex. membres non permanents du Conseil de sécurité* ; un accroissement du nombre de ces membres, souvent évoqué, a à nouveau fait l'objet d'âpres négociations, en 2005 ; actuellement, aux Nations unies, la répartition en 5 groupes (Afrique, Asie, Europe orientale, Amérique latine et Caraïbes, Europe occidentale et autres États) a perdu, en principe, toute connotation politique.

• **dosage politique :** avant l'effondrement du bloc communiste, en 1990, il était normal de mettre en place une composition *tripartite des organes des Nations* *unies* (Est, Ouest et non-alignés). Mais cette pratique s'est poursuivie, alors que la notion de non-alignement n'a plus grande signification, si ce n'est le plus souvent, qu'elle marque une certaine hostilité à l'égard des États-Unis.

• **pondération de la représentation :** d'après la participation aux dépenses, la population ou l'importance internationale des États dans le domaine d'activités de l'organisation.

§ 3 - Modes de votation

Nécessité de concilier une *exigence technique* (inconvénients de la règle de l'unanimité) et une *exigence politique* (nécessité d'obtenir la participation de la minorité à l'exécution d'une décision majoritaire).

Mise au point de *techniques nouvelles* : procédures de conciliation ou de concertation entre groupes géopolitiques (ex. : CNUCED), groupes de contact, comités de rédaction, délai de réflexion.

A. Le principe d'unanimité et ses aménagements

Tendance à multiplier les formules privant l'unanimité de son pouvoir paralysant.

1. Unanimité stricte

Autrefois de règle, tend aujourd'hui à disparaître (v. cependant OTAN).

2. Unanimité maintenue mais limitée

Ex. : *droit de veto* des membres permanents du Conseil de sécurité (abstention, absence et non-participation au vote sont sans effet). Le veto couramment pratiqué durant la guerre froide par l'Union soviétique, puis par les États-Unis n'est plus utilisé que très exceptionnellement depuis 1990 (moins de 20 fois au lieu de près de 200 fois pendant les quarante-cinq premières années de l'Organisation mondiale).

3. Unanimité formelle

Absence d'effet paralysant des abstentions. Recherche d'un *consensus* ou procédure de non-objection (ex. : AELE).

La notion de *consensus* est double, car elle désigne soit :

a) Les conditions dans lesquelles un organe international arrive à des conclusions, sans procéder à un vote. C'est alors l'absence de toute objection exprimée par un représentant et présentée par lui comme constituant un obstacle à l'adoption d'un texte (définition donnée dans les recommandations finales de la conférence d'Helsinki sur la préparation de la Conférence sur la sécurité et la coopération en Europe, 1973). On doit à la CSCE d'ailleurs des illustrations curieuses de la notion de consensus. Ainsi, notion de *« consensus moins un »* introduite en 1992 (réunion de la CSCE à Prague) : des « mesures appropriées » peuvent être prises sans le consentement de l'État concerné (mais mesures qui ne sont applicables que hors du territoire de celui-ci). Par ailleurs, la conférence de Stockholm (déc. 1992) sur le règlement des différends a même imaginé un *« consensus moins deux »* à propos d'une conciliation qui peut être prescrite par le Conseil ou le Comité des hauts fonctionnaires sans l'accord des deux États en litige.

b) La conclusion des délibérations d'un organe international, telle qu'elle est présentée par le président de celui-ci, sans qu'un vote intervienne et éventuellement, même, sans qu'un texte formel soit élaboré (ex. : pratique du Conseil de sécurité des Nations unies).
À l'ONU, accent mis, en 1986, sur la nécessité d'un consensus pour l'adoption des décisions en matière budgétaire.

4. Unanimité fractionnée

Procédure des **accords partiels** ne liant que les États ayant voté la décision (ex. : Conseil de l'Europe, OCDE).

5. Unanimité concertée

Recherche d'un accord unanime (ex. : accord de Luxembourg de 1966 dans la Communauté européenne pour les questions touchant des intérêts très importants des États). À rapprocher de la « clause d'appel », visant un motif de politique nationale, introduit par le traité de Maastricht, modifié par celui d'Amsterdam. Le traité établissant une Constitution pour l'Europe avait remis en question cette hypothèse.

6. Unanimité inversée

Ex. : le Conseil de l'Union européenne ne peut amender, sauf exceptions, une proposition de la Commission qu'à l'unanimité (**procédure de coopération**, art. 293 TFUE), alors que la majorité suffit pour l'adopter ou la rejeter. À l'OMC, consensus négatif pour rejeter les propositions de règlement d'un différend présenté par un *panel* ou l'organe d'appel.

B. Le principe majoritaire et ses modalités

1. Systèmes majoritaires élémentaires ou complexes

Vote unique ou plural. La *pondération des voix* est un procédé quantitatif de pondération, tandis que la pondération de la représentation (v. *supra*) est un procédé qualitatif. Le nombre de voix peut correspondre à la participation financière de l'État aux dépenses de l'organisation, à son importance internationale (ex. : Union européenne) ou à l'importance de l'utilisation des services de l'organisation (ex. : Intelsat, Eutelsat).
Évolution récente en raison de la nature même des organisations (aide au développement) d'où renforcement de la position des PVD (pays en voie de développement).

2. Mécanisme de calcul de la majorité

a) majorité qualifiée : 2/3, 3/4 ou chiffre spécial (ex. : 9 au Conseil de sécurité des Nations unies) ;
b) double majorité : majorité numérique et majorité de qualification (suivant un système de pondération) ou de répartition (ex. : accords sur les produits de base : États importateurs et États exportateurs).
Le mécanisme de vote au sein du Conseil des Communautés européennes est complexe : majorité numérique et majorité qualifiée suivant un système de pondération, revu par le traité de Nice, qui a avantagé certains pays, tels l'Espagne et la

Pologne, qui bénéficient d'un nombre de voix à peine inférieur à celui de la France ; éventuellement, jeu de la clause dite de vérification démographique et possibilité pour un groupe d'États, qui n'est pas loin de constituer une minorité de blocage, de demander la poursuite de la discussion, malgré l'existence d'une majorité qualifiée, afin de parvenir à une « solution satisfaisante » pour les deux parties, dans un « délai raisonnable » (compromis dit de Ioannina, du nom d'une île grecque).

Le traité de Lisbonne a procédé à une refonte complète des mécanismes de vote, privilégiant le pourcentage de la population. À partir de 2014 (mais avec une période de transition jusqu'en 2017), une double majorité (55 % des États membres représentant 65 % de la population de l'Union) sera exigée. La clause de Ioannina a été, cependant, maintenue.

c) majorité renversée : technique utilisée dans la Communauté européenne (ex. : en matière budgétaire) : une proposition de modification du budget sur certains points, présentée par le Parlement, est réputée acceptée, si elle n'a pas été rejetée par le Conseil à la majorité qualifiée et pondérée. V. également procédure de codécision (art. 251 CE).

Chapitre 2 › COMPÉTENCES DES ORGANISATIONS INTERNATIONALES

› L'essentiel

Ce sont les pouvoirs, c'est-à-dire les moyens d'action, reconnus aux organisations internationales pour leur permettre de remplir leurs fonctions et d'atteindre les buts qui leur sont assignés.
Les organisations internationales exercent généralement des ***compétences d'attribution****, c'est-à-dire conférées par un texte. Mais, on admet, à leur profit, des «* ***compétences implicites*** *», incluses dans la qualité juridique de ces organisations, qui se dégagent des termes mêmes des conventions de base (CIJ, avis consultatif dans l'aff.* du Sud-Ouest africain, *1950), ou qui se révèlent nécessaires à la réalisation de leur but (CIJ, avis consultatifs de 1949, dans l'aff.* Bernadotte *et de 1954, dans l'aff. sur les* jugements rendus par le TANU*).*
Même dans les Communautés européennes, en dépit de l'article 308, ex-235 du traité CEE, la CJCE admet l'existence de pouvoirs implicites (31 mars 1971, AETR, *aff. 22-70). Toutefois, le traité de Maastricht introduit le* ***principe de subsidiarité*** *de nature à limiter les pouvoirs implicites de l'Union européenne : ne relèvent de la compétence de l'Union que les actions qui peuvent être gérées plus efficacement au niveau communautaire qu'au niveau des États. Nous n'entrerons pas, d'ailleurs, dans les compétences de l'Union européenne, eu égard à sa spécificité.*
Compte tenu des conséquences des ***diverses compétences*** *des organisations internationales sur la souveraineté des États, un* ***contrôle de leur exercice*** *s'avère nécessaire.*

Section 1 › LES DIVERSES COMPÉTENCES DES ORGANISATIONS INTERNATIONALES

Une analyse du point de vue de la *science politique* fait apparaître l'*importance de la fonction délibérative* des organisations internationales par l'information mutuelle et la maturation des idées qu'elle permet dans le cadre d'une réflexion collective.
Du point de vue *juridique*, les compétences des organisations internationales peuvent être *rapprochées de celles exercées par les États*. On peut ainsi distinguer : les *compétences normatives*, les *compétences* de *contrôle* et les *compétences quasi gouvernementales*.

§ 1 - Les compétences normatives

Sur le rôle des organisations internationales à l'égard de la formation de la coutume, v. *supra* p. 61.

A. Élaboration de conventions

C'est l'un des aspects du rôle joué par les organisations internationales dans le droit des traités.

1. Traités auxquels sont parties les organisations internationales

Ce sont les traités passés avec des États (traités multilatéraux ou bilatéraux) et ceux passés entre organisations. Il faut noter une réticence, autrefois, de certains États (ex. : anciennes « démocraties populaires ») à admettre la participation d'organisations internationales à des traités multilatéraux (ex. : place limitée faite aux organisations internationales par la convention de 1972 sur la responsabilité internationale pour les dommages causés par des objets spatiaux).
Convention de Vienne, de 1986, calquée sur celle de 1969. Peu d'enthousiasme des organisations internationales, qui semblent attachées à leurs habitudes.
Situation particulière concernant la Communauté européenne : la Cour de justice des Communautés européennes a reconnu une compétence conventionnelle internationale exclusive au profit de la CEE, dans toute l'étendue du champ des objectifs définis dans la 1re partie du traité de Rome (arrêt du 31 mars 1971, aff. 22-70, *Commission/Conseil* à propos de l'accord européen sur les transports routiers). Cette compétence peut être implicite.

2. Rôle dans l'élaboration des traités

Ou bien l'organisation prend l'initiative de convoquer une conférence diplomatique (élaboration *sous les auspices* de l'organisation), ou bien elle élabore elle-même, *en son sein*, des conventions (ex. : OIT, Conseil de l'Europe).

3. Garde matérielle et gestion des traités

Activité purement formelle : dépôt (d'où fonctions accessoires) et enregistrement de traités.

B. Élaboration de règlements

1. Règlements intérieurs

Exercice d'un pouvoir réglementaire interne suivant une procédure prévue par les textes et acceptée par les États.

2. Règlements relatifs au comportement des États

a) Compétence exceptionnelle dans les organisations internationales classiques de coordination :

• pouvoir réglementaire de l'OACI (sous forme d'annexes à la Convention de Chicago), de l'OMS (ex. : règlements sanitaires), des Commissions du Rhin et de la Moselle (réglementation de la navigation) des Commissions internationales de pêche et de l'Autorité de la Zone (fond des mers) ;

• pouvoir réglementaire parfait (ex. : Moselle ; Autorité du fond des mers) ou technique de la *notification positive* (c'est-à-dire applicabilité, après notification d'acceptation ; ex. : OACI) ou **négative** (c'est-à-dire applicabilité, sauf notification de refus ; ex. : OMS) ;

• pouvoir réglementaire se confondant avec une *procédure simplifiée d'amendement* à la convention de base de l'organisation, entrant en vigueur sans ratification formelle des États membres (ex. : UPU, UIT).

b) Compétence normale dans les organisations internationales de subordination : ex. : dans les Communautés européennes, pouvoir réglementaire étendu du Conseil, généralement, sur *proposition* de la Commission. Le Parlement a été, progressivement, associé à la procédure normative communautaire. L'Acte unique (1986) a introduit, dans certaines matières, une procédure de *coopération* avec le Parlement, cependant que le traité de Maastricht (1992) sur l'Union européenne a institué une procédure de *codécision*. Le traité établissant une Constitution pour l'Europe avait consacré un véritable pouvoir législatif au profit de l'Union européenne.

3. Évolution récente du rôle du Conseil de sécurité

Depuis plusieurs années, le Conseil de sécurité, agissant sur la base du chapitre VII, lui donnant un pouvoir de décision en matière de maintien de la paix et de la sécurité internationales, a été amené à imposer aux États des obligations de nature générale et abstraite.

Ainsi, on peut citer : la résolution 1373 (2001) en vue de prévenir et de réprimer le financement des actes de terrorisme, les résolutions 1422 (2002) et 1487 (2003) se référant à la Cour pénale internationale et la résolution 1540 (2004) visant à éviter que des acteurs non étatiques puissent se doter d'armes de destruction massive.

4. Cas particulier des règlements émanant d'organes subsidiaires

Ex. : MINUK au Kosovo.

C. Recommandations

La portée juridique des recommandations (suggestions de faire ou de ne pas faire) qui se présentent généralement sous la forme de **résolutions** est parfois prévue dans la *convention de base* (ex. : OIT).

En l'*absence de dispositions expresses*, il faut distinguer entre les recommandations d'ordre intérieur et les recommandations adressées à l'extérieur de l'organisation.

1. Recommandations d'ordre intérieur

Leur valeur juridique varie suivant la nature des relations existant entre les organes (organes hiérarchisés ou indépendants).

2. Recommandations à l'extérieur de l'organisation

a) Recommandations adressées aux États membres : on peut distinguer :

• Les *recommandations simples* : valeur de simples propositions. Controverses sur la valeur juridique des résolutions de l'AG des Nations unies. Du point de vue *formel*, une résolution ne peut créer une norme. Quant à ses *effets*, la valeur d'une résolution peut varier suivant les conditions de son adoption et son contenu. À cet égard, la portée juridique de la *Charte des droits et devoirs économiques des États* (1974) a été vivement contestée. Il est contradictoire de soutenir le caractère obligatoire des résolutions de l'AG et de proclamer, en même temps, l'importance de la souveraineté des États. Concrètement, il faut admettre la *portée réelle* de certaines résolutions sur le plan politique, même en l'absence de force juridique obligatoire.

• Les *recommandations contrôlées :* obligation de motiver leur refus (ex. : OIT).

• Les *recommandations de résultat :* le but à atteindre est obligatoire, mais liberté de choix des moyens. On peut en rapprocher les *directives* de la CEE.

b) Recommandations dans le domaine social en dehors de l'organisation, des États et des organisations intergouvernementales à l'intention des organisations non gouvernementales (ONG) ou des particuliers : valeur de simples suggestions.

§ 2 - Les compétences de contrôle

A. Sources du contrôle

1. Contrôle prévu par l'*acte constitutif* : ex. : OIT, FAO, OMS.
2. Contrôle prévu par une *convention particulière* : ex. : AIEA, OCDE, ONU, OEA.
3. Contrôle prévu par l'acte constitutif et une convention particulière : ex. : Unesco.
4. Parfois concurrence entre organisations internationales : ex. : domaine des droits de l'homme.

B. Déclenchement du contrôle

1. À l'initiative d'autres États

Droit de plainte des États (ex. : conventions internationales du travail, Conv. EDH, convention sur l'interdiction des armes chimiques).

2. À l'initiative de l'organisation

a) sur la base de *rapports* fournis par les États ;
b) sur la base d'*informations* recueillies par l'organisation auprès de sources non étatiques (ex. : renseignements sur la situation dans les territoires non autonomes) ;**c)** sur la base d'*inspections* (ex. : groupes d'observateurs des Nations unies, missions d'inspection de l'Agence internationale de l'énergie atomique).

3. À l'initiative des individus ou de groupements

a) Tendance à reconnaître un *droit de pétition individuelle* dans le domaine des droits de l'homme. Le traité établissant une Constitution pour l'Europe avait prévu un droit de pétition général des citoyens de l'Union européenne auprès du Parlement européen.
b) Accès exceptionnel des individus à un organisme juridictionnel (ex. : saisine du TPI et de la Cour de justice des Communautés européennes ; et depuis 1994 à la Cour européenne des droits de l'homme).
c) Droit de réclamation des organisations syndicales représentatives dans le cadre de l'OIT et originalité du système mis en place, en 1995, par un protocole addi-

tionnel dans le cadre de la *Charte sociale européenne* (Conseil de l'Europe) : droit de réclamation reconnu aux organisations internationales d'employeurs et de travailleurs, aux organisations nationales représentatives d'employeurs et de travailleurs ainsi qu'à d'autres ONG.

d) Rôle joué par les ONG, et notamment, par le CICR.

C. Domaine du contrôle

1. Contrôle exercé sur les compétences territoriales

a) Territoires dépendants : ex. : contrôle de l'ONU sur l'administration des territoires non autonomes (sur la base de la résolution de l'Assemblée générale 1541-XV de 1960, l'ONU considère qu'il y a encore 16 territoires – dont la Nouvelle-Calédonie – auxquels le choix devrait être offert entre la libre association, l'intégration à un autre État ou l'indépendance).

b) Domaine des droits de l'homme : ex. : jusqu'en 1994, examen de la politique d'*apartheid* en Afrique du Sud par l'ONU.

c) L'industrie de l'armement de l'Irak était censée être contrôlée par l'ONU, depuis 1991, le cessez-le-feu consécutif à l'opération de police qui avait chassé l'Irak du Koweït, ayant été conditionné par la destruction totale des armes de destruction massive (résolution 687). Or, l'Irak a multiplié les obstacles pour empêcher l'UNSCOM de remplir sa mission d'inspection. En 1998, les inspecteurs de l'ONU ont même dû quitter le pays puis ont été remplacés, en 2000, par une nouvelle équipe, celle de l'UNMOVIC (COCOVINU en français), sans plus de résultats. Certains États membres estimaient que la résolution 687 (1991) ne permettait pas d'intervenir automatiquement, en cas de difficultés, en Irak. De fait, la résolution 1441 (nov. 2002) avertissant à nouveau l'Irak des « graves conséquences auxquelles celui-ci aurait à faire face s'il continuait à manquer à ses obligations » se révéla tout aussi inefficace. Finalement, excédés, les États-Unis, assistés de la Grande-Bretagne et d'une vingtaine d'autres pays, décidèrent de lancer, en mars 2003, l'opération Irak/Liberté (parfois appelée « choc et effroi »), qui a conduit, assez rapidement, au renversement du régime dictatorial de Saddam Hussein. De nombreux pays, dont la France, ont cependant contesté la légalité et même la légitimité de cette opération, décidée sans autorisation formelle du Conseil de sécurité. Le précédent de l'intervention au Kosovo, en 1999, semblait avoir été oublié (v. *infra* p. 219).

2. Contrôle de l'application d'une convention

a) Application de la convention de base : respect des obligations des États membres (ex. : Communautés européennes : la procédure en constatation de manquements s'applique, également, au droit communautaire dérivé).

b) Application de conventions ordinaires : *institution de procédures particulières* : ex. : mécanisme de visite dans le domaine de la prévention de la torture ; à l'OIT, double mécanisme : procédure générale applicable à toutes les conventions internationales du travail + procédure spéciale dans le domaine de la liberté syndicale).

D. Modalités du contrôle

1. Diversité des organes

a) **politiques** (ex. : Conseil de sécurité, Conseil de l'UE)
b) **techniques** (ex. : commissions internationales en matière de réglementation des pêcheries ; comité d'experts pour la Charte sociale européenne)
c) **juridictionnels** (ex. : CIJ, CJCE) avec une tendance à l'institutionnalisation des procédures (ex. : OIT en matière de liberté syndicale ; contrôle des stupéfiants).

2. Diversité des pouvoirs

a) Constatation, recommandation, décision et éventuellement sanctions. À noter le caractère peu contraignant des pouvoirs des organisations à vocation universelle, par rapport aux mécanismes régionaux (ex. : domaine des droits de l'homme). Le rôle de la publicité du contrôle est conditionné par la sensibilité de l'opinion publique. Extension du pouvoir de sanction dans l'Union européenne (sanctions juridictionnelles : art. 228-2 CE : somme forfaitaire et/ou astreinte : 1re application du cumul des sanctions à la France en 2005) ; sanction politique, sur décision du Conseil : art. 7, TUE : suspension éventuelle de droits. Originalité de la Commission d'indemnisation des Nations unies, chargée de gérer le fonds d'indemnisation des préjudices causés par l'invasion irakienne du Koweït (1991).
b) Exercice d'une véritable *tutelle* dans le cadre des Communautés européennes (recours en manquement), encore accrue par le traité de Maastricht (politique extérieure et de sécurité – PESC –, justice, etc.) et contrôle de l'exportation par l'Irak de ses ressources pétrolières et de l'industrie militaire (de 1991 à 2003). De même, à signaler le pouvoir du haut représentant civil de l'Union européenne en Bosnie.

§ 3 - Les compétences quasi gouvernementales

A. Droit de décision

1. Exceptionnel dans les organisations internationales de coordination

a) ONU : pouvoir de sanction dans le cadre du chapitre VII
Dans le cadre de ce chapitre, mis en œuvre pour la première fois, entre 1966 et 1979, à l'égard d'un État non membre, dans l'affaire rhodésienne (mise en place progressive d'un blocus économique) et à l'égard d'un État membre (Afrique du Sud de 1977 à 1994). Cas de l'ex-Yougoslavie lorsqu'elle perdit la qualité de membre de l'ONU et avant qu'elle ne retrouve cette qualité.
Dans le *domaine économique* ces sanctions peuvent être graduées, allant de l'*embargo* (interdiction de livraison de certaines marchandises, notamment des armes et du pétrole) jusqu'à un véritable blocus (rupture des relations économiques – ex. : Irak, de 1990 à 2003), y compris le cas échéant la rupture des *relations sportives* (ex. : Serbie-Monténégro, 1992-1994), *aériennes et diplomatiques* ou seulement une réduction du niveau de celles-ci (ex. : Libye, 1992-1999), en passant par le *gel des avoirs financiers*. Mais effets pervers des sanctions économiques qui, en dépit des exceptions d'ordre humanitaire, frappent cependant la population et non les gouvernants (critiques du Comité des droits économiques,

sociaux et culturels des Nations unies, 1997). D'où l'idée de sanctionner des individus (chefs d'État, leur famille, les ministres, hauts fonctionnaires ou même certaines personnes) en leur interdisant, par exemple, de voyager. De plus en plus fréquemment, les sanctions sont assorties d'une « clause de sortie », c'est-à-dire fixation d'une durée d'application des sanctions.

Les sanctions peuvent être également de nature *militaire* (1re application contre l'Irak en 1991).

De plus en plus souvent, l'ONU prend des initiatives, même dans des *conflits de caractère interne* et les décisions prises ne constituent donc pas toujours à proprement parler des sanctions. Ainsi en est-il de l'embargo sur la livraison d'armes à destination d'un pays pour éviter d'attiser les affrontements armés (nombreux exemples depuis une dizaine d'années). À noter, l'originalité de l'embargo sur les diamants en provenance de Sierra Leone, en 2000, pour tarir les ressources financières, ainsi procurées, qui alimentent la poursuite de la guerre civile.

Destinataire des sanctions : outre la Corée du Nord et l'Iran, les États suivants étaient, en 2009, sous le coup de sanctions ciblées, décidées par l'ONU : Somalie, Afghanistan (s'agissant des membres du réseau Al-Qaida), la République démocratique du Congo, la Côte d'Ivoire, le Libéria et le Soudan. Il arrive même que le Conseil de sécurité décide de sanctions à l'égard d'une faction – entité non étatique – dans un conflit armé non international (ex. : à plusieurs reprises à l'égard de l'UNITA, en Angola, dans les années 1990 et contre les rebelles au Darfour en 2005) ou d'une autorité gouvernementale autoproclamée (ex. : Serbes de Bosnie, 1994-1995 ; Talibans afghans, 1999-2000), voire une organisation terroriste (ex. : Al-Qaida, résolution 1390/2002).

Contrôle des sanctions : le Tribunal de première instance de l'Union européenne s'est déclaré incompétent pour contrôler la légalité des décisions du Conseil de sécurité (à propos des sanctions contre Al-Qaida - TPI, 21 sept. 2005, *Yusuf,* T-306/01) et, en France, ses résolutions ne s'imposent que si des mesures de transposition en droit interne ont été prises (même hypothèse – Cass. 1re civ., 25 avril 2006). Position plus nuancée de la CJCE en appel (3 sept. 2008, aff. *Kedi et Albaracate*, C402/05P).

Efficacité des sanctions : l'absence de résultats obtenus par les sanctions décidées en 2006 tant à l'égard de la Corée du nord que de l'Iran, à raison de leurs activités dans le domaine de l'énergie nucléaire, de nature à mettre en danger la paix et la sécurité internationales, illustrent la portée limitée des sanctions internationales décidées par le Conseil de sécurité. Il est vrai que les réticences de la Chine et de la Russie pour un renforcement de ces sanctions en sont une explication. De fait, la politique américaine visant à freiner les investissements financiers internationaux se révèle plus efficace.

b) Vaste champ d'application du chapitre VII

À noter que le chapitre VII est utilisé pour couvrir des *opérations humanitaires* (ex. : Somalie ; opération *Turquoise* au Rwanda en 1994) ou pour autoriser le recours à la force dans ce cadre (ex. : ex-Yougoslavie). De même, il faut relever un *glissement* du chapitre VI (sans force contraignante) vers le chapitre VII pour des opérations de même nature dans un pays (ex. : Somalie) ou pour décider des sanctions ou autoriser le recours à la force dans une opération, pourtant engagée avec le consentement de l'État concerné (ex. : FORPRONU, Angola).

On relèvera qu'à trois reprises, dans une période relativement récente, le Conseil de sécurité a, sur la base du chapitre VII, donc dans le cadre de ses pouvoirs au regard du maintien de la paix et de la sécurité internationales, décidé la création de tribunaux internationaux : Tribunal pénal international pour l'ex-Yougoslavie (TPIY), en 1993, Tribunal pénal international pour le Rwanda (TPIR), en 1994 et tribunal international pour juger les assassins du Premier ministre libanais Hariri, 2007 (la mise en place de cette juridiction s'est, initialement, heurtée à l'hostilité de la Syrie et des milieux libanais proches de ce pays, du fait de l'implication de la Syrie dans cet assassinat). Début des travaux en 2009.

Il faut noter que l'avis consultatif de la CIJ du 21 juin 1971 (aff. de la *Namibie*) reconnaît, de façon contestable, un pouvoir de décision au profit du Conseil de sécurité, même en dehors du chapitre VII de la Charte, ce qui rend plus diffuse la distinction entre le *pouvoir de recommandation* reconnu au Conseil sur la base du chapitre VI et le *pouvoir de décision*, fondé sur le chapitre VII.

2. Normal dans les organisations internationales de subordination

Ex. : Communauté européenne : décisions (individuelles ou réglementaires), **directives** (jurisprudence critiquable du Conseil d'État français qui se prononce pour la non-applicabilité directe des directives, dont les destinataires sont les États : CE, 22 déc. 1978, *Cohn-Bendit* – jurisprudence remise en cause très récemment : un recours est possible lorsque l'État n'a pas pris, dans les délais, les mesures de transposition nécessaires – CE, 30 oct. 2009, *Perreux*). En revanche, prise en compte d'une directive pour le contrôle de la légalité d'une disposition réglementaire (CE, 28 sept. 1984, *Conf. nat. des SPA*) et recours pour excès de pouvoir recevable pour obtenir l'abrogation d'un règlement contraire à une directive (CE, 3 févr. 1989, *Alitalia*). Mais les directives ne créent pas directement d'obligations à l'égard des particuliers : pas d'effet direct horizontal dans les rapports entre particuliers (CJCE, 14 juill. 1994, C-91/92). Seulement *effet direct vertical* (dans les rapports entre justiciables et puissance publique).

3. Notion ambiguë

Aux Nations unies où le terme de décision désigne au sens général et courant tout acte servant à conclure une discussion ou une délibération et pouvant être, indifféremment, un avis, une recommandation ou une décision proprement dite.

Complexité terminologique : existence de décisions et de résolutions du Conseil de sécurité, de déclarations du Conseil et de déclarations du Président. Ces dernières peuvent emporter des effets pratiques réels (ex : intervention de la France au Tchad en 2008).

B. Possibilités d'action directe

1. Exécution de fonctions d'ordre matériel

Fonctions bancaires, techniques, financières, recherches, production, assistance (opérations de secours), etc. Dans le **système des Nations unies** (ONU et Institutions spécialisées non financières), les *activités de gestion* ne constituent qu'une partie des fonctions (activités humanitaires, normatives, de collecte et de distribution d'informations, de coopération fonctionnelle et de normalisation dans des domaines techniques). Les autres activités de l'organisation mondiale se situent dans des

domaines où le consensus est faible et la *mission de négociation* s'en trouve limitée (recherche de la paix, contribution au développement, organisation d'un forum de discussions, de recherche et de négociation sur quelques points précis : droits de l'homme, droit international).
Problème du droit d'action directe, dans le domaine humanitaire : ex. : aide aux Kurdes, en Irak, 1991 (v. *supra* : droit d'ingérence ou d'intervention, p. 88).

2. Complément à l'action des États

Ex. : l'ONU est parfois amenée à aider les États à maintenir l'ordre (cas de l'ONUC au Congo, 1960-1964 ; plus théoriquement : cas de la FINUL au Liban, depuis 1978), à surveiller l'organisation et le déroulement d'un référendum (Timor, 1999), d'élections (Namibie, 1989 ; Nicaragua et Haïti, 1990) ou à contrôler la démobilisation d'opposants (Nicaragua, 1990) et le respect d'accords conclus avec les opposants (Salvador, Angola et Cambodge, 1991 ; Somalie, Mozambique, 1992 ; Érythrée, 1993 ; Guatemala, 1997 ; Sierra Leone, Rép. démo. du Congo, depuis 1999 ; Côte-d'Ivoire, depuis 2004).
Protection des centres humanitaires en Irak (1991-2003) ou de l'acheminement de l'aide humanitaire en Somalie (ONUSOM I, 1992) avant le recours à la force devant la disparition de toute autorité officielle (UNTAF puis ONUSOM II, v. *infra* p. 219).
V. également opération *Turquoise*, au Rwanda, en 1994.
Ces initiatives de l'ONU ont conduit à parler d'« **opérations de maintien de la paix de la 2e génération** », par lesquelles l'Organisation mondiale ne se contente plus d'envoyer des « forces d'interposition » (v. *infra* p. 219), mais intervient dans les affaires intérieures d'un État en vue de l'aider à exercer ses compétences (organisation d'élections, déminage, réinstallation des réfugiés, etc.). Parfois, les mêmes forces remplissent les deux types de mission.

3. Substitution à l'action des États

a) substitution permanente : ex. : dans les Communautés européennes, droit de propriété d'Euratom sur les matières fissiles et ressources propres du Marché commun ;
b) substitution provisoire : ex. : administration provisoire par l'ONU de l'Irian occidental (1962-1963), de la Namibie (ex-Sud-Ouest africain : administration toute théorique entre 1967 et 1990), du Timor oriental (1999-2002) et du Kosovo (1999 - 2008).

§ 4 - Relations extérieures des organisations internationales

A. Relations entre organisations internationales

1. Accords de coopération entre les organisations intergouvernementales

Consultations réciproques, échanges d'informations, envoi réciproque d'observateurs, mise en œuvre de programmes d'action commune.

2. Relations avec les organisations non gouvernementales

a) relations souvent empiriques et sporadiques ;
b) *statut consultatif* pour certaines **ONG** auprès d'organisations de la *famille des Nations unies*.

3. Rôle de coordination de l'ONU à l'égard des institutions spécialisées

a) Fondements : Charte (art. 57 et 63) et accords de coopération.

b) Cadre : organes *délibérants* (Assemblée générale et Conseil économique et social) et organes *administratifs* (Conseil des chefs de secrétariat des organismes des Nations unies pour la coordination, bureau consultatif inter-organisations pour la mise en œuvre du Programme des Nations unies pour le développement).

B. Relations avec les États membres

1. Aménagement des relations diplomatiques traditionnelles

a) Existence d'une *représentation permanente* des États au sein de la plupart des organisations internationales.

b) Le statut de cette représentation devrait être régi par la convention sur la représentation des États dans leurs relations avec les organisations internationales (1975) mais cette convention n'est pas entrée en vigueur.

2. Représentation des organisations internationales auprès des États membres

a) Absence de mission diplomatique permanente, mais délégués entretenant des rapports directs non seulement avec le ministère des Affaires étrangères, mais également avec les ministères techniques.

b) Création d'organismes ou services spécialisés dans ce type de rapports, tant au sein des organisations internationales que dans le cadre des administrations nationales, avec, parfois la participation d'associations privées et de personnalités (ex. : commissions nationales pour l'Unesco).

Section 2 › CONTRÔLE DE L'EXERCICE DES COMPÉTENCES DES ORGANISATIONS INTERNATIONALES

Double justification de ce contrôle :

– assurer un certain *ordre dans les relations mutuelles* des organisations internationales,

– donner des *garanties aux États* en ce qui concerne le respect de leur souveraineté.

En l'absence de règles générales, on peut évoquer le **rôle de la CIJ** et quelques **systèmes conventionnels**.

§ 1 - Rôle de la CIJ

A. Procédure de l'avis consultatif

1. Cette procédure n'est ouverte qu'aux organes de l'ONU et des Institutions spécialisées habilitées par l'Assemblée générale des Nations unies.

2. Nécessité du consentement de l'organe délibérant : pas d'avis devant être obligatoirement demandés.

3. Absence d'effet obligatoire de l'avis rendu.

4. Compte tenu des critiques qui lui étaient adressées, la Cour s'est efforcée de réduire la durée de la procédure. Celle-ci n'a été que relativement peu utilisée (16 fois par l'Assemblée générale, 1 fois par le Conseil de sécurité et 2 par l'Ecosoc, 2 fois par l'OMS et 1 fois par l'ex-OMCI).

B. Procédure contentieuse

1. Mise en cause indirecte de l'action d'une organisation : si l'interprétation de la convention de base d'une organisation constitue un différend entre États (ex. : CIJ, aff. *Inde/Pakistan*, 1972). Mais, effet relatif de l'arrêt et la décision de l'organisation subsiste. Le problème d'un contrôle de la CIJ sur les résolutions du Conseil de sécurité a été soulevé dans l'affaire Libye/États-Unis et Grande-Bretagne, mais la Cour ne s'est pas prononcée, du fait du désistement des parties. Le TPIY a, en 1995 (aff. *Tadic*), estimé être compétent pour contrôler la régularité des résolutions du Conseil de sécurité, d'où conflit possible avec la CIJ. En revanche, la Cour européenne des droits de l'homme se déclare incompétente pour connaître des actions entreprises par un État, sur la base d'une résolution du Conseil de sécurité (CEDH, 31 mai 2007, *Beharmi/France* et *Saramati/France*).
2. Absence d'action directe : seuls les États ont accès à la Cour (problème de l'action par « États interposés » à propos de la procédure engagée par l'Éthiopie et le Liberia dans l'affaire du *Sud-Ouest africain*).

§ 2 - Solutions conventionnelles particulières

A. Dans le cadre de l'OIT

Recours possible contre le rapport de la commission d'enquête constituée à la suite du dépôt d'une plainte d'un État. Intervention éventuelle de la CIJ qui peut annuler, confirmer ou amender les conclusions de la commission d'enquête (art. 29 et s. de la constitution de l'OIT).

B. Procédure de réformation des jugements rendus par les tribunaux administratifs des Nations unies et de l'OIT

Procédure de l'avis consultatif de la CIJ ayant force obligatoire, utilisée en 1956 pour le TAOIT et en 1973, 1982 et 1987 pour le TANU (une révision intervenue en 1996 a supprimé le mécanisme de réformation des jugements du TANU).

C. Contentieux des décisions des institutions communautaires

Contentieux de l'annulation et de pleine juridiction directement devant la Cour de justice des Communautés européennes ou, d'abord, devant le Tribunal de première instance, suivant la répartition des compétences résultant d'une décision du Conseil de 1988, largement étendues en 1993 (les recours des États membres et des institutions européennes elles-mêmes sont portés directement devant la Cour).

Chapitre 3 › FINANCES DES ORGANISATIONS INTERNATIONALES

› L'essentiel

Obéissant à des mécanismes complexes, les problèmes financiers relatifs aux organisations internationales invitent à une double interrogation.

• En premier lieu, quelles sont les règles gouvernant les ressources dont bénéficient les organisations internationales ?

• En deuxième lieu, comment, au regard des considérations budgétaires et des dépenses engagées, les mécanismes financiers sont-ils organisés ?

Section 1 › LES RESSOURCES DES ORGANISATIONS INTERNATIONALES

Les **contributions obligatoires** constituent la source principale de financement, mais il existe d'**autres modes de financement.**

§ 1 - Le système des contributions obligatoires

C'est le système fondamental utilisé dès la création des premières unions administratives internationales et repris ensuite par les organisations internationales à buts complexes, notamment politiques.

Il soulève trois problèmes :

A. La sanction du retard dans le versement des contributions

1. Un certain retard (généralement deux ans) entraîne le plus souvent la *suspension du droit de vote.*

2. Cette sanction est parfois automatique, mais parfois elle doit faire l'objet d'une décision (v. controverses aux Nations unies, dans les années 1960, à propos de l'application de l'art. 19 de la Charte).

3. Dans certaines circonstances, un État défaillant peut être relevé de la suspension du droit de vote.

B. Le montant de la contribution

1. Système dit de l'Union postale universelle

Il existe un certain nombre de **classes de cotisations**, parmi lesquelles sont répartis les États membres et à chaque classe correspond un certain nombre d'unités de cotisations.

La *valeur de l'unité* de cotisation est déterminée d'après le montant des dépenses totales de l'organisation divisé par le nombre total d'unités de cotisations.

Ce système est notamment en vigueur à l'UPU, l'UIT, l'OMM et Interpol.

2. Système des contributions en pourcentage

Chaque État verse une contribution correspondant à un certain pourcentage du montant du budget de l'organisation. *La capacité de paiement* est généralement calculée en fonction de l'évaluation comparée du revenu national, ou de l'intérêt porté aux activités de l'organisation.
Le *barème des contributions* fait l'objet de révisions périodiques et il existe un plafond de contribution pour éviter la prédominance d'un État particulièrement riche (ex. : États-Unis à l'ONU, où le plafond a été ramené à 25 % en 1972 et à 22 % en 2001).
Ce système est le plus largement répandu.

C. Le choix d'une monnaie de compte

1. Incidences des **fluctuations de change** dues à d'éventuelles perturbations sur les marchés monétaires internationaux (ex. : après 1973 à la suite de la 2e dévaluation du dollar américain). Dans l'Union européenne, après les mécanismes de l'unité de compte européenne (UCE), puis de l'ECU (*European currency unit*), l'adoption d'une monnaie unique, l'**euro**, a permis de pallier les inconvénients des fluctuations monétaires.
2. Les difficultés financières des organisations internationales ont, également, été aggravées par les effets de l'*inflation* et les fluctuations, parfois à la baisse, du *dollar.*

§ 2 - Les autres modes de financement

A. Contributions volontaires

Ce système est utilisé pour toutes les activités de collaboration internationale qui ne résultent pas directement d'un traité.

B. Recettes diverses

Dons, revenus des placements à court terme, ventes (ex. : timbres des Nations unies).

C. Perception d'impôts et taxes

1. Redevances pour *services rendus* : ex. : péages sur la Moselle.
2. Prélèvements *fiscaux* : ce système exceptionnel est utilisé dans **l'Union européenne** qui a été progressivement dotée de *ressources propres* (CECA : prélèvement sur la production de charbon et d'acier – CEE : affectation des droits de douane, des prélèvements agricoles et d'un pourcentage de la TVA). Adoption, en 1988, d'une « 4e ressource » – un pourcentage du PNB –, plus classique.
3. *Impôts sur les traitements et les indemnités du personnel.*

D. Emprunts

1. Pour faire face à des *difficultés temporaires de trésorerie* : ex. : émission de bons par l'ONU en 1962.

2. Pour *financer des travaux importants* accomplis pour le compte d'une organisation internationale (ex. : construction du siège de l'ONU) ou pour le compte de tiers (ex. : emprunts émis par la BIRD pour financer des prêts).

E. Financement par les intéressés

Système qui a été utilisé par l'ONU pour alléger ses dépenses dans le cadre de procédures de règlement pacifique des différends ou d'opérations de maintien de la paix.

Section 2 › MÉCANISMES FINANCIERS

Grande diversité de mécanismes entre les organisations internationales, mais depuis 1973 harmonisation des procédures dans le cadre de la « famille des Nations unies ». Il existe deux grands systèmes :

§ 1 - Système analogue au budget des collectivités publiques

1. Un *règlement financier* réglemente la procédure de préparation, d'adoption, d'exécution et de contrôle du budget.
2. Tendance à l'adoption de la *budgétisation par programme* et d'un cycle budgétaire pluriannuel (ex. : cycle biennal aux Nations unies).
3. Rôle prépondérant du *chef de l'administration permanente*, le plus souvent assisté d'un organe technique indépendant.
4. Pouvoir de décision de l'organisme intergouvernemental, mais rôle important du Parlement dans les Communautés européennes et son rôle aurait été encore accru par le traité établissant une Constitution pour l'Europe.
5. Problème posé par l'égalité du droit de vote et l'inégalité de participation aux dépenses.
6. Dans les *organisations opérationnelles* (ex. : Agence spatiale européenne), distinction entre les *activités obligatoires*, financées par tous les membres et les *activités facultatives*, financées par les seuls États intéressés.
7. Problème particulier des Nations unies :
• **Dépenses administratives :** critiques des États-Unis contre le système dans lequel les décideurs ne sont pas les payeurs (1985 : vote du Congrès bloquant le versement d'une part importante de la contribution pour obtenir un vote pondéré). Finalement, adoption, par l'Assemblée générale, fin 1986, d'une résolution ambiguë légitimant la recherche, dans la pratique des décisions budgétaires, d'un **consensus** sans pour autant supprimer formellement l'exigence statutaire du vote majoritaire. Le principe du règlement d'importants arriérés dus par les États-Unis n'a été obtenu que fin 2000, avec l'abaissement de la contribution de ce pays de 25 à 22 %. Une réforme de la gestion de l'ONU s'impose : elle a été amorcée, sans succès par Kofi Annan, à la fin de son mandat, en 2006, et demeure un des objectifs de son successeur Ban Ki-moon.
Rôle du *Groupe de Genève* (sur une base informelle, les 13 États les plus importants contributeurs qui y ont admis la Russie) : veille au meilleur emploi possible de

l'ensemble des contributions versées aux différentes organisations du **« système des Nations unies »** (y compris, à l'heure actuelle, en ce qui concerne le budget ordinaire de l'ONU).

- **Dépenses opérationnelles**

– programmes de secours et d'aide au développement financés par des contributions volontaires ;

– opérations de maintien de la paix : refus de certains États de contribuer à leur financement (malgré l'avis consultatif de la CIJ, en 1962). Depuis 1965, travaux d'un Comité spécial, mais sans résultats.

À l'heure actuelle, seules deux opérations de maintien de la paix sont financées sur le budget régulier, les autres l'étant au moyen de comptes spéciaux.

Depuis 1973, à l'occasion de chaque nouvelle opération, adoption de nouvelles règles de financement des dépenses, faisant ressortir une participation plus importante des membres permanents du Conseil de sécurité et un allégement de la contribution des pays en voie de développement. Fin 2000, réduction de 30 à 27 % de la contribution des États-Unis à ce type de dépenses.

Les difficultés financières de l'ONU l'ont incitée à faire appel, parfois, à des contingents supplémentaires de « casques bleus » sans charge financière ou charge limitée pour l'Organisation (ex. : Force de réaction rapide, en Bosnie, 1995) ou, délibérément, à sous-traiter à des organisations internationales ou des États des opérations qu'elle aurait dû elle-même entreprendre (v. *infra* p. 199).

§ 2 - Système de limitation forfaitaire des dépenses

Système utilisé pour les organisations qui n'ont qu'une faible activité (ex. : UPU) ou dans le cadre de l'exécution d'un programme (ex. : activités spatiales).

Chapitre 4 › PRIVILÈGES ET IMMUNITÉS DES ORGANISATIONS INTERNATIONALES

> **› L'essentiel**
> *Dans certaines conditions, les organisations internationales peuvent bénéficier de privilèges et d'immunités dont le fondement repose sur de sérieuses justifications.*

Section 1 › PRINCIPE ET FONDEMENT

§ 1 - Principe

On assiste à une *généralisation de l'institution* de privilèges et d'immunités au profit des Organisations internationales.
Ce régime constitue une *limitation de la compétence territoriale* des États dans lesquels agit une Organisation.

§ 2 - Fondement

1. Le but de ce régime est de permettre à l'action de l'organisation et de ses fonctionnaires de s'exercer en toute **indépendance** (CEDH 18 févr. 1999, *Beer et autres*: il n'y a pas d'atteinte au droit de recours à un juge – selon l'art. 6 de la Conv. EDH – s'il existe d'autres voies raisonnables: arbitrage ou juridiction administrative internationale; sinon compétence de la juridiction nationale: Cass. soc., 25 janv. 2005, *BAD*). Ce caractère fonctionnel des immunités ne dispense pas l'Union européenne de coopérer avec les États dans la poursuite des infractions au droit communautaire (fourniture d'informations, témoignages de fonctionnaires communautaires: CJCE, ord. 13 juill. 1990, *Zwartveld E.A.*).
2. Il permet également de garantir l'**égalité entre les États membres** de l'organisation.
3. Tout en présentant des analogies avec les privilèges et immunités diplomatiques, ce régime constitue un système autonome.

Section 2 › BASES JURIDIQUES

En plus de la Convention de Vienne de 1975, ce sont pratiquement les mêmes que celles concernant les privilèges et immunités des fonctionnaires internationaux: accords annexes à la convention de base, conventions distinctes (conventions générales, accords postérieurs), accords de siège.
L'existence d'une règle coutumière est, parfois, controversée, mais semble en tout cas admise sur le territoire des États membres.

Section 3 › RÉGIME DES IMMUNITÉS

§ 1 - Immunité de juridiction

1. Une organisation internationale bénéficie d'une **immunité de juridiction** en ce qui concerne ses biens et ses avoirs, quels que soient leur siège ou leurs détenteurs. Une institution communautaire ne peut être contrainte à se prêter à une expertise judiciaire (CJCE, 26 nov. 2002, *Comm. First NV*). Pas de base coutumière à cette immunité (Belgique, Cass., 12 mars 2001 – France, Cass. soc., 30 sept. 2003, *Union latine*). Hypothèse où il y a délégation d'une mission de service public de la part d'un État (Cass. 1re civ., 14 déc. 2004, *Axa/ASECNA*).

2. Mais, l'organisation peut toujours renoncer à invoquer son immunité, tout en laissant subsister l'**immunité d'exécution** (Cass. 1re civ., 28 oct. 2003, *Union latine*).

§ 2 - Inviolabilité des locaux

1. Aucune perquisition ne peut y être effectuée.

2. Mais, il n'existe *pas de droit d'asile.*

§ 3 - Exemption de contrainte administrative sur les biens

En principe aucune mesure d'expropriation, de réquisition, de confiscation ou de saisie ne peut être prise contre une organisation internationale.

À l'égard de l'Union européenne, nécessité d'une autorisation donnée par la CJCE. Une saisie-arrêt serait refusée, si elle avait pour conséquence d'affecter à des intérêts particuliers des fonds qui sont destinés par la Communauté à une politique d'intérêt général (ex. : politique de coopération au développement – CJCE, ord., 27 mars 2003, *Antippas/Commission*) ou de nature à affecter le fonctionnement de la politique commune de pêche, donc d'entraver le bon fonctionnement et l'indépendance de l'Union européenne (CJCE, ord. 14 déc. 2004, aff. C-1/04SA, *Tertie-Terminais de Portugal*).

§ 4 - Non-application des lois financières

1. Absence de contrôle financier (notamment sur les devises).

2. Exemptions fiscales (directes et indirectes) et douanières.

§ 5 - Facilités de communications

Les organisations internationales bénéficient du même régime que les gouvernements étrangers (code, valise diplomatique).

Cinquième partie

LES CONFLITS INTERNATIONAUX ET LEURS MODES DE SOLUTION

Traditionnellement, on appelle *conflit, différend* ou *litige* international un désaccord sur un point de droit ou de fait, une contradiction, une opposition de thèses juridiques ou d'intérêts entre deux États (CPJI, aff. du *Lotus*, 1927; CIJ, aff. du *Sud-Ouest africain*, 1962). Pour établir l'existence d'un différend, il faut démontrer que la réclamation de l'une des parties se heurte à l'opposition manifeste de l'autre et par ailleurs, l'existence du différend doit être établie objectivement (CIJ, aff. *Cameroun/Nigeria*, exceptions préliminaires, 1998). Une jurisprudence relativement récente laisse entrevoir une distinction subtile entre une « divergence de vues » et un « différend » (CIJ, avis consultatif dans l'aff. *Mazilu*, 1989).

On distingue traditionnellement en doctrine :

• les **différends d'ordre juridique** : portant sur l'application ou l'interprétation du droit existant, ils peuvent se résoudre par un renvoi à des règles connues ;

• les **différends d'ordre politique** : portant sur la modification du droit existant, ils ne peuvent être formulés juridiquement, car il s'agit de conflits tournés vers une évolution ultérieure.

L'intérêt de la distinction réside dans **le choix du mode de règlement** : les litiges juridiques peuvent faire l'objet d'une procédure arbitrale ou judiciaire, tandis que les litiges politiques ne peuvent faire l'objet que de procédures diplomatiques ou politiques.

Dans le droit conventionnel, on ne trouve **aucune définition** des litiges juridiques, mais seulement des énumérations (ex. : art. 36-2 du statut de la CIJ).

On peut évoquer également la notion de **tension politique**, qui se présente comme un antagonisme de caractère passionnel le rendant réfractaire à une procédure de règlement pacifique (ex. : règlement du conflit du Moyen-Orient). Le terme de **crise** qui désigne une situation troublée, n'a pas de signification juridique précise en droit international.

Il existe deux grandes catégories de modes de règlement des conflits internationaux : les **modes pacifiques** et les **modes non pacifiques**.

Chapitre 1 › LES MODES PACIFIQUES DE RÈGLEMENT DES CONFLITS INTERNATIONAUX

› L'essentiel

*Diversité des procédures (ex. : énumération de l'art. 33 de la Charte). On peut distinguer les **procédures extérieures** aux organisations internationales et le règlement **dans le cadre des organisations internationales**. Cette distinction tend à s'atténuer du fait du recours de plus en plus fréquent des organisations internationales à des procédures traditionnellement utilisées en dehors des organisations (cf. pratique de l'ONU).*

Section 1 › LES PROCÉDURES DE RÈGLEMENT PACIFIQUE EXTÉRIEURES AUX ORGANISATIONS INTERNATIONALES

Ou bien ces procédures se contentent d'utiliser les organes normaux des relations internationales **(procédures diplomatiques)** ou bien il est fait appel à des organes spéciaux de caractère technique, mais provisoire **(procédures instituées)**.

§ 1 - Les procédures diplomatiques

Procédures fort anciennes qui sont utilisées pour les conflits mineurs ou pour les conflits trop importants pour justifier ou permettre l'intervention d'une organisation internationale.

Elles tendent à un rapprochement des points de vue jusqu'à l'acceptation d'une solution commune par les parties au litige et peuvent être utilisées pour tous les litiges (juridiques ou politiques). Elles permettent de faire appel à tous les arguments, de fait ou de droit.

Ces procédures font parfois intervenir un tiers.

A. L'entente directe par voie de négociation diplomatique

1. Cette négociation se déroule dans le **cadre normal des relations entre les États**, soit à l'occasion de conférences spéciales, soit à l'occasion de réunions périodiques.

2. Elle fait intervenir des **diplomates** ou des hommes **politiques**.

3. Se déroulant généralement dans le **secret**, elle se présente sous la forme de discussions orales, accompagnées de remise de documents écrits.

4. En cas de succès, l'accord prendra une forme écrite : déclaration commune, échange de notes, traité.

5. Il apparaît normal, même si cela n'est pas une obligation, de faire appel, en premier lieu, à ce mode de règlement (CPJI, aff. *Mavrommatis*, 1924 ; CIJ, aff. du *Sud-Ouest africain* ; 1962 : recours à la **diplomatie parlementaire** ou la diplomatie par conférences).

B. L'intervention d'un tiers sous forme de bons offices ou de médiation

1. Il n'y a qu'une **différence de degré** entre ces deux procédures, d'où le flottement de la terminologie dans la pratique.

• Les **bons offices** visent essentiellement à faciliter la reprise des négociations entre les parties.

• Le **médiateur** fait plus : il propose les bases d'un accord.

2. Ces procédures respectent intégralement la souveraineté des États car elles sont en principe **facultatives** quant à leur choix et quant à leur résultat. À noter, toutefois, que dans l'affaire du *Rainbow Warrior* (1986), les deux parties ont accepté, par avance, les termes du règlement proposé par le secrétaire général des Nations unies.

3. Certains traités créent parfois l'obligation de recourir à ces procédures, d'autres définissent les conditions de la médiation (ex. : **Convention de La Haye de 1907** pour le règlement pacifique des conflits internationaux).

4. On tend à substituer au poids de l'action politique que représente la médiation d'un État, l'autorité d'une personnalité (ex. : médiation du pape, en 1984, à propos de la remise en question, par l'Argentine, de l'arbitrage rendu dans l'aff. du *chenal de Beagle*, qui l'opposait au Chili).

5. En cas de succès de la procédure, un accord est généralement signé (ex. : aff. du *Rainbow Warrior*, 1986).

6. Recours à la **médiation** internationale de plus en plus fréquent même pour des conflits d'ordre interne.

§ 2 - Les procédures instituées

L'exigence du consentement des parties et les modalités de constitution de l'organe de règlement expliquent la conclusion de nombreux traités à cette double fin (ex. : Convention de La Haye, 1907 – acte général d'arbitrage, 1928 – pacte de Bogota, 1948 – Convention européenne pour le règlement pacifique des différends, 1957). Alors que l'enquête et la conciliation ne sont que des procédures préliminaires, l'arbitrage est une procédure définitive.

A. L'enquête

1. But

Faciliter le règlement d'un conflit par une connaissance exacte des faits élucidés par un organisme offrant toutes garanties d'impartialité.

2. Base juridique

L'enquête est prévue par différentes conventions multilatérales (ex. : Convention de La Haye de 1907, après une première application dans l'aff. du *Dogger Bank* en 1904) ou bilatérales (ex. : traités Bryan conclus par les États-Unis).

3. L'organe d'enquête

Il est composé de nationaux des États en litige et de tiers choisis en fonction de leurs compétences. Il existe plusieurs types de commission d'enquête : commission spéciale, commission permanente (ex. : traités Bryan) ou commission spéciale dans un cadre permanent (ex. : traité Gondra de 1923 dans les rapports entre États américains).

4. Effets de l'intervention de la commission

Bien que limité à l'examen des faits, le rôle de la commission est important, car l'enquête permet de mettre en lumière les causes et les conséquences d'un incident, ainsi que les responsabilités qui s'en dégagent. Les parties sont libres de décider de la suite à donner aux constatations de la commission. Son intervention a généralement un effet moratoire.

5. Cette procédure tend à se généraliser en rapport avec l'intervention d'une organisation internationale (ONU, OIT, OEA)

B. La conciliation

1. But

Intervention d'une commission composée de personnes ayant la confiance des parties en vue de mettre d'accord les adversaires, à la suite d'une procédure contradictoire.

2. D'origine

Relativement récente (lendemain de la Première Guerre mondiale – idée de Nicolas Politis, juriste grec), cette procédure s'est développée après 1945, notamment sous l'influence de la diplomatie suisse. Elle a été retenue par plusieurs conventions de codification (ex. : droit des traités, succession d'États, droit de la mer).

3. Base juridique

Nécessité du consentement des États d'où l'exigence d'une convention (soit spéciale, soit prévoyant le recours à la conciliation). Certaines conventions (bilatérales ou multilatérales) organisent une procédure permanente.

4. L'organe de conciliation

Nombre impair de personnalités (nationaux des parties et tiers).

5. Effets de l'intervention de la commission

L'accord entre les parties définit la mission confiée à la commission, dont le rapport est dépourvu de tout caractère obligatoire (d'où l'utilisation possible de cette procédure pour les litiges politiques). À défaut d'un accord entre les parties, le rapport pourra préconiser une solution.

6. Conciliation et procédure juridictionnelle

Procédure de conciliation parfois tentée au cours d'une procédure d'arbitrage (aff. de *Taba* opposant l'Égypte et Israël pour quelques arpents de sable, dans le désert du Sinaï, au bord du golfe d'Akaba, 1988).

C. L'arbitrage

1. But

Permettre de régler un litige par des juges choisis par les parties.

2. Avantages

– *souplesse*: définition du litige, choix des arbitres, droit applicable;
– *contrôle des parties* sur le déroulement du procès (publicité ou non des débats et des documents de la procédure écrite);
– *simplicité et rapidité*.

3. Historique

D'origine ancienne (cités grecques), l'arbitrage s'est développé au Moyen Âge (rôle du pape) et après une éclipse, lors de l'affirmation de la souveraineté des États modernes au XVIIe, il a connu un regain d'audience au lendemain du traité Jay (1794) entre les États-Unis et la Grande-Bretagne. La procédure s'est perfectionnée et institutionnalisée. On la retrouve souvent dans les conventions multilatérales générales.

4. Conditions de l'arbitrage

a) Consentement des États en vertu d'un accord spécial (*compromis d'arbitrage*) ou d'un consentement antérieur (traité ou *clause d'arbitrage obligatoire* appelée *clause compromissoire*, spéciale ou générale suivant le domaine couvert par la convention).

b) L'organe arbitral: l'arbitre unique (autrefois un souverain) tend à être remplacé par un organe arbitral complexe (commission arbitrale avec un sur-arbitre éventuel ou tribunal d'arbitrage). La Convention de La Haye de 1907 contient des dispositions supplétives concernant la désignation des membres (la **Cour permanente d'arbitrage** créée à cette occasion n'est qu'une liste de personnalités susceptibles d'être choisies comme arbitres). Pendant longtemps en sommeil, on constate un regain d'activité depuis quelques années: plusieurs litiges interétatiques arbitrés depuis 1999 et une trentaine d'affaires pendantes au premier trimestre 2009.

c) La procédure arbitrale: librement fixée par le compromis, se réfère souvent à la Convention de La Haye. La Commission du droit international a établi un modèle de règles.

5. Rôle des arbitres

En principe, le règlement arbitral des litiges se fait sur la base du respect du droit (Conv. de La Haye, art. 37), mais il existe dans la pratique une certaine gradation dans les pouvoirs reconnus aux arbitres.

a) Indication de règles de référence: renvoi par le compromis aux règles générales du droit international ou énumération de règles précises (ex. : les trois règles de Washington dans l'aff. de l'*Alabama*, 1872).

b) Situation en l'absence de règles de droit: application de corollaires de principes généraux ou raisonnement par analogie (ex. : arbitrage de la *Fonderie de Trail*, 1941).

c) L'arbitre, amiable compositeur : surtout s'il s'agit d'un différend politique, les parties peuvent autoriser l'arbitre à statuer « **en droit et en équité** » ou « *ex aequo et bono* ».

d) L'arbitre chargé d'établir un règlement pour l'avenir : surtout dans les matières techniques (ex. : aff. des *pêcheries de phoques dans la mer de Behring*, 1893 – arbitrage quasi législatif envisagé par la Convention de Genève de 1958 sur la pêche).

6. Nature de la sentence arbitrale

a) Caractère obligatoire de la sentence arbitrale : elle doit être exécutée de bonne foi par les parties. C'est un trait caractéristique de la procédure d'arbitrage (v. commissions prévues par les traités de paix de 1947 faussement qualifiées de commissions de conciliation).

b) Effets à l'égard des tiers : effet relatif aux parties d'une sentence arbitrale, mais valeur de **précédent** pour la formation éventuelle d'une coutume.

c) Recours contre la sentence : si les recours en interprétation, en rectification d'erreur matérielle (ex. : aff. du *plateau continental franco-britannique* décision du 14 mars 1978) ou en révision (découverte d'un fait nouveau) ne soulèvent pas de problèmes, il n'en est pas de même en cas de vice de la sentence arbitrale (ex. : excès de pouvoir ou vice grave de procédure), en l'absence de règles générales en la matière (v. recours de la Guinée-Bissau contre le Sénégal, devant la CIJ à propos d'un arbitrage rendu en 1989 : arrêt de rejet en 1991).

7. Place de l'arbitrage

Parmi les modes de règlement pacifique : largement utilisé pour des litiges touchant des *intérêts individuels* ou pour des affaires présentant un **caractère technique** (ex. : en matière d'accords aériens ou de frontières), l'arbitrage n'a guère réussi pour le règlement des **litiges politiques**. L'acte général d'arbitrage de 1928, modifié en 1949, mais dont le maintien en vigueur est discuté (ainsi dans l'affaire de l'incident aérien *Pakistan/Inde*, la CIJ a écarté l'acte général et s'est déclarée incompétente en 2000) avait cependant également prévu l'arbitrage pour ce type de litiges. Les vicissitudes de la procédure arbitrale sur la zone de Brcko (1997) revendiquée par les Serbes de Bosnie, constitués en République et la fédération de Bosnie-Herzégovine (croato-bosniaque) illustrent bien l'inadaptation de cette technique pour régler les conflits de cette nature.

À l'heure actuelle, cette procédure se répand dans le *cadre transnational* (rapports entre États et sociétés privées étrangères). Expérience originale du Tribunal des différends irano-américain (créé en 1981), qui connaît à la fois des litiges interétatiques et transnationaux.

Une « *commission d'arbitrage* » a été créée, en 1991, dans le cadre de la Conférence « européenne » pour la paix en **Yougoslavie**. Composée, tout d'abord, de 5 présidents de Cours constitutionnelles européennes, sa composition a été modifiée lorsque la Conférence est devenue « internationale », en 1992, avec le patronage de l'ONU. Jusqu'à présent, elle n'a émis qu'une quinzaine d'« avis » sur des questions de droit (ex. : respect des droits de l'homme et du droit des minorités dans les nouveaux États, détermination des frontières, situation de la République fédérative de Yougoslavie au regard du droit international, successions d'États, etc.). Sa compétence pour rendre des « décisions » a été cependant prévue par le *gentlemen's agreement*, qui a créé cette instance.

Section 2 › LES PROCÉDURES DE RÈGLEMENT PACIFIQUE DANS LE CADRE D'UNE ORGANISATION INTERNATIONALE

Toutes les tentatives d'élaboration d'un ordre politique de la société internationale ont été dictées par la **préoccupation de régler pacifiquement** les différends **internationaux**.

L'**ONU** a essayé de pallier les insuffisances de la SDN, tout en encourageant le **règlement régional** des différends et en intégrant la CIJ dans son système. D'ailleurs, le règlement pacifique des différends entre les États membres relève de la mission de toute organisation, même en l'absence de mécanismes formels.

Il faut également souligner l'effet des pressions diplomatiques et la politisation des problèmes qu'entraîne la **diplomatie parlementaire** (ou de conférence), réalisée dans le cadre de la multilatéralisation de la diplomatie dans les organisations internationales. De même, il faut signaler le rôle de la *concertation* entre États en marge des réunions internationales. Mais, pratiquement, l'action des organisations internationales tend plus à limiter et à transformer les conflits qu'à les éliminer véritablement.

À noter que de plus en plus souvent des organisations internationales se trouvent impliquées dans des *conflits d'ordre interne* (guerres civiles de nature à dégénérer en guerres internationales).

Apparition d'*organisations interrégionales*, fondées par exemple sur l'adhésion à une confession (Organisation de la Conférence islamique) visant, notamment, à régler des conflits, mais sans grand succès (ex. : conflit Iran-Irak, 1980-1988).

À noter le recours des organisations internationales à des procédures isolées (ex. : médiation, enquête, conciliation). Ainsi, peut-on citer deux résolutions de l'AG des Nations unies prévoyant l'une (44/415 en 1989) le recours à une commission de bons offices, médiation ou conciliation dans le cadre de l'Organisation et l'autre (46/59 en 1992) encourageant les missions d'enquête confiées à l'ONU.

§ 1 - Le système de la Charte des Nations unies

L'ONU ayant pour but le maintien de la paix et de la sécurité internationale tente d'assumer une **triple mission** : prévenir les différends internationaux ; à défaut, *régler* ceux qui peuvent surgir ; enfin, prendre des *mesures de police* collectives pour empêcher ou faire cesser le recours à la force : établissement ou rétablissement de la paix et consolidation de la paix.

Les mécanismes prévus par la Charte se sont développés dans la pratique. À noter le **rôle supplétif des organes des Nations unies** dans les procédures de règlement des différends (art. 33 et 37 de la Charte).

Au mois d'avril 2009, le Secrétaire général de l'ONU a jugé nécessaire de renforcer les capacités de médiation de l'ONU.

A. Les mécanismes de la Charte

La saisine et les pouvoirs du Conseil de sécurité et de l'Assemblée générale sont parfois identiques, d'où les risques d'empiètement.

1. Saisine

L'Assemblée et le Conseil peuvent être saisis par un État, se saisir mutuellement et le Secrétaire général peut saisir le Conseil (art. 99). La Charte distingue, sans les définir, les *situations* et les *différends* (intérêt quant aux conditions de vote au Conseil).

2. Pouvoirs

Les deux organes ont un pouvoir d'enquête, de discussion et de recommandation (ambiguïté regrettable de la résolution 242/1967 du Conseil de sécurité sur le conflit du Moyen-Orient), mais seul le Conseil a un pouvoir d'action en cas de menace contre la paix, de rupture de la paix ou d'acte d'agression : domaine d'application du **chapitre VII** : une vingtaine de situations prises en compte jusqu'à fin 2007 : conception extensive de la notion de « menace contre la paix » : non-respect de la règle de la majorité dans le domaine de la décolonisation (ex. : Rhodésie, 1966-1979), politique d'*apartheid* (ex. : Afrique du Sud, 1977), troubles internes (ex. : République centrafricaine, 1997, Kosovo, 1998, Afghanistan, 2001), Côte d'Ivoire, République démocratique du Congo, Liban, Darfour, ces dernières années ; non-coopération avec les autorités judiciaires d'États victimes du terrorisme (ex. : Libye, 1992), assistance humanitaire (ex. : Somalie, 1992 ; Rwanda, 1994) ; seules deux hypothèses « classiques » (Irak, 1990-1991 – nouvelle Yougoslavie, 1992-1995).

3. Répartition des compétences

En principe, l'Assemblée ne doit pas empiéter sur les attributions du Conseil de sécurité lorsque celui-ci est saisi (art. 12), mais si le Conseil de sécurité est paralysé, dans une hypothèse envisagée par le chapitre VII, l'Assemblée peut se substituer au Conseil, avec, seulement, un pouvoir de recommandation (**résolution Acheson**, 1950). Réunions à « éclipses » (ajournements successifs sur une même question) et même lorsque l'urgence n'est pas évidente.

B. La pratique des Nations unies

1. Multiplication des organes subsidiaires

De composition variable, leurs fonctions sont diverses (enquête, bons offices ou médiation, surveillance d'un cessez-le-feu, assistance militaire) ; décision de créer une commission de bons offices, médiation ou conciliation (1989) qui n'a jamais été mise en place.

À noter l'importance des **opérations de maintien de la paix – casques bleus** – (opérations militaires ou paramilitaires, organisées sous la pression de la nécessité faute de pouvoir mettre en œuvre les mécanismes du chap. VII, et même parfois sans décision du Conseil de sécurité : ex. : FUNU en 1956) – Opérations non coercitives menées sur une base consensuelle. Initialement, forces d'*interposition* et/ou missions d'observation. Actuellement, opérations de la « **2e génération** » : *tâches de nature interne* (réconciliation nationale, désarmement, rapatriement de réfugiés, organisation d'élections, administration temporaire, assistance humanitaire). En quelque sorte, l'opération de consolidation de la paix complète celle de maintien ou de rétablissement de la paix. Convention sur la sécurité du personnel des Nations unies (1994, en vigueur depuis 1999), dont le champ d'application a été étendu à toutes les opérations humanitaires et de développement de l'ONU, par un protocole facultatif adopté fin 2005.

Cas particuliers : Force des Nations unies entre l'Irak et le Koweït (MONUIK, 1991), mise en place dans le cadre du chapitre VII (composée notamment de forces des 5 membres permanents) mais ne correspondant pas aux forces militaires, dont la création peut découler d'accords spéciaux, prévus à l'article 43. Il en a été de même pour ONUSOM II, en Somalie (1993-1995) en l'absence d'autorités officielles pouvant faire appel à l'ONU (à la différence d'ONUSOM I au printemps 1992).

Extension du rôle de l'ONU dans des situations internes de nature à influencer le maintien de la paix : mission d'observateurs des Nations unies pour vérifier la régularité des élections au Nicaragua (ONUVEN, 1989-1990), Haïti (1990), et au Cambodge (APRONUC, 1992) ; mission de vérification d'accords conclus entre opposants (Salvador, Angola, Cambodge, 1991 ; Mozambique, Érythrée, 1993 ; Côte-d'Ivoire, 2004).

Intervention à titre préventif (Macédoine, 1992-1999).

2. Rôle actif du secrétaire général

Le rôle du Secrétaire Général est actif malgré l'application limitée de l'art. 99 (prix Nobel de la paix en 2001) : missions de bons offices, missions confiées par l'Assemblée générale ou le Conseil de sécurité, interventions dans l'application d'un accord international, initiatives personnelles. Problème parfois soulevé de l'approbation préalable d'un organe intergouvernemental (Conseil de sécurité) pour certaines activités opérationnelles du Secrétaire général. À différentes reprises (Dag Hammarskjöld, au début des années 60 et Boutros Boutros-Ghali en 1992) le secrétaire général a mis l'accent sur la nécessité de mettre en œuvre une « *diplomatie préventive* » (éviter que des différends ne surgissent, empêcher qu'un différend existant ne se transforme en conflit ouvert et si un conflit éclate faire en sorte qu'il s'étende le moins possible). Importance de la collecte et de l'analyse des informations. Utilité d'une certaine discrétion (« *diplomatie secrète* »). Rôle du département des affaires politiques créé en 1992.

3. Incidences limitées de l'article 2 § 7

Cet article consacre la non-immixtion des Nations unies dans les affaires qui relèvent « essentiellement » de la compétence nationale des États. Or, les questions relatives au droit d'autodétermination et aux droits de l'homme n'ont jamais été considérées comme couvertes par le domaine réservé à la compétence nationale (différences de rédaction par rapport à l'article 15 § 8 du Pacte de la SDN).

À noter la rédaction de la résolution 688 (1991) sur la répression du soulèvement kurde en Irak : la recommandation du Conseil de sécurité n'est pas allée jusqu'à consacrer un pouvoir d'action directe en territoire irakien qu'aurait éventuellement permis le recours au chapitre VII.

À noter, précisément, le recours au chapitre VII, dans le cas de la Yougoslavie (1991), de la Somalie, du Liberia (1992), de la Sierra Leone (1997-1998) et de la Côte-d'Ivoire (2004) pour décréter un embargo sur les livraisons d'armes et de matériel militaire. Même mesure décidée, en 1977 (jusqu'en 1994), à l'égard de la République sud-africaine, du fait de la politique d'*apartheid*.
On relèvera la décision prise, en 2005, à propos de la Côte d'Ivoire, sur le déroulement des opérations électorales présidentielles, la proprogation du mandat du président Gbagbo et en 2006 l'extension des pouvoirs du Premier ministre.

4. Litiges ayant échappé à l'ONU

Les tensions et les crises entre les États les plus puissants, ainsi que les différends entre États liés politiquement ont échappé aux Nations unies.

5. Influence des relations entre les États-Unis et l'Union soviétique

L'état des **relations entre les États-Unis et l'Union soviétique** a toujours eu une incidence sur le rôle des Nations unies. Un esprit de coopération a permis une contribution de l'Organisation au « maintien de la paix » (ex. : FNUOD au lendemain de la guerre de Kippour, 1973). Au contraire, une tension a nécessité le recours à des palliatifs extérieurs à l'Organisation, avec plus ou moins de succès (ex. : deux forces multinationales d'interposition et de sécurité envoyées à Beyrouth, 1982 et 1982-1984 ; Force multinationale d'observateurs dans le Sinaï, dans le cadre du traité de paix israélo-égyptien de 1979, depuis 1981).

a) Conséquences de l'effondrement progressif du camp dominé par l'Union soviétique

À partir de 1990, cet effondrement puis la désintégration de l'Union soviétique elle-même a conduit de plus en plus souvent l'Organisation à chercher à faire face à la multiplication des situations de nature à mettre en danger la paix et la sécurité. Mais, les résultats n'ont pas été à la hauteur des espoirs, d'autant plus que la faiblesse de la Russie l'a conduite à freiner des propositions américaines de peur de laisser la haute main sur d'éventuelles actions aux seuls États-Unis. D'où des initiatives unilatérales de ceux-ci (ex. : Opération *Renard du Désert*, fin 1998).
Alors qu'en 40 ans, entre 1948 et 1988, l'ONU n'avait mis en place que 13 **« opérations de maintien de la paix »**, elle en a entrepris une cinquantaine, en 21 ans, de 1988 (année d'attribution du prix Nobel de la Paix) jusqu'au 15 novembre 2009. À cette date, 17 opérations étaient en cours (sans compter deux missions politique et d'appui pour la consolidation de la paix), mobilisant près de 100 000 personnes (militaires et policiers), en provenance d'une centaine d'États (les fonctionnaires internationaux et les civils recrutés localement n'étant pas comptabilisés). Les effectifs ont considérablement augmenté ces dernières années, et sont encore susceptibles d'augmenter dans un proche avenir (le précédent record était de 70 000 casques bleus, en 1993, dans l'ex-Yougoslavie, dont un tiers en Bosnie, avant la relève par l'OTAN). Au total, depuis 1948, l'ONU avait mis sur pied, jusqu'en novembre 2009, 65 missions sur le terrain et le Département des opérations de maintien de la paix est, actuellement, l'un des plus actifs de l'Organisation mondiale. Au printemps 2007, l'Assemblée générale a, pour renforcer ce secteur, décidé de créer, d'une part un département de l'appui aux opérations de maintien de la paix, et d'autre part, un bureau des affaires de désarmement.

Ainsi, la fin de l'affrontement des deux Super-Grands et un esprit plus conciliant de la Chine ont permis, depuis quelques années, à l'ONU de cesser d'être une chambre d'enregistrement des conflits pour redevenir un instrument de leur règlement.
En l'absence d'autre superpuissance susceptible de les contrebalancer, les États-Unis comme par le passé (ex. : deux conflits mondiaux) ont dû continuer à prendre des initiatives en vue de contribuer au maintien ou au rétablissement de la paix. Critiques fréquentes contre le rôle de « gendarme du monde » et la « *pax americana* », qui a du moins le mérite d'exister alors que l'Europe politique n'existe pas (ce sont les pays européens eux-mêmes qui ont sollicité l'intervention des États-Unis en Bosnie et au Kosovo). L'intervention des États-Unis en Irak, au printemps 2003, a fait l'objet de vives controverses. De telle sorte qu'à l'automne 2003, devant les critiques émises à l'encontre de cet unilatéralisme, les États-Unis ont sollicité des Nations unies la relève par une force multinationale, mais sous leur direction (Rés. 1511). Par ailleurs, problème posé par la participation de soldats américains aux opérations de maintien de la paix, eu égard à la compétence de la Cour pénale internationale (v. *infra* p. 231).

b) Fondement de la présence des casques bleus

Depuis quelque temps, un doute existe quant au fondement de la présence de casques bleus. Ainsi, au Liban, alors que la résolution 1701 (2006) relative au Liban vise la menace au maintien de la paix et de la sécurité internationale, le renforcement de la FINUL ne se situe pas sur la base du chapitre VII de la Charte, ce qui limite ses pouvoirs. De même, la résolution 1706 (2006) relative au Soudan, utilise la même expression, mais il a été admis que les casques bleus ne pourraient être déployés qu'avec le consentement du Soudan. D'où la lenteur de la mise en place de cette force, en liaison avec l'Union africaine.

c) Cas du conflit du Moyen-Orient

À l'heure actuelle, pratiquement, seul le règlement du conflit du Moyen-Orient – dans lequel l'Organisation a longtemps manqué d'impartialité (il a fallu 16 ans à l'AG pour abroger, fin 1991 seulement, la scandaleuse résolution 3379 assimilant le sionisme au racisme) – est recherché en dehors de l'ONU (conférence de Madrid, 1991 et prolongements bilatéraux et multilatéraux sous le parrainage des États-Unis et de la Russie; dialogue Israël-OLP depuis septembre 1993, sous le parrainage des États-Unis, qui ont déjà permis, en 1978, les accords de Camp-David, ayant conduit au traité de paix israélo-égyptien, en 1979). De fait, Kofi Annan a vainement cherché, depuis la grave crise déclenchée à l'automne 2000 par la seconde *Intifada,* à réintroduire l'Organisation mondiale dans le processus de recherche de la paix. Mais Israël, soutenu par les États-Unis, doute toujours de l'impartialité de l'ONU, qui n'a pas voulu (ou pu) garantir la mise en œuvre du plan de partage de la Palestine, adopté en 1947. Le slogan « les territoires contre la paix », lancé depuis 1967 (au lendemain de la guerre des Six Jours ayant conduit les israéliens à dépasser la « ligne verte » des accords d'armistice de 1949) ne tient pas compte des attaques (terroristes et autres) subies par Israël de 1948 à 1967, à une époque où la revendication d'un État palestinien n'était pas à l'ordre du jour. À l'automne 2001 la conférence de Durban (Afrique du Sud) sur le racisme, patronnée par l'ONU, s'est malheureusement transformée en tribune anti-israélienne, voire antisémite. Cet écueil a été évité à l'occasion de la conférence de Durban II (avril 2009). Depuis Durban I (2001), l'ONU a été associée, avec les États-Unis, la Russie et l'Union européenne, au « Quartet » (ou « Quatuor ») qui, au printemps 2003, a élaboré une « *feuille de route* », visant à établir la paix dans la région avec, à l'échéance de 2005, la création d'un État palestinien. Cette échéance n'a pu être respectée en raison de la persistance des actes de terrorisme visant Israël. L'élection, à la présidence de l'Autorité palestinienne, en 2005, de Mahmoud Abbas, a fait naître de sérieux espoirs, malheureusement réduits à néant par la victoire du *Hamas* aux élections législatives de 2006. Non seulement ce mouvement, appelé à diriger le gouvernement palestinien, a encouragé les lancements de roquettes en territoire israélien, depuis la Bande de Gaza, pourtant évacuée par les Israéliens à l'automne 2005, mais, de plus, il a réitéré, à maintes reprises, son refus d'admettre l'existence de l'État d'Israël, avec lequel il consent, seulement, à envisager une trêve de longue durée (10 ans). Par ailleurs, on signalera l'avis consultatif contestable, car prenant en compte comme frontière du territoire palestinien une simple ligne de cessez-le-feu que constitue la Ligne verte, rendu en 2004 par la CIJ (aff. du « *Mur* »).

6. Contribution de l'ONU au règlement des différends

a) Des résultats limités

Les résultats de la contribution de l'ONU au règlement des différends sont malheureusement limités en raison, notamment, de la faiblesse de ses moyens financiers, de l'inadaptation, dans certains cas, des moyens mis à sa disposition et surtout de leur insuffisance (le mécanisme des forces en attente mis au point dans les années 1990, s'est révélé inefficace du fait que la mise à disposition des Nations unies n'intervient qu'au coup par coup). Il faut, également, tenir compte des réticences de certains détenteurs du droit de veto (Russie, Chine).

Le fait que l'Organisation mondiale ait obtenu, en 2001, le *prix Nobel*, ne fait pas disparaître le malaise que l'on ressent devant ses carences tant face au fléau que constitue, depuis de nombreuses années, le terrorisme, que face à de nombreuses crises survenues tant en Afrique qu'en Europe (notamment en Bosnie et au Kosovo). Mais l'échec le plus patent a été constitué par la crise irakienne, dans laquelle, au bout de 12 ans, l'ONU s'est avérée incapable de faire respecter par Saddam Hussein les décisions prises par le Conseil de sécurité, au lendemain de la tentative d'annexion du Koweït. Durant l'été 2003, le secrétaire général Kofi Annan a, à juste titre, mis l'accent sur l'urgence de repenser le rôle des Nations unies en cas de crise. C'est, en partie, ce qui a été abordé dans le rapport sur « Un monde plus sûr », présenté, en 2004, par un groupe de personnalités de haut niveau et qui a été évoqué à l'occasion de la célébration des 60 ans de la Charte des Nations unies. Proposée par le secrétaire général dans son rapport « Dans une plus grande liberté » (printemps 2005), la création d'une commission de consolidation pour la paix, soutenue par un Comité d'organisation et assistée par un bureau d'appui, composé d'experts, a été décidée, fin 2005. Cette Commission a pour mandat de donner des avis à tous les acteurs (États et autres différents organes des Nations unies) en matière de consolidation de la paix (la notion de *peacebuilding* complète celle traditionnelle de *peacekeeping*). Ceci en vue de faciliter la sortie des conflits. Le Comité d'organisation de la Commission, organe subsidiaire de l'Assemblée générale et du Conseil de sécurité, est composé de 31 membres :

7 représentant le Conseil de sécurité (dont les 5 membres permanents), 7 représentant l'ECOSOC, 5 pays bailleurs de fonds, 5 fournisseurs de troupes et 7 autres membres de l'ONU. Le mandat des membres élus est de deux ans. La Banque mondiale et le FMI seront associés à ses travaux. La Commission a été installée en juin 2006. Au cours de deux sessions tenues, durant le second semestre 2006, la situation au Burundi et en Sierra Leone a été examinée. Depuis, ont été élaborés plusieurs rapports de la commission de consolidation de la paix au Conseil de sécurité.

Idée de « sous-traiter » certaines opérations d'assistance humanitaire (ex. : en 1994, à la France au Rwanda, à la Russie en Géorgie et aux États-Unis en Haïti) ou envoi de forces multinationales (ex. : Albanie, printemps 1997 : force multinationale temporaire de protection – *Alba* –, en liaison avec l'OSCE ; v. également l'envoi d'une force multinationale sous direction de l'Australie au Timor oriental – *Interfect* – en 1999 et en République démocratique du Congo, en 2003, sous la direction de la France – opération *Artémis*). Véritable paradoxe, lorsque, face aux critiques émises contre certaines initiatives américaines (ex. : en Irak, au printemps 2003), on relève une invitation quasi générale, dans le monde, y compris aux Nations unies, à voir les États-Unis, *pourtant* réticents, intervenir au Liberia, pour mettre fin à la guerre civile (été 2003).

b) Liens avec les organisations régionales

L'action en liaison avec des organisations régionales (ex. : OTAN et UEO dans la crise yougoslave) n'est pas toujours efficace, car des divergences politiques à l'intérieur des Nations unies affaiblissent l'autorité de l'Organisation. Ainsi, l'ONU devait finalement céder la place à une « force de paix » *(Implementation Force – IFOR)*, émanation de l'OTAN, en Bosnie (fin 1995), remplacée par une « force de stabilisation » (*SFOR*), fin 1996, créée par l'accord de paix de Dayton (20 500 hommes en 2001). Mais, contribution de l'ONU à l'application des aspects civils de l'accord par la mise en place d'une Mission des Nations unies en Bosnie-Herzégovine (MINUBH), chargée, notamment, de l'établissement d'un groupe international de police. L'ONU a été, dans un passé récent, amenée à coopérer avec l'Union africaine en République démocratique du Congo (2004) et au Soudan (2005 – refus initial de ce pays d'admettre des casques bleus, avant l'acceptation, en juin 2007, de l'envoi d'une « force hybride » des deux Organisations) et avec l'Union européenne en République démocratique du Congo (2006). L'Organisation africaine coopère avec l'ONU en Côte d'Ivoire (2005). Au printemps 2007, l'ONU a autorisé l'envoi d'une force de stabilisation africaine en Somalie. Nouvelle coopération ONU-OTAN concernant la Géorgie (crise de 2008) et, s'agissant de l'Afrique, création d'une force européenne au Tchad et en République centrafricaine – force opérationnelle multinationale dirigée par l'Union européenne – remplacée, au premier trimestre 2009, par l'ONU.

Même méthode que celle utilisée pour la Bosnie pour la mise en œuvre de l'accord sur le **Kosovo** : envoi d'une force internationale (KFOR, dont le commandement est assuré, depuis 2000, par l'Eurocorps, structure non intégrée à l'OTAN) sur la base d'une résolution du Conseil de sécurité, au printemps 1999, après l'opération *Force alliée* de l'OTAN (v. *infra*) avec quelques particularités (participation de forces russes jusqu'en 2003).

Fin 2001, à la suite d'une intervention militaire multinationale, sous direction américaine, en réaction aux attentats du 11 Septembre imputés au réseau Al-Qaida de Ben Laden, installé en Afghanistan, l'ONU autorise l'implantation d'une force internationale d'assistance à la sécurité (*ISAF*), dont le commandement pris en charge par l'OTAN à l'automne 2003 a été repris, à l'été 2004, par l'Eurocorps (relevant de l'Union européenne) et qui cautionne l'accord de Bonn sur la mise en place d'un gouvernement intérimaire.

Devant la paralysie des Nations unies, souvent en butte à une menace de veto de la Russie, en quête d'une respectabilité internationale et eu égard aux difficultés techniques et financières de l'Organisation mondiale, l'OTAN a eu tendance à se substituer à l'ONU (opération *Force alliée*, au printemps 1999, contre la Serbie). Légitimité certaine, même si légalité formelle contestable (v. p. 219 : action intentée par la Serbie-et-Monténégro devant la CIJ). Parfois, action parallèle de l'ONU et d'un État (ex. : avec la France en Côte-d'Ivoire, depuis 2004).

On assiste alors à une nouvelle distribution des rôles entre organisations régionales et organisation universelle (L. Balmond et Ph. Weckel) : l'usage collectif de la force pour le maintien de la paix serait confié aux organisations régionales (ex. : ECOMOG en Afrique de l'Ouest ; OTAN en Europe, v. *infra* p. 205). L'ONU et, notamment, son secrétaire général interviendraient au titre de la diplomatie préventive.

c) Administration transitoire de territoires

Par ailleurs, administration transitoire des Nations unies pour la Slavonie orientale, la Baranja et le Serm occidental (régions de la Croatie convoitées par des autorités locales serbes) (ATNUSO, 1996-1998). Il en a été de même au Timor oriental (1999-2002) puis au Kosovo (à partir de 1999).

d) Implication de l'ONU dans des situations internes

L'ONU s'implique de plus en plus dans ces situations (ex. : prorogation du mandat du président ivoirien par la résolution 1633/2005 et enquête sur l'assassinat du Premier ministre libanais Hariri (2005), mais difficultés pour mettre en place un tribunal international en vue de juger ses auteurs).

e) Conséquence de certaines carences en matière d'information

La faiblesse des mécanismes d'information des instances de l'ONU conduit, parfois, à des erreurs d'analyse et provoque des drames (ex. : réduction du contingent de casques bleus au Rwanda, en 1994, alors qu'un génocide était en préparation ; massacres en masse de musulmans à Srebenica, en Bosnie, en 1995). L'Organisation mondiale n'est, notamment, pas en mesure d'évaluer la situation de vulnérabilité des populations civiles. Le rapport Brahimi (v. *infra* p. 220) a suggéré la création d'un secrétariat à l'information et à l'analyse stratégique ainsi que l'envoi de missions d'établissement des faits.

§ 2 - Le règlement régional des différends

A. Les principes de la Charte

1. La Charte n'a pas voulu porter atteinte aux organisations internationales dans lesquelles le règlement des différends est organisé. Le chapitre VIII de la Charte est consacré aux accords régionaux. La Cour examine si telle ou telle organisation relève de ce chapitre (tel n'est pas le cas de la Commission du bassin du lac Tchad, aff. *Cameroun/Nigeria*, exceptions préliminaires, 1998).

2. D'ailleurs la Charte ne définit pas les organisations régionales. Pratiquement, la Ligue arabe, l'OEA, l'Organisation de la Conférence islamique et la CSCE se sont vues reconnaître ce caractère.

3. La Charte laisse planer un **doute sur le caractère prioritaire** ou supplétif de l'intervention du Conseil de sécurité en matière de règlement pacifique des différends (art. 52).

4. L'ancien secrétaire général (M. Boutros Boutros-Ghali) s'était prononcé pour une **« décentralisation du maintien de la paix »** (v. « *Agenda pour la paix* », 1992 et suppl. 1995). Plusieurs formes de coopération : consultation, soutien diplomatique (OSCE en Géorgie), opérationnel (OTAN en Bosnie), codéploiement (CEDAO et mission des Nations unies au Liberia), opérations conjointes (missions des Nations unies et de l'OEA en Haïti de l'ONU et de l'OUA au Congo). V. résolution 1631 du Conseil de sécurité du 17 oct. 2005, sur le renforcement de la coopération avec les organisations régionales.

B. Les mécanismes régionaux

Mis à part l'Europe, le continent américain et surtout le continent africain témoignent du fait que la prolifération des mécanismes régionaux de règlement pacifique des différends ne suffit pas à en garantir l'efficacité.

1. Pacte de la Ligue arabe

Les mécanismes de bons offices et d'arbitrage prévus n'ont pratiquement jamais fonctionné. L'organisation a seulement servi de cadre de réunion ou pour utiliser ses institutions.

À noter l'envoi d'une force arabe de sécurité au Liban (dite Force arabe de dissuasion – FAD), en 1976, pour veiller à un cessez-le-feu dans la guerre civile. Échec, car n'a servi qu'à cautionner une emprise syrienne, qui se poursuit, malgré le non-renouvellement du mandat de la FAD (1982). Les accords de Taëf (1990) entre les diverses factions politiques libanaises et l'« accord de fraternité » syro-libanais (1991) ont maintenu, au moins jusqu'au départ officiel des troupes syriennes, en mai 2005, la mainmise de la Syrie sur le pays.

2. Continent africain

a) Organisation de l'unité africaine :

La commission de médiation, de conciliation et d'arbitrage, mise en place en 1967, n'a jamais fonctionné. Mais, plusieurs différends ont pu être réglés sous les auspices de l'organisation :

- règlement obtenu par l'intervention des chefs d'**États** tiers agissant dans le cadre d'*organismes ad hoc* ;
- règlement de caractère politique, c'est-à-dire accepté pour des raisons d'opportunité et suivant une **procédure** *ad hoc*.

En 1993, adoption au Caire d'un Mécanisme pour la prévention, la gestion et le règlement des conflits, constitué par des membres du bureau de la Conférence des chefs d'État et de gouvernement, le secrétaire général de l'OUA étant l'organe d'exécution des initiatives arrêtées (mission de bons offices, enquête, missions civiles ou militaires d'observation et de vérification). Un Organisme central,

instance politique composée sur une base tournante de 15 ministres africains des Affaires étrangères soutient le Secrétaire général dans son action. Mais, imprécision des pouvoirs reconnus et difficultés de financement. D'où résultats inexistants (ex. : échec final de la médiation au Congo pour ramener à la normale la vie politique du pays) ; 1re application, avec des effets très limités, dans le conflit entre l'Éthiopie et l'Érythrée, en 1999, d'où reprise des hostilités et nouvelle intervention de l'OUA pour parrainer un accord de paix en 2000.
L'OUA a cédé la place à l'Union africaine au printemps 2001. L'acte constitutif de celle-ci donne compétence à la Conférence des chefs d'État et de gouvernement pour donner des « directives au Conseil exécutif sur la gestion des conflits, des situations de guerre et autres situations d'urgence ainsi que sur la restauration de la paix » (article 9 g). Mais aucune disposition ne précise les pouvoirs du Conseil exécutif dans ce domaine, qui ne figure même pas parmi ses attributions (art. 13). Le Conseil de paix et de sécurité de l'Union africaine créé en 2003 devra faire ses preuves, alors qu'il existe déjà une Conférence sur la sécurité, la stabilité, le développement et la coopération en Afrique (CSSDCA), soutenue par l'Union africaine.
De fait, carence de l'Union africaine face aux crises qui agitent depuis des années de nombreux pays d'Afrique (ex. : échec sur la crise en Côte-d'Ivoire, au Darfour et en Somalie). D'où d'autres initiatives, mais avec des résultats qui ne sont pas toujours concluants.

b) Mécanismes subrégionaux :

• CEDEAO (Communauté économique des États de l'Afrique de l'Ouest) disposant, à partir de 1990, d'une force de « casques blancs » (ECOMOG) et depuis 1998 d'un mécanisme de prévention des conflits prévoyant leur gestion politique et le déploiement automatique de l'ECOMOG (*Economic Community of West African States Cease-Fire Monitoring Group*). Interventions au Libéria, en Sierra Leone et en Côte-d'Ivoire (2003). Un accord de non-agression et de défense (ANAD), conclu en 1977, ne s'est pas révélé plus efficace (mis à part l'intervention dans le *différend frontalier Burkina Faso/Mali*) et a été abrogé en 2001.

• CEMAC (Communauté économique et monétaire d'Afrique centrale) : après l'envoi, fin 2002, d'une force régionale de paix en Centrafrique, prenant la relève d'un contingent libyen. Au printemps 2003, institutionnalisation des mécanismes : conseil de paix et de sécurité en Afrique centrale (COPAX), Commission défense et sécurité, mécanisme d'alerte rapide de l'Afrique centrale (MARAC) et force de maintien de la paix en Afrique centrale (FOMAC). Proposition congolaise de pacte africain contre l'agression (été 2003).

c) Autres exemples :

• Mission interafricaine de surveillance des accords de Bangui (Misab, 1997), force de paix constituée par plusieurs États africains et appuyée logistiquement par la France puis remplacée par des « casques bleus » (MINURCA, printemps 1998 ; mais la situation reste confuse dans le pays). En 1999, force africaine de paix en Guinée-Bissau ave le soutien logistique de la France : *Recamp* (Renforcement des capacités africaines de maintien de la paix). De même, à l'automne 2000, la Libye a envoyé en Centrafrique un contingent visant à assurer la protection du chef de l'État. Fin 2002, ce contingent a été remplacé par une force régionale de paix, mise sur pied par la Communauté économique et monétaire d'Afrique centrale (Cemac).

• À signaler, à l'automne 1999, l'initiative de sept pays africains créant une *Commission du golfe de Guinée* en vue de régler pacifiquement leurs conflits à propos des ressources halieutiques et pétrolières de cette zone maritime.

• Autres innovations : à l'automne 2005 : mise en place d'un « Forum des partenaires du Burundi », en liaison avec l'ONU, chargé de consolider la paix, d'approuver les réformes et de renforcer la coordination entre les donateurs et, en Côte d'Ivoire, création d'un groupe de travail international (GTI) composé de 6 États africains, de l'ONU, de l'Organisation africaine, de la CEDEAO, de l'Union européenne et de l'Organisation internationale de la francophonie et dont émane un groupe de médiation.

• L'Union africaine a prévu la mise en place de forces régionales d'intervention rapide dans chacune des régions du continent, d'où le principe d'une telle force adopté au cours d'un sommet d'Afrique australe, durant l'été 2007.

3. Les mécanismes panaméricains

a) **Jusqu'en 1967,** coexistence de **trois procédures** : traité américain d'assistance mutuelle (traité de Rio, 1947), traité américain de règlement pacifique des différends (pacte de Bogota, 1948 – voir CIJ, aff. *Nicaragua/Colombie*, 2007), commission interaméricaine de la paix (créée en 1940).

b) Protocole de Buenos Aires (1967) : réforme de la Charte de l'OEA (Bogota, 1948). Commission interaméricaine de la paix remplacée par un Comité interaméricain de règlement pacifique, placé sous l'autorité du Conseil permanent de l'Organisation et chargé d'une mission de bons offices et d'enquête (avec l'accord de l'État concerné). Réforme inefficace.

c) Protocole de Carthagène (1985) : suppression du Comité. Désormais, toute partie peut saisir le *Conseil permanent de l'OEA* pour une mission de *bons offices*. Le Conseil peut recommander un mode de règlement et, avec l'accord des États concernés, constituer des comités *ad hoc* et procéder à une enquête. Par ailleurs, pouvoir de saisine du Conseil par le *Secrétaire général* et reconnaissance formelle du droit de saisir, au *préalable*, l'ONU.

d) Constitution du groupe de Contadora (1984) (Colombie, Mexique, Panama, Venezuela) pour tenter d'échapper à l'emprise des États-Unis ; sans grands résultats.

e) Groupe de Rio : Mécanisme permanent de consultation et de concertation politique des principaux pays d'Amérique du Sud qui rassemble annuellement 14 pays en un forum de discussion visant à dégager des positions communes et à aplanir certaines difficultés. Tout en s'inquiétant de la course aux armements, cette instance ne semble pas s'être impliquée dans certains litiges ayant pris, parfois, un tour sanglant (ex. : conflit entre le Pérou et l'Équateur avant la signature d'un traité en 1998).

f) Communauté sud-américaine des nations : Déclaration de Cuzco (Pérou, déc. 2004) en vue de l'intégration économique et politique du sous-continent (réalisation du rêve du « libérateur » Bolivar). Signée par 12 États, elle regroupera, notamment, le Mercosur et la Communauté andine. Se propose d'égaler, d'ici 20 ans, l'Union européenne. Devrait également se doter d'un système de règlement des différends.

4. Les mécanismes européens

a) Système du Pacte de Bruxelles (UEO) : règlement juridictionnel des différends juridiques et procédure de conciliation obligatoire pour les autres litiges. Problème posé avec le transfert de compétences à l'Union européenne en novembre 2000.

b) Système de l'Union européenne : la Cour de justice des Communautés européennes exerce une fonction juridictionnelle de caractère international, car elle peut être saisie de litiges opposant les États membres (1 seul exemple). Initiatives, hors du cadre CEE : crise yougoslave : médiation, observateurs, conférence de paix à La Haye, puis Bruxelles, commission d'« arbitrage » (v. *supra* p. 192). Décision prise de mettre sur pied un corps européen de réaction rapide, dans le cadre de la PESD. Début 2003, l'Union européenne a remplacé, en Bosnie, la force internationale de police des Nations unies (IPTF), présente dans ce pays depuis 1995. Et au printemps de la même année, l'Union européenne est intervenue, en République démocratique du Congo, en appui de l'opération *Artémis*, sous direction française (v. *supra* p. 199). L'Union européenne a également succédé, en août 2004, à l'OTAN, en Afghanistan (v. *supra* p. 200) et en Bosnie, en décembre 2004, où l'EUFOR a remplacé la force de stabilisation (SFOR). Il s'agit de ce que l'Union européenne appelle des « opérations de gestion de crise ». La création d'une gendarmerie européenne a même été envisagée.

c) Système du Conseil de l'Europe : sur le modèle de l'Acte général d'arbitrage (1928), a été conclue une Convention sur le règlement pacifique des différends (1957). Les litiges juridiques doivent être portés devant la CIJ. Les autres litiges relèvent de la conciliation ou, à défaut, de l'arbitrage. Il existe, par ailleurs, des modes de règlements particuliers (ex. : Conv. EDH ; protocole additionnel à la Convention européenne sur l'immunité des États).

d) Système de la CSCE (transformation en OSCE, en décembre 1994, mais ne constitue pas juridiquement une Organisation). Dans le cadre de l'institutionnalisation de la Conférence sur la sécurité et la coopération en Europe (Charte de Paris, nov. 1990) création d'un *centre de prévention des conflits* (à Vienne) pouvant, le cas échéant, assumer d'autres fonctions, telle la conciliation. Adoption de principes et de dispositions relatives à une procédure de règlement des conflits (La Valette, févr. 1991). De même, mise en place, d'un « mécanisme de consultation » en cas de crise (Berlin, juin 1991) : première application, aux effets limités, en liaison avec les initiatives de la CEE, durant l'été 1991, dans la crise yougoslave. Examen de la situation au Nagorny-Karabakh (différend opposant l'Arménie à l'Azerbaïdjan) depuis 1992 et envoi d'une force multinationale (1994). Rôle dans la mise en œuvre des accords de Dayton/Paris (1995) et organisation des élections en Bosnie (1996). Surveillance du retrait militaire serbe au Kosovo et force de protection en 1998, mais remise en question peu de temps après (v. p. 199 et 205) ; d'où la crise conduisant à une intervention de l'OTAN. Début 2003, la Russie a mis fin à la présence, en Tchétchénie, d'un « groupe d'assistance » de l'OSCE.
Multiplication et complexité croissante des mécanismes mis en place dans le cadre de la CSCE. La conférence de Stockholm (déc. 1992) a, parallèlement à la mise en place d'une *Cour de conciliation* et *d'arbitrage*, adopté des dispositions concernant une commission de conciliation et également des dispositions relatives à la « conciliation prescrite » *(sic)*.

e) Initiative française de pacte de stabilité en Europe (conférences à Paris, 1994 et

1995). Résultats limités : sous les auspices de l'OSCE, conclusion d'accords et d'arrangements de bon voisinage (notamment en ce qui concerne le problème des minorités) préparés par des tables rondes et mesures financières d'accompagnement financées par l'Union européenne. Élément de la PESC, mais dont le suivi a été confié à l'OSCE. D'où instrument politique et juridique complexe. A servi d'élément dans la stratégie de préadhésion à l'Union européenne et a vocation à devenir une composante de l'architecture paneuropéenne de sécurité en construction...

f) OTAN : à l'occasion de son cinquantième anniversaire (1999), l'Organisation atlantique a décidé de se transformer : d'organisation de défense collective de ses membres contre une agression extérieure elle entend devenir une organisation de gestion des conflits dans la région euro-atlantique (mise en œuvre de moyens politiques et militaires) en vue de contribuer à la paix et à la stabilité dans cette région.

Sans écarter totalement l'ambiguïté sur les modalités d'intervention en Serbie au printemps 1999 (frappes aériennes), sans autorisation formelle du Conseil de sécurité (v. *infra* p. 219), le communiqué final du sommet de l'Atlantique (24 avril 1999) rappelle que le Conseil de sécurité assure la responsabilité principale du maintien de la paix et de la sécurité internationales et, à ce titre, joue un « rôle crucial » en contribuant à la sécurité et à la stabilité de la région euro-atlantique.

Mais, il n'a pas été précisé, comme le voulaient certains, que l'OTAN opérerait sous l'autorité du Conseil de sécurité. Toutefois, pratiquement, la mise en place de la KFOR (au Kosovo, v. *supra* p. 199) a été subordonnée à une résolution du Conseil de sécurité.

En 2001, l'OTAN, déjà engagée en Bosnie et au Kosovo, a entrepris deux missions en Macédoine. Durant l'été 2003, le commandement de la force internationale d'assistance à la sécurité en Afghanistan (*ISAF* – v. *supra* p. 200) a été pris en charge par l'OTAN avant de passer la main à l'Union européenne (Eurocorps) à l'été 2004. De même, l'EUFOR a remplacé la SFOR, en Bosnie, fin 2004 (v. *supra* p. 204). À l'heure actuelle reprise en main par l'OTAN.

On notera l'élargissement progressif vers l'Est : de 16, l'Organisation est passée à 19 membres puis à 28, en 2009. Avec la Russie, un « Conseil conjoint permanent », créé en 1997, n'a pas eu de lendemain. Il a été remplacé, en 2002, par un « Conseil commun ».

Depuis 2004, existe la Force de réaction rapide de l'OTAN (*NRF*), qui est le moteur de la transformation de l'Alliance sur le plan militaire.

5. Francophonie

Depuis 1997, l'institutionnalisation d'un mouvement initialement fondé sur la solidarité linguistique intéressant 55 pays (2003) a conduit à la mise en place d'une véritable *Organisation internationale de la francophonie*. Cette nouvelle organisation s'efforce de développer et de soutenir la démocratie dans les pays membres (notamment en Afrique) afin de contribuer à la paix. À ce titre, elle a mis en place un « dispositif de vigilance au service de la prévention », sous l'autorité de son secrétaire général ; missions d'observation des élections, comité *ad hoc* consultatif restreint, envoi de facilitateurs, missions de conciliation...

§ 3 - La juridiction internationale (règlement judiciaire)

Au sens étroit, c'est le pouvoir d'un organe juridictionnel, c'est-à-dire spécialisé, permanent et indépendant, de rendre des décisions obligatoires par application du droit international.

Certains auteurs assimilent **règlement** juridictionnel et **règlement judiciaire**.

D'autres auteurs, au contraire, distinguent les deux et rangent l'arbitrage et le règlement judiciaire proprement dit parmi les règlements de nature juridictionnelle, qui sont fondés sur une décision obligatoire reposant sur le droit et rendue par des personnalités indépendantes des parties. Le règlement judiciaire relève de juridictions, c'est-à-dire d'institutions préétablies.

On relèvera que le juge international applique des règles de procédure de plus en plus proches de celles du droit interne. Ainsi, la pratique de l'*amicus curiae* (ami de la Cour), très courante dans les pays de *common law*, pénètre lentement dans les juridictions internationales (ex. : CEDH, Tribunaux pénaux internationaux – toutefois la CIJ ne l'admet qu'en matière consultative).

Comme pour l'arbitrage, l'*assentiment des États* à l'intervention du juge international est nécessaire. La *différence entre l'arbitrage* et la *juridiction n'est que de nature organique et formelle* : l'organe juridictionnel est un organe permanent et son statut ne peut être modifié par les parties en litige.

La tentative faite lors des conférences de La Haye (1899, 1907) de créer une juridiction internationale échoua. Ce n'est qu'en 1920 que fut créée, en dehors de la SDN, la Cour permanente de justice internationale (CPJI). En 1945, la Charte des Nations unies fit de la Cour internationale de justice (CIJ), l'organe judiciaire principal des Nations unies, cependant que, par la suite, d'autres juridictions internationales étaient créées.

A. La Cour internationale de justice

1. Liens étroits avec l'ONU

Statut partie intégrante de la Charte, conditions d'accès pour les non-membres fixées par l'Organisation, désignation des juges, liens d'ordre financier, utilisation du Conseil de sécurité pour assurer l'exécution des arrêts de la Cour.

2. Organisation de la Cour

a) Composition :

• **Nombre des membres** : 15 membres assurant une représentation géographique combinée avec une représentation des divers systèmes juridiques. Pas plus d'un juge par nationalité.

• **Qualités requises** : indépendance et compétences (hautes fonctions judiciaires ou jurisconsultes).

• **Désignation** : les candidats présentés par les groupes nationaux de la Cour permanente d'arbitrage sont élus par un vote simultané, à la majorité absolue, de l'Assemblée générale et du Conseil de sécurité.

b) Statut des juges : élus pour 9 ans (renouvellement par tiers tous les 3 ans), les juges sont des fonctionnaires internationaux (exclusivité des fonctions). Irrévo-

cables sauf jugement unanime de leurs pairs, ils perçoivent un traitement élevé et jouissent des privilèges et immunités diplomatiques.
c) Fonctionnement: la Cour siège à La Haye, normalement en formation plénière (*quorum*: 9 membres). Exceptionnellement, constitution d'une *chambre spéciale ad hoc* (v. *infra* p. 210) ou permanente (ex. : environnement depuis 1993). Désignation éventuelle de juges *ad hoc* par les parties, dont la nationalité n'est pas représentée dans la composition de la Cour.

3. Compétence de la Cour

a) Parties qui peuvent se présenter: seuls les États ayant accepté la compétence de la Cour, à l'exclusion des organisations internationales (sauf pour les avis consultatifs) et des particuliers.
Sauf cas particulier (art. 35-2 du Statut), seuls les États qui étaient membres de l'ONU au moment de la saisine de la Cour sont censés être parties au Statut de celle-ci (v., en dernier lieu, CIJ, 15 déc. 2004, aff. *Serbie-et-Monténégro/différents pays de l'OTAN*). Pour le maintien en vigueur de certaines déclarations d'acceptation de la compétence de la Cour, v. affaire du *Temple de Preah Vihear.*

b) Rôle de la Cour

• **Compétence contentieuse**: la Cour est un instrument de règlement des litiges interétatiques. D'où, parfois, un problème d'identification de l'État en cause (CIJ, aff. *Croatie/Serbie*, 2008). Sa compétence suppose, toutefois, le **consentement des États** (aff. de l'*or monétaire*, 1954). La Cour a, récemment insisté sur l'importance de ce consentement: le seul fait que les droits et obligations *erga omnes* ou des règles de *jus cogens* seraient en cause ne saurait constituer une exception au principe, selon lequel la compétence de la cour repose toujours sur le consentement des parties (aff. *Rép. démo. Congo/Rwanda*, 2006).
Ce consentement peut être donné de différentes façons:
– Conclusion d'un **compromis**: c'est un accord saisissant la Cour d'un différend interétatique.
– Accord sur la juridiction obligatoire: soit traité général (sur le règlement des différends: encore faut-il que le fait générateur d'un litige soit postérieur à l'entrée en vigueur de ce traité: CIJ, arrêt du 10 févr. 2005 sur exc. prélim. dans aff. *Liechtenstein/Allemagne*), soit **clause de juridiction obligatoire** dans un traité particulier (multilatéral ou bilatéral – à cet égard le maintien en vigueur de l'acte général d'arbitrage de 1928 a été contesté par la France dans l'aff. des *essais nucléaires*, 1974). Pour la portée du pacte de Bogota, v. affaire *Nicaragua-Honduras.* Évolution favorable de l'Union soviétique, en 1989, suivie par d'autres ex-« démocraties populaires ».
– Acceptation de la **clause facultative de juridiction obligatoire**: déclaration faite sur la base de l'article 36-2 du statut de la Cour. Portée restreinte de cette clause: un peu plus du tiers des membres des Nations unies (66 États) y avaient souscrit, en novembre 2009 (contre 75 % des membres de la SDN du temps de la CPJI), dont cependant plusieurs ex-« démocraties populaires » et encore le plus souvent avec des réserves. Application du principe de la réciprocité (v. aff. des *emprunts norvégiens*, 1957). Mise en œuvre de la clause susceptible de soulever certaines difficultés d'interprétation conduisant à affaiblir la clause et à renforcer la souveraineté des États (CIJ, aff. *Espagne/Canada*, 1998). Caractère subsidiaire de l'article 36

§2 du Statut de la Cour par rapport aux titres conventionnels de compétence (CIJ, aff. *Nicaragua/Colombie*, 2007).

La Cour n'ayant pas tenu compte des réserves de la France (aff. des *essais nucléaires*, 1974, sur plaintes de l'Australie et de la Nouvelle-Zélande), le gouvernement français a mis fin à sa déclaration d'acceptation et, depuis, il écartait toute référence à la Cour dans les dispositions conventionnelles finales relatives au règlement des différends. Or, au moment de ratifier la Convention de Montego Bay, en 1996, la France a manifesté une certaine réticence à accepter les modes de règlement prévus par la convention par crainte du Tribunal international de la mer, dont la composition et la jurisprudence étaient encore inconnues. De telle sorte qu'un recours éventuel à la CIJ n'est plus exclu. Ainsi, la France a accepté la compétence de la Cour à l'égard de certaines conventions relatives à la lutte contre le terrorisme. V. également ci-après.

– Acceptation non formaliste de la juridiction de la Cour (*forum prorogatum*) : ex. : affaires du *détroit de Corfou* (1948), *Congo/France* (2003) et *Djibouti/France* (2008). Mais rejet dans l'affaire *Rép. démo. Congo/Rwanda* (2006).

• **Compétence consultative** : la Cour est un mécanisme régulateur des organisations internationales :

– Seuls les organes des Nations unies et les institutions spécialisées autorisées par l'Assemblée générale des Nations unies peuvent demander un avis consultatif.

– Sauf disposition contraire dans une convention, il n'y a pas de demande obligatoire d'avis.

– La demande d'avis porte sur une *question juridique* (pratiquement : sur le fonctionnement des organisations internationales, sur l'interprétation d'un traité ou une question de droit international). La Cour a retenu une conception extensive de cette notion (aff. du « *Mur* », 2004).

– L'avis n'a aucun *effet obligatoire*, sauf exceptions (ex. : procédure d'avis consultatif relatif aux conventions générales sur les privilèges et immunités des nations et des Institutions spécialisées. Recours à la CIJ en matière de *jus cogens* relatif à des traités passés par les organisations internationales).

– Le consentement des États concernés n'est pas nécessaire (v. aff. du « *Mur* »).

4. Conditions de l'exercice par la Cour de sa juridiction

a) Épuisement préalable des voies de recours internes : ex. : affaire de l'*Interhandel*, 1959.

b) Respect d'un délai raisonnable (ex. : aff. *Nauru/Australie*, 1992).

c) Incompétence de la Cour, si la requête est inutile (ex. : aff. du *Cameroun septentrional*, 1963 : pas de contentieux de la légalité pure) ou si le différend a cessé d'exister (aff. des *essais nucléaires français*, 1974). De même, constatation d'un *différend non justiciable*, en l'absence de règles de droit précises applicables (ex. : aff. *Haya de la Torre*, 1951 : à propos des modalités d'exécution de l'arrêt rendu en 1950). Accent mis sur la **fonction judiciaire** de la Cour.

d) Distinction entre les exceptions d'incompétence (examinées avant-dire-droit) et les exceptions d'irrecevabilité (qui pouvaient être liées à l'examen au fond) : ex. : affaire du *Sud-Ouest africain*, 1966. Cette distinction a disparu avec la réforme du règlement de la Cour (v. *infra*). Problème soulevé par les exceptions liées au fond (CIJ, aff. *Croatie/Serbie*, 2008).

e) En revanche, le recours préalable aux voies diplomatiques, c'est-à-dire aux négociations (la diplomatie parlementaire ou de conférence, dans le cadre d'une organisation internationale, pouvant remplacer la diplomatie bilatérale traditionnelle, CIJ, aff. du *Sud-Ouest africain*, 1992) s'il est souhaitable semblait ne plus s'imposer plus ; en effet la Cour avait estimé que l'épuisement de cette voie ne constituait pas un préalable à sa saisine (CIJ, aff. des *activités militaires au Nicaragua*, 1984 et aff. *Cameroun/Nigeria*, exc. prélim., 1998). Mais retour à l'exigence de ce préalable dans l'affaire *Rép. démo. Congo/Rwanda*, 2006.

5. Règles applicables par la Cour

Ce sont les sources du droit international (art. 38 du statut) ou l'équité, si les parties le demandent (hypothèse jamais rencontrée), mais la Cour se réfère fréquemment à la notion d'équité, non pas détachée du droit, mais comme partie intégrante de celui-ci (v. *supra* p. 72).

6. Procédure devant la Cour

a) Représentation des parties par des *agents*, assistés de *conseils*. Le refus de comparution d'une des parties ne fait pas obstacle à l'exercice de la compétence de la Cour (ex. : aff. des *essais nucléaires français*, aff. de la *compétence en matière de pêcheries*, aff. des *otages américains*, aff. des *activ. mil. au Nicaragua*).

b) *Demande reconventionnelle* possible, si elle est en connexité directe avec l'objet de la demande de la partie adverse et qu'elle relève de la compétence de la Cour (v. aff. *Rép. démo. Congo/Ouganda*, ord. 13 déc. 2001).

c) Deux phases : une phase écrite et une phase orale (publicité des débats). Langues officielles : français et anglais.

d) Mesures d'instruction : témoignages, expertises, enquêtes, visite sur les lieux.

e) Mesures provisoires (dites conservatoires) : dès lors que l'incompétence au fond n'est pas manifeste (ex. : aff. de la *compétence en matière de pêcheries*, ordonnances, 1972 et aff. des *activ. mil. au Nicaragua*, 1984), mais décision critiquable dans l'affaire des *essais nucléaires français* (ord., juin 1973), de même que dans l'affaire *Georgie/Russie* (CIJ, ord. 2008), car compétence de la Cour plus que douteuse. Importance de ces mesures conservatoires, qui deviennent parfois l'objectif principal des parties et constituent le moyen pour la Cour de leur donner un « signal » (P. Pescatore). Pour la première fois, en 2001, la Cour a dit que les ordonnances en indication de mesures conservatoires ont force obligatoire (aff. *LaGrand, Allemagne/États-Unis*). Mais le problème se pose lorsqu'un des États parties au litige conteste la compétence de la Cour. Une mesure conservatoire ne s'impose que s'il y a menace de préjudice grave (aff. *Congo/France*, ord. 17 juin 2003), ou d'urgence et de dommages irréparables (aff. *Argentine/Uruguay*, ord. 13 juill. 2006 – *Belgique/Sénégal*, 2009).

f) Décision prise à la majorité : en cas de partage des voix, voix prépondérante du président (ex. : aff. du *Sud-Ouest africain*, 1966 et avis consultatif sur les *armes nucléaires*, 1996) : la minorité peut faire connaître son point de vue par les **opinions séparées** (*individuelles*, marquant un dissentiment sur la motivation ou *dissidentes*, marquant également un dissentiment sur le dispositif) jointes à l'arrêt. L'ampleur prise par cette pratique nuit à l'esprit de collégialité et à l'indépendance de la Cour, de même que la multiplicité des « déclarations » des juges, qui, normalement, devraient entrer dans la catégorie des opinions individuelles ou dissidentes.

g) Arrêts rendus ayant force juridique obligatoire (recours éventuel au Conseil de sécurité pour assurer l'exécution forcée ou la surveillance par l'ONU – ex. : aff. *Libye/Tchad*, 1994). Mais effet relatif aux parties. Conception restrictive du droit d'intervention et de sa portée (ex. : aff. *El Salvador/Honduras*, 1992). Difficultés d'application aux États-Unis (voir *infra*, p. 278)

h) *Recours en interprétation*, à condition que cela ne constitue pas un moyen détourné de remettre en cause l'autorité de chose jugée (CIJ, aff. *Cameroun/Nigeria* 1999 : recours déclaré irrecevable). Recours en *révision* en cas de fait nouveau (*cf.* aff. du *plateau continental tuniso-libyen*, 1984 et *El Salvador/Honduras*, 2003).

i) Réformes (1972, 1978, 2001 et 2005) du Règlement de la Cour :

– *Consensualisme* plus marqué : consultation des parties pour la constitution de chambres *spéciales ad hoc*. Système à mi-chemin entre le tribunal arbitral et la juridiction préconstituée (développement récent : 8 affaires depuis la première application dans l'affaire du *golfe du Maine*, 1981). Critiques en raison du danger, selon certains, d'une régionalisation des chambres menaçant l'unité de la Cour et l'universalité du droit international public.

– *Accroissement de l'autorité de la Cour* dans la conduite de la procédure (suppression de la jonction au fond des exceptions préliminaires).

– *Simplification, accélération* de la procédure et *réduction des frais* (création d'un fonds des Nations unies pour réduire la charge financière des États). Révision des méthodes de travail, en 1998, afin d'accélérer l'examen des affaires. Tel est également le but recherché par la modification, en octobre 2001, de la « Note portant recommandation destinée aux parties dans les nouvelles affaires » et par les conseils pratiques diffusés en avril 2003. La Cour a pris, en juillet 2004, de nouvelles mesures en vue d'accroître sa productivité. Des instructions complémentaires de procédure, édictées fin 2006, visent à alléger la procédure orale et la constitution de « dossiers de plaidoirie » à l'intention des juges.

7. Activité de la Cour

a) Importance pratique croissante

• Près de 145 affaires contentieuses (dont certaines n'ont pas été menées à leur terme du fait de l'incompétence de la Cour) et 24 avis consultatifs au 15 novembre 2009, soit durant 63 ans (à comparer avec les 29 affaires jugées et les 27 avis émis par la CPJI durant ses 17 années d'existence). On note, toutefois, un très net regain de l'activité contentieuse ces dernières années (15 affaires contentieuses et une affaire consultative pendantes devant la Cour au 15 novembre 2009), grâce à l'évolution de l'environnement politique.

• La critique relative à la longueur de la procédure n'est pas fondée, car souvent les parties sont elles-mêmes à l'origine de cette situation (demandes de longs délais pour la présentation des mémoires).

• Plus de la moitié des affaires contentieuses portent sur des différends territoriaux et frontaliers. Une autre part importante concerne des différends maritimes et des questions liées au droit de la mer. Viennent ensuite des affaires ayant trait à la juridiction nationale et au droit diplomatique et consulaire. Quelques affaires ont eu trait à des allégations d'emploi illégal de la force. Enfin, la Cour a examiné des différends de nature commerciale ou touchant à des intérêts privés défendus par un État contre un autre (exercice de la protection diplomatique).

• Tendance à une extension géographique des affaires, autrefois uniquement européennes (en 2007, 4 continents étaient concernés).

• Pendant longtemps, réticence des États à faire appel à la CIJ due au défaut d'accord sur le droit applicable. Certains États lui reprochaient d'être trop progressiste, d'autres d'être trop conservatrice, refus traditionnel des pays « socialistes » et de la plupart des pays du tiers-monde d'accepter la compétence de la Cour ; mais évolution de l'Union soviétique (1989), suivie par plusieurs autres « démocraties populaires » (v. *supra* p. 3 et 207) : levée de réserves à la compétence de la CIJ en ce qui concerne plusieurs traités touchant aux droits de l'homme ; saisine par voie de compromis de la Cour, en 1993, par la Hongrie et la Slovaquie (aff. du *barrage sur le Danube*). Plusieurs affaires ont été portées devant la CIJ par des pays du tiers-monde, tandis, qu'inversement, on note une certaine désaffection des pays développés (ex. : France depuis 1974, États-Unis depuis 1984).

• Concrètement, une étude du *champ opérationnel du règlement judiciaire* a fait apparaître que les questions de compétences (pouvoirs) étatiques d'importance moyenne constituent le champ naturel de la juridiction internationale (ex. : questions frontalières ou de délimitation, questions relatives aux personnes et aux biens).

b) Importance théorique très grande

• En dépit de l'autorité relative de la chose jugée (en matière contentieuse) et de l'absence d'effet obligatoire des avis consultatifs (sauf exception), les prises de position de la Cour constituent des précédents et contiennent des directives pour les sujets du droit international en raison de son autorité morale.

• Contribution intéressante tant au droit de la *société relationnelle* (compétences étatiques, relations conventionnelles) qu'à celui de la *société institutionnelle* (composition et compétences des organisations internationales).

c) Tension entre les deux missions de la Cour, en tant qu'organe de règlement des différends

• elle doit régler les différends entre États et, en ménageant la susceptibilité de ceux-ci, faire œuvre de conciliation, d'où un aspect pragmatique de sa jurisprudence *(fonction contentieuse)* ;

• en tant que tribunal, elle devrait dire le droit *(jurisdictio)*, en s'efforçant de faire application de principes *(fonction juridictionnelle)*.

d) Risque de politisation du système judiciaire international

Cette tendance se manifeste, surtout, dans le domaine consultatif (v. aff. de la *Namibie*, 1971 et du « *Mur* », 2004), mais, également, dans le domaine contentieux (aff. des *essais nucléaires*, 1974 : la Cour se déclara compétente pour « compenser » en quelque sorte le rejet de la plainte de l'Islande contre la Grande-Bretagne et l'Allemagne dans l'affaire de la *compétence en matière de pêcheries*, 1973 ; aff. *Georgie/Russie*, 2008 : compétence de la Cour douteuse et mesures conservatoires adressées aux deux parties).

B. Les autres juridictions internationales

La multiplication des juridictions internationales (on ne compte pas moins d'une vingtaine de juridictions régionales, dont une dizaine en Afrique, qui, il est vrai, ne sont pas toutes en activité) est de nature à susciter des divergences, voire des conflits de jurisprudence. Ceci s'est déjà manifesté dans la jurisprudence du TPIY par rapport à celle de la CIJ (à propos du recours aux représailles, de la qualification des conflits en ex-Yougoslavie et surtout à propos de la nature du contrôle – effectif ou global – exercé par un État sur certaines entités pour qu'il puisse être mis en cause).

1. Tribunal international du droit de la mer

La Convention de 1982 a institué un Tribunal international, dont le siège est à Hambourg et qui a été mis en place en 1996. Une chambre sera spécialement chargée du règlement des différends relatifs aux fonds marins. Sa compétence pourra s'étendre à des *litiges transnationaux*. Sur la base de la jurisprudence des premières années de fonctionnement du tribunal, celui-ci apparaît, à la fois, comme un organe de règlement judiciaire spécialisé, qui ne concurrence pas la CIJ, et comme ayant adopté une « démarche de suppléance normative » (N. Ros). De fait, le tribunal a une faible activité – peu d'États ayant accepté sa compétence (une affaire par an, en moyenne) et il s'est trouvé cantonné dans le contentieux de l'urgence (mainlevée de l'immobilisation d'un navire ou de l'arrestation d'un équipage – indication de mesures conservatoires).

2. Tribunaux administratifs internationaux

Pour le contentieux de la fonction publique internationale. Il existe une trentaine de juridictions administratives internationales. Fin 2004, a été créé un Tribunal de la fonction publique de l'Union européenne se substituant au Tribunal de première instance, dans ce domaine.

3. En Amérique

- *Cour de justice centre-américaine* (irrecevabilité d'une requête interétatique) et *Cour interaméricaine des droits de l'homme.*

- *Cour andine* (1979) : compétence à l'égard des décisions de la Commission et des résolutions de la junte du groupe des pays andins ; ouverte aux personnes physiques et morales.

4. En Europe

a) Tribunal européen de l'énergie nucléaire : créé dans le cadre de l'Agence de l'OCDE pour l'énergie nucléaire. Principaux chefs de compétence : contrôle du caractère exclusivement pacifique des entreprises communes établies par l'Agence pour l'énergie nucléaire ; litiges concernant l'application de la Convention de Paris sur la responsabilité civile pour les dommages nucléaires (n'a encore jamais fonctionné).

b) Cour européenne des droits de l'homme : mécanisme juridictionnel de garantie des droits proclamés par la Convention européenne des droits de l'homme (1950). Depuis la fusion de la Commission et de la Cour, décidée par le 11e protocole (1994), entré en application en 1998, la Cour exerce une compétence contentieuse, à défaut d'avoir pu faciliter un règlement amiable. Elle est également ouverte aux particuliers, après un mécanisme de filtrage (le Protocole n° 14 visant à resserrer ce mécanisme pour éviter un afflux de recours accessibles à 800 millions d'individus n'étant pas entré en vigueur, du fait de l'absence de ratification par la Russie, un protocole n° 14 bis, mettant en place un mécanisme à titre transitoire, a été adopté, en 2009, par les États ayant ratifié le protocole n° 14). Une compétence consultative ne peut être exercée qu'à la seule initiative du Comité des ministres du Conseil de l'Europe et elle ne peut porter sur le contenu ou l'étendue des droits et libertés définis par la convention (donc pratiquement seulement sur les mécanismes de garantie institués par la convention) : avis du 2 juin 2004, par lequel la Cour se déclare incompétente pour examiner la coexistence de la Convention européenne et de la Convention des droits de l'homme et des libertés fondamentales de la CEI.

c) Cour de justice des Communautés européennes : mission générale d'interprétation du droit communautaire et compétence contentieuse diversifiée. Est *ouverte aux particuliers.* Siège à Luxembourg. Instance de révision (questions de droit seulement) des décisions du Tribunal de première instance des Communautés européennes (créé en 1988). Élargissement, en 1993, de la compétence du Tribunal à tous les recours formés par des personnes physiques ou morales. Extension des compétences de la Cour par le traité d'Amsterdam et du Tribunal par le traité de Nice qui, par ailleurs, prévoit des *chambres juridictionnelles.* La Cour a été rarement saisie d'un litige interétatique (4 fois seulement jusqu'en mars 2007). Un tribunal de la fonction publique a été créé, en 2005. Création par l'article 19 TUE du traité de Lisbonne (13 déc. 2007) de la Cour de justice de l'Union européenne qui comprend : la « Cour de justice », le « Tribunal » et des « tribunaux spécialisés ».

d) Tribunal européen sur l'immunité des États : compétent pour connaître des différends relatifs à la Convention européenne sur l'immunité des États. Ceux-ci peuvent exclure de cette compétence les requêtes des particuliers, mais non les requêtes étatiques s'ils ont souscrit au protocole additionnel à la convention (mis en place en 1985 ; mais n'a jamais été saisi).

e) Cour de justice du Benelux (1968) : fonctionne dans le cadre de l'union économique des 3 pays concernés.

f) Association européenne de libre échange (AELE) : mise en place d'une Cour (1994).

5. Au Moyen-Orient

Tribunal de l'Organisation des pays arabes exportateurs de pétrole (1978) : compétent à l'égard des différends entre États membres et compagnies pétrolières.

Tribunal spécial pour le Liban : le mandat du Tribunal est de poursuivre les personnes responsables de l'attentat du 14 février 2005 qui a entraîné la mort de l'ancien Premier Ministre libanais Rafic Hariri.

6. En Afrique

• *Cour commune de justice et d'arbitrage* pour le règlement du contentieux relatif à l'application du droit harmonisé des affaires (OHADA – Organisation pour l'harmonisation en Afrique du droit des affaires, 1993). Premiers arrêts en 2001.

• *Cour africaine des droits de l'homme et des peuples* (1998) en complément au mécanisme mis en place par la Charte africaine des droits de l'homme (1981), à savoir une Commission et la Conférence des chefs d'États et de gouvernements de l'OUA. Cette juridiction aura une compétence à la fois consultative et contentieuse. Le protocole de création n'est entré en vigueur qu'en 2004 et la Cour a tenu sa première réunion en juillet 2006. La cour africaine a fusionné, en 2008, avec la Cour de justice de l'Union africaine

§ 4 - Le règlement des différends dans les organisations internationales non politiques

A. Double classification

1. Classification suivant la nature des organes

a) règlement par des organes dont la fonction principale est exécutive ou délibérante : *directement ou par l'intermédiaire d'un organe subsidiaire* ;
b) règlement par un organe arbitral ;
c) règlement par un organe judiciaire ;
d) règlement par un organe *ad hoc*.

2. Classification suivant la nature des pouvoirs

a) conciliation ;
b) règlement politique :

- *sans caractère obligatoire* : recommandation, enquête ;
- *avec caractère obligatoire*

c) règlement arbitral ou judiciaire : par ailleurs, voie de recours devant un *organe arbitral* ou *judiciaire* (ex. : OACI : appel devant la CIJ dans l'affaire *indo-pakistanaise*, 1972).

B. Spécificité des procédures de règlement des différends économiques

1. Nature de la procédure

a) Caractère exceptionnel des procédures juridictionnelles ;
b) Avantage des **solutions diplomatiques** (négociations, enquête, conciliation) avec tendance à la **juridictionnalisation des procédures** (intervention d'organismes techniques, représentants *ad hoc*, voies de recours).

2. Nature de l'organe de règlement

a) Règlement par des organes dont la fonction principale est exécutive ou délibérante : ex. : OCDE, FMI, BIRD.
b) Règlement par des organes techniques spécialisés (panels) : ex. : AELE, GATT.
c) Refonte des mécanismes du GATT par le Memorandum d'accord, conclu à l'issue de l'Uruguay Round : création d'un Organe de règlement des différends (ORD) dans le cadre de l'Organisation mondiale du commerce (OMC).
Deux phases :

- consultation,
- règlement par un tiers : bons offices ou médiation, voire conciliation de caractère quasi-judiciaire par un **panel** (groupe spécial d'experts), dont le rapport est adopté

automatiquement, sauf consensus négatif (consensus pour rejeter le rapport) ; possibilité d'appel devant un organe permanent d'appel, dont le rapport est soumis à la même règle du consensus négatif. En cas de refus d'exécuter le rapport : compensation ou suspension de concessions (rétorsion).
Également possibilité d'une procédure d'« arbitrage rapide ».

Chapitre 2 › LES MODES NON PACIFIQUES DE RÈGLEMENT DES CONFLITS INTERNATIONAUX

> **› L'essentiel**
> *Le recours à la force (monopole de l'État) a longtemps été le procédé traditionnel de règlement des différends. L'histoire de l'humanité est jalonnée par une succession de guerres. Mais, devant les inconvénients croissants de cette pratique,* ***tentative pour limiter le recours à la force*** (jus ad bellum) *et pour* ***réglementer l'usage de la force*** (jus in bello).

Section 1 › LA LIMITATION DU RECOURS À LA FORCE ET LES PROCÉDÉS POUR EN ASSURER LE RESPECT

On peut évoquer : les *engagements limitant le recours à la force, les procédés pour en assurer le respect* et la *réglementation des armements.*

§ 1 - Les engagements limitant le recours à la force

A. Avant l'ONU

Mis à part un traditionnel courant doctrinal pacifiste, on doit signaler :

1. Le pacte de la SDN

Le recours à la guerre n'est licite qu'après le recours à des procédures et l'expiration d'un délai de 3 mois.

2. Des accords multilatéraux

Drago-Porter (1907 : limitation de l'emploi de la force pour le recouvrement de dettes contractuelles), traités de Locarno (1925 : exclusion de la guerre entre l'Allemagne, la Belgique et la France) et surtout pacte Briand-Kellogg (1928 : interdiction générale du recours à la guerre – nombreuses adhésions – encore en vigueur).

B. La Charte des Nations unies

Elle interdit, en principe, non seulement le recours à la guerre, mais encore le recours à la force.

1. Le principe

a) Les États même non membres (art. 2-6) se voient interdire le recours à la guerre, la menace ou l'emploi de la force (art. 2-4).

b) Les travaux des Nations unies ont finalement abouti, en 1974, à l'adoption d'une définition générale de l'**agression**, qui reprend pratiquement les termes de la Charte (art. 2-4), en ne qualifiant, toutefois, d'agression que l'*emploi de la force armée.* Le texte adopté est complété par une *liste énumérative*, et non *limitative*, de sept séries d'actions constitutives d'actes d'agression.

La CIJ s'est déclarée incompétente pour connaître de la plainte déposée par la Serbie-et-Monténégro contre différents pays de l'OTAN (arrêt du 15 déc. 2004).

2. Les exceptions

a) Le droit de légitime défense (individuelle ou collective) : recours à la force d'ordre mineur en face d'une situation urgente et irrésistible (ex. : actes de représailles) sous le contrôle du Conseil de sécurité (art. 51). Pour la CIJ, légitime défense que contre une agression armée et n'existe pas pour répliquer à une assistance (matérielle ou logistique) à des rebelles ; en cas de légitime défense collective, nécessité d'une demande de l'État agressé (aff. des *activ. mil. au Nicaragua*, 1986). Problème de la compatibilité du recours à la légitime défense et de mesures d'embargo sur les livraisons d'armes décidées par le Conseil de sécurité (à propos de l'ex-Yougoslavie) soulevé par la Bosnie-Herzégovine devant la CIJ.
Le Conseil de sécurité a reconnu le droit à la légitime défense individuelle ou collective après les attentats terroristes à New York et Washington, en septembre 2001 (résolution 1368). Ce qui justifiait par avance les actions militaires entreprises dans le cadre de l'opération « liberté immuable ». À la différence de l'attitude du Conseil de sécurité, la CIJ a écarté le recours à la légitime défense dans l'affaire du « *Mur* » (avis consultatif, 2004), du fait que la menace ne venait pas d'une attaque de l'extérieur, mais de l'intérieur du territoire. Déjà, en 1967, une controverse était née, à propos de la guerre des Six Jours, lorsqu'Israël avait eu recours à la force à titre *préventif*, pour prévenir une attaque imminente de l'Égypte et de la Syrie. En revanche la Cour a condamné l'Ouganda à l'égard de la République démocratique du Congo (CIJ, arrêt du 19 déc. 2005).
Distinction entre *représailles* (acte illégal) et *rétorsion* (mesure légale).
b) L'action collective entreprise dans le cadre de la Charte (v. *infra*) et les *encouragements à la lutte armée* dans le cadre de la *décolonisation* (reconnaissance de la licéité de l'usage de la force au nom du droit à l'autodétermination, équivalant à une résurgence de la notion de *guerre juste*). Cette notion a également été évoquée à propos de l'intervention américaine en Irak, au printemps 2003 (élimination d'armes de destruction massive, lutte contre le terrorisme, lutte pour la démocratie et les droits de l'homme).

§ 2 - La réaction collective contre le recours illicite à la force

A. Les procédés de réaction collective sans contrainte

1. *Appel* à l'opinion internationale : ex. : recommandation de l'Assemblée générale des Nations unies.
2. *Examen* par la collectivité internationale.
3. Non-reconnaissance des résultats obtenus par la force : ex. : **doctrine Stimson (1932).**

B. Les procédés de réaction collective avec contrainte

1. Assistance à la victime

Systèmes des traités de *garantie* (*cf.* controverses au sujet de l'intervention militaire unilatérale turque à Chypre, en 1974, sur la base des accords de Londres et de

Zurich, à la suite d'un coup d'État fomenté par la Grèce), de *neutralité permanente* ou d'*assistance mutuelle*.

2. Sanctions

Ex. : art. 16 du Pacte de la SDN : *gradation* des sanctions : sanctions économiques et financières (ex. : contre l'Italie en 1935-1936), mesures militaires, exclusion du coupable (ex. : Union soviétique en 1939).

3. Police

Ex. : système de la Charte (chapitre VII) : pouvoir d'action (recommandation et/ou décision) du Conseil de sécurité par voie de mesures économiques, financières et militaires. Les mesures de pression économique sont, parfois, qualifiées de *boycottage* (typologie très variée suivant qu'il est direct ou indirect, primaire, secondaire ou tertiaire). Une *mesure de police* est une coercition internationale (ou multilatérale) organisée qui se distingue de la *guerre* quant au *but* recherché, au *déclenchement* et au *déroulement* de l'opération.
Effets limités (fraudes et passivité dans le contrôle) et *pervers* (conséquences néfastes pour les populations) du système des *sanctions économiques*.

4. Diversité des moyens mis en œuvre dans la pratique par les Nations unies

À l'occasion du 60e anniversaire de l'ONU, le Secrétaire général a présenté, à la suite du rapport du groupe de travail de haut niveau « Menaces, défis et changements », un ambitieux programme de réforme de l'Organisation mondiale, intitulé « Dans une liberté plus grande ». Il était encore trop tôt pour juger, à l'automne 2005, de la suite qui serait donnée à ces propositions qui devraient rendre l'ONU plus efficace, notamment dans le domaine du maintien de la paix.
a) Système d'isolement et de blocus économique : application du chapitre VII à l'égard de la Rhodésie de 1966 à 1979. À relever la décision *d'embargo* sur les armes et le matériel militaire destinés à l'Afrique du Sud (1977-1994), la situation intérieure (politique d'apartheid) ayant été, implicitement, considérée comme une menace à la paix et à la sécurité internationales. Même mesure décidée dans la crise yougoslave (1991), somalienne et libérienne (1992), au Rwanda (1994), en Sierra Leone (1997), en Éthiopie et en Érythrée (2000).
Depuis quelque temps, la décision du Conseil de sécurité d'imposer des sanctions est assortie d'une clause de limitation dans le temps.
b) Coordination d'une action de légitime défense collective : ex. : Corée (1950-1953) : commandement unique des Nations unies (quinzaine d'États) placé sous l'autorité du commandement militaire américain.
c) Autorisation du recours à la force : ex. : contre l'Irak (début 1991) : dans le cadre d'une opération de police multinationale (trentaine d'États) entraînant des opérations militaires, mais non une guerre (opération « Tempête du désert » – *Desert Storm*). Contrôle opérationnel américain sans commandement unique. Nouvelle application (fin 1992) en Somalie : autorisation du recours à la force donnée à la fois aux États (mise sur pied – par les États-Unis et une vingtaine d'États – de l'opération « Rendre l'espoir » – *Restore Hope* – avec une *United Task*

Force – UNTAF –) et au secrétaire général (d'où un mécanisme de consultation entre l'ONU et l'UNTAF). Début 1993, transfert de cette mission à une opération de maintien de la paix (ONUSOM II – dissolution en 1995).

Même hypothèse pour l'opération *Turquoise* au Rwanda et *Support Democracy* à Haïti (1994 et 2004).

Ainsi, de plus en plus souvent, l'ONU autorise le recours à la force pour faire face à des crises internes.

On peut, également, ranger sous cette rubrique l'autorisation donnée par le Conseil de sécurité d'utiliser la force en Afghanistan, après les événements du 11 septembre 2001, afin de chasser le régime des talibans et de poursuivre Al-Qaida.

À l'automne 1999, autorisation formelle donnée pour l'envoi d'une force multinationale au Timor oriental, permettant l'emploi de la force armée pour assurer l'effectivité du référendum visant à l'indépendance du territoire (*INFET*, sous commandement australien). De même, le Conseil de sécurité a formellement autorisé, en février 2003 (résolution 1464), le stationnement de forces françaises et africaines (CEDEAO) en Côte-d'Ivoire pour mettre fin à une guerre civile.

Mais controverses, au printemps 1999, lors de l'opération « Force alliée » (frappes aériennes de l'OTAN sur la Yougoslavie) à cause de la situation d'oppression de la minorité albanaise au *Kosovo* (épuration ou purification ethnique). Absence de décision formelle du Conseil de sécurité, mais action entreprise sur la base (implicite) des résolutions 1199 et 1203, adoptées dans le cadre du chapitre VII. Donc légitimité, à défaut d'une légalité formelle de cette action. La Serbie-et-Monténégro a été déboutée, pour incompétence de la Cour, dans son instance engagée contre divers pays de l'OTAN. Mise en place d'un plan de paix sous l'égide du Conseil de sécurité et envoi d'une force internationale au Kosovo, relayée par une mission d'administration intérimaire (MINUK).

À nouveau, des controverses ont surgi, au printemps 2003, lorsque les États-Unis ont mis sur pied, avec la Grande-Bretagne, une coalition en vue de renverser le régime dictatorial de Saddam Hussein en Irak (v. *supra* p. 173). Or, on pouvait soutenir que « l'autorité pour intervenir dérive de l'effet combiné des résolutions du Conseil de sécurité 678 (1990), 687 (1991) et 1441 (2002) », donnant aux États membres « l'autorisation de recourir à tous les moyens nécessaires pour restaurer la paix internationale et la sécurité dans la région » (avis émis par le procureur général britannique le 17 mars 2003). Malgré les critiques persistantes dirigées contre l'initiative de la coalition dirigée par les États-Unis, le Conseil de sécurité a, par sa résolution 1546 (2004), entériné le rétablissement de la souveraineté de l'Irak, selon les modalités définies par les États-Unis et leurs alliés.

d) Opérations de maintien de la paix avec des observateurs ou envoi de forces organisées (opérations de maintien de la paix confiées aux **casques bleus**, prix Nobel de la paix, 1988 – v. *supra* p. 196).

Aux missions de *maintien de la paix* proprement dit (interposition et/ou surveillance d'un cessez-le-feu) s'ajoutent maintenant des missions de la *« 2e génération »* visant *la consolidation de la paix* (déminage, neutralisation et désarmement des factions opposées, réconciliation nationale, démocratisation interne, par l'organisation et le contrôle d'élections, réinstallation des réfugiés et assistance humanitaire).

La multiplication des opérations, la diversification et l'ampleur de leurs missions ont considérablement accru les conséquences financières pour l'ONU. En 1994, au moment où plus de 70 000 hommes étaient engagés (dont plus de la moitié dans l'ex-Yougoslavie), le budget des opérations de maintien de la paix atteignait près de 3 fois le budget annuel de fonctionnement de l'Organisation. Depuis 1996, le montant de ces dépenses avait sensiblement décru, mais est remonté, depuis quelque temps. Ainsi, en 2009, avec des effectifs sensiblement supérieurs (v. *supra* p. 196), il représentait 7,1 milliards de dollars. Les retards de paiement des États (environ 1,75 milliards de dollars) se maintiennent à un niveau élevé, tout en ayant diminué (1,75 milliards de dollars contre 1,9 deux ans auparavant). Ce qui conduit l'Organisation à retarder le remboursement dû aux États, fournissant des contingents, du surcoût que constituent, pour leur propre budget, les contingents nationaux. Depuis 1948, 54 milliards de dollars ont été dépensés pour des opérations de maintien de la paix.

Indépendamment des problèmes financiers ainsi posés, l'efficacité de l'action de l'ONU, qui ne dispose pas de forces qui lui soient propres, est limitée par la difficulté de concilier des considérations politiques (souvent divergentes parmi les États membres, qui fournissent des contingents) avec les nécessités techniques qu'implique le recours à des militaires pour assurer des missions de caractère civil (d'où certaines difficultés en Somalie et en Bosnie). Il existe, certes, depuis 1999, un « système de forces en attente des Nations unies », mais, dans l'accord signé par l'ONU avec un certain nombre d'États, il est spécifié que la décision finale de mettre ou non des ressources à la disposition de l'Organisation demeure une décision discrétionnaire du pays.

Problèmes financiers et politiques (répartition des compétences entre Assemblée générale et Conseil de sécurité) : travaux d'un comité spécial pour l'examen des questions soulevées par les opérations de maintien de la paix (sans résultats depuis 1965). Remarquable rapport, à la fois critique et constructif sur ce type d'opérations, établi, en 2000 (rapport Brahimi), qui a conduit le secrétaire général à proposer, dès l'automne 2000, un ambitieux programme de complément et de redéploiement des moyens de l'Organisation, afin d'assurer une intervention rapide et efficace.

e) À noter **l'assimilation d'une situation de dénuement tragique d'une population**, en l'absence de pouvoirs publics effectifs, **à une menace contre la paix** justifiant le recours au chapitre VII (opération *Restore Hope*, fin 1992, en Somalie ou s'agissant d'un risque de génocide, opération *Turquoise* au Rwanda, en 1994).

§ 3 - La réglementation internationale des armements

A. Entre 1919 et 1939

1. Échec des obligations imposées aux États vaincus.

2. *Désarmement naval limité :* limitation qualitative et quantitative.

3. Échec des tentatives de *désarmement général :* ex. : conférence de Genève (1932-1933).

B. Depuis 1945

1. Échec des négociations au sein des Nations unies

En ce qui concerne un *désarmement général* : divergences entre États-Unis et Union soviétique sur les formes du désarmement (conventionnel et atomique) et sur les modalités de contrôle. Relance de la question après l'Assemblée générale extraordinaire de 1978 : mise en place d'un organe délibérant (commission plénière) et d'un organe de négociation (Comité, actuellement composé d'une soixantaine de membres, dénommé *« Conférence du désarmement »* : début des travaux à Genève en 1979 – enlisement depuis plusieurs années).

2. Développement des négociations en dehors des Nations unies

a) Négociations multilatérales [Genève : Conférence du Comité du désarmement, 1962-1978 ; Vienne : MBFR : *Mutual Balanced Forces Reduction* entre pays membres de l'OTAN et du pacte de Varsovie (1973-1989)]. Refus de participation de la France à ces deux négociations placées sous l'hégémonie des deux Supergrands.

MBFR remplacées, en 1989, dans le prolongement de la Conférence sur la sécurité et la coopération en Europe (CSCE, Helsinki, 1975 et réunions périodiques de « suivi » ou d'« évaluation » : Belgrade, Madrid, Vienne) par les négociations sur les forces conventionnelles en Europe (FCE). Ces négociations ont abouti, à la veille de « Helsinki II » à Paris (1990) ; v. *infra*.

Autre suite de la CSCE : conférence sur le désarmement en Europe (CDE, depuis 1983) : adoption à partir de 1986 (compléments en 1990 et 1992) de *« mesures de confiance et de sécurité »* (MDCS) : notification des manœuvres, possibilité d'inspections, échange d'informations budgétaires et techniques, diminution du nombre de grandes manœuvres. Signature, en mars 1992, du traité « Ciel ouvert » autorisant l'accès des espaces aériens, de Vancouver à Vladivostok, aux vols de contrôle des activités militaires, légalisant, en quelque sorte, l'espionnage aérien. Ce traité, qui est entré en vigueur en 2002, ne doit pas être confondu avec les accords aériens dits « ciel ouvert » évoqués *supra* p. 150.

b) Négociations bilatérales américano-soviétiques sur les armements nucléaires (dits de *destruction massive*) dans le cadre de l'*Arms control* (maîtrise des armements) : *limitation* (SALT) puis *réduction* (START).

3. Adoption de mesures partielles (collatérales)

a) Régime juridique de certains territoires :

- zones démilitarisées : Antarctique (1959), corps célestes (1967) ;
- espaces dénucléarisés : Amérique latine (traité de Tlatelolco, 1967), espace interplanétaire (1967), fond des mers (1971), Pacifique sud (traité de Rarotonga, 1985 ; signé par la France en 1996, après l'arrêt définitif des essais nucléaires à Mururoa), Asie du Sud-Est (traité de Bangkok, 1995), Afrique (traité de Pelindaba, 1996). Projet pour le Moyen-Orient.

b) Réglementation des armes de destruction massive :

- **arrêt des expériences nucléaires** : première étape : traité de Moscou (1963) interdisant partiellement les expériences et seules demeuraient autorisées dans un cadre multilatéral les expériences souterraines (problème de contrôle). Deuxième étape : après de longues et difficiles négociations, adoption d'un traité d'interdiction complète des essais nucléaires (*CTBT : Comprehensive Test Ban Treaty*) en 1996, mais son entrée en vigueur est très aléatoire, car elle est subordonnée à sa ratification par 44 États disposant d'une capacité nucléaire (or, hostilité très ferme de l'Inde, qui a procédé à des essais en 1998 et d'ailleurs réticences des États-Unis, de la Chine et de la Russie). De leur côté, les États-Unis et l'Union soviétique avaient signé en 1974 un accord interdisant toutes les explosions souterraines d'une puissance supérieure à 150 kilo-tonnes (environ 7 fois la puissance de la bombe d'Hiroshima) et un accord complémentaire, en 1976, sur les explosions nucléaires à des fins pacifiques. Difficultés sur les modalités de vérification, d'où retard dans l'entrée en vigueur (1990), après conclusion de deux nouveaux protocoles.

• **non-prolifération des armes atomiques** : traité de 1968 (consécration du monopole des puissances nucléaires – la France et la Chine n'ont cependant adhéré qu'en 1992) prorogé pour une durée indéterminée en 1995. Par ailleurs, *club de Londres*. Ce « club » a été mis en place, en 1976, dans le prolongement du traité de non-prolifération nucléaire (TNP, 1968) entre pays exportateurs d'équipements en matières nucléaires. Engagement récent des cinq grandes puissances nucléaires de désarmer, mais sans indication de calendrier.
La CIJ a considéré que la menace ou l'emploi d'armes nucléaires serait généralement contraire aux règles du droit international applicables dans les conflits armés et spécialement aux principes et règles du droit humanitaire, mais réserve le cas d'une « circonstance extrême de légitime défense dans laquelle la survie même d'un État serait en cause » (avis consultatif dans l'aff. des *armes nucléaires*, 1996).
Des négociations sur l'arrêt de la production de matières fissiles pour les armes de destruction massive se sont engagées, en 1998, à la Conférence du désarmement des Nations unies ;
Depuis 2006, problèmes posés par l'Iran (lié par le TNP), du fait de son programme d'enrichissement de l'uranium et par la Corée du nord (non liée), qui a procédé à des essais nucléaires. Les sanctions limitées décidées par le Conseil de sécurité s'avèrent n'avoir que peu d'effets.

• **non-fabrication, non-stockage et non-utilisation des armes B** (bactériologiques) : traité de 1972 comportant une lacune concernant des mesures de vérification ayant une portée contraignante. Échec d'une conférence fin 1996.

• **accords américano-soviétiques** :
1. Dans le cadre des **SALT** *(Strategic Arms Limitation Talks)* :
– 1972 : SALT I : limitation du système défensif antimissiles (ABM) et, provisoirement, de certains systèmes offensifs ;
– 1974 : réduction à un site de missiles antimissiles **(ABM)**. Les États-Unis ont cherché sous Clinton, à remettre en question ce système à partir d'un système de bouclier spatial (**NMD :** National Missile Defense). Difficultés de mise en œuvre et protestations russe, européenne et canadienne. Relance du projet par le président Bush (après une première relance - non suivie d'effet - au printemps 2001, nouvelle relance début 2007) et protestations russes (v. *infra* : incidence sur le traité FCE).
– 1979 : SALT II : limitation quantitative et qualitative des systèmes offensifs. Non ratifiés.

2. Euromissiles : 1987 : réduction des armements nucléaires à portée intermédiaire installés en Europe (*INF* : Pershing et missiles de croisière U.S. et SS-20 soviétiques) ; mise en œuvre de l'**option double zéro** : démantèlement des missiles à portée intermédiaire (MPI ou *IRINF* : 1 000 à 5 000 km) et des missiles à plus courte portée (MPCP ou *SRINF* : 500 à 1 000 km).
Problème en suspens de l'*« option triple zéro »* : démantèlement des missiles de très courte portée (armes tactiques – SNF : jusqu'à 500 km). Remise en question de ce problème par l'évolution en Europe centrale, libérée de l'influence soviétique, alors qu'elle était la cible désignée de ces armes. Déclarations unilatérales et symétriques sur le sort de ces armes (fin 1991). Arrêt du programme français Hadès (1992).
3. Dans le cadre des **START** *(Strategic Arms Reduction Talks) : START I,* conclu en 1991, visait une réduction d'environ 30 % du potentiel complété en janvier 1993 par *START II* (conclu par la Russie seule, qui ne l'a ratifié qu'en 2000 après avoir obtenu un délai supplémentaire), prévoyant une réduction de 2/3 des armes stratégiques d'ici 2007. Il ne resterait plus que 15 % de l'arsenal nucléaire du début des années 1990, ce qui suffirait encore à détruire plusieurs fois la planète. Ce traité a été déclaré caduc par la Russie, en juin 2002, peu de temps après que les deux pays ont, pourtant, signé un accord dit de « partenariat de sécurité », prévoyant la réduction, par chaque pays, d'ici à 2012, du nombre de ses têtes nucléaires de 6 000 à 2 000 : SORT a pris le relais des START. Relaxe des négociations au printemps 2009.
Question en suspens des armements antisatellites (ASAT) et d'une manière générale des armements spatiaux. Proposition soviétique d'une *démilitarisation* de l'*espace* pour contrecarrer le projet américain d'*« Initiative de défense stratégique »* (IDS : *« bouclier spatial »* ou encore *« guerre des étoiles »*), présenté dans les années 1980 et abandonné en 1993. V. cependant, en 1999, projet **NMD** (v. *supra*).
Problème du respect des engagements pris par l'Union soviétique au titre de *START I,* alors que les armes concernées étaient disséminées sur le territoire de 4 républiques (Russie, Biélorussie, Ukraine, Kazakhstan), d'où un protocole d'application signé en mai 1992. Adhésion des 3 derniers États au TNP (déc. 1994). Difficultés de mise en œuvre (coût élevé des destructions). Première procédure de vérification en 1995 et mémorandum d'entente relatif à la succession à l'Union soviétique pour les ABM (1997).
Au printemps 2009, relance des négociations relatives aux réductions des armes par le Président des États-Unis et le Président de la Fédération de Russie.

c) Désarmement conventionnel :

• Accord de Paris du 19 novembre 1990 (**FCE :** forces conventionnelles en Europe) dans le cadre de la CSCE : fixation de plafonds pour les principales catégories d'armes classiques (chars, véhicules blindés, pièces d'artillerie, avions et hélicoptères). Effectifs non visés. Problème de mise en œuvre du fait de la décomposition de l'Union soviétique (États baltes et CEI) : remise en cause du champ d'application (initialement limité à l'Oural) et répartition des quotes-parts entre les États issus de l'ex-Union soviétique. Accord de Tachkent entre les membres de la CEI entériné à Oslo (1992). Mais, demande de renégociation de la Russie sur la base du changement de circonstances (la négociation s'étant faite de bloc à bloc, par ailleurs incidences d'un élargissement de l'OTAN et nouveaux besoins de sécurité notamment dans le Caucase). Nouvel accord FCE signé en novembre 1999, mais ratification par les anciens Occidentaux subordonnée à l'acceptation de la Russie, toujours fortement engagée en Tchétchénie et qui a pris prétexte, en 2007, de la relance du projet américain de « bouclier anti-missiles » pour remettre en question le traité et a décidé de le suspendre au motif de « circonstances exceptionnelles ».

• En 1991, après la crise du Golfe, négociations entre les principaux exportateurs d'armes conventionnelles (cinq membres permanents du Conseil de sécurité) pour aboutir à un *« code de bonne conduite »* dans ce secteur, sur le modèle du *« club de Londres »* (v. *supra* p. 222). La transparence du commerce des armes s'inscrit dans la logique du désarmement. Aussi, sur la base de la résolution 46/36 de l'Assemblée générale des Nations unies, il existe, depuis le 1er janvier 1992, un *registre des armes classiques*, qui enregistre les informations relatives aux transferts d'armements (en 2005, on estimait que le registre appréhendait, chaque année, plus de 95 % du commerce mondial des armes classiques). Et, en 1995, après la disparition du COCOM (Comité de coordination du contrôle multilatéral des exportations d'armements et de technologies sensibles vers les pays du pacte de Varsovie), mise en place d'un « Nouveau Forum », au sein duquel les pays exportateurs échangent des informations sur une base volontaire, concernant l'attitude de pays potentiellement suspects. D'où arrangement de Wassenaar (1996) relatif au contrôle des exportations d'armes conventionnelles et de biens technologiques à double usage.

• En juillet 1992, signature à Helsinki d'un accord sur la limitation des effectifs des armées terrestres et aériennes.

À noter l'inquiétude persistante née de la décomposition de l'ex-Union soviétique qui a permis une dissémination des armes de toutes sortes et une « fuite des cerveaux » atomistes.

À mi-chemin, entre le désarmement conventionnel et le désarmement nucléaire, relever l'adoption concertée, en 1987, dans le cadre du G7, de directives nationales concernant la non-prolifération balistique *(MTCR : Missile Technology Control Regime)* : contrôle des exportations de vecteurs, d'équipements et de technologies servant à la mise au point et la production de missiles capables de porter des armes de destruction massive. Actuellement, une vingtaine de pays sont liés par ce système.

d) Interdiction d'utiliser des techniques de modification de l'environnement à des fins militaires ou à toutes autres fins hostiles (Conv. de 1977). Donc, prohibition de la guerre météorologique.

e) Convention sur l'interdiction de l'utilisation, de la production et du stockage des armes chimiques (1993) : destruction dans un délai de 10 ans. Contrôle original (inspection par mise en demeure ou « défi » – *challenge inspection*). Création d'une organisation internationale (La Haye). Réticences des États du tiers-monde (l'arme chimique serait l'« arme du pauvre » face à l'arme nucléaire des États développés). Déjà, existait un « *Australian Group* » (1989) pour contrôler la production et la diffusion de produits B et C (listes, licences d'exportation). Entrée en vigueur de la Convention en 1997.

f) Protocole contre la fabrication et les trafics illicites d'armes à feu, de leurs éléments et munitions (2001). Cet additif à la Convention des Nations unies contre la criminalité transnationale organisée (2000), entré en vigueur en 2005, peut être également considéré comme un élément en vue de la réduction des armements dans le monde.

g) Vers un traité sur le commerce des armes: résolution 61/89 de l'AG des Nations unies, en décembre 2006, en vue d'établir des normes internationales communes pour l'importation, l'exportation et le transfert d'armes classiques. Mise en place d'un groupe d'experts gouvernementaux. Décembre 2008 : une position commune de l'Union européenne a rendu plus contraignant le code de conduite européen en matière d'exportation des armements, adopté sous la forme d'une déclaration de politique étrangère et de sécurité commune en juin 1998.

Section 2 › LES RÈGLES RELATIVES À L'USAGE DE LA FORCE DANS LES RELATIONS INTERNATIONALES

Le nombre de conflits armés avait pratiquement triplé en 1992 (51) par rapport à 1946 (18). Mais, depuis, on enregistre une baisse régulière: une trentaine de conflits en 2003. La quasi-totalité était des guerres civiles et la majorité d'entre elles concernaient l'Afrique subsaharienne.

La guerre apparaissant, de nos jours, comme un moyen démodé de résoudre les conflits et le perfectionnement des techniques militaires ayant considérablement transformé le déroulement des hostilités, il nous paraît peu opportun de s'étendre longuement sur ces questions. Nous nous bornerons donc à relever les **différentes étapes dans l'élaboration des règles internationales du droit de la guerre**, les **conventions humanitaires et la répression des infractions** au droit de la guerre et au droit humanitaire.

§ 1 - Élaboration du droit de la guerre

En dehors de certaines réglementations nationales (ex. : France: instructions navales et Règlement de discipline générale), le droit de la guerre comprend un certain nombre de règles coutumières et un ensemble de règles conventionnelles, fruit d'une codification.

A. La codification du droit de la guerre dans la seconde moitié du XIXe siècle

1. La Déclaration de Paris (1856) codifie les règles concernant la guerre maritime: interdiction de la guerre de course, effectivité du blocus (isolement d'un port ou d'un pays), protection des marchandises neutres.

2. La Convention de Genève de 1864 est la première convention humanitaire conclue à la suite du mouvement d'opinion déclenché par Henri Dunant.

3. La Déclaration de Saint-Pétersbourg (1868) vise à humaniser la guerre sur terre, en interdisant certaines armes, aggravant inutilement les souffrances des combattants.

4. La Déclaration de Bruxelles (1874) contient certaines règles relatives à la guerre sur terre, mais ne fut pas considérée comme obligatoire.

B. La codification du droit de la guerre lors des conférences de La Haye

1. Les textes adoptés lors de la 1re conférence (1899) furent remplacés par de nouveaux textes en 1907.
2. Les conventions adoptées visent essentiellement un **double but :** humaniser la guerre sur terre (interdiction des gaz) et réglementer la guerre sur mer.
3. L'efficacité de ces conventions était limitée par la clause de solidarité (*si omnes*) selon laquelle chaque convention n'était applicable qu'entre les parties contractantes, et seulement si les belligérants étaient tous parties à la convention.

C. La codification du droit de la guerre entre 1919 et 1939

1. Le Protocole de Genève (1925) interdit l'emploi de gaz asphyxiants, toxiques ou similaires et de moyens bactériologiques, mais n'en interdit ni la production ni le stockage qui n'ont été interdits que par une convention conclue en 1993.
2. Le Protocole de Londres (1936) détermine les conditions de l'usage de la force contre les navires de commerce, notamment par des sous-marins.
3. Les conventions de Genève (1929) précisent le traitement des prisonniers de guerre, des malades et des blessés, compte tenu de l'expérience de la Première Guerre mondiale.

D. La codification du droit de la guerre depuis 1945

1. Les Conventions de Genève (1949) révisent, en les perfectionnant, les Conventions de 1929 et assurent, en plus, la protection des populations civiles.
2. La Convention de 1954 : complétée par un protocole spécifique aux biens meubles, elle a été conclue sous les auspices de l'Unesco. Elle vise à assurer la protection des biens culturels et a été renforcée par un second protocole, signé en 1999 et entré en vigueur en 2004.
3. La Convention de 1972 interdit la fabrication, le stockage et l'utilisation des armes bactériologiques.
4. Une Convention de 1980 et plusieurs protocoles interdisent ou limitent, à l'égard des civils, l'emploi de certaines armes classiques considérées comme produisant des effets traumatiques excessifs ou frappant sans discrimination (armes incendiaires, pièges et mines antipersonnels, éclats non localisables aux rayons X). Protocole (1995) limitant l'usage de rayons laser aveuglants et Accord (1996) restreignant l'emploi des mines, même dans les conflits internes. Les États restaient divisés sur l'interdiction même des mines antipersonnelles. Finalement, signature d'une Convention interdisant les mines antipersonnelles (Ottawa, 1997) mais refus de signer des États-Unis, de la Russie et de la Chine. Cette interdiction vise l'emploi, le stockage, la fabrication, le transfert ainsi que la destruction des mines antipersonnelles. Un pictogramme international signalant le danger a été adopté. Mécanisme de vérification relativement lourd et peu efficace. Entrée en vigueur en 1999. Un protocole, signé à Genève en 2003, vise à éliminer les munitions non explosées ou non utilisées et les débris de guerre des zones de combat.
5. Une Convention a été adoptée en 1991 sur le marquage des explosifs en vue de leur détection, afin de lutter contre le terrorisme.
6. Convention sur les armes chimiques (1993) ; v. *supra* p. 224.

7. Convention sur l'interdiction de la conscription des enfants avant l'âge de 18 ans et l'enrôlement volontaire avant l'âge de 16 ans (2001).
8. Convention sur l'élimination des bombes à sous-munition (2008) : petites bombes explosives qui, en éclatant, dispersent des centaines de sous-munitions dont beaucoup n'explosent pas immédiatement. En conséquence, danger potentiel pour les populations civiles.
9. Proposition en vue d'un traité sur le commerce des armes classiques (Résolution Ass. Gén. des Nations unies, 2008).

§ 2 - Le droit humanitaire

Son développement a été suscité par de nouvelles formes de guerre, ce qui explique les deux séries de textes en vigueur :
1. Après la Seconde Guerre mondiale :
Quatre conventions, signées à Genève le 14 août 1949, concernant respectivement : l'amélioration du sort des blessés et des malades dans les armées en campagne, dans les forces armées sur mer, le traitement des prisonniers de guerre et la protection des personnes civiles en temps de guerre.
2. Après les guerres de libération nationale et la guerre du Vietnam :
Deux protocoles additionnels, signés à Genève le 12 décembre 1977 :
– Le protocole n° 1 vise les conflits internationaux, qui englobent la lutte contre la domination coloniale, l'occupation étrangère et les régimes racistes.
– Le protocole n° 2 vise tout conflit armé se déroulant sur le territoire d'une HPC, et ne présentant pas un caractère international, c'est-à-dire les guerres civiles. Notion plus ou moins extensive de conflit armé international (v. 1re tendance dans la jurisprudence du Tribunal pénal international pour la Yougoslavie à propos du conflit en Bosnie-Herzégovine).
Imbrication du droit de la guerre (dit droit de La Haye) et du droit humanitaire (dit droit de Genève). Pour la CIJ, ces deux branches du droit applicable dans les conflits armés ont graduellement constitué un seul système complexe qui est le droit humanitaire proprement dit (avis consultatif sur les armes nucléaires, 1996).

• Le perfectionnement des techniques entraîne une diversification des armes et un développement des règles de droit (droit des armes) :
– règles relatives aux armes de destruction massive : atomiques (A) et bactériologiques (B) ;
– règles relatives aux armes conventionnelles : chimiques (C) et armes excessivement traumatisantes.

• Enrichissement des règles de droit relatives à l'usage de la force : prohibition de livraisons d'armes pour assurer la protection des droits de l'homme.
3. Lacune concernant la lutte contre le terrorisme : difficulté liée au fait que le droit de la guerre vise les actes des États, alors que le terrorisme résulte d'initiatives non étatiques (bien que l'on parle parfois de terrorisme d'État).

A. Les Conventions de 1949

1. Les dispositions communes aux quatre conventions

a) Articles liminaires

• Les HPC s'engagent à respecter et à faire respecter les conventions en toute circonstance, sans qu'il y ait une clause de solidarité.

• L'application des conventions est essentiellement envisagée pour le temps de guerre internationale mais un minimum de traitement humanitaire était prévu par les quatre conventions (art. 3), même en cas de conflit ne présentant pas un caractère international. Le protocole n° 2 vise, expressément, désormais, les hypothèses de conflit armé ne présentant pas un tel caractère (mais en excluant les troubles intérieurs).

• Les conventions consacrent le rôle des puissances protectrices (États neutres) et reconnaissent l'activité du Comité international de la Croix-Rouge (CICR) et son traditionnel droit d'initiative. Le protocole n° 1 institue une commission internationale d'établissement des faits (clause facultative de compétence obligatoire).

b) Autres dispositions communes

– interdiction des représailles contre les personnes ;
– obligation de sanctionner pénalement les crimes de guerre (énumération) ;
– portée limitée d'une dénonciation éventuelle : pratiquement pas d'effet avant la fin du conflit.

2. Le sort des blessés et des malades

Convention I et II (celle-ci tient compte des conditions de la guerre maritime).

a) Protection des blessés et des malades : traitement humanitaire, enregistrement, diffusion de renseignements, assistance des neutres. Notons que le protocole n° 1 protège les occupants d'un aéronef en difficulté.

b) Protection du personnel et du matériel sanitaire.

• Le personnel sanitaire (personnel soignant, d'administration, aumôniers) identifiable (carte d'identité, brassard) est protégé. Il peut être armé pour sa défense et n'est pas assimilable aux prisonniers de guerre.

• Le matériel sanitaire (installations fixes et mobiles) uniquement affecté aux blessés et malades doit être respecté et protégé et ne peut être ni réquisitionné ni capturé. Le protocole n° 1 assure une protection au transport sanitaire par avion.

c) Reconnaissance du signe de la Croix-Rouge : ancienneté de ce signe distinctif (initiative suisse, d'où drapeau suisse inversé). Assimilation du croissant rouge (musulman), mais non de l'étoile de David (israélienne), alors que le Mouvement international de la Croix rouge et du Croissant rouge avait la prétention d'être libre de toute connotation religieuse, politique ou autre. Après de longues et laborieuses discussions, adoption, en 2006, d'un 3e protocole aux Conventions de Genève (après les deux protocoles de 1977) instituant un nouvel emblème humanitaire : un « *cristal rouge* », de fait, un carré rouge sur fond blanc, posé sur une de ses pointes, à l'intérieur duquel les États pourront placer un signe de leur choix.

3. Le statut des prisonniers de guerre

a) Conflits internationaux : selon la Convention III, les prisonniers ont droit à l'intégrité physique et la vie dans les camps doit permettre le maintien de leur santé physique et morale. Ils peuvent être affectés à certaines catégories d'activités. Le protocole n° 1 reconnaît le statut de prisonniers de guerre aux guérilleros, mais le refuse aux mercenaires, qui ne bénéficient que de quelques garanties (traitement humanitaire, jugement équitable – Conv. 1989, non encore en vigueur). À la suite des protestations de divers pays européens, le gouvernement américain a finalement décidé de distinguer les talibans, qui seraient soumis aux Conventions de Genève (l'Afghanistan y ayant adhéré) et les autres personnes arrêtées sur le champ de bataille, après l'intervention de fin 2001, qui ne le seraient pas et qui sont détenues, depuis cette date, sur la base de Guantanamo et qualifiées de « combattants illégaux ». À la suite de nombreuses protestations dans le monde, les États-Unis, qui ont libéré un certain nombre de détenus, ont, par ailleurs, mis en place des procédures judiciaires particulières.
b) Conflits internes : les prisonniers ont droit à un minimum de traitement humanitaire, mais le protocole n° 2 refuse, en pareil cas, le statut de prisonniers de guerre. Un organisme humanitaire impartial, tel que le CICR peut offrir ses services aux parties en conflit. Il en est de même pour les sociétés de Croix-Rouge.

4. La protection des civils

La Convention IV, complétée par les protocoles additionnels (v. *infra*) introduit des dispositions nouvelles dans le droit de la guerre, en imposant certaines limites dans la conduite des hostilités.
La CIJ a admis l'applicabilité de la Convention dans les territoires placés, depuis 1967, sous administration israélienne, en dépit de l'absence de véritables frontières avec la « Palestine » (aff. du « Mur », 2004).
a) Protection des populations civiles : création de zones de sécurité, arrangements locaux pour assurer évacuation, protection des hôpitaux civils, libre passage des médicaments, protection de l'enfance.
b) Protection de l'individu : respect de la personne humaine, interdiction des déportations (expulsions) et déplacements forcés, sous réserve de mesures visant à assurer le maintien de l'ordre.

B. Les protocoles additionnels de 1977

1. Caractéristiques essentielles

a) Ils consacrent les principales revendications du tiers-monde, autrefois soutenues par les États dits « socialistes » et tiennent compte de l'expérience des guerres contemporaines et de divers conflits armés récents.
b) Ils marquent une politisation du droit humanitaire.

• Le protocole n° 1 valorise les guerres de libération nationale et, en dotant les guérilleros d'un statut de combattant, réhabilite, implicitement, la notion de guerre juste.

• Le protocole n° 2, en limitant les obligations des États, tient compte du souci des pays nouvellement indépendants de se prémunir contre toute ingérence dans les affaires intérieures.

c) Ils témoignent d'une certaine confusion des genres avec le droit de la guerre : insertion de définitions et de notions militaires, énoncé de certaines limitations ou interdictions d'ordre militaire.
d) Ils visent essentiellement à améliorer le sort des populations civiles.

2. Le protocole additionnel n° 1

a) Distinction fondamentale entre biens civils et biens militaires et entre civils et militaires, qui doit être observée en tout temps. Mais, cette seconde distinction est, cependant, estompée par la reconnaissance du statut de combattant aux guérilleros.
b) Protection des biens civils
– opérations militaires que contre des objectifs militaires ;
– interdiction des attaques sans discrimination ;
– les biens civils doivent être épargnés dans toute la mesure du possible ;
– protection de l'environnement, des récoltes et des ouvrages et installations contenant des éléments dangereux (digues, centrales nucléaires) ;
– protection des localités non défendues.
c) Protection des personnes civiles
– interdiction d'utiliser la famine comme moyen de guerre ;
– interdiction d'attaquer la population et des biens civils en tant que tels, même à titre de représailles ;
– mesures en faveur des journalistes, des femmes et protection accrue des enfants ;
– obligation des actions de secours en faveur des populations démunies ;
– garantie des droits des familles : information, recherche des disparus, rapatriement des morts.
d) Protection des organismes de secours
– le personnel et les unités civiles sont assimilés aux personnels et unités médicales militaires ;
– protection analogue pour les organismes de protection civile : signe distinctif (triangle équilatéral bleu sur fond orange).

3. Le protocole additionnel n° 2

• Développe et complète l'article 3 des Conventions de 1949 en accordant certaines garanties fondamentales (droit à la vie, protection des enfants, garanties des personnes privées de liberté), mais pas de statut de prisonniers de guerre.

• Protection analogue des blessés et des malades dans tous les types de conflits.

• Identité de certaines règles relatives à la conduite des hostilités et à la protection de la population civile.

§ 3 - Répression des violations du droit de la guerre et du droit humanitaire

A. Qualification des infractions

1. Crimes de guerre

Infractions graves aux « lois et coutumes » de la guerre (Conventions de La Haye) et des Conventions de Genève.

2. Crimes contre l'humanité

Notion retenue pour le jugement des criminels nazis, en 1945, par le tribunal militaire international siégeant à Nuremberg : atrocités et autres actes inhumains commis contre les populations civiles et les persécutions pour des motifs politiques, raciaux et religieux.

B. Poursuites juridictionnelles

1. Nationale

Ex. : France : ordonnance de 1944 sur les crimes de guerre commis durant la Seconde Guerre mondiale et nouveau Code pénal (article 212 : reprise de la notion de crime contre l'humanité : définition précitée complétée).
Résultats limités des poursuites sur le plan national (sauf théoriquement en Belgique) d'où action sur le plan international.

2. Internationale

a) enquête : commissions *ad hoc* (Conventions de Genève) et commission internationale (permanente) d'établissement des faits (protocole I) ; décision du Conseil de sécurité des Nations unies d'enquêter sur les crimes commis dans l'ex-Yougoslavie (résolution 780/1992).
b) jugement : exceptionnel.

• Après la Seconde Guerre mondiale : **tribunaux militaires internationaux** de Nuremberg (1945-1946) et de Tokyo (1946-1948).

• **Tribunaux pénaux** *ad hoc* **:** création par le Conseil de sécurité, en 1993, d'un tribunal pénal international pour juger les crimes commis dans l'ex-Yougoslavie (faiblesse du système : absence de jugement par contumace). Vaine controverse sur la légalité de cette création, car pouvoir implicite évident du Conseil de sécurité, dans le cadre de sa compétence dans le domaine de la paix et de la sécurité internationales (raisonnement analogue avec celui de la CIJ, en 1954, à propos de la création du TANU par l'Assemblée générale). D'ailleurs, jurisprudence en ce sens du TPIY (aff. *Tadic*, 1995). Création analogue pour le Rwanda, en 1994. Progrès par rapport aux précédentes juridictions internationales : poursuites possibles même si les crimes ont été commis contre des nationaux. Compétence prioritaire des tribunaux pénaux internationaux *ad hoc*.

• **Cour pénale internationale**
Sur la base d'un projet élaboré par la Commission du droit international, en 1994, et après d'âpres négociations à Rome, en 1998, une Convention a finalement créé une Cour pénale internationale (CPI) permanente, qui siège également à La Haye.
Cette Cour a compétence pour les « crimes les plus graves ayant une portée internationale ». Sont ainsi expressément visés : le crime de génocide, les crimes contre l'humanité, les crimes de guerre (que constituent, notamment, l'utilisation d'armes prohibées) et le crime d'agression. Mais, à l'initiative de la France, les États peuvent, pendant une période transitoire de 7 ans, refuser la compétence de la Cour en matière de crimes de guerre. La France s'est donc ralliée à un texte de compromis (qui a nécessité une révision constitutionnelle ; v. Déc. 98-408 du 22 janv. 1999 et la loi constitutionnelle du 8 juill. 1999). Entrée en vigueur en

juillet 2002. Problème posé pour les ressortissants américains, du fait que les États-Unis ont refusé d'accepter la compétence de la CPI : aussi, d'une part, s'agissant de leur participation à des opérations de maintien de la paix, les États-Unis ont obtenu du Conseil de sécurité, de 2002 à 2004, l'immunité pour leurs soldats engagés dans ces opérations. Mais devant l'hostilité manifestée à l'égard de cette exemption, les États-Unis y ont renoncé. De plus, malgré diverses critiques, notamment de l'Union européenne, certains pays ont conclu, avec les États-Unis, des accords aux termes desquels les ressortissants américains ne seraient pas extradés devant le nouveau tribunal.

Depuis 2004, plusieurs affaires ont été portées devant la Cour : par trois États (Ouganda, Rép. centrafricaine, Rép. démocratique du Congo), par le Conseil de sécurité (Darfour, au Soudan) et le procureur général a ouvert quatre enquêtes (Rép. démo. du Congo, Ouganda, Darfour et Rép. centrafricaine). Premiers procès en 2009.

• **Tribunaux pénaux internationalisés :** la compétence de la CPI n'étant pas rétroactive, des formules particulières ont été adoptées dans plusieurs cas. En *Sierra Leone*, une juridiction spéciale a été établie en dehors du système judiciaire national, de composition et de compétence mixtes (le tribunal, qui a jugé huit hauts responsables de la guerre civile – mars 1991 à janvier 2002 –, a terminé ses travaux en novembre 2009, sauf en ce qui concerne l'ancien président Charles Taylor, qui, pour des raisons de sécurité, est jugé à La Haye, dans l'enceinte de la CPI). De même, il existe des *panels* au Kosovo et des tribunaux établis, en *Bosnie*, dans le cadre de l'administration internationale de l'ONU. Au *Cambodge*, pour connaître des crimes commis pendant la période des Khmers rouges, ont été mises en place deux chambres extraordinaires de jugement et une chambre suprême, composées à parité de juges cambodgiens et de juges internationaux, l'instruction étant menée collégialement sur cette même base de parité. Il a fallu plusieurs années de négociations pour aboutir à cette solution, en 2003, et le financement n'en a été assuré qu'en 2005. Bien que les juges aient été nommés en 2006, il subsista encore des difficultés de fonctionnement jusqu'à l'été 2007, concernant les règles de procédure et l'accès d'avocats étrangers.

Le droit international contemporain tend à mettre l'accent sur la responsabilité individuelle alors que le droit international primitif privilégiait la responsabilité collective, d'où le recours aux représailles.

C. Problème de la prescription

• Certains pays (anglo-saxons, notamment) ignorent cette notion.

• Convention internationale consacrant l'imprescriptibilité des crimes de guerre et des crimes contre l'humanité (1968) : non ratifiée par la France, en raison de la trop large incrimination des crimes contre l'humanité.

• Loi française (1964) sur l'imprescriptibilité des crimes contre l'humanité : application dans les procès *Barbie* (1987), *Touvier* (1994) et *Papon* (1997).

SOMMAIRES DE CONTENTIEUX INTERNATIONAL[1]

Le classement des affaires a été effectué selon l'ordre alphabétique déterminé par le mot-clé du libellé de l'affaire.

Abu Dhabi (Sentence de lord Asquith du 28 août 1951).

Le litige opposait la Petroleum Development C° au cheikh d'Abu Dhabi, à propos de la portée des concessions pétrolières obtenues par la compagnie en 1939. Ces concessions s'étendaient aux territoires soumis à l'autorité du cheikh. Or, au lendemain de la Seconde Guerre mondiale, une société concurrente obtint le droit d'effectuer des recherches sur ce qui correspond au plateau continental de l'émirat (du point de vue géographique il n'y a, cependant, pas de plateau continental du fait de l'absence de rupture de continuité dans la plate-forme immergée). L'arbitre anglais constata que la notion de plateau continental était inconnue à l'époque où les concessions avaient été accordées à la Petroleum, de telle sorte que ces concessions ne s'étendaient pas au sous-sol marin au-delà des eaux territoriales. La jurisprudence de la CIJ, dans l'affaire du *plateau continental de la mer Égée* (v. *infra*), ne remet pas en question le caractère « récent » de la notion de plateau continental. Dans cette affaire, la CIJ a, simplement, constaté que la notion de « statut territorial », visée par la Grèce en 1931 était une notion évolutive qui, interprétée en 1978, englobait la notion de plateau continental.

(*ILR*, 1951, p. 144.)

Accord aérien franco-américain.

L'accord de 1946 (dénoncé en 1992) a fait l'objet de deux arbitrages :

- *Interprétation de l'accord franco-américain relatif au transport aérien international* (Sentence arbitrale du 22 déc. 1963).

Le litige portait sur l'interprétation de l'accord du 27 mars 1946 sur le transport aérien, et plus précisément, sur le sens du terme « Proche-Orient », utilisé dans l'accord, à propos de la désignation des escales sur les routes aériennes. De façon concrète, les 2 pays s'opposaient quant à la localisation de la Turquie et de l'Iran au Proche-Orient. Le Tribunal arbitral recourut au sens naturel et ordinaire du terme « Proche-Orient » et

1. Le terme de « contentieux » est pris au sens large et cette rubrique évoque des affaires ayant soulevé des questions de droit international, sans donner nécessairement lieu à un « litige » d'un point de vue formel.

analysa le contexte. Il aboutit à la constatation que la France avait raison de ne pas considérer Istanbul, Ankara et Téhéran comme des points intermédiaires situés au Proche-Orient, d'après l'accord aérien. Il trouva confirmation des résultats obtenus en recourant également aux moyens auxiliaires d'interprétation, que constituent les travaux préparatoires et la conduite ultérieure des parties. Mais, par ailleurs, le Tribunal arbitral admit que la conduite postérieure des parties pouvait modifier un accord international et ainsi le Tribunal dut constater que la France avait admis, dans la pratique, la desserte de Téhéran et celle d'Istanbul et Ankara, mais sans droits commerciaux entre Paris et ces escales.

(*RSA*, vol. XVI, p. 11.)

• *Rupture de charges* (interprétation de l'accord franco-américain relatif au transport aérien international – Sentence arbitrale du 9 déc. 1978).

Le litige opposait à nouveau la France et les États-Unis au sujet de l'interprétation de l'accord aérien de 1946. En 1978, la compagnie américaine Pan Am décida de reprendre l'exploitation de la ligne partant de la côte Ouest des États-Unis et aboutissant à Paris, via Londres. Tout en renonçant à tout droit de trafic entre Londres et Paris (c'est-à-dire sans embarquer à Londres des passagers pour Paris et inversement), la compagnie américaine décida une « rupture de charge » à Londres, c'est-à-dire un changement d'appareil (Boeing 727 au lieu d'un 747) aux fins d'une exploitation plus économique en fin de parcours, grâce aux Boeings 727 stationnés en Europe. La France prétendit que cette initiative était contraire à l'accord aérien, car celui-ci ne réglait que les ruptures de charge sur le territoire des parties contractantes et non sur le territoire d'un État tiers (Londres). Les autorités françaises interdirent le débarquement de passagers de la Pan Am.
Les États-Unis décidèrent, alors, immédiatement, une « contre-mesure », en l'occurrence l'exigence du dépôt par les compagnies françaises, dans des délais déterminés, de leurs programmes de vol, à destination ou en provenance des États-Unis. Le principe de mesures plus radicales fut également retenu. Le Tribunal arbitral a donné entièrement tort à la France, en reconnaissant, non seulement le droit pour le transporteur américain de changer d'appareil à Londres, mais également la légitimité des contre-mesures arrêtées par les autorités américaines.

(*RSA*, vol. XVIII, p. 454.)

Accord de siège États-Unis – ONU (officiellement : *applicabilité de l'obligation d'arbitrage en vertu de la section 21 de l'accord du 26 juin 1947 relatif au siège de l'ONU*; CIJ, avis consultatif du 26 avril 1988).

En vertu d'une loi contre le terrorisme adoptée en 1987 par le Congrès, le gouvernement américain décida la fermeture du bureau à New York de la mission d'observation de l'OLP (Organisation de libération de la Palestine) auprès des Nations unies. Malgré les protestations du secrétaire général de l'ONU, le gouvernement américain refusa à la fois de revenir sur sa décision et d'accepter de recourir à l'arbitrage prévu par l'accord de siège. Les autorités américaines estimaient prématuré le recours à l'arbitrage, la loi n'étant pas encore appliquée du fait d'une procédure en cours devant les tribunaux américains. Sur une demande d'avis consultatif présentée par l'Assemblée générale, la CIJ a estimé que l'accord conclu avec les Nations unies l'emportait sur le droit interne et que les États-Unis étaient tenus de recourir à l'arbitrage.

(*Rec.*, p. 12.)

Mais, par la suite (29 juin 1988), un tribunal fédéral américain a considéré que le gouvernement américain devait respecter l'accord de siège et ne pas faire obstacle à l'accomplissement des fonctions officielles de la mission d'observation de l'OLP auprès des Nations unies. Le juge Palmieri a considéré qu'il n'y avait aucune indication de la volonté du Congrès, en votant la loi anti-terroriste, de lui accorder une supériorité sur l'accord de siège. La loi anti-terroriste a donc été déclarée inapplicable à la mission d'observation de l'OLP eu égard aux obligations des États-Unis au titre de l'accord de siège.

(*ILM*, 1988, p. 1055.)

Accord sur les dettes extérieures allemandes (Arbitrage du 16 mai 1980).

Sur la base d'un accord de 1953, sur les dettes extérieures allemandes, la République fédérale allemande s'engageait envers les autres États signataires à offrir aux porteurs de l'emprunt Young (1930) une garantie de change. Un différend surgit dans les années 60 à la suite de réévaluations du DM et fut porté devant le tribunal d'arbitrage créé par l'accord de 1953. Le tribunal chargé d'appliquer « les règles généralement acceptées du droit international » prit en considération le « but de la clause à interpréter » (« devise la moins dépréciée ») et considéra qu'il s'agissait de protéger les créanciers contre des pertes pécuniaires résultant de dévaluations, mais que la clause ne jouait pas en cas de réévaluations.

(*RGDIP*, 1980, p. 1158.)

Achille Lauro (bien que cette affaire n'ait donné lieu à aucun contentieux international formel, elle nous paraît devoir retenir l'attention).

En octobre 1985, après avoir embarqué à Gênes, 4 terroristes palestiniens, affiliés à une fraction de l'OLP, détournent, au large de Port-Saïd, un paquebot italien de croisière l'*Achille Lauro*. Les quelques 450 passagers et membres de l'équipage sont pris en otages. L'objectif du commando n'était pas précis. Toujours est-il qu'après avoir assassiné de sang-froid un passager juif américain et hémiplégique, les 4 terroristes se rendirent aux autorités égyptiennes. Celles-ci les laissèrent partir à bord d'un avion égyptien, à destination de Tunis, où se trouvait le QG de l'OLP. Mais, au-dessus des eaux internationales de la Méditerranée, un avion militaire américain intercepta l'appareil et, avec l'accord du gouvernement italien, l'avion égyptien dut atterrir en territoire italien. Les autorités italiennes arrêtèrent ces 4 terroristes (qui furent condamnés, en 1986, avec plusieurs complices), mais elles permirent à un responsable d'une branche dissidente de l'OLP, commanditaire de l'opération, et qui était également à bord de l'avion, de s'enfuir en Yougoslavie, alors qu'il était porteur d'un passeport irakien. Or, les autorités américaines s'apprêtaient à demander son extradition. Ce n'est qu'en avril 2003 qu'Abou Abbas fut arrêté à Bagdad, au cours de l'intervention de la coalition, en Irak, après avoir initié, durant ces 18 années, d'autres actions terroristes. Cette arrestation apportait, s'il en était besoin, une justification supplémentaire à cette intervention anglo-américaine en vue de lutter, également, contre le terrorisme international.

Bien que critiquée dans certains milieux politiques, l'action des autorités américaines, à l'époque, apparaît légitime, compte tenu des nécessités de la vie sociale internationale, même en l'absence de disposition formelle du droit international. En effet, l'action à bord de l'*Achille Lauro* pouvait être assimilée à un acte de piraterie, sans aucune comparaison avec l'affaire de la *Santa Maria* (v. *infra*). Les autorités américaines étaient donc fondées à intervenir, même dans l'espace aérien au-dessus de la haute mer, pour permettre l'arrestation des pirates, coupables de plus, d'un meurtre. Et cela, bien que la Convention sur le droit de la mer de 1982 ne prévoit formellement que l'intervention directe à l'égard d'un navire-pirate ou d'un avion-pirate. Cette action n'est nullement comparable à l'initiative prise par les autorités françaises, en 1956, au cours de la guerre d'Algérie, d'intercepter en haute mer un avion (dont la nationalité marocaine était d'ailleurs contestable) qui transportait, de Rabat à Tunis, cinq chefs de la rébellion algérienne (dont le principal, Ahmed Ben Bella). Cet incident est à l'origine de l'élaboration, sous les auspices de l'OMI (Organisation maritime internationale), de la Convention du 10 mars 1988 sur la répression des actes illégaux contre la sécurité de la navigation maritime.

(*AFDI*, 1985, p. 221.)

Activités armées sur le territoire du Congo *v. République démocratique du Congo c/ Ouganda*.

Activités militaires et paramilitaires au Nicaragua et contre celui-ci.

En avril 1984, le Nicaragua a assigné les États-Unis devant la Cour, en raison de l'aide apportée par ceux-ci à des mouvements d'opposants au régime sandiniste, se livrant à des attaques armées, dans ce pays et contre ce pays. Le gouvernement du Nicaragua protestait, notamment, contre la pose de mines limitant l'entrée et la sortie des ports nicaraguayens, le survol de son territoire, des opérations lancées contre des installations pétrolières et une base navale.

• CIJ, *ordonnance du 10 mai 1984* sur une demande en indication de mesures conservatoires

La Cour a confirmé sa précédente jurisprudence (aff. de la *compétence en matière de pêcheries*, affaire des *essais nucléaires*). En effet, alors que la compétence de la Cour était contestée par les États-Unis, la Cour a donné suite à la demande du Nicaragua, en considérant qu'elle était compétente dès lors que les « dispositions invoquées par le requérant paraissent constituer *prima facie* une base sur laquelle sa compétence pourrait être fondée ». En l'occurrence, le Nicaragua invoquait sa propre déclaration d'acceptation de la compétence de la CPJI, dont les États-Unis contestaient l'existence. Autrement dit (et la Cour serait mieux avisée de s'exprimer dans l'une de ses deux langues officielles – l'anglais et le français – et non en latin, langue morte), la Cour accepte d'ordonner des mesures conservatoires, dès lors que son incompétence n'est pas manifeste (ou qu'à première vue elle apparaît compétente).

(*Rec.*, 1984, p. 169.)

• CIJ, *arrêt du 26 novembre 1984* sur la compétence

Bien que rendue à une écrasante majorité (15 voix c. 1), la décision de la Cour de se déclarer compétente n'apparaît pas à l'abri des critiques du fait, notamment, que 6 opinions individuelles divergent sérieusement sur le fondement de cette compétence (déclaration facultative d'acceptation de la compétence de la Cour et/ou clause compromissoire dans un traité bilatéral). Par ailleurs, la Cour ne s'est pas arrêtée à l'absence de négociations diplomatiques préalables, cependant prévues par le traité bilatéral. En revanche, la CIJ a considéré, à juste titre, à propos des réserves formulées par les États-Unis à leur propre déclaration d'acceptation de la compétence de la Cour, qu'un État ne pouvait invoquer la réciprocité pour ne pas respecter les termes de sa propre déclaration. En l'espèce, les États-Unis entendaient invoquer à leur profit le fait que le Nicaragua n'avait prévu aucun préavis pour la modification de sa déclaration, alors qu'eux-mêmes avaient prévu un tel préavis, qu'ils devaient donc respecter. À la suite de cet arrêt, les États-Unis arguant que le litige portait sur des questions politiques, ne relevant pas de la compétence de la Cour, décidèrent de ne plus participer à la procédure.
On relèvera, également, le fait que, dans cette affaire, la CIJ a consacré une conception peu formaliste du droit international. Elle a, en effet, admis la validité, à l'égard de la CIJ, d'une déclaration d'acceptation de juridiction obligatoire, faite à l'époque de la CPJI, alors que le Nicaragua n'avait pas notifié, formellement, sa ratification du protocole portant statut de cette Cour, et n'était donc pas partie à celui-ci. Ce faisant, la Cour rattache le mécanisme de la clause facultative au droit des traités, même si certains juges de la minorité soulignent le caractère *sui generis* de cette institution, qui se présente, formellement, comme un acte unilatéral (v. *infra Espagne c/ Canada*).

(*Rec.*, 1984, p. 392.)

Par la suite, les États-Unis ont retiré leur déclaration d'acceptation de la compétence de la Cour (cf. attitude de la France après l'affaire des *essais nucléaires*), tout en soumettant, sur la base d'une clause de juridiction, un litige les opposant à l'Italie (v. *infra* : aff. de l'*Elettronica Sicula)*.

• CIJ, *arrêt du 27 juin 1986* sur le fond

Sur le fond, la Cour a, à une large majorité, admis le bien-fondé de la réclamation du Nicaragua, en considérant que les États-Unis, par leur aide aux forces contras et par certaines initiatives propres, avaient violé le traité d'amitié américano-nicaraguayen et le droit international coutumier (non-recours à la force, non-intervention, respect de la souveraineté). Elle a, en effet, reconnu qu'elle n'était pas compétente, du fait d'une réserve américaine, visant les traités multilatéraux, pour statuer au regard des dispositions de la Charte des Nations unies. Elle a rejeté la justification de légitime défense, avancée par le gouvernement américain et l'a condamné à réparer le préjudice causé.

(*Rec.*, 1986, p. 14.)

La Cour aurait dû statuer, en 1990, sur les formes et le montant de la réparation due. Mais, le changement de régime politique au Nicaragua a entraîné une amélioration des relations entre les deux pays et le Nicaragua s'est, finalement, désisté, en 1991, de la procédure engagée devant la Cour.

Admission aux Nations unies.

Ce problème fut soulevé à l'occasion de deux avis consultatifs demandés à la CIJ : l'un portant sur les conditions de fond de l'admission, l'autre sur les conditions de procédure.

• *Conditions d'admission d'un État comme membre des Nations unies* (CIJ, avis consultatif du 28 mai 1948)

La CIJ fut consultée à propos de la controverse soulevée par l'Union soviétique qui, durant la période dite de « guerre froide » (1948-1955), entendait subordonner l'admission d'un État à l'admission d'autres États (idéologiquement proches d'elle). La Cour estima que la liste des conditions de fond posées par l'article 4 de la Charte était limitative et que ce marchandage était illégal (de fait, en 1955, un marchandage global intervint cependant).

(*Rec.*, p. 57.)

• *Compétence de l'Assemblée générale pour l'admission de nouveaux membres* (CIJ, avis consultatif du 3 mars 1950)

L'Union soviétique continuant à paralyser (après l'avis de 1948), l'admission de nouveaux membres, la Cour fut consultée sur le point de savoir si, aux termes de l'article 4 de la Charte, l'Assemblée générale pouvait passer outre à l'absence de recommandation du Conseil de sécurité (une éventuelle recommandation se heurtant au veto soviétique). La Cour répondit par la négative, car la recommandation du Conseil de sécurité est le support essentiel de la décision de l'Assemblée générale.

(*Rec.*, p. 4)

Alabama (Sentence arbitrale du 14 sept. 1872).

Ce navire avait été construit et armé en Angleterre pour le compte des Confédérés (Sudistes), durant la guerre de Sécession et causa d'énormes pertes à la marine fédérale américaine. Après la fin de la guerre de Sécession, les États-Unis se retournèrent contre la Grande-Bretagne, accusée d'avoir manqué aux règles de la neutralité maritime. L'affaire fut confiée à un tribunal arbitral qui accorda une indemnité aux États-Unis.

S'agissant de l'évaluation du dommage à réparer, le tribunal arbitral n'accorda pas aux États-Unis la réparation du dommage indirect causé par la hausse du coût des frets et des polices d'assurance, du fait de l'activité du navire.

À noter la déclaration de l'Angleterre déniant toute valeur coutumière, à l'époque, aux « *trois règles de Washington* », relatives aux obligations des États neutres en cas de guerre sur mer (le compromis d'arbitrage, signé à Washington, indiquait, en effet, aux arbitres les normes par rapport auxquelles ils devraient apprécier le comportement de l'Angleterre).

(De la Pradelle et Politis, *RAI*, t. 2, p. 889.)

Ambatielos (CIJ, *arrêt du 1er juill. 1952* sur l'exception préliminaire).

Le litige opposait la Grèce à la Grande-Bretagne à propos d'un différend mettant en cause un armateur grec, Ambatielos, qui avait été condamné par les tribunaux britanniques pour l'inobservation, en 1921, d'un contrat qui le liait au gouvernement anglais. La Grèce fondait la compétence de la Cour, quant au fond du litige, sur un traité anglo-grec de commerce et de navigation de 1926. La CIJ rejeta la thèse grecque, car cela conduisait à donner à ce traité un effet rétroactif, en ce qui concernait la compétence de la CIJ (même si, dans un traité de 1886, il y avait des « clauses similaires » à celles se trouvant dans le traité de 1926).

(*Rec.*, p. 28.)

Aminoil c/ Koweït (Sentence arbitrale du 24 mars 1982).

Sentence rendue par un tribunal arbitral de trois membres et présidé par le professeur P. Reuter, dans un litige opposant une société pétrolière américaine (Aminoil) au Koweït, à propos des conditions de nationalisation de la société en 1977. Cette sentence présente un double intérêt. D'une part, le tribunal y déclare que le consentement donné sous l'effet d'une contrainte économique ne peut servir de précédent pour l'établissement d'une règle coutumière. D'autre part, à propos d'engagements pris par un gouvernement à l'égard d'un concessionnaire (clauses de stabilisation), ces engagements n'auront qu'un effet limité, s'ils sont rédigés en termes très larges et ne peuvent concerner qu'une période relative et limitée.

(*ILM*, 1982, p. 976.)

Anglo-Iranian Oil Company (CIJ, arrêt du 22 juill. 1952 sur l'exception préliminaire).

En 1951, le gouvernement iranien décida de nationaliser l'industrie pétrolière. Cette mesure eut pour effet de remettre en question un contrat de concession, conclu, en 1933, avec l'Anglo-Iranian Oil Company.
Ayant porté l'affaire devant la CIJ, la Grande-Bretagne invoquait, notamment, le bénéfice de traités plus avantageux que ceux de 1857 et 1903 qu'elle avait conclus avec la Perse, en l'occurrence des traités de 1934 et 1937, conclus respectivement avec le Danemark et la Suisse d'une part, et avec la Turquie d'autre part. Cette prétention s'appuyait sur la clause de la nation la plus favorisée, contenue dans les accords anglo-iraniens de 1857 et 1903. Or, l'Iran n'avait accepté, en 1930, la compétence de la Cour (la CPJI à l'époque) que pour les différends et faits relatifs à l'exécution de traités postérieurs à la ratification de cette déclaration. La Cour, contrairement à la thèse de la Grande-Bretagne, estima que le traité à prendre en considération pour la détermination du litige n'était pas celui conclu avec les États tiers, mais celui qui permet à la Grande-Bretagne de s'en prévaloir. Autrement dit, c'est le traité contenant la clause de la nation la plus favorisée, qui est le traité de base, et que la Grande-Bretagne doit invoquer. C'est ce traité qui établit le lien juridique entre la Grande-Bretagne et l'Iran et qui confère à la Grande-Bretagne les droits, dont jouit l'État tiers. Un traité avec un État tiers, indépendamment et isolément du traité de base, ne peut produire aucun effet juridique entre la Grande-Bretagne et l'Iran. Il est *res inter alios acta*. Or, ce traité de base, datant de 1857 ou 1903, est antérieur à la déclaration iranienne d'acceptation de la compétence de la Cour et ne peut, donc, être invoqué à l'appui de la compétence de la Cour.

(*Rec.*, p. 93.)

Armes nucléaires (officiellement : *licéité de l'utilisation des armes nucléaires par un État dans un conflit armé – requête pour avis consultatif présentée par l'OMS ; licéité de la menace ou de l'emploi d'armes nucléaires – requête pour avis consultatif présentée par l'Assemblée générale* – deux avis consultatifs du 8 juill. 1996).

Paradoxalement, la Cour a été saisie à des dates différentes d'abord par l'Organisation mondiale de la santé puis par l'Assemblée générale elle-même d'une demande d'avis portant pratiquement sur une question identique, malgré un libellé légèrement différent. Concrètement, en mai 1993, l'Organisation mondiale de la santé interrogea la Cour sur le point de savoir si « compte tenu des effets des armes nucléaires sur la santé et l'environnement, leur utilisation par un État au cours d'une guerre constituerait-elle une violation de ses obligations au regard du droit international y compris la Constitution de l'OMS ». L'Assemblée générale de l'ONU, organisation à caractère plus politique, ne pouvait évidemment pas être en reste à l'égard de l'OMS et en décembre 1994, alors que la Cour aurait déjà pu avoir donné son avis à l'OMS – la procédure consultative pouvant être réduite à 6 mois (1989), voire deux mois (1988) –, l'Assemblée demanda à la Cour « de rendre dans les meilleurs délais » (*sic*) un avis consultatif sur la question suivante : « Est-il permis en droit international de recourir à la menace ou à l'emploi d'armes nucléaires en toute circonstance ? »
Il semble bien que la Cour quelque peu embarrassée ait pris tout sont temps pour répondre. Une activité contentieuse rendue plus active par la fin de la guerre froide n'explique pas le long délai de réflexion pris par la Cour. Et s'il est vrai que les États réclament souvent des délais importants pour déposer leurs mémoires, dans le cas d'un différend interétatique, le fait qu'une quarantaine d'États aient, dans ces deux procédures consultatives, déposé des exposés écrits à propos desquels certains d'entre eux ont présenté des observations écrites et que la Cour ait tenu une dizaine d'audiences publiques n'expliquent pas la durée de la procédure : près de 3 ans pour l'avis demandé par l'OMS et 18 mois pour celui demandé par l'Assemblée générale de l'ONU. Le délibéré a, à lui seul, duré plus de 7 mois, alors que le texte même des avis est relativement court.
La déception pour la majorité des États membres de l'OMS qui avaient été à l'origine de la saisine de la Cour a dû être d'autant plus grande que la Cour s'est à une très large majorité (11 voix contre 3) déclarée – pour la première fois de son existence – incompétente pour donner un avis à cette Organisation estimant que l'avis sollicité aurait dû se poser dans le cadre de l'activité de l'institution requérante. Ce que la Cour n'a pas estimé être le cas en l'espèce. En effet, l'OMS, comme toute organisation internationale est tenue par le principe de la spécialité de sa compétence, telle qu'elle est définie par son acte constitutif. Certes, selon les dispositions de la Constitution de l'OMS, celle-ci est habilitée à traiter des effets sur la santé de l'utilisation d'armes nucléaires, ou de toute autre activité dangereuse, et à prendre des mesures préventives destinées à protéger la santé des populations, au cas où de telles armes seraient utilisées ou de telles activités menées. Mais, la Cour a constaté que la question qui lui était posée portait *non sur les effets* de l'utilisation d'armes nucléaires sur la santé, mais sur la *licéité* de l'utilisation de telles armes *compte tenu de leurs effets sur la santé et l'environnement* (passages soulignés par la Cour elle-même). De plus, l'OMS fait partie du « système des Nations unies », qui regroupe l'ONU, dotée de compétences de portée générale et les Institutions spécialisées – dont l'OMS – dotées de

compétences sectorielles. S'il est vrai que d'après l'article 57 de la Charte des Nations unies, l'OMS est pourvue d'attributions internationalement étendues, la Cour n'en considère pas moins que celles-ci sont nécessairement limitées au domaine de la santé publique et ne sauraient empiéter sur celles d'autres composantes du système des Nations unies. Or, selon la Cour, les questions touchant au recours à la force, à la réglementation des armements et au désarmement sont du ressort de l'Organisation des Nations unies et échappent à la compétence des institutions spécialisées.

Un certain nombre de juges de la confortable majorité qui s'était ainsi dégagée pour rejeter la demande d'avis présentée par l'OMS se réservaient, sans doute, pour l'examen de la demande d'avis présentée, pratiquement donc, sur la même question par l'Assemblée générale des Nations unies.

Or, cette fois, il n'y eut qu'une majorité « artificielle » sur le fond même du problème. Du moins, à l'exception du juge japonais, tous les autres membres de la Cour furent d'avis de donner suite à la demande d'avis consultatif, toutefois notamment contestée par la France. En revanche, ce n'est que la voix prépondérante du président (le juge de nationalité algérienne) qui permit, sur le point le plus délicat soulevé par l'Assemblée générale, de dégager une majorité du fait que les 14 membres en exercice – un membre nouvellement élu ne participait pas au délibéré – s'étaient partagés en deux fractions égales. Cette situation ne s'était produite qu'une fois du temps de la CPJI (aff. du *Lotus*, 1927), et une fois en 1966, lorsque la Cour examina les requêtes de l'Éthiopie et du Liberia, dirigées contre l'Afrique du Sud, à propos du territoire, alors sous mandat, du Sud-Ouest africain (future Namibie). Cette fois encore, ces conditions d'adoption ont conduit à une solution qui ne brille pas par sa clarté, à laquelle ne contribuent pas les nombreuses déclarations et opinions séparées.

Certes, à l'unanimité, la Cour a estimé que ni le droit international coutumier, ni le droit international conventionnel n'autorisent spécifiquement la menace ou l'emploi d'armes nucléaires. Il manqua en revanche 3 voix pour considérer que le droit international ne comporte pas d'interdiction complète et universelle en ce sens. L'unanimité s'est ensuite reconstituée pour considérer que serait illicite la menace ou l'emploi de la force au moyen d'armes nucléaires qui serait contraire à l'article 2 § 4 de la Charte (relatif à l'interdiction de recourir à la menace ou à l'emploi de la force) et qui ne satisferait pas à toutes les prescriptions de son article 51 (qui reconnaît le droit naturel de légitime défense sous la double condition de nécessité et de proportionnalité). De même, tous les juges ont admis que la menace ou l'emploi d'armes nucléaires devrait aussi être compatible avec les exigences du droit international applicable dans les conflits armés, spécialement celles des principes et règles du droit international humanitaire, ainsi qu'avec les obligations particulières en vertu des traités et autres engagements qui ont expressément trait aux armes nucléaires. Mais, la Cour a, toutefois, refusé de se prononcer sur le point de savoir si ces principes et règles du droit humanitaire font partie du *jus cogens*.

Mais ce n'est qu'avec la voix prépondérante du président Bedjaoui que la Cour a tout d'abord considéré qu'il ressort des exigences susmentionnées que la menace ou l'emploi d'armes nucléaires serait généralement contraire aux règles du droit international applicable dans les conflits armés, et spécialement aux principes et règles du droit humanitaire. Mais elle a immédiatement précisé qu'au vu de l'état actuel du droit international, ainsi que des éléments de fait dont elle dispose, la Cour ne peut cependant conclure de façon définitive que la menace ou l'emploi d'armes nucléaires serait licite ou illicite dans une circonstance extrême de légitime défense dans laquelle la survie même d'un État serait en cause. La Cour a, à cet égard, relevé la pratique dénommée « politique de dissuasion » sans pour autant se « prononcer » à son propos. Alors que cette question ne lui avait pas été posée – d'où la critique d'avoir statué *ultra petita* évoquée par le juge français Gilbert Guillaume (élu président de la Cour en 2000) dans son opinion individuelle –, la Cour a, cependant, à l'unanimité, conclu son avis en déclarant qu'il existe une obligation de poursuivre de bonne foi et de mener à terme des négociations conduisant au désarmement nucléaire dans tous ses aspects, sous un contrôle strict et efficace.

On relèvera que selon la déclaration du président de la Cour : « ce qui n'est pas expressément prohibé par le droit international n'est pas pour autant autorisé ». Cette affirmation tend donc à remettre en question, du moins selon le président en exercice de la Cour, la présomption de liberté laissée par le droit international à tout État souverain, comme l'avait admis la CPJI, en 1927, dans l'affaire du *Lotus*.

(*Rec.*, p. 66.)

Avena, v. p. 278.

Barcelona Traction.

• CIJ, *arrêt du 24 juillet 1964* sur les exceptions préliminaires

En 1948, un juge espagnol prononça un jugement de faillite à l'égard de la Barcelona Traction, qui était, à l'époque, la plus importante entreprise d'électricité d'Espagne. Cette société, constituée selon le droit canadien, comportait, cependant, une majorité d'actionnaires belges. Aussi, la Belgique crut devoir défendre les intérêts de ses ressortissants. Elle intervint, ainsi, auprès des autorités espagnoles. Devant l'échec de ces négociations, la Belgique porta l'affaire devant la CIJ, en 1958, mais de nouvelles négociations étant entreprises, la Belgique se désista en 1961. Les négociations n'ayant pas abouti, la Belgique saisit, à nouveau, la Cour, en 1962. Du coup, l'Espagne souleva l'incompétence de la CIJ, du fait du désistement de la Belgique en 1961. La Cour rejeta l'exception soulevée par l'Espagne, estimant que le désistement était, sauf preuve contraire, un acte purement procédural et en l'espèce, n'avait pas opéré, en même temps, renonciation à la réclamation à l'égard de l'Espagne. La Cour a considéré que le désistement de la Belgique, en 1961, avait été motivé par la volonté de ne pas compromettre les négociations en cours.

(*Rec.*, p. 6.)

• CIJ, *arrêt du 5 février 1970* – 2e phase

La CIJ, examinant les systèmes de droit interne, reconnaissant la société anonyme, remarque qu'il faut distinguer deux entités séparées : la société et l'actionnaire, chacune dotée de droits distincts. Or, dans cette affaire, la société était canadienne et les actionnaires, pour lesquels la Belgique entendait agir, étaient belges. Mais, les actes dommageables, imputables à l'Espagne, visaient les droits de la société et non les droits propres des actionnaires (droit de vote, droit aux dividendes, etc.). Ceux-ci voyaient seulement leurs intérêts affectés. Cela ne justifiait donc pas la réclamation de la Belgique, dès lors que la société existait toujours et que le Canada pouvait, ainsi, prendre fait et cause pour elle. Dans ces conditions, la Cour contesta à la Belgique la qualité pour agir et rejeta sa requête.

On a relevé que dans cette affaire, la Cour a, par un *obiter dictum*, évoqué (§ 33 de l'arrêt) l'existence d'obligations *erga omnes*, dont elle a donné quelques exemples (§ 34) : agression, génocide, principes fondamentaux de la personne humaine (protection contre l'esclavage et la discrimination raciale).

(*Rec.*, p. 3.)

Beagle (Chenal de) (Sentence arbitrale du 22 avril 1977).

L'Argentine et le Chili se disputaient, depuis près d'un siècle, la possession de 3 petites îles à l'extrême-sud du continent américain, à l'entrée du chenal de Beagle, qui baigne la Terre de Feu (et permet de passer de l'océan Atlantique dans l'océan Pacifique et vice-versa, en évitant le redoutable Cap Horn).

La reine d'Angleterre reprenant, en réalité, à son compte une décision rendue par une instance arbitrale a reconnu, en 1977, la souveraineté du Chili sur ces trois îles. L'Argentine, refusant de reconnaître la sentence, le pape a été chargé d'une médiation entre les deux pays, à ce sujet, qui a abouti, en 1984. Le Chili a renoncé à l'exercice de droits sur les eaux territoriales de ces îles, qui lui auraient donné accès à l'océan Atlantique.

(*ILM*, 1978, p. 634.)

Belgique c/ Sénégal (officiellement : *Questions concernant l'obligation de poursuivre ou d'extrader*).

Le 19 février 2009, la Belgique a introduit une instance contre le Sénégal au motif qu'un différend oppose les deux pays en ce qui concerne le respect par le Sénégal de son obligation de poursuivre ou d'extrader vers la Belgique, où une plainte a été déposée contre lui, Hissene Habré, ancien président du Tchad. Celui-ci est, en effet, accusé de complicité de crimes contre l'humanité, d'actes de torture et de barbarie et a été assigné à résidence au Sénégal. Ce pays fait état de difficultés financières empêchant l'organisation d'un procès.

Craignant une remise en liberté de Hissene Habré, la Belgique demanda à la Cour l'indication de mesures conservatoires.

Par une ordonnance du 28 mai 2009, la Cour a rejeté cette demande, considérant qu'il n'y avait pas de risque de préjudicie irréparable, ni aucune urgence justifiant l'indication de mesures conservatoires.

La Cour a, en effet, pris en compte une déclaration du coagent du Sénégal à une question posée par un juge indiquant que son gouvernement ne permettrait pas à M. Habré de quitter le Sénégal tant que durerait la procédure devant la Cour. De son côté, le coagent de la Belgique avait admis qu'une telle déclaration suffirait à considérer que la demande en indication de mesures conservatoires n'aurait plus d'objet.

Bernadotte v. *Dommages subis au service des Nations unies.*

Bosnie-Herzégovine c/ Yougoslavie (Serbie et Monténégro) (officiellement : *application de la Convention pour la prévention et la répression du crime de génocide*).

À la suite de la désagrégation de la République fédérative socialiste de Yougoslavie, quatre républiques fédérées déclarèrent leur indépendance : Croatie, Slovénie,

Macédoine et Bosnie-Herzégovine. Dans cette dernière république, une guerre civile éclata, fomentée par la population d'origine serbe, qui fut soutenue par la nouvelle République fédérative de Yougoslavie, limitée aux deux dernières républiques de Serbie et du Monténégro. Des exactions (assassinats, tortures, viols, etc.) furent imputées aux miliciens serbes, accusés, notamment, de poursuivre une politique de « purification ethnique » à l'encontre des musulmans bosniaques. Aussi, en mars 1993, la Bosnie-Herzégovine assigna la Yougoslavie devant la CIJ, pour violation de la Convention de 1948 sur le génocide, qui contenait, par ailleurs, une clause de juridiction obligatoire (on signalera que, en 1999, la Croatie a également introduit une instance, devant la CIJ, contre la Yougoslavie pour violation de la Convention sur le génocide).

• CIJ, *ordonnance du 8 avril 1993* sur une demande en indication de mesures conservatoires :

La Cour s'est déclarée compétente, sans s'arrêter sur le fait que les organes des Nations unies ont contesté la « continuité » entre la Yougoslavie et l'ex-République fédérative et socialiste de Yougoslavie comme membre de l'ONU, d'où sa suspension de participation par l'Assemblée générale. Elle a pris en compte la déclaration de l'actuelle Yougoslavie de respecter les traités internationaux auxquels était partie l'ex-Yougoslavie (des États non parties au statut de la Cour peuvent, en effet, se présenter devant elle, dès lors qu'ils ont signé un traité reconnaissant la compétence de la Cour : *ex. :* Convention sur le génocide). De même, elle n'a pas considéré que l'indication de mesures conservatoires serait prématurée et inappropriée du fait que le Conseil de sécurité serait toujours saisi des divers aspects de la situation dans l'ex-Yougoslavie. Car, le Conseil a des attributions politiques et la Cour exerce des fonctions purement judiciaires, qui peuvent donc coexister de façon complémentaire à propos des mêmes événements.

La Cour se refuse à conclure définitivement sur les faits ou leur imputabilité et se préoccupe seulement d'indiquer des mesures conservatoires que les parties devraient prendre pour protéger des droits conférés par la Convention sur le génocide. Convaincue qu'il existe un risque grave que soient prises des mesures de nature à aggraver ou étendre le différend existant ou à en rendre la solution plus difficile, elle rappelle que le crime de génocide « bouleverse la conscience humaine ». Aussi, à l'unanimité, invite-t-elle le gouvernement de la République fédérative de Yougoslavie à « prendre toutes les mesures en son pouvoir afin de prévenir la commission du crime de génocide ». Mais, le juge russe a émis une opinion dissidente à l'invitation adressée, par ailleurs, à ce même gouvernement de veiller à ce qu'aucune des unités militaires, paramilitaires ou unités armées irrégulières qui pourraient relever de son autorité ou bénéficier de son appui, ni aucune organisation ou personne pouvant se trouver sous son pouvoir, son autorité ou son influence, ne s'entendent en vue de commettre ce crime, n'incitent directement et publiquement à le commettre ou ne s'en rendent complices. Il a considéré que cela pouvait donner l'impression que la Yougoslavie était effectivement impliquée ou tout au moins qu'elle pouvait l'être dans des actes de génocide.

Mais, la Cour a implicitement refusé de reconnaître à la Bosnie-Herzégovine, comme celle-ci cependant le lui demandait, un droit de légitime défense l'autorisant à passer outre la décision d'embargo sur les armes à destination de l'ex-Yougoslavie (résol.

713/1991). Il est vrai que cette question n'entrait pas dans le champ d'application de la Convention sur le génocide.

(*Rec.*, p. 3.)

• CIJ, *ordonnance du 13 septembre 1993* sur une nouvelle demande en indication de mesures conservatoires.

La Bosnie-Herzégovine demandait de nouvelles mesures conservatoires (*ex.* : interdiction de plans de partage, illégalité de mesures d'annexion) que la Cour a écartées, car elle a, à cette occasion, expressément indiqué qu'elle n'était compétente qu'à l'égard de la Convention sur le génocide. Or, ces mesures n'étaient pas en rapport avec cette Convention. Et la Cour s'est bornée à confirmer son ordonnance du 8 avril mais en demandant la mise en œuvre immédiate et effective des mesures ordonnées à cette date.
La République fédérale de Yougoslavie (Serbie, Monténégro) demandait de son côté que la Bosnie soit invitée à prendre toutes mesures afin de prévenir la commission du crime de génocide contre le groupe ethnique serbe. La Cour considère que dans sa précédente ordonnance, elle a rappelé que la Bosnie-Herzégovine (comme la Yougoslavie) est tenue de faire tout ce qui est en son pouvoir pour assurer la prévention d'actes de génocide. Elle estime qu'il n'est pas nécessaire d'en dire plus.

(*Rec.*, p. 325.)

• CIJ, *arrêt du 11 juillet 1996* sur les exceptions préliminaires :

La Cour a rejeté toutes les exceptions préliminaires soulevées par la Yougoslavie au sujet de sa compétence.
La Cour a estimé, notamment, que les droits et obligations découlant de la Convention étaient opposables *erga omnes* [Effet] (c'est-à-dire à tout État) et que l'obligation de l'État de punir le crime de génocide n'était pas limité territorialement par la Convention.

(*Rec.*, p. 595.)

La Yougoslavie a demandé, en avril 2001, une révision de cet arrêt du fait qu'avant le 1er novembre 2000, date de son admission à l'ONU, elle n'était pas partie à la Convention, qui n'est ouverte qu'aux États membres de l'ONU ou invités à signer par l'AG.
Un arrêt du 3 février 2003 rejette la demande au motif que la révision n'est possible qu'en cas de découverte d'un fait nouveau qui était inconnu au moment du prononcé de l'arrêt. Il ne peut se produire quelques années après. Or, en 1996, date de l'arrêt, la République fédérale yougoslave (telle était son appellation à l'époque), savait qu'elle devrait, selon l'Assemblée générale, demander sa (ré) admission (ce qui, effectivement, a été réalisé en 2000) et pour la Cour, la résolution de l'Assemblée générale n'affectait pas ses droits devant elle, ni au regard de la Convention sur le génocide. La Cour relève, certes, que la République fédérale yougoslave était, de 1992 à 2000, dans une situation *sui generis*.

(*Rec.*, p. 7.)

• CIJ, *ordonnance du 17 décembre 1997* sur les demandes reconventionnelles de la Yougoslavie.

La Cour a, pour la première fois de son histoire, admis la recevabilité de demandes reconventionnelles à un stade préliminaire. Dans le passé, la Cour avait statué, par deux fois, sur des demandes reconventionnelles, mais en rendant sa décision finale sur le fond de l'affaire (aff. du *droit d'asile*, 1950 et aff. des *droits des ressortissants américains au Maroc*, 1952 v. également *Cameroun c/ Nigeria*).
La Yougoslavie, assignée par la Bosnie-Herzégovine, a accusé, à son tour, ce pays d'être responsable de génocide commis contre des Serbes en Bosnie-Herzégovine.

(*Rec.*, p. 243.)

Mais, en septembre 2001, la Yougoslavie a retiré ses demandes reconventionnelles.

• CIJ, *arrêt du 26 février* 2007 sur le fond

La Cour a considéré que, d'une manière générale, la Serbie - désormais seule en cause, le Monténégro ayant accédé à l'indépendance en 2006 - n'a pas commis de génocide, ni participé à une entente en vue de commettre un génocide, ni ne s'était rendue complice de génocide. En effet, la Cour rappelle que, « pour que certains actes puissent être qualifiés de génocidaires, il faut qu'ils s'accompagnent de l'intention de détruire, en tout ou en partie, le groupe protégé, comme tel ». Et, elle insiste sur « la distinction entre génocide et nettoyage ethnique ». « Si ce dernier peut être réalisé par le déplacement forcé d'un groupe de personnes d'une région donnée, le génocide se définit par cette intention spécifique de détruire le groupe, en tout ou partie ». En l'espèce, si la Cour « considère comme établi, par des éléments de preuve irréfutables, que des meurtres ont été perpétrés de façon massive au cours du conflit sur l'ensemble du territoire de la Bosnie-Herzégovine », « elle n'est cependant pas convaincue que ces meurtres étaient accompagnés, dans l'esprit de leurs auteurs, de l'intention spécifique de détruire, en tout ou en partie, le groupe des Musulmans de Bosnie ». « Peut-être ces meurtres constituent-t-ils des crimes de guerre et des crimes contre l'humanité, mais elle n'a pas compétence pour en juger », indique la Cour.
Mais, en revanche, elle a considéré qu'il y avait bien eu génocide à Srebrenica, en 1995, au cours duquel près de 8 000 musulmans avaient été massacrés - devant des casques bleus néerlandais, restés impassibles d'ailleurs. Et s'agissant de ce génocide, elle a estimé que la République fédérale de Yougoslavie RFY avait violé l'obligation de prévenir le génocide, prescrite par la Convention de 1948. La Cour a relevé que la RFY se trouvait, en effet, à l'égard des Serbes de Bosnie, qui ont conçu et exécuté ce génocide, dans une position d'influence, en raison de la puissance des liens politiques, militaires et financiers entre d'une part la RFY, et d'autre part, la Republika Srpska (gouvernement pro-serbe sécessionniste en Bosnie-Herzégovine) et son armée. Car, la RFY a mis des ressources militaires et financières considérables à la disposition de la Republika Srpska et, si elle avait décidé de retirer ce soutien, cela aurait grandement limité les options ouvertes aux autorités de cette dernière. Des actes de génocide ont donc été commis à Srebrenica par l'armée de la Republika Srpska, mais la Cour a considéré, « au vu des éléments d'information dont elle dispose » que les actes des personnes ayant commis ce génocide ne peuvent être attribués à la RFY.
Elle a enjoint à la Serbie de prendre immédiatement des mesures effectives pour s'acquitter pleinement de l'obligation lui incombant, en vertu de ladite Convention,

de punir les actes de génocide, en transférant au Tribunal pénal international pour l'ex-Yougoslavie les personnes accusées de génocide (sans être nommément désignés, il s'agit, notamment, de l'ancien président de la Republika Srpska Radovan Karadzic et du général Ratko Mladic), qui bénéficient d'un soutien actif de la Serbie.
S'agissant de la réparation réclamée par la Bosnie-Herzégovine, la Cour a considéré que l'indemnisation n'apparaissait pas comme le moyen approprié de réparer le manquement constaté à l'obligation de prévenir le génocide à Srebrenica, dès lors qu'il n'a pas été établi que ce génocide aurait été effectivement empêché si la Serbie avait tenté de le prévenir. Aussi, la cour a-t-elle estimé que la forme de réparation la plus appropriée consisterait à faire figurer dans le dispositif de l'arrêt une déclaration indiquant que la Serbie a manqué de se conformer à l'obligation de prévenir le crime de génocide. En quelque sorte, en constatant, formellement, la violation d'une règle de droit international, la Cour a accordé une réparation sous forme de « satisfaction ».
L'arrêt a provoqué une certaine déception, dans certains milieux, en raison de la prudence dont fait preuve la Cour.

Botswana c/ Namibie (officiellement: *différend sur l'île de Kasikili c/ Sedudu*; CIJ, arrêt du 13 déc. 1999).

Cette île, d'une superficie d'environ 3,5 km^2, située sur le cours d'un fleuve (Chobe) séparant les deux pays est sujette à des inondations qui durent plusieurs mois, chaque année. Ce litige se situait dans le contexte de la décolonisation: le Botswana fut longtemps un protectorat britannique et la Namibie, initialement colonie allemande, fut ensuite placée sous mandat de l'Afrique du Sud (sous le nom de territoire du Sud-Ouest africain). Les deux pays sont devenus indépendants, respectivement en 1966 et 1990.
Le litige portait pratiquement sur la notion de « chenal principal » du Chobe autour de l'île et mettait en cause un traité de 1890 délimitant les zones d'influence de l'Allemagne et de la Grande-Bretagne dans le sud-ouest de l'Afrique.
La Cour a pris notamment en considération la profondeur et la largeur du chenal, le débit, la configuration du profil du chenal et sa navigabilité.
Elle a constaté que la conduite ultérieure des parties au traité de 1890 n'a donné lieu à aucun accord entre elles au sujet de l'interprétation du traité ou de l'application de ses dispositions.
Elle n'a pas non plus pu tirer de conclusions du dossier cartographique.
Enfin, elle a examiné l'argument subsidiaire de la Namibie selon lequel cet État et ses prédécesseurs auraient acquis un titre sur l'île en cause, en vertu de l'exercice d'une juridiction souveraine sur cette île depuis le début du siècle. Mais la Cour a considéré que si des membres d'une tribu de la bande de Caprivi (territoire appartenant à la Namibie) ont bien utilisé l'île pendant de nombreuses années, ils l'ont fait de façon intermittente, au gré des saisons et à des fins exclusivement agricoles, sans qu'il ait été établi qu'ils occupaient l'île « à titre de souverain », c'est-à-dire en y exerçant des attributs de la puissance publique au nom des autorités du Caprivi. La Cour n'a donc pas eu à se prononcer sur le statut de la prescription acquisitive en droit international ou sur les conditions d'acquisition d'un titre territorial par prescription.
La Cour a conclu que l'île fait partie du territoire du Botswana. Mais, sur la base du compromis l'habilitant à déterminer le statut juridique de l'île, la Cour a cru opportun de se fonder sur un communiqué commun des deux présidents, en date de 1992, pour

conclure que les parties se sont mutuellement garanti la liberté de navigation sur les chenaux autour de l'île pour les bateaux de leurs ressortissants battant pavillon national. Il en résulte que les ressortissants des deux pays et les bateaux battant pavillon de ceux-ci doivent bénéficier du régime du traitement national.

(*Rec.*, p. 1045.)

Brown (Sentence arbitrale du 23 nov. 1923).

Les États-Unis présentaient une réclamation pour le compte d'un de leurs ressortissants, Brown, victime du refus opposé par les autorités sud-africaines, en 1897, d'exécuter un arrêt de la Haute Cour du Transvaal. Or, à l'issue de la guerre des Boers, la Grande-Bretagne avait annexé, en 1900, la République sud-africaine du Transvaal. Le Tribunal arbitral rejeta la réclamation américaine, la Grande-Bretagne n'ayant pas succédé aux actes illicites de l'État du Transvaal.

(*RSA*, vol. VI, p. 120.)

Cameroun c/ Nigeria (officiellement : affaire de la *frontière terrestre et maritime entre le Cameroun et le Nigeria*).

Le Cameroun a, en 1994, saisi la CIJ d'une requête introductive d'instance contre le Nigeria au sujet d'un différend portant sur la question de la souveraineté sur plusieurs points de la frontière terrestre et maritime entre les deux États. Ce recours se fondait sur les déclarations des deux États reconnaissant la compétence obligatoire de la Cour (art. 36-2 du Statut de la Cour)

• CIJ, *arrêt du 11 juin 1998* sur les exceptions préliminaires :

Le Nigeria avait soulevé huit exceptions préliminaires mettant en cause la compétence de la Cour et la recevabilité des demandes du Cameroun. La Cour, à une large majorité, en a rejeté sept et joint la huitième à la procédure sur le fond.
La Cour a, notamment, considéré que le Cameroun n'avait pas à informer le Nigeria qu'il avait souscrit la déclaration facultative de juridiction obligatoire, avant de la saisir. De même, elle a estimé que l'épuisement des négociations diplomatiques ne constituait pas un préalable à la saisine de la Cour. Elle n'a pas non plus considéré que le règlement des différends frontaliers dans la région du Tchad relevait de la compétence exclusive de la commission du bassin du lac Tchad, qui n'entre pas dans les prévisions du chapitre VIII de la Charte. Enfin, nous retiendrons que la Cour a déclaré que pour établir l'existence d'un différend, il faut démontrer que l'existence d'un différend international demande à être établie objectivement. On trouve, également, dans cet arrêt une définition de l'*estoppel*.

(*Rec.*, p. 275.)

Le Nigeria a demandé, en octobre 1998, à la Cour d'interpréter son arrêt sur les exceptions préliminaires, mais la Cour a déclaré irrecevable cette requête le 25 mars 1999 (c'était le 3e cas, après les aff. *Haya de la Torre* et du *plateau continental tuniso-libyen*). En revanche, par une ordonnance du 30 juin 1999 (*Rec.*, p. 963), la Cour a déclaré recevables des demandes reconventionnelles présentées par le Nigeria.

• CIJ, *arrêt du 10 octobre 2002* sur le fond :

La Cour s'est finalement prononcée, à une large majorité, en faveur du Cameroun dans un différend qui comportait des « implications politiques, humaines et économiques importantes » (Ph. Weckel). Dépassant le cadre du différend, la Cour a tranché des questions de principe intéressant tout particulièrement les situations territoriales postcoloniales, car le Nigeria avait contesté de diverses manières – que la Cour rejette – l'autorité de traités territoriaux, dont l'un avait été conclu à l'époque de la colonisation. La Cour écarte, tout d'abord, sur la base de la conduite ultérieure des parties (Allemagne et Grande-Bretagne) la portée d'une violation éventuelle des règles constitutionnelles allemandes, à propos d'un accord de 1913. De même, elle a écarté toute irrégularité à propos d'une déclaration, datant de 1975, des chefs d'État des deux pays. Elle a également, en distinguant un protectorat colonial du protectorat de droit international, admis la compétence de la Grande-Bretagne, en tant qu'État colonial pour conclure l'accord de 1913. De même, elle a rejeté tant la théorie de la « consolidation historique du titre » qu'invoquait le Nigeria pour écarter le titre conventionnel invoqué par le Cameroun que la portée de certains actes accomplis par les autorités nigérianes, dont bénéficiait la population, essentiellement, d'origine nigériane (création d'écoles et d'équipements sanitaires, collecte d'impôts). En quelque sorte, le Nigeria serait passé de l'assistance à ses nationaux à l'occupation territoriale. Sur la base de sa jurisprudence antérieure (aff. du différend frontalier *Burkina Faso c/ Mali*, v. *infra* p. 261), elle a estimé que d'éventuelles effectivités nigérianes ne pouvaient aller à l'encontre d'un titre conventionnel établi. De même, sur la base d'une conception restrictive concernant la preuve d'un acquiescement, la Cour n'a pas considéré que le Cameroun avait acquiescé à la perte d'un titre conventionnel, hérité lors de son accession à l'indépendance.

Aussi, a-t-elle décidé que la souveraineté sur la presqu'île de Bakassi, d'une superficie d'environ 1 000 km^2, et censée présenter un grand intérêt du point de vue économique, eu égard à l'exploitation *off shore* entreprise depuis une vingtaine d'années et des ressources (gaz et pétrole) que recèlerait son sous-sol, est camerounaise. S'agissant de la délimitation maritime, la Cour a confirmé la délimitation conventionnelle des portions de mer territoriale adjacentes. En dépit de la configuration particulière du golfe de Guinée, la Cour n'a pas admis que le Cameroun puisse prétendre obtenir une correction des désavantages naturels. Elle s'en tient à la prise en compte de la ligne d'équidistance des côtes, sans trouver de circonstances pertinentes susceptibles de justifier une correction de cette ligne. Quant aux concessions pétrolières déjà accordées, elles ne peuvent être prises en compte que dans le cadre de la conduite ultérieure des parties dans l'application d'un traité.

Enfin, on relèvera que la Cour, soucieuse de préciser la portée de ses arrêts, a imposé à chaque partie de se retirer des territoires relevant de l'autre partie.

(*Rec.*, p. 303.)

La décision rendue a, dans un premier temps, été mal ressentie au Nigeria. Puis, les deux gouvernements ont décidé de créer une commission mixte, sous l'autorité d'un représentant du Secrétaire général des Nations unies, en vue d'en faciliter l'application ; cela n'est pas allé sans difficultés jusqu'à la signature d'un accord, en juin 2006, mettant un point final au contentieux. Le Nigéria a finalement accepté de se conformer à l'arrêt de la Cour, le Cameroun ayant accepté de garantir aux 150 000 nigérians vivant dans la zone contestée de continuer à y demeurer, d'y cultiver la terre et d'y pêcher. Une commission de suivi, où siègent quatre États témoins (Allemagne, France, Grande-Bretagne, États-Unis), a été créée. Ce n'est qu'en juillet 2008 que la retrocession a finalement eu lieu.

Cameroun septentrional (CIJ, arrêt du 2 déc. 1963 sur les exceptions préliminaires).

En 1961, le Cameroun, nouvellement indépendant, assigna la Grande-Bretagne devant la CIJ, en alléguant que ce pays n'avait pas respecté certaines obligations résultant de l'accord de tutelle, concernant le Cameroun sous tutelle britannique (rappelons qu'une autre partie du Cameroun avait été placée sous tutelle de la France). La Grande-Bretagne avait, en effet, introduit deux régimes d'administration du Cameroun, déjà à l'époque du mandat, transformé, par la suite, en tutelle. De telle sorte qu'au moment de la décolonisation un plébiscite fut organisé dans le Cameroun septentrional et aboutit à son rattachement au Nigeria. Tandis que sur la base d'un second plébiscite, le Cameroun méridional s'unit au Cameroun sous tutelle française pour former la République du Cameroun. La Cour déclara la requête du Cameroun irrecevable, car inutile. En effet, le différend portait sur l'interprétation et l'application de l'accord de tutelle, qui avait pris fin à la suite d'une résolution de l'Assemblée générale des Nations unies. La Grande-Bretagne n'aurait aucune compétence, désormais, pour prendre les mesures demandées par le Cameroun.

(*Rec.*, p. 15.)

Canevaro (CPA, 3 mai 1912).

Le Pérou contestait à l'Italie le droit de protéger le baron Canevaro, qui était, à la fois, ressortissant italien *jure sanguinis* et ressortissant péruvien *jure soli*. La CPA préféra la nationalité péruvienne à la nationalité italienne, parce que Canevaro, par son attitude antérieure, avait montré qu'il voulait se rattacher à la nationalité péruvienne (candidat aux élections législatives péruviennes, candidat au poste de consul des Pays-Bas au Pérou, etc.).

(*RSA*, vol. XI, p. 405.)

Chemin de fer de Panevezys-Saldutiskis (CPJI, arrêt du 28 févr. 1939).

L'Estonie présentait une réclamation contre la Lituanie pour le compte d'une société qui était russe au moment du dommage (rappelons que les États baltes ont été – temporairement – reconstitués au lendemain de la Première Guerre mondiale avant leur annexion par l'URSS en 1940 et n'ont recouvré leur indépendance qu'en 1990). La Cour a rejeté la réclamation de l'Estonie sur une autre base (non-épuisement des voies de recours internes).

(*Série A/B*, n° 76, p. 4.)

Chorzow (Usine de) (CPJI, arrêt du 13 sept. 1928).

Il s'agit là du problème plus général, soulevé, déjà, dans l'affaire des *intérêts allemands en Haute-Silésie*, en 1926 (d'où, chez certains auteurs, une confusion entre ces 2 affaires). La Pologne s'était emparée d'une usine, appartenant à des sociétés allemandes, en exécution d'une loi jugée contraire à un engagement international (arrêt de 1926). La CPJI, en 1928, met à la charge de la Pologne l'obligation de réparer le préjudice, subi par les sociétés allemandes, du fait de cette saisie.

(*Série A*, n° 17.)

Clipperton (Île de) (sentence arbitrale du roi d'Italie du 27 janv. 1931).

Ce litige opposa le Mexique et la France à propos de la souveraineté sur une île située dans l'océan Pacifique, à hauteur de l'Amérique centrale. L'arbitre prit en considération une proclamation du gouvernement français, le débarquement d'un détachement, des relevés géographiques, suivis d'inspections périodiques et conclut à la souveraineté de la France.

(*RSA*, vol. II, p. 1105.)

Comité de sécurité maritime de l'OMCI (CIJ, avis consultatif du 8 juin 1960).

La question posée à la CIJ portait sur le point de savoir si l'élection au Comité de sécurité maritime de l'OMCI, intervenue en 1959, était régulière au regard de la convention de base, alors que le Libéria et Panama n'avaient pas été élus. Or, d'après ladite convention de base, sur les 14 membres du Comité de sécurité maritime, élus par l'Assemblée générale, devaient figurer 8 au moins des pays possédant « les flottes de commerce les plus importantes ». Sur la base des tonnages immatriculés, le Libéria était, à l'époque, à la 3e place et Panama à la 8e. Mais, du fait de la pratique des « pavillons de complaisance », imputable à ces deux pays, ils n'avaient pas été élus. La CIJ a déclaré illégale la composition du Comité de sécurité maritime, car elle a retenu, comme seul critère de l'importance de la flotte, le tonnage immatriculé, en écartant la nationalité des actionnaires ou des propriétaires du navire. La Cour a considéré que ce critère était « pratique, certain et facilement applicable ».

(*Rec.*, p. 150.)

Compétence des tribunaux de Dantzig (CPJI, avis consultatif du 3 mars 1928).

La CPJI était appelée à interpréter l'accord polono-dantzikois du 22 octobre 1921 relatif aux droits et obligations des cheminots dantzikois, passés au service de l'administration polonaise. Elle a admis que cet accord avait des effets directs à l'égard de ce personnel et qu'il pouvait être invoqué par lui devant les tribunaux internes, « l'intention des parties étant (à cet égard) décisive ». C'était donc une exception à un principe de droit international bien établi relatif à l'absence d'effet direct des conventions à l'égard de particuliers.

(*Série B*, n° 15.)

Compétence en matière de pêcheries (ou encore affaire des *pêcheries islandaises*).

• CIJ, *ordonnances du 17 août 1972*, demandes en indication de mesures conservatoires.

Cette affaire est intéressante en ce qui concerne le pouvoir de la CIJ de prendre des mesures avant dire droit, en l'occurrence de prescrire des mesures conservatoires. Ainsi, bien que l'Islande ait refusé de comparaître, la CIJ imposa à la Grande-Bretagne et à la République fédérale d'Allemagne des quotas dans leurs prises annuelles, en attendant les décisions sur le fond (ces mesures furent respectées par les deux États).

(*Rec.*, p. 302 et 313.)

• CIJ, *arrêts du 2 février 1973* sur la compétence

Dans cette affaire, la République fédérale d'Allemagne et la Grande-Bretagne contestaient la validité internationale de la réglementation islandaise portant à 50 milles marins la zone de pêche exclusive de ce pays.

Or, en 1961, des accords avaient été conclus entre ces 3 pays consacrant l'élargissement à 12 milles marins de la zone de pêche exclusive et prévoyant la compétence de la CIJ en cas de litige consécutif à tout nouvel élargissement de cette zone.

D'une part, l'Islande, tout en ne comparaissant pas devant la CIJ, contesta la validité de ces accords, laissant entendre qu'ils avaient été conclus sous la contrainte, la flotte britannique employant la force pour s'opposer à l'établissement de la zone de pêche exclusive à 12 milles.

Mais, la Cour a estimé qu'elle ne pouvait pas se satisfaire d'une allégation générale non étayée par des preuves. Et, elle a considéré que le déroulement des négociations ayant conduit aux accords de 1961 révélait une parfaite égalité des parties et une entière liberté de décision.

Notons, au passage, que dans son opinion dissidente, le juge (de nationalité mexicaine et ancien ministre des Affaires étrangères de son pays) Padilla Nervo a soutenu que, lorsque dans un litige, s'opposaient une grande puissance et une petite puissance, une simple allégation de la petite puissance suffirait.

D'autre part, l'Islande soutenait que les accords conclus en 1961 avec la Grande-Bretagne et la République fédérale d'Allemagne étaient devenus caducs, en raison d'un changement dans les circonstances. D'une part, il y avait eu un changement du droit, car les conceptions en matière de zones de pêche avaient évolué depuis 1961. D'autre part, il y avait eu un changement de circonstances de fait, résultant de l'exploitation croissante des ressources de la mer. La Cour considère que l'invocation d'un changement de circonstances n'équivaut pas au droit de dénoncer unilatéralement l'accord, mais seulement d'en proposer l'abrogation à l'autre partie et, en cas de contestation, de saisir un tiers du différend (art. 65 et 66 de la Convention de Vienne sur le droit des traités).

(*Rec.*, p. 3 et 49.)

• CIJ, *arrêts du 25 juillet 1974* sur le fond

Sur le fond, la CIJ considéra que la réglementation islandaise, portant de 12 à 50 milles nautiques la zone exclusive de pêche islandaise, était inopposable à la Grande-Bretagne et à l'Allemagne fédérale. Eu égard à l'évolution du droit international en la matière, à l'époque où l'arrêt fut rendu, la CIJ n'a pas explicité sa position. Mais, on peut considérer que cette position reposait plus sur l'existence de droits établis au profit de la Grande-Bretagne et de la République fédérale d'Allemagne, en vertu des accords de 1961, que sur le refus d'admettre un droit d'élargissement unilatéral des zones de pêche.

(*Rec.*, p. 3 et 175.)

Congo c/ France (officiellement : *certaines procédures pénales engagées en France*).

En décembre 2002, la République du Congo a saisi la CIJ d'un différend qui l'oppose à la France au sujet d'une procédure pour crimes contre l'humanité et tortures mettant, notamment, en cause le ministre congolais de l'Intérieur et dans le cadre de laquelle une commission rogatoire a été délivrée aux fins de l'audition comme témoin du président de la République de ce pays.

En avril 2003, la France a officiellement accepté la compétence de la Cour, dans cette affaire, alors qu'aucun acte juridique préexistant ne pouvait fonder cette compétence. En quelque sorte, la France a admis la compétence de la Cour sur la base du *forum prorogatum* (comme dans l'affaire *Djibouti c/ France* – en revanche, il n'en a pas été de même, jusqu'à présent, pour la plainte déposée par le Rwanda, en 2006, également contre la France, à propos du mandat d'arrêt émis par la justice française contre certains responsables rwandais, en rapport avec le génocide des Tutsis, en 1994).

Par une ordonnance du 17 juin 2003, la Cour a rejeté la demande en indication de mesure conservatoire présentée par la République du Congo, au motif qu'il n'y avait aucun préjudice ou menace de préjudice grave ou irréparable.

Sur le fond, la Cour aura à se prononcer sur la portée de la législation pénale attribuant en quelque sorte une « compétence universelle [Compétence] » en matière pénale, s'agissant, notamment, de la mise en cause du ministre de l'Intérieur, alors que précédemment la Cour avait, dans l'affaire *Rép. démo. Congo c/ Belgique* (v. *infra* p. 299) écarté la mise en cause, du fait de son immunité, d'un ministre des Affaires étrangères.

De nombreuses demandes de prolongations de délais par le Congo, eu égard aux procédures judiciaires engagées dans les deux pays, ont, jusqu'à présent, retardé l'instruction de cette affaire.

Convention sur le génocide (titre officiel : affaire des *réserves à la Convention pour la prévention et la répression du crime de génocide*) (CIJ, avis consultatif du 28 mai 1951).

Certains États, tels l'Union soviétique, avaient formulé des réserves à cette Convention, élaborée sous les auspices de l'ONU (la réserve de l'Union soviétique portait sur la clause de juridiction obligatoire contenue dans la Convention – cette réserve a été levée en 1989) et ces réserves suscitèrent des objections de la part d'autres États.

Consultée sur le problème des réserves, les objections formulées et leurs effets juridiques, la CIJ a admis qu'une réserve pouvait être valable, si elle était compatible avec le but de la Convention. Mais (et sur ce point, la Convention de Vienne de 1969 s'éloigne de la position de la Cour en 1951), la CIJ considérait, à l'époque, qu'en cas d'objection d'un État, la Convention ne serait pas en vigueur entre un État qui a formulé une réserve et un État qui a présenté une objection à cette réserve.

(*Rec.*, p. 15.)

Costa-Rica c/ Nicaragua (officiellement : *différend relatif à des droits de navigation et des droits* connexes – CIJ, arrêt du 13 juillet 2009).

Le 29 septembre 2005, le Costa Rica a déposé une requête contre le Nicaragua, au motif que le Nicaragua avait enfreint ses obligations internationales en refusant au

Costa Rica la possibilité d'exercer librement ses droits de navigation et ses droits connexes sur le fleuve San Juan.

Ce fleuve, qui coule, à un moment donné au Nicaragua et, finalement, au Costa Rica, sert, également, sur une petite partie de son cours, de frontière entre les deux pays.

Après une guerre entre les deux pays, un traité de limites de 1858 a fixé le tracé de la frontière, mais, tout en situant celle-ci sur la rive costa-ricienne, a reconnu au Nicaragua l'autorité et la juridiction (*dominium* et *imperium*) sur les eaux du San Juan, et affirmé, en même temps, le droit de navigation « *con objetos de comercio* » du Costa Rica.

Un arbitrage du président américain Cleveland, en 1888, admettant la validité du traité de 1858, indiquait que le Costa Rica ne pouvait pas faire naviguer des navires de guerre, mais, par contre, des navires affectés au service des douanes.

Devant la Cour, le litige portait, tout d'abord, sur l'origine et l'étendue du droit de libre navigation sur le San José.

La Cour considère qu'il n'existe pas de règle coutumière (universelle ou régionale) applicable en ce qui concerne le fleuve San José, le traité de 1858 se suffisant à lui-même, en étant, notamment, précisé par l'arbitrage Cleveland.

S'agissant d'interpréter, pour la première fois, l'expression « *con objetos de comercio* », la Cour entend se référer aux principes d'interprétation énoncés par la Convention de Vienne. La Cour prend en considération le contexte du traité de 1858 et le fait que pour l'arbitrage Cleveland, les deux Parties avaient admis qu'en anglais, l'expression en cause signifiait « *for the purposes of commerce* ». Elle écarte, donc, la thèse du Nicaragua, qui soutenait que cela signifiait « avec des marchandises de commerce », mais elle n'admet pas non plus la thèse extensive costa-ricienne, soutenant l'utilisation possible du fleuve à des fins de navigation par les agents publics costa-riciens, qui fournissent à la population locale des services essentiels, par exemple en matière de santé, d'éducation et de sécurité.

Si la Cour reconnaît qu'il y a lieu, en principe, de rechercher l'intention commune des parties, qui est, par définition, contemporaine au traité, elle considère qu'il faut également admettre, dans certains cas, un sens évolutif, pour tenir compte de l'évolution du droit international. Ainsi, la Cour admet que, comme ce fut le cas en l'espèce, les parties ont employé un terme générique (« *comercio* »), alors que le traité était conclu sans limitation de durée, et, dans ces conditions, elles ne pouvaient pas ignorer que le sens était susceptible d'évoluer avec le temps. La Cour en déduit que les termes par lesquels a été définie l'étendue du droit de libre navigation du Costa Rica, et notamment le terme « *comercio* », doivent être compris dans le sens, qui est le leur à chaque moment, où il est fait application du traité, et pas nécessairement dans leur sens originaire. Dès lors, à supposer que la notion de « commerce » n'ait plus aujourd'hui le même contenu qu'au milieu du XIXe siècle, c'est son sens actuel qui doit être retenu aux fins de l'application du traité. En conséquence, la Cour estime que le droit de libre navigation en question s'applique au transport de personnes aussi bien qu'au transport de marchandises, le transport de personnes étant susceptible, à l'heure actuelle, de revêtir la nature d'une activité commerciale. Tel est le cas si cette activité est exercée, par le transporteur, à des fins lucratives et la Cour admet que cette liberté de navigation englobe, à l'heure actuelle, le transport de touristes. Par ailleurs, si la Cour reconnaît le droit à la libre navigation privée, elle écarte, en principe, comme nous le verrons, la libre navigation des navires publics costa-riciens.

S'agissant, d'autre part, de l'étendue du pouvoir de réglementation du Nicaragua sur la navigation, la Cour estime que le Nicaragua a le pouvoir de réglementer l'exercice par le Costa Rica du droit de libre navigation, mais ce droit n'est pas illimité.

La Cour procède à une description détaillée des limites de ce pouvoir de réglementation. Elle considère, ainsi, qu'une mesure de réglementation doit présenter les caractéristiques suivantes : a) ne pas rendre impossible ni entraver de façon substantielle l'exercice du droit de libre navigation ; b) être compatible avec les termes du Traité, par exemple avec l'interdiction d'instituer, unilatéralement, certaines taxes contenues dans le traité ; c) poursuivre un but légitime, tel que la sécurité de la navigation, la prévention de la criminalité, la sécurité publique et le contrôle des frontières ; d) ne pas être discriminatoire et, sur des questions telles que les horaires de navigation, elle doit s'appliquer aux bateaux du Nicaragua au même titre qu'à ceux du Costa Rica ; e) ne pas être déraisonnable, ce qui signifie que son incidence négative sur l'exercice du droit en question ne doit pas être manifestement excessive par rapport au bénéfice qu'elle présente pour atteindre le but recherché.

La Cour estime, certes, que le Nicaragua a l'obligation de notifier au Costa Rica les mesures de réglementation mais n'a pas l'obligation d'informer ou de consulter le Costa Rica avant d'adopter de telles mesures.

Concrètement, le Nicaragua a le droit d'exiger que les bateaux fassent halte et peut imposer à leurs membres d'équipage et aux passagers, de s'enregistrer et d'être munis de pièces d'identité. Il peut exiger que les bateaux costa-riciens soient tenus de se procurer des certificats d'appareillage, mais sans contrepartie de l'acquittement d'un droit. Toutefois, il ne peut exiger des passagers, ni l'obtention d'un visa, ni l'achat de cartes de touristes. Le Nicaragua peut imposer des horaires de navigation et interdire, par exemple, la navigation de nuit. Ayant la souveraineté sur le San Juan, il peut exiger des bateaux costa-riciens pourvus de mâts ou de tourelles naviguant sur le fleuve qu'ils arborent son pavillon.

Par ailleurs, la Cour reconnaît aux habitants de la rive costa-ricienne du fleuve le droit de naviguer sur celui-ci entre les communautés riveraines, afin de subvenir aux besoins essentiels de la vie quotidienne, qui nécessitent des déplacements dans de brefs délais et sur la base d'un droit coutumier, le droit de se livrer à la pêche à des fins de subsistance.

En revanche, si le Costa Rica a le droit de navigation sur le fleuve San Juan avec des bateaux officiels exclusivement employés, dans des cas particuliers, en vue de fournir des services essentiels aux habitants des zones riveraines, lorsque la rapidité du déplacement est une condition de la satisfaction des besoins de ces habitants, il n'a pas le droit de navigation avec des bateaux affectés à des fonctions de police, ni le droit de navigation aux fins de relever les membres du personnel des postes-frontière de police établis sur la rive droite du fleuve et de pourvoir au ravitaillement de ceux-ci en équipement officiel (armes de service et munitions comprises).

On relèvera – le fait est suffisamment rare pour être signalé – que le juge *ad hoc* Guillaume, désigné par le Nicaragua, s'est joint à tous ses autres collègues sur plusieurs points, faisant ressortir une violation par ce pays de ses obligations internationales.

Croatie c/ Serbie (officiellement : *application de la convention pour la prévention et la répression du crime de génocide*).

Le 2 juillet 1999, la Croatie a déposé une requête contre la République fédérale de Yougoslavie (ci-après : RFY) au sujet d'un différend concernant des violations alléguées de la convention pour la prévention et la répression du crime de génocide du 9 décembre 1948, qui auraient été commises entre 1991 et 1995 par les forces armées, agents secrets et divers détachements paramilitaires, dont les activités auraient été directement contrôlées par la RFY, sur le territoire de la Croatie région de Knin et, Slavonie et Dalmatie). Rappelons que la RFY avait déjà été assignée pour des faits analogues par la Bosnie (v. supra p. 243).

• CIJ, arrêt du 18 novembre 2008 sur les exceptions préliminaires :

Compte tenu des modifications intervenues dans l'appellation de la « Yougoslavie », la Cour a dû, tout d'abord, comme dans l'affaire précitée, identifier la « partie défenderesse ». L'instance a été introduite contre la RFY, devenue par la suite République de Serbie-et-Monténégro. Mais en 2006, le Monténégro a déclaré son indépendance et si la Serbie a reconnu sa continuité avec la Serbie-et-Monténégro, il n'en est pas de même du Monténégro. Et suivant le principe selon lequel aucun État ne peut être assigné devant la Cour sans son consentement, seule la Serbie est concernée par l'instance.
La Serbie a soulevé trois exceptions préliminaires visant à contester la compétence de la Cour et la recevabilité de la requête. Elle a rejeté deux des exceptions (la première et la dernière) et a jointe au fond la deuxième.
La première exception portait à la fois sur la capacité de la Serbie à comparaître devant la Cour et la compétence ratione materiae de la Cour.
Tout d'abord, s'agissant de la contestation relative à la capacité de la Serbie de comparaître devant la Cour, du fait qu'elle n'est devenue membre des Nations Unies qu'en 2000, la Cour constate, certes, que cette question a été évoquée dans plusieurs instances précédentes, mais sans rapport avec la présente instance. Et ses décisions n'ont donc pas l'autorité de la chose jugée, d'autant plus que la Croatie n'était pas concernée. Il n'en demeure pas moins que, comme l'ont constaté plusieurs juges, la position adoptée par la Cour, dans cette nouvelle affaire, prend le contre-pied de l'arrêt du 15 décembre 2004, par lequel la Cour avait estimé que la Serbie (à l'époque RFY) ne pouvait la saisir en 1999 (v. infra p. 308).
D'autre part, si, normalement, la Cour examine sa compétence à la date de l'acte introductif d'instance, elle estime devoir faire preuve de souplesse et entend se référer, à cet égard, à l'affaire Mavrommatis (infra p. 283), dans laquelle la CPJI s'est déclarée compétente, alors qu'elle était incompétente à l'origine, mais parce que la partie demanderesse aurait pu présenter à nouveau sa requête, une fois réunies toutes les conditions de la compétence de la Cour. Aussi, dans la présente affaire, dans un « souci d 'économie de procédures », la Cour tient compte du fait qu'à partir de novembre 2000, elle était ouverte à la RFY. Cette position a été vivement critiquée par plusieurs juges, car la question posée, dans cette nouvelle affaire, n'était pas seulement « procédurale ».
Encore fallait-il pour assurer la compétence ratione materiae de la Cour que la RFY soit liée par l'article IX de la convention de 1948, fondant cette compétence. Et la Cour affirme sa compétence, alors que la Serbie n'est devenue partie à ladite conven-

tion, par voie d'adhésion qu'en juin 2001, avec une réserve à l'article IX excluant la compétence de la Cour. Mais, la Cour considère que la RFY était partie à la convention de 1948, y compris son article IX, le 2 juillet 1999 et qu'elle a continué à l'être au moins jusqu'au 1er novembre 2000, date à laquelle, en devenant membre de l'ONU, elle devenait partie au Statut de la Cour. En effet, elle a pris en compte une déclaration du 27 avril 1992 et une note officielle du même jour, par laquelle la RFY a indiqué qu'elle continuerait à exercer tous les droits conférés à la République fédérative socialiste de Yougoslavie (RFSY) et à s'acquitter de toutes les obligations assumées par cette dernière dans les relations internationales. La Cour en a conclu que cette déclaration et cette note avaient eu l'effet d'une notification de succession de la RFY à la RFSY à l'égard de la convention sur le génocide, y compris son article IX.

La seconde exception était relative à la compétence de la Cour et la recevabilité de la requête ratione temporis.

La Serbie s'appuyait sur le fait que les actes et omissions qui lui étaient reprochés étaient antérieurs au 27 avril 1992. Or, la Cour considère que, pour se prononcer sur ce point, elle devra disposer de plus d'éléments et elle conclut, donc, que l'exception n'a pas un caractère exclusivement préliminaire. Et elle la joint au fond.

La troisième exception visait les demandes concernant la traduction de certaines personnes en justice, la communication de renseignements sur les citoyens croates portés disparus et la restitution de biens culturels.

Sur le premier point, la Cour constate que, dans une certaine mesure, cette demande est sans objet, certaines personnes ayant été transférées devant le Tribunal pénal international pour l'ex-Yougoslavie (TPIY), depuis le dépôt du mémoire. Et si un différend continue d'opposer les deux parties, la Croatie alléguant que d'autres personnes accusées de génocide n'ont pas été déférées à un tribunal (croate ou TPIY) et la Serbie contestant la présence de ces personnes sur son territoire, la Cour examinera l'exactitude de cette affirmation lors de l'examen du fond des demandes de la Croatie.

Quant aux deux derniers points, ils ne sont pas davantage susceptibles de faire l'objet d'une exception préliminaire, car la question de savoir s'il pourrait s'agir de remèdes appropriés, dépend des conclusions auxquelles la Cour pourrait, en temps utile, parvenir quant à des violations de la convention par la Serbie.

Cumaraswamy (officiellement : *différend relatif à l'immunité de juridiction d'un rapporteur spécial de la Commission des droits de l'homme* ; CIJ, avis consultatif du 29 avril 1999).

Un ressortissant malaisien, M. Cumaraswamy, rapporteur spécial de la Commission des droits de l'homme, chargé d'étudier la question de l'indépendance des juges et des avocats, faisait l'objet de poursuites en diffamation devant les tribunaux malaisiens à la suite d'une interview accordée à un journaliste. Dans cette interview, le rapporteur spécial avait commenté certaines affaires qui avaient été portées devant les tribunaux malaisiens et portait une appréciation critique sur le système judiciaire de la Malaisie, eu égard à certaines décisions prises par les tribunaux de ce pays. La Malaisie refusa d'aviser les tribunaux malaisiens de la position du secrétaire général des Nations unies, qui estimait que l'intéressé était couvert par l'immunité de juridiction édictée par la Convention générale de 1946 sur les privilèges et immunités des Nations unies. À la différence de l'affaire *Mazilu* (v. *infra* p. 283), la Malaisie ne contesta pas qu'il y eut un différend sur cette question et la Cour fut donc saisie, par l'Ecosoc, d'une demande d'avis consultatif ayant un effet décisif aux termes de la Convention générale précitée.

La Cour considéra que ladite Convention était bien applicable au cas de l'intéressé et que les paroles citées dans l'article en cause avaient été prononcées en qualité de rapporteur spécial et qu'il avait donc agi au cours de sa mission. De ce fait, il bénéficiait de l'immunité de toute juridiction. La Cour a pris en compte le fait que l'Ecosoc avait pris note des méthodes de travail du rapporteur spécial et avait prorogé son mandat.

Mais la Cour a terminé son avis par un *obiter dictum* par lequel elle estime que tous les agents de l'Organisation, quelle que soit la qualité officielle en laquelle ils agissent, « doivent veiller à ne pas excéder les limites de leurs fonctions et doivent se comporter de manière à éviter que des demandes soient dirigées contre l'Organisation ». Autrement dit, les agents de l'Organisation doivent s'en tenir à une conception relativement rigoureuse du devoir de réserve et de discrétion, afin de ne pas mettre en jeu la responsabilité de l'Organisation.

(*Rec.*, p. 62.)

Danemark c/ Norvège (officiellement : *délimitation maritime dans la région située entre le Groenland et Jan Mayen*) (CIJ, arrêt du 14 juin 1993).

La Norvège et l'Islande avaient pu régler, en 1981, par voie de conciliation (ayant conduit à un accord), leur litige au sujet de la délimitation des espaces maritimes autour de l'île de Jan Mayen, territoire norvégien d'environ 317 km^2, situé à environ 540 milles du territoire métropolitain, et à 293 milles de l'Islande. En revanche, le Danemark porta devant la Cour le litige qui l'opposait à la Norvège à propos des espaces maritimes (zone de pêche et plateau continental) autour de cette île située à environ 240 milles du Groenland. Le Danemark revendiquait une ligne unique de délimitation à une distance de 200 milles à partir des lignes de base du Groenland. La Norvège plaidait pour une ligne de délimitation fondée sur la ligne médiane. Il en résultait une zone de chevauchement dans les revendications respectives.

Sur la base des principes d'interprétation des traités (contexte, objet, but et pratique ultérieure des parties) la Cour a tout d'abord écarté du débat un accord conclu entre les deux États en 1965. De même, elle écarte l'applicabilité de la ligne médiane que ce soit sur la base de la Convention de Genève de 1958 sur le plateau continental, ou sur celle de la conduite des parties.

Se référant à sa jurisprudence et à la Convention des Nations unies de 1982 sur le droit de la mer, elle considère que l'indication d'une « solution équitable » reflète les exigences du droit coutumier.

Estimant que la notion de « circonstances spéciales » figurant dans les Conventions de 1958 et de 1982 peut être assimilée à celle de « circonstances pertinentes » utilisée par le droit coutumier, elle examine la disparité (ou la disproportion) entre les longueurs des côtes « pertinentes » (524 km pour le Groenland oriental et 58 km pour Jan Mayen, soit une proportion de 9 à 1). Mais, l'équité s'oppose à la prise en compte de la réclamation du Danemark, qui ne laisserait à la Norvège qu'une zone résiduelle très limitée. Elle examine, ensuite, l'accès aux ressources halieutiques qui la conduit à envisager un ajustement vers l'Est de la ligne médiane. Se référant à sa jurisprudence dans l'affaire *Malte c/ Libye* (v. *infra* p. 297), elle écarte l'incidence d'une disparité de situation économique relative aux deux États concernés et celle du faible peuplement de Jan Mayen. Elle admet, en revanche, l'incidence de considérations tirées des impératifs de sécurité. Mais, par ailleurs, elle écarte la référence faite par le Danemark à la délimitation établie entre la Norvège et l'Islande au large de Jan Mayen, car elle estime qu'une méthode unique ne s'impose pas pour la délimitation des espaces maritimes de tous les côtés d'une île ou pour l'ensemble de la façade côtière d'un État particulier. La Cour ne trouve donc pas d'élément tiré de la conduite des parties de nature à influencer l'opération de délimitation.

Aussi, la Cour, en adoptant, à titre provisoire, la ligne médiane, considère que celle-ci doit être ajustée ou déplacée pour attribuer au Danemark une plus grande étendue d'espaces maritimes. Et elle va donc s'efforcer de préciser l'emplacement de cette ligne à l'intérieur de la zone de chevauchement des revendications, c'est-à-dire entre la ligne médiane (revendiquée par la Norvège) et la ligne de 200 milles (revendiquée par le Danemark). Et elle divise la zone de chevauchement en trois secteurs dans lesquels elle délimite, selon des critères différents, les zones respectives des deux États, en utilisant les lignes de base et les coordonnées employées par les parties dans leur argumentation (écrite et orale).

Le juge *ad hoc* danois est le seul à avoir voté contre l'arrêt rendu en estimant que la zone attribuée au Danemark n'est que de 3 à 1 (par rapport à la proportion 9/1 que représente la disparité de longueur des côtes). Selon lui, la ligne de délimitation à 200 milles aurait permis de retenir une proportion de 6 à 1, plus conforme au principe de proportionnalité.

(*Rec.*, p. 38.)

Dépenses de l'ONU (CIJ, avis consultatif du 20 juill. 1962).

L'envoi de « casques bleus » au Moyen-Orient, en 1957 (FUNU) et au Congo, en 1960 (ONUC) souleva le problème de la régularité, au regard de la Charte de ces « opérations de maintien de la paix », improvisées par l'ONU, par suite de l'impossibilité de mettre en œuvre les dispositions du chapitre VII relatives aux forces militaires à la disposition permanente des Nations unies. L'Union soviétique et la France, notamment, contestèrent le caractère obligatoire des dépenses résultant de ces initiatives, prises en dehors du chapitre VII. La CIJ fut, donc, consultée sur le point de savoir si ces dépenses étaient des « dépenses de l'Organisation », au sens de l'article 17 § 2 de la Charte, de telle sorte qu'elles seraient obligatoires pour tous les membres. La Cour relève que la Charte n'utilise pas d'adjectif (ordinaire ou administratif) pour qualifier les dépenses et le budget de l'ONU et, à propos de la FUNU, créée à l'initiative de l'Assemblée générale, considère que cet organe n'est pas cantonné dans des pouvoirs exhortatifs. L'Assemblée générale peut, également, prendre l'initiative d'actions, à condition que ces actions n'aient pas de caractère coercitif. Car, seul le Conseil de sécurité, au titre du chapitre VII, peut prendre de telles initiatives. Les dépenses relatives aux « opérations de maintien de la paix » sont donc obligatoires pour tous les États membres.

(*Rec.*, p. 151.)

Déserteurs de Casablanca (CPA, 22 mai 1909).

Avant l'établissement du protectorat de la France sur le Maroc (1912), l'Acte d'Algésiras (1906) avait confié la police de ce pays à la France, qui avait envoyé un corps expéditionnaire, composé de légionnaires. Au moment où 6 déserteurs de la Légion étrangère, dont 3 Allemands, allaient s'embarquer à Casablanca, à destination de l'Allemagne, avec l'aide d'un fonctionnaire du consulat d'Allemagne, l'armée française intervint et arrêta les déserteurs. L'affaire ayant été portée devant une instance arbitrale, l'Allemagne soutenait la prééminence de sa compétence personnelle sur ses nationaux, sur la base du régime des capitulations. La France invoquait, elle, sa compétence en raison des services publics qui, par ailleurs, du fait du régime d'occupation, primait la compétence territoriale du Maroc. La France obtint gain de cause.

(*D.*, 1911-2-177.)

Détroit de Corfou.

En 1946, des navires de guerre britanniques, naviguant dans le détroit de Corfou, situé dans les eaux territoriales albanaises, heurtent des mines, d'où des pertes en vies humaines et en matériel.

• CIJ, *arrêt du 25 mars 1948* sur l'exception préliminaire

Dans cette affaire, la CIJ s'estima compétente, même en l'absence de compromis entre les 2 États et même sans que l'Albanie ait souscrit à la déclaration d'acceptation de la compétence de la Cour. Celle-ci s'est fondée sur le comportement de l'Albanie qui, par une lettre, avait accepté de se présenter devant la Cour. C'est ce qu'on appelle l'acceptation non formaliste de la compétence de la Cour (*forum prorogatum*). Encore, faut-il que le consentement de l'État à la compétence de la Cour soit incontestable (ce qui n'était pas le cas de la Turquie dans l'affaire du *plateau continental de la Mer Égée*, v. *infra* p. 295).

(*Rec.*, p. 15.)

• CIJ, *arrêt du 9 avril 1949* sur le fond

La CIJ admit la mise en jeu de la responsabilité internationale de l'Albanie, car il lui appartenait de prévenir les navires étrangers de la présence de mines dans ses eaux territoriales. Contrairement à l'argumentation de la Grande-Bretagne, qui se fondait sur une Convention de La Haye – que la Cour ne déclare applicable qu'en cas de guerre – la CIJ fonde cette obligation sur « certains principes généraux et bien reconnus tels que… le principe de la liberté des communications maritimes et l'obligation, pour tout État, de ne pas laisser utiliser son territoire aux fins d'actes contraires aux droits d'autres États ».
Dans cette affaire, la Grande-Bretagne avait procédé au déminage d'autorité des eaux territoriales albanaises, ce qui constituait une atteinte à la souveraineté territoriale de l'Albanie. Mais, la Cour a considéré que la Grande-Bretagne pouvait se prévaloir, dans la violation de cette règle de droit international, de circonstances atténuantes, du fait du comportement de l'Albanie.
Notons, également, que l'Albanie contestait le caractère de voie d'eau internationale du détroit de Corfou, du fait qu'il ne s'agit que d'un itinéraire facultatif et que le détroit ne servait qu'au trafic local. Mais, la Cour a retenu un critère géographique : le détroit met en communication deux portions de haute mer. C'est donc une voie d'eau internationale.

(*Rec.*, p. 4.)

Différend frontalier Burkina Faso c/ Mali (CIJ, arrêt du 22 déc. 1986).

En 1983, deux anciennes colonies françaises, le Burkina Faso (ex-Haute-Volta) et le Mali (ex-Soudan), indépendantes depuis 1960, ont saisi, par compromis, la CIJ de leur différend frontalier. L'affaire a été tranchée par une chambre de la Cour, non sans que, fin 1985, les deux pays se soient affrontés militairement, durant quelques jours (cessez-le-feu grâce aux mécanismes de l'ANAD – v. *supra* p. 202). D'où une ordonnance du 10 janvier 1986, indiquant des mesures conservatoires, qui, cette fois, ont été respectées (retrait des forces armées de la zone contestée). L'arrêt a été rendu à l'unanimité (les deux juges *ad hoc* n'ayant joint qu'une opinion individuelle, ce qui mérite d'être souligné). La Cour a déterminé le tracé de la ligne-frontière et la démarcation se fera, par la suite, avec l'aide d'experts. Elle s'est fondée sur les principes de l'intangibilité des frontières héritées de la colonisation et de l'*uti possidetis*, sans écarter l'équité comme méthode d'interprétation du droit (rôle *infra legem*). Pratiquement, la zone contestée (3 000 km^2) a été divisée par moitié.

(*Rec.*, p. 554.)

Djibouti c/ France (officiellement : *certaines questions concernant l'entraide judiciaire en matière pénale*, CIJ arrêt du 4 juin 2008).

En janvier 2006, la République de Djibouti a assigné la France devant la CIJ, sur la base d'une convention d'entraide judiciaire en matière pénale, de 1986. Elle invoquait le refus des autorités gouvernementales et judiciaires françaisesde transmettre, dans le cadre d'une commission rogatoire internationale, le dossier relatif à la procédure d'information relative à ce qu'il était convenu d'appeler l'affaire Borrel. Il s'agit du dossier concernant ce magistrat français, détaché à Djibouti et mort dans des conditions mystérieuse, en 1995 : alors que la justice djiboutienne avait conclu au suicide, la thèse du meurtre avait finalement été retenue par la France. Djibouti a, par la suite, contesté également plusieurs convocations adressées à différentes autorités du pays, dont le Président, et des mandats d'arrêt délivrés à l'encontre de deux hauts fonctionnaires.

La CIJ a reconnu sa *compétence* sur la base de l'article 38-5 de son Règlement, qui avait été invoqué par Djibouti, la France n'étant plus liée par la clause d'acceptation de la compétence de la Cour. La France a, effectivement, admis par lettre du 25 juillet 2006 qu'elle acceptait la compétence de la Cour « en application et sur le seul fondement » de cet article, qui consacre l'établissement de ce que l'on appelle un « *forum prorogatum* ». C'est la première application de cette disposition, mais avant 1978, ce mode de saisine de la Cour avait déjà été admis, même en l'absence de texte, dans l'affaire du *détroit de Corfou*. Toutefois, la Cour a écarté sa compétence à l'égard de certains actes postérieurs à la lettre du 25 juillet 2006.

Sur le *fond*, la décision de la Cour apparaît comme nuancée, mais, dans l'ensemble, la France s'en tire mieux que Djibouti.

Tout d'abord, elle considère que la France tenue, aux termes de la convention de1986 d'exécuter, conformément à sa législation, les commissions rogatoires internationales, n'est pas pour autant tenue d'en garantir le résultat. En effet, la France devait, certes, déclencher sa procédure, mais le résultat dépendait de la décision des autorités nationales compétentes. La Cour estime donc – et c'était un point essentiel dans la thèse de la France – que celle-ci n'était pas tenue de transmettre le dossier Borrel, objet de la commission rogatoire. D'autant plus que, par ailleurs, la Cour écarte toute portée à une déclaration du directeur de cabinet du ministre français de la justice, qui avait fait savoir à l'ambassadeur de Djibouti, qu'il avait demandé que tout soit mis en œuvre pour que la copie de ce dossier soit transmise aux autorités djiboutiennes. Pour la Cour, le directeur de cabinet n'était pas habilité à s'engager définitivement, dans la mesure où, en France, l'exécution des commissions rogatoires relève de la compétence exclusive du juge d'instruction.

Ensuite, la Cour reconnaît que la France a pu, sur la base de l'article 2c de la convention en question, estimer que la transmission du dossier était « contraire aux intérêts essentiels de la France », du fait que celui-ci contenait des documents « secret-défense ». En revanche, elle a considéré que la France a violé l'article 17 de la convention en ne motivant pas son refus d'entraide judiciaire (et ce indépendamment même du fait qu'il n'y avait aucune trace d'une lettre adressée à l'ambassadeur de Djibouti à Paris faisant état de ce refus).

Toutefois et surtout, elle ne retient aucune des autres conclusions finales présentées par Djibouti. La première convocation adressée, en 2005, au président de Djibouti n'était qu'une « simple invitation à témoigner » et n'était assortie d'aucune des mesures de contrainte prévues par le Code de procédure pénale français. Et malgré des « imperfections de forme », il n'y a pas eu violation des obligations internationales relatives à l'immunité de juridiction pénale et à l'inviolabilité des chefs d'État étrangers. Par ailleurs, il n'y a aucune preuve convaincante que les instances judiciaires françaises ont été à l'origine du fait que les médias ont reçu des informations confidentielles sur cette convocation, de nature à porter atteinte à la protection de l'honneur et de la dignité des Chefs d'État. Quant à la deuxième convocation, adressée, dans les formes, en 2007, elle sollicitait expressément l'agrément du chef d'État pour cette demande de témoignage. Il n'y a donc pas eu, davantage, violation de l'immunité de juridiction du chef de l'État de Djibouti. Et, cette fois encore, la Cour a considéré qu'elle ne disposait d'« aucune preuve convaincante établissant que les instances judiciaires françaises sont à l'origine de la diffusion des informations confidentielles en question ». Enfin, à propos d'actes visant le procureur de la République et le chef de la sécurité nationale, la Cour constate qu'il n'y a aucune base, en droit international, de nature à les faire bénéficier d'immunités personnelles, d'autant qu'ils n'étaient pas des diplomates au sens de la convention de 1961 et que la convention de 1969 sur les missions spéciales n'était pas applicable en l'espèce. D'autre part, ni la France, ni la Cour n'ont été informées par le gouvernement de Djibouti que les actes dénoncés par la France étaient des actes de l'État djiboutien et que les deux fonctionnaires « constituaient des organes, établissements ou organismes de celui-ci chargés d'en assurer l'exécution ».

Et si la France s'est, effectivement, vu imputer une violation de l'obligation de motiver son refus d'exécuter une commission rogatoire, la Cour a considéré que « la constatation de cette violation constitue une satisfaction appropriée ».

Dogger Bank (Commission d'enquête internationale – Rapport du 25 févr. 1905).

Au cours de la guerre russo-japonaise (1904-1905), l'escadre russe de la Baltique torpilla, par mégarde, du fait du brouillard, en octobre 1904, des chalutiers anglais, qui pêchaient sur le Dogger Bank, un lieu de pêche en mer du Nord, au large de Kingston Upon Hull, leur port d'attache. Les Russes prétendirent qu'ils avaient cru avoir affaire à des torpilleurs japonais. La France offrit sa médiation pour faire constituer une commission d'enquête internationale. L'expérience de cette commission d'enquête permit de perfectionner, lors de la Conférence de 1907, le mécanisme rudimentaire d'enquête internationale, posé dans la Convention sur le règlement pacifique des différends, lors de la 1re Conférence de paix de La Haye, en 1899. (Sur le fond, la Russie dut indemniser les dommages causés par les pertes en vies humaines et en matériel.)

(*RGDIP*, 1905, docum. p. 4.)

Dommages subis au service des Nations unies (officiellement : affaire de la *réparation des dommages subis au service des Nations unies* : couramment : affaire *Bernadotte*) (CIJ, avis consultatif du 11 avril 1949).

En 1948, lors de la première phase du conflit israélo-arabe, l'ONU envoya, comme médiateur en Palestine, un ressortissant suédois, le comte Bernadotte. Celui-ci fut assassiné par des extrémistes israéliens. Indépendamment de l'indemnisation à laquelle avait droit la famille de la victime, la question se posa de savoir si l'ONU ne pouvait pas, elle-même, prétendre à une réparation pour le dommage qu'elle avait subi, du fait de la disparition d'un haut fonctionnaire international, qui était à son service. Or, on pouvait se demander si la personnalité juridique de l'ONU était opposable à l'État d'Israël qui, à l'époque, n'était pas membre de l'Organisation. La CIJ a répondu par l'affirmative, eu égard au fait que 50 États avaient pu créer, en 1945, une entité possédant une personnalité internationale objective, opposable à tout État dans la société internationale. La Cour rattache le droit de réclamation de l'ONU, qui découle de la personnalité juridique de l'Organisation, à une compétence impliquée par la nécessité de disposer de droits pour atteindre ses buts et remplir ses fonctions.

(*Rec.*, p. 174.)

Droit d'asile v. *Haya de la Torre*.

Droit de passage dans les détroits danois (officiellement : *passage par le Grand Belt*).

En 1991, la Finlande a assigné le Danemark à propos du passage par le Grand Belt (l'un des trois détroits permettant le passage de la Baltique à la mer du Nord) de plates-formes pétrolières. Ce passage serait pratiquement interdit par la construction projetée d'un pont (à 65 m au-dessus du niveau de la mer) qui empêcherait le passage de plates-formes d'un tirant d'air de 65 m ou plus, en provenance ou à destination de ports ou de chantiers navals finlandais.
En juillet 1991, la Cour a estimé inutile d'ordonner des mesures conservatoires demandées par la Finlande, en invitant les parties à régler leur différend à l'amiable, ce qui fut fait, d'où le désistement de la Finlande en 1992.

Droit de passage en territoire indien (CIJ, 12 avril 1960, arrêt sur le fond).

Depuis l'époque coloniale, le Portugal occupait, en particulier au nord-ouest de la péninsule indienne, plusieurs territoires enclavés en territoire indien. Au lendemain de son accession à l'indépendance, l'Inde s'opposa au passage, en transit, sur son territoire, de forces armées que le Portugal voulait acheminer, en direct, dans ses enclaves pour rétablir l'ordre troublé par la contestation, par une partie de la population locale, de la présence portugaise. La Cour admit que le Portugal avait un droit de passage pour les personnes privées, les fonctionnaires civils et les marchandises en général, suivant une pratique constante et uniforme « acceptée par les parties comme étant le droit » et qui « a donné naissance à un droit et une obligation correspondante ». En revanche, la Cour déclare que le Portugal n'avait pas le droit de passage ni pour les forces armées, ni pour la police armée, ni pour les armes et munitions, car ce type de passage était, autrefois, subordonné à l'autorisation préalable des Britanniques, puis des Indiens. Pour la Cour, « l'exigence d'une autorisation préalable au passage est la négation même de l'exercice du passage à titre de droit ».

(*Rec.*, p. 6.)

Droits de pêche (officiellement : arbitrage relatif aux *droits de pêche dans le golfe du Saint-Laurent*, sentence du 22 juill. 1986).

La France et le Canada s'opposaient à propos de l'interprétation d'un accord de 1972, autorisant un certain nombre de chalutiers français à pêcher sur *« un pied d'égalité »* avec les chalutiers canadiens. Or, ceux-ci ne pouvaient, d'après une législation canadienne, visant à maintenir des emplois à terre, découper *(« fileter »)* à bord les poissons pêchés. Les pêcheurs français, eux, entendaient bien pouvoir « fileter » à bord. La majorité du tribunal arbitral a considéré que l'accord de 1972 n'autorisait pas le Canada à interdire le filetage à bord des chalutiers français. Il est intéressant de relever que la motivation du Tribunal constitue une synthèse des principes d'interprétation des traités, posés par la Convention de Vienne de 1969 (v. *supra* p. 48). L'accord de 1972 a été « interprété dans son contexte, à la lumière de son objet et de son but, et compte tenu des circonstances dans lesquelles il a été conclu et appliqué par les parties ». Le Tribunal s'est par ailleurs référé, à plusieurs reprises, à la Convention de Montego Bay de 1982 (non encore en vigueur à l'époque). Ce faisant, il rejoint la jurisprudence de la CIJ affirmant le caractère coutumier de diverses dispositions de ladite Convention sur le droit de la mer.

(*RGDIP*, 1986, p. 713.)

El Salvador c/ Honduras (officiellement : *différend frontalier terrestre, insulaire et maritime*) (CIJ, arrêt du 11 sept. 1992).

Les deux États sont issus de l'éclatement de l'empire espagnol en Amérique centrale et leurs territoires correspondent aux subdivisions administratives de cet empire. Après avoir constitué avec le Costa Rica, le Guatemala et le Nicaragua la République fédérale d'Amérique centrale, ils ont, en 1839, donné naissance à des États distincts. Un différend était latent quant à la délimitation de leurs frontières. Des incidents frontaliers fréquents donnaient lieu à des tensions et un bref (100 heures), mais violent (5 000 morts) conflit armé éclata en 1969, à la suite de péripéties consécutives à un match de qualification pour la Coupe du monde de football.

En 1972, les deux pays purent se mettre d'accord sur la plus grande partie de leurs frontières terrestres. À la suite d'une médiation du Pérou, un traité général de paix fut conclu en 1980 prévoyant qu'une commission mixte serait chargée de fixer, dans les cinq ans à venir, le reste des frontières terrestres (environ 400 km^2 étaient concernés), la situation juridique des îles et des espaces maritimes. À défaut, les deux États s'enga-

geaient à saisir la Cour. Ce qui fut fait en 1986 et l'affaire fut portée devant une chambre de cinq juges, dont deux juges *ad hoc*.
L'arrêt rendu, qui avantage légèrement le Honduras, confirme, tout d'abord, l'applicabilité du principe de l'*uti possidetis* (v. *supra* : *différend frontalier Burkina Faso c/ Mali)* qui se trouve consolidé par la possession, confirmée par l'exercice de la souveraineté. La Cour réaffirme ainsi le rôle de l'effectivité. De même, la Cour prend en compte l'absence de réactions ou de protestations consacrant un acquiescement.
L'arrêt est également intéressant quant aux méthodes d'interprétation. La Cour fait, à nouveau, application de l'équité *infra legem* (v. *supra* p. 72).
Par ailleurs, interprétant le compromis lui ayant donné compétence, la Cour, se référant à la Convention de Vienne de 1969, retient le sens ordinaire des termes du compromis, replacés dans leur contexte. Elle précise que le recours aux circonstances dans lesquelles le compromis a été conclu ne peut constituer qu'un moyen complémentaire d'interprétation et ne peut l'emporter sur l'intention commune des parties, telle qu'elle est exprimée. Elle précise, ainsi, la portée du principe de l'effet utile.
S'agissant de la notion de *baies historiques*, la Cour rappelle qu'il n'y a pas de régime unique, mais seulement un régime particulier pour chaque cas concret (v. aff. du *plateau continental tuniso-libyen*) et elle confirme que les règles et principes normalement applicables aux baies, dont un seul État est riverain, ne sont pas nécessairement appropriés à une baie, dont plusieurs États sont riverains et qui est également revendiquée comme une baie historique.
La Cour reconnaît qu'un *condominium* (administration commune d'un territoire) est généralement institué par un traité. Mais elle admet qu'une souveraineté commune puisse découler d'une succession d'États (en l'occurrence à la suite de l'indépendance de l'Amérique centrale à l'égard de l'Espagne en 1821). Cela lui semble être le cas du golfe de Fonseca (sauf sur une distance jusqu'à 3 milles des côtes, où la Cour admet un libre passage inoffensif dans les eaux intérieures) qui est donc soumis à la souveraineté conjointe d'El Salvador, du Honduras et du Nicaragua (dont l'intervention au litige a été admise sur ce point). Mais, s'agissant précisément de la portée de l'intervention du Nicaragua, la Cour considère qu'elle ne conduit pas à donner autorité de chose jugée de l'arrêt à l'égard du Nicaragua, en l'absence d'un consentement exprimé par les parties.
C'est surtout par cette reconnaissance de droits du Honduras sur le golfe de Fonseca que cet arrêt est important pour cet État, car il lui reconnaît ainsi un accès à l'océan Pacifique.

(*Rec.*, p. 351.)

Une demande de révision présentée par El Salvador a été rejetée le 18 décembre 2003 (*Rec.*, p. 392.).

Elettronica Sicula S.p.A. (ELSI) (CIJ, arrêt du 20 juill. 1989).

Peu de temps après avoir retiré sa déclaration d'acceptation de la compétence de la Cour, du fait qu'elle s'était déclarée compétente dans l'affaire *Nicaragua c/ États-Unis*, le gouvernement américain a saisi la Cour par voie de requête unilatérale, en se fondant sur une clause de juridiction obligatoire, figurant dans un traité italo-américain d'amitié, de commerce et de navigation. Il s'agissait d'un litige dans lequel les États-Unis avaient pris fait et cause pour des actionnaires américains d'une société italienne.

Cette société, passée sous contrôle de deux sociétés américaines, avait voulu arrêter ses activités, en raison de ses mauvais résultats ; mais elle en avait été empêchée par l'occupation des usines et par des mesures de réquisition prises par des autorités locales italiennes. Finalement, la société fut mise en faillite, après différentes interventions publiques et parapubliques et les actionnaires ne purent rien retirer de la liquidation des actifs.

La Cour, statuant dans la formation restreinte d'une chambre, admit implicitement la recevabilité de la requête américaine. La situation était, en effet, différente de l'affaire de la *Barcelona Traction*, car d'une part, l'État national de la société (l'Italie) était l'auteur même des faits incriminés et d'autre part, la société n'existait plus, lorsque les États-Unis saisirent la Cour. Plus récemment (aff. *Guinée c/ Rép. démo. Congo*, exc. prélim., 2007), la Cour a tenu à souligner le caractère particulier de cette affaire, dans laquelle la Cour s'est fondée, non sur le droit international coutumier, mais sur un traité bilatéral, qui octroyait directement à leurs ressortissants, sociétés et associations, certains droits relatifs à la participation de ceux-ci dans des sociétés et associations de la nationalité de l'autre État.

À la différence de l'affaire de *l'Interhandel*, la Cour admit qu'il y avait eu, en l'espèce, épuisement des voies de recours internes.

Mais, sur le fond, la Cour rejette le recours. Elle n'a, en effet, constaté aucune violation du traité bilatéral en cause, notamment en ce qui concernait le droit de contrôler et gérer des biens, la protection et la sécurité des biens, ni relevé de mesures discriminatoires et/ou arbitraires.

(*Rec.*, p. 15.)

Emprunts norvégiens (CIJ, arrêt du 6 juill. 1957 sur les exceptions préliminaires).

Un contentieux surgit entre la France et la Norvège, à propos des emprunts émis par ce pays, en 1885 et 1909. Dans l'exercice de la protection diplomatique de ressortissants français, qui s'estimaient lésés par l'attitude de la Norvège, à l'égard de la clause-or assortissant ces emprunts, la France saisit la CIJ. Mais, la Norvège, se fondant sur le principe de la réciprocité, invoqua, à son profit la réserve faite, à cette époque, par la France, à sa déclaration d'acceptation de la compétence de la Cour. Imitant les États-Unis, la France avait, en effet, au lendemain de la Seconde Guerre mondiale, exclu de la compétence de la CIJ les affaires relevant de la compétence nationale de la France, telle qu'elle serait définie par le gouvernement français. Or, la Norvège estima que les questions de crédit public relevaient du droit interne et non du droit international public. La CIJ donna gain de cause à la Norvège et débouta la France. Celle-ci, instruite par ce nouvel épisode de « l'arroseur arrosé » renonça, par la suite, à ce type de réserve, dite réserve automatique, et admit que la compétence nationale serait définie par référence au droit international public.

(*Rec.*, p. 9.)

Espaces maritimes France c/ Canada (officiellement : affaire de la *délimitation des espaces maritimes entre le Canada et la République française*) (arbitrage du 10 juin 1992).

L'accord de pêche du 27 mars 1972 avait permis de délimiter une partie des espaces maritimes entre Terre-Neuve et Saint-Pierre-et-Miquelon. Mais, pour le reste, subsistait un contentieux, les deux États revendiquant, depuis 1977, des zones économiques exclusives de 200 milles qui se chevauchaient. La France se fondait sur le principe de l'équidistance (qu'elle avait, cependant, précédemment, écarté dans son litige avec la Grande-Bretagne à propos des espaces maritimes au large de Jersey et de Guernesey, v. aff. du *plateau continental franco-britannique, infra* p. 296). Le Canada entendait limiter les droits de la France à une mer territoriale de 12 milles. Bien que le tribunal arbitral (composé de 5 membres dont deux arbitres « nationaux », qui ont exprimé une opinion dissidente) ait relevé l'« exagération des thèses des deux parties » et n'en ait retenu aucune comme point de départ pour la délimitation, la solution qu'il consacre, fondée sur un critère de proportionnalité, minimise les droits de Saint-Pierre-et-Miquelon en n'accordant qu'une zone de 12 milles supplémentaires au-delà des eaux territoriales. Pratiquement, l'arbitrage est favorable au Canada, même si le tribunal accorde, à la France, en vue de parvenir à un « résultat équitable » une projection frontale en mer, vers le sud, jusqu'à ce qu'elle atteigne la limite extérieure de 200 milles. Mais cette zone, mesurée par la « largeur de l'ouverture côtière des îles », prend alors une forme (allongée et étroite) bizarre et aboutit à une enclave difficile à exploiter.

(*RGDIP*, 1992, p. 673.)

Espagne c/ Canada (officiellement : affaire de la *compétence en matière de pêcheries*) (CIJ, arrêt du 4 déc. 1998).

En mars 1995, l'Espagne a déposé une requête introductive d'instance contre le Canada au sujet d'un différend relatif à la loi canadienne sur la protection des pêches côtières, telle qu'amendée en 1994, sur la réglementation d'application de cette loi ainsi que sur certaines mesures prises sur la base de cette législation. Le différend portait, en particulier, sur l'arraisonnement en haute mer par un patrouilleur canadien d'un bateau de pêche battant pavillon espagnol, avec un équipage espagnol.

Le Canada a contesté la compétence de la Cour en raison d'une réserve figurant dans sa déclaration d'acceptation de la compétence obligatoire de la Cour qui exclut de cette compétence les différends relatifs aux mesures de gestion et de conservation adoptées par le Canada pour les navires pêchant dans la zone de réglementation de l'Organisation des pêches de l'Atlantique Nord-Ouest et à l'exécution de telles mesures.

La Cour, à une confortable majorité (12 voix contre 5, 2 juges *ad hoc* avaient été désignés) a fait droit à l'exception d'incompétence soulevée par le Canada. Elle a, notamment, considéré que les règles d'interprétation des déclarations d'acceptation de sa compétence ne sont pas les mêmes qu'en matière de traités. Elle a examiné, avec un soin tout particulier, les différentes expressions figurant dans la réserve canadienne avant de se déclarer incompétente.

(*Rec.*, p. 432.)

Essais nucléaires (CIJ, arrêts du 20 déc. 1974).

Au début des années 70, la France, non partie au traité de 1963 sur l'arrêt partiel des expériences nucléaires, procédait, en Polynésie française, à des essais d'armes nucléaires dans l'atmosphère (ayant dû renoncer à utiliser la base de Reggane, située au Sahara, devenu territoire algérien). L'Australie et la Nouvelle-Zélande, craignant

des retombées nucléaires nocives, demandèrent, en vain, à la France de renoncer à ces expériences. (Il faut noter que les États-Unis avaient pu, dans le passé, effectuer de telles expériences, sans susciter de critiques de ces deux États…) Ayant échoué, ces deux pays portèrent l'affaire devant la CIJ. La France contesta la compétence de la CIJ (la déclaration française d'acceptation de la compétence de la Cour excluant les affaires touchant à la défense nationale) et refusa de comparaître, tout en publiant plusieurs documents, dont un Livre blanc, exposant la thèse française.
Les deux pays demandaient à la CIJ, en des termes légèrement différents, de dire et juger que la poursuite d'essais nucléaires dans l'atmosphère était contraire aux règles du droit international et d'ordonner la cessation des essais. Or, la Cour releva que les demandeurs n'avaient pas voulu obtenir un jugement déclaratoire, mais qu'ils avaient eu pour objectif initial et conservaient pour objectif ultime la cessation de ces essais. Aussi, la Cour prit-elle en considération un certain nombre de déclarations faites par diverses autorités françaises, y compris par le nouveau président de la République (V. Giscard d'Estaing) au lendemain de son élection en 1974, d'après lesquelles la France envisageait de cesser de procéder à des expériences nucléaires dans l'atmosphère, une fois terminée la campagne d'essais de 1974. Ayant ainsi constaté que le différend avait disparu, la Cour estima qu'elle n'avait plus à statuer. Mais, la France, tirant la conséquence de l'attitude de la Cour, qui, en se déclarant compétente pour ordonner des mesures conservatoires, n'avait pas pris en considération la réserve française (touchant les affaires relatives à la défense nationale) retira, en 1974, sa déclaration d'acceptation de la compétence de la Cour. La France ne tint, d'ailleurs, pas compte de la mesure conservatoire (suspension des essais nucléaires) ordonnée.

(*Rec.*, p. 253 et 457.)

À l'été 1995, relance de la CIJ par la Nouvelle-Zélande (avec intervention de l'Australie et de plusieurs autres États du Pacifique) après la décision du nouveau président de la République (J. Chirac) de procéder à une série limitée (jusqu'en 1996) d'essais nucléaires souterrains. Rejet de la plainte et de la demande en indication de mesures conservatoires (ord. 22 sept. 1995) en l'absence de lien entre les essais nucléaires (dans l'atmosphère) concernés par l'instance de 1974 et les essais nucléaires (souterrains) envisagés par la France en 1995.

(*Rec.*, p. 288.)

Fonderie de Trail (Sentences arbitrales des 16 avril 1938 et 11 mars 1941).

Cette affaire illustre le premier exemple de contentieux international provoqué par un cas de pollution transfrontières. En l'occurrence, les fumées nocives émises par une fonderie de plomb, située en territoire canadien, dévastaient les récoltes d'agriculteurs américains, établis de l'autre côté de la frontière. En l'espèce, en l'absence de règles de droit international public, les arbitres raisonnèrent par analogie, en se référant aux principes applicables en cas de pollution des eaux, par-delà les limites d'un État fédéré, dans un ensemble fédéral. La responsabilité du Canada fut retenue par les arbitres. Cette sentence est considérée comme constituant l'ébauche d'une règle de droit coutumier international consacrant la responsabilité de l'État en cas de dommage causé à l'environnement d'autres États ou dans des zones ne relevant d'aucune compétence territoriale (cf. Principe 21 de la Déclaration de Stockholm sur l'environnement, 1972). La question a été évoquée à la suite de l'accident de la centrale nucléaire de Tchernobyl, en 1986. Mais, l'Union soviétique a décliné toute responsabilité.

(*RSA*, t. III, p. 1907.)

Frontière maritime Guinée c/ Guinée-Bissau (officiellement : *Tribunal arbitral pour la délimitation de la frontière maritime Guinée c/ Guinée-Bissau* – Sentence du 14 févr. 1985).

La Guinée (ancienne colonie française) et la Guinée-Bissau (autrefois, colonie portugaise) ont demandé à 3 arbitres (choisis parmi les membres de la CIJ) d'interpréter une convention conclue, en 1886, entre la France et le Portugal, aux fins de savoir si ce texte déterminait la frontière maritime entre les possessions respectives de ces 2 États en Afrique. Le tribunal a répondu par la négative à cette question, car il a considéré que cet accord visait, essentiellement, les possessions terrestres des 2 États et que le terme de « *limite* », utilisé dans le texte, n'était pas assimilable à celui de frontière. Le tribunal s'est également appuyé, pour étayer son interprétation, comme l'y invitaient les parties, sur les protocoles et documents annexes à la Convention de 1886. Aussi, faisant droit à la requête des parties, le tribunal a établi le tracé de la ligne délimitant les territoires maritimes des 2 États. Cette ligne unique partage les eaux territoriales, la zone économique exclusive et le plateau continental. Elle aboutit à une solution intermédiaire entre les revendications des 2 États. Se référant à la jurisprudence de la CIJ et à la Convention de 1982, le tribunal s'est efforcé d'aboutir à une solution équitable et objective, tout en ne s'appuyant que sur des considérations de droit et non d'équité. Le tribunal a, notamment, pris en compte la configuration et l'orientation du littoral, y compris l'existence d'îles, tout en rejetant la règle de l'équidistance et en constatant l'unicité du plateau continental des 2 États. Le tribunal a, également, considéré qu'il devait exister une proportionnalité entre la longueur du littoral et la superficie des zones à attribuer à chaque État, mais il a écarté, en l'espèce, les considérations économiques.

(*RGDIP*, 1985, p. 484.)

Géorgie c/ Russie (officiellement : *application de la convention internationale sur l'élimination de toutes les formes de discrimination raciale*).

Un conflit armé a éclaté en août 2008, lorsque la Géorgie a tenté de reprendre le contrôle de la région séparatiste d'Ossétie du Sud, au nord de la Géorgie et contiguë avec la Russie. Ce pays qui, depuis des années, disposait sur le terrain de « gardiens de la paix » est intervenu militairement pour faire reculer les forces géorgiennes d'Ossétie du Sud et d'une autre région séparatiste, dans l'Ouest du pays, l'Abkhazie (ces deux régions ont, par la suite, déclaré leur indépendance, qui n'a été reconnue que par la Russie et le Nicaragua).

Le 12 août 2008, la Géorgie a déposé une requête introductive d'instance contre la Fédération de Russie pour violations de la convention internationale sur l'élimination de toutes les formes de discrimination raciale (ci-après CIEDR) et le 14 août, elle présentait une demande en indication de mesures conservatoires (modifiée par la suite), qui visait à « protéger ses ressortissants des violences à caractère discriminatoire que leur infligent les forces armées russes opérant de concert avec des milices séparatistes et des mercenaires étrangers ».

Par une ordonnance du 15 octobre 2008, rendue à une seule voix de majorité – 8 contre 7 -(un juge étant absent et avec la voix du juge *ad hoc* désigné par la Géorgie), la Cour s'est déclarée compétente et a, effectivement, ordonné aux deux parties de s'abstenir de tout acte de discrimination raciale dans les régions concernées (et les régions adjacentes) et de ne pas aggraver la situation

La forte minorité de la Cour (composée des juges jordanien, vice-président, malgache, chinois, sierra-leonais, slovaque, marocain et russe) a, à juste titre, critiqué, dans une opinion dissidente commune, la position de la majorité (composée de la présidente, britannique, et des juges américain, allemand, français, néo-zélandais, mexicain, japonais et du juge *ad hoc*).

En effet, tout d'abord, la compétence de la Cour était loin d'être évidente, les actes reprochés par la Géorgie n'étant pas nécessairement susceptibles d'entrer dans les prévisions de la convention. En second lieu, la condition de négociations préalables n'avait pas été remplie, d'autant plus que l'affaire n'avait pas été portée à l'attention du Comité pour l'élimination de la discrimination raciale. Enfin, les 7 juges ont estimé que l'existence d'un quelconque risque de préjudice irréparable aux droits que la Géorgie tiendrait de la CIEDR, ni l'existence d'une situation d'urgence ne pouvaient être invoqués.

Enfin, même le juge *ad hoc*, désigné par la Géorgie, a, dans une déclaration, critiqué le fait, également relevé par les 7 juges de la minorité, que la Cour a cru devoir indiquer les mesures conservatoires aux deux États, y compris donc à la Géorgie, seul État demandeur. On peut dire qu'en quelque sorte la CIJ a statué *ultra petita*.

Une fois encore, la Cour semble s'être placée sur le plan politique, plus que sur le plan juridique.

Golfe du Maine (officiellement : *délimitation de la frontière maritime dans la région du golfe du Maine*) (CIJ, 12 oct. 1984).

Le Canada et les États-Unis ont, par voie de compromis, demandé à une chambre de la Cour (1re utilisation de cette possibilité) de délimiter le tracé de la frontière maritime de ces deux pays dans la région du golfe du Maine (qui baigne les côtes du Massachussetts et de la Nouvelle-Écosse).

Pour la première fois, la Cour était invitée à tracer elle-même la ligne de démarcation et d'autre part, cette délimitation concernait non seulement le plateau continental mais aussi la zone de pêche exclusive. Comme en 1982 (aff. du *plateau continental tuniso-libyen*), la Cour considère qu'il y a lieu de se référer à des critères « équitables » et d'utiliser des méthodes pratiques aptes à assurer, compte tenu de la configuration géographique de la région et des autres circonstances pertinentes de l'espèce, un résultat « équitable ». La Cour écarte toute énumération *in abstracto* et admet la nécessité de combiner diverses méthodes pratiques. Mais, alors, comme pour la décision de 1982, certains reprochent à la Cour de transformer « toute l'opération de délimitation en une appréciation discrétionnaire par chaque juge de ce qui lui semble équitable » (opinion dissidente du juge Gros). De fait, la décision de la Cour conduit à partager la zone contestée entre les deux États concernés et bien que reconnaissant une souveraineté plus étendue aux États-Unis (5/6 de la zone) cette décision a été accueillie favorablement par le Canada. Ainsi, la Cour a bien rempli le rôle qu'on attend d'elle, c'est-à-dire de mettre fin à un litige entre deux États d'une manière acceptable par les deux parties.

(*Rec.*, p. 246.)

Greenpeace v. *Rainbow Warrior*.

Groenland oriental (CPJI, arrêt du 5 avril 1933).

Dans cette affaire, le Danemark entendait faire reconnaître ses droits sur ce territoire à l'encontre de la Norvège. La Cour a admis que le Danemark pouvait, notamment, se prévaloir d'une déclaration du ministre des Affaires étrangères norvégien et elle prit en considération le fait que le Danemark avait accordé des concessions et promulgué des lois.

(*Série A/B*, n° 53, p. 22.)

Guinée c/ République démocratique du Congo (officiellement: *Ahmadou Sadio Diallo*).

Un citoyen guinéen était associé-gérant de deux sociétés de droit zaïrois. Il fut amené à engager des poursuites judiciaires en vue de recouvrer des créances alléguées auprès de l'État zaïrois et de sociétés publiques et privées au Zaïre. En 1995, il fut expulsé du territoire zaïrois et reconduit en Guinée. Alors que la Guinée soutient que l'arrestation, la détention et l'expulsion de M. Diallo visaient à l'empêcher de recouvrer les créances dues à ses sociétés, la RDC affirme que l'expulsion de M. Diallo se justifiait par le fait que sa présence et sa conduite compromettaient l'ordre public zaïrois.

• CIJ, *arrêt du 24 mai 2007* sur les exceptions préliminaires :

Dans son arrêt, la Cour admet la recevabilité de la protection diplomatique exercée par la Guinée au regard des droits de M. Diallo en tant qu'individu et en tant qu'associé des deux sociétés. Elle écarte, ce faisant, l'exception de non-épuisement des voies de recours internes soulevée par la RDC, du fait que la mesure d'expulsion ayant été qualifiée de mesure de refoulement, aucun recours contre ce type de mesure n'existe en droit congolais (la violation des droits en tant qu'associé des sociétés n'était que la conséquence de la mesure d'expulsion).
En revanche, elle rejette la prétention de la Guinée d'exercer une compétence diplomatique en faveur de M. Diallo « par substitution » aux deux sociétés elles-mêmes. La Cour rappelle, en effet, sa jurisprudence dans l'affaire de la *Barcelona Traction,* selon laquelle seuls des droits lésés peuvent justifier l'exercice de la protection diplomatique, mais non de simples intérêts affectés. Elle souligne, également, le caractère spécifique de l'affaire *Elettronica Sicula* (v. *supra* p. 265) et ne relève aucune règle de droit coutumier venant à l'appui de la thèse de la Guinée.

Haya de la Torre (CIJ, arrêts du 20 nov. 1950 et du 13 juin 1951).

En 1948, à la suite de l'échec d'une rébellion militaire au Pérou, l'un de ses instigateurs, le chef de l'Alliance populaire révolutionnaire américaine, Haya de la Torre, demanda asile à l'Ambassade de Colombie à Lima. Le Pérou contesta à la Colombie le droit de qualifier la nature du délit aux fins d'accorder l'asile politique. La Cour, dans l'arrêt de 1950, constata que la Colombie ne pouvait fonder sa réclamation sur aucune convention opposable au Pérou, ni sur « le droit international américain », autrement dit sur une règle coutumière. En effet, la Colombie n'a pu prouver l'existence d'une coutume « comme preuve d'une pratique générale acceptée comme étant le droit ». Elle a cité des traités sans pertinence et des cas sans valeur où l'asile avait été accordé pour des raisons d'opportunité politique. La CIJ estima donc que la Colombie ne pouvait qualifier la nature du délit par une décision opposable au Pérou. Dans l'arrêt de 1951, la Cour, sur requête de la Colombie, estima qu'il ne lui appartenait pas, en l'absence de règles de droit international public, applicables en l'espèce, de dire comment l'asile accordé par ce pays devait cesser. Notons, au passage, que le juge international (à la différence, par exemple, du juge français) n'est pas obligé de statuer (*non liquet*).

(*Rec.*, 1950, p. 395 et 1951, p. 71.)

Hongrie c/ Slovaquie (officiellement: affaire relative *au projet Gabcikovo-Nagymaros – Hongrie c/ Slovaquie*) CIJ, *arrêt du 25 septembre 1997.*

En 1977, la Hongrie et la Tchécoslovaquie avaient conclu un traité prévoyant la construction de barrages (avec un système d'écluses) en Slovaquie et en Hongrie afin de produire de l'électricité, de lutter contre les inondations et d'améliorer la navigation sur le Danube. En 1989, la Hongrie a suspendu puis abandonné la réalisation du projet faisant valoir qu'il comportait de graves risques pour l'environnement en Hongrie et pour l'alimentation en eau de Budapest. La Slovaquie (qui a succédé à la Tchécoslovaquie) a contesté ces allégations et insisté pour que la Hongrie s'acquitte des obligations que le traité mettait à sa charge. Elle a conçu puis mis en service sur son territoire exclusivement un projet de rechange, dont l'exploitation a eu des effets sur l'accès de la Hongrie aux eaux du Danube.

En 1993, les deux ex-« démocraties populaires » ont saisi, par voie de compromis, la Cour. Dans son arrêt, la Cour a conclu que les deux États avaient violé leurs obligations juridiques et les a invités à exécuter le traité applicable qui les liait tout en tenant compte de la situation de fait telle qu'elle s'est développée depuis 1989.

Indépendamment du fait que la Cour confirme que certaines des règles énoncées dans la Convention de Vienne de 1969 sur le droit des traités pouvaient être considérées comme une codification du droit coutumier existant, on relèvera que pour rejeter l'exception d'état de nécessité qu'avait invoquée la Hongrie pour justifier sa dénonciation du traité de 1977, la Cour a précisé, sur la base du projet d'articles de la CDI sur la responsabilité des États, les cinq conditions requises pour pouvoir invoquer cette exception : il faut un « intérêt essentiel » de l'État auteur du fait contraire à l'une de ses obligations internationales ; que cet intérêt doit avoir été menacé par un « péril grave et imminent » ; que le fait incriminé doit avoir été le « seul moyen » de sauvegarder ledit intérêt ; que ce fait ne doit pas avoir « gravement porté atteinte à un intérêt essentiel » de l'État à l'égard duquel l'obligation existait ; et enfin que l'État auteur dudit fait ne doit pas avoir « contribué à la survenance de l'état de nécessité ».

De même, pour bien cerner la responsabilité incombant également à la Slovaquie, la Cour a pris soin de distinguer entre la réalisation d'un fait illicite (que celui-ci soit instantané ou continu) et le comportement antérieur à ce fait qui présente un caractère préparatoire et « qui ne saurait être traité comme un fait illicite ».

Surtout, la Cour a tenu à relever que de nouvelles normes du droit de l'environnement, récemment apparues, étaient pertinentes pour l'exécution du traité et que les parties pouvaient, d'un commun accord, en tenir compte en appliquant les dispositions du traité.

S'agissant des effets de la dissolution de la Tchécoslovaquie, la Cour a considéré que le traité de 1977 en tant que traité territorial liait la Slovaquie.
Bien que la Cour ait constaté que les deux États avaient manqué à leurs obligations découlant du traité, elle n'en a pas moins considéré que ledit traité était toujours en vigueur et que les parties devaient l'appliquer de façon raisonnable et de telle sorte que son but puisse être atteint. Or, ce traité a des objectifs multiples, parmi lesquels la protection de l'environnement naturel ne doit pas être négligée. Et elle souligne que le traité de 1977 ne prévoit pas seulement un programme d'investissement conjoint, mais aussi un régime conjoint qui devrait être rétabli.
La Cour admet certes que chacune des deux parties a subi des dommages, mais dans la mesure où elles ont commis des actes illicites croisés, elle estime que dans le cadre d'un règlement d'ensemble, chacune des deux parties pourrait renoncer à ses demandes financières.
Des négociations ont donc été engagées, mais l'accord-cadre paraphé n'a pas été signé par la Hongrie. La Slovaquie a donc saisi, en septembre 1998, la Cour d'une requête afin qu'elle détermine les modalités d'exécution de l'arrêt de 1997.

(*Rec.*, p. 7.)

Hull v. *Dogger Bank*.

Île des Palmes (Arbitrage du 4 avril 1928).

Entre les deux guerres mondiales, les Pays-Bas, qui étaient souverains sur ce qu'on appelait, alors, les Indes néerlandaises, et qui allaient constituer, ultérieurement, l'Indonésie, et les États-Unis, alors maîtres des Philippines, se disputèrent l'île des Palmes, située entre ces deux territoires. Les deux pays choisirent comme arbitre un juriste suisse, Max Huber. Celui-ci donna gain de cause aux Pays-Bas, qui exerçaient effectivement les fonctions d'État sur l'île (perception d'impôts, visite de navires de guerre, assistance lors d'un typhon, contrat de suzeraineté avec les indigènes).

(*RSA*, vol. II, p. 850.)

Incident aérien (Pakistan c/ Inde) (CIJ, 21 juin 2000).

Le 10 août 1999, un avion pakistanais avait été détruit par l'Inde. Aussi, le Pakistan a-t-il introduit une instance contre ce dernier pays.
Pour établir la compétence de la Cour, le Pakistan s'était, notamment, fondé sur l'Acte général pour le règlement pacifique des différends internationaux de 1928 (couramment dénommé, de façon quelque peu simpliste, acte général d'arbitrage).
La Cour a bien constaté que l'Inde britannique avait adhéré au dit Acte général, en 1931. Les deux pays ont longuement discuté de la question de savoir si cet instrument diplomatique avait survécu à la dissolution de la SDN. Mais, la Cour a relevé qu'en 1974, dans une communication adressée au secrétaire général des Nations unies, le gouvernement indien a fait savoir que depuis son accession à l'indépendance, il ne s'est jamais considéré comme lié par l'Acte général, que ce soit par succession ou autrement. Et elle a donc estimé que cette convention ne constituait pas une base de compétence. Aussi s'est-elle déclarée incompétente, aucune base de compétence ne pouvant, par ailleurs, être retenue.

(*Rec.*, p.12.)

Inde-Pakistan v. *OACI.*

Intérêts allemands en haute Silésie (officiellement : affaire relative à *certains intérêts allemands en haute Silésie*) (CPJI, arrêt du 25 mai 1926).

Une loi polonaise avait prescrit, à l'égard des biens allemands en haute Silésie, des mesures contraires aux dispositions de la Convention de Genève, entre l'Allemagne et la Pologne, du 15 mai 1922. Or, la Pologne essayait d'invoquer pour les justifier l'article 19 de la Convention d'armistice du 11 novembre 1918. D'après cet article, il ne devait être en rien distrait par l'ennemi des valeurs publiques pouvant servir aux Alliés de gage pour le recouvrement des réparations. Et la Pologne prétendait que l'Allemagne avait violé cette disposition. La Cour a considéré que la Pologne ne pouvait pas invoquer la Convention d'armistice, à laquelle elle n'était pas partie.
Sur le fond, la CPJI considère que l'action des autorités polonaises qui avaient déclaré nuls certains droits acquis par des personnes privées, était contraire au principe selon lequel, en cas de changement de souveraineté, les droits privés devaient être respectés.

(*Série A*, n° 7.)

Interhandel (CIJ, arrêt du 21 mars 1959 sur les exceptions préliminaires).

Les États-Unis considérèrent, durant la Seconde Guerre mondiale, que la société suisse Interhandel n'était, en réalité, qu'un écran pour la société allemande I.G. Farben, et la société fit l'objet de mesures de séquestre de ses biens, au titre de la législation concernant le commerce avec l'ennemi. Or, la société protestait de sa bonne foi, déclarant qu'elle n'avait plus de lien avec la société allemande depuis 1940. La société entama une procédure devant la justice américaine pour récupérer ses biens. Mais, parallèlement, elle demanda à la Suisse d'endosser sa réclamation. Aussi, la Cour débouta la Suisse, car la procédure introduite devant les tribunaux américains était encore en cours.

(*Rec.*, p. 6.)

Interprétation des traités de paix (CIJ, avis consultatif du 30 mars 1950).

Le litige portait sur le non-respect par la Bulgarie, la Hongrie et la Roumanie, des dispositions des traités de paix de 1947, relatives au respect des droits de l'homme et des libertés fondamentales. Dans l'avis consultatif demandé par l'Assemblée générale à la CIJ, la question essentielle portait sur le point de savoir si le Secrétaire général pouvait se substituer aux États défaillants, pour désigner les membres des commissions de conciliation chargées de régler les différents relatifs à l'application des traités de paix. La Cour a répondu par la négative. Dans cette même affaire, la Cour a déclaré : « Il est clair que le refus de s'acquitter d'une obligation conventionnelle est de nature à engager la responsabilité internationale. »

(*Rec.*, p. 65.)

Iran c/ États-Unis (officiellement : affaire des *plates-formes pétrolières* ; CIJ, arrêt du 6 nov. 2003).

Au cours de la guerre entre l'Iran et l'Irak (1980-1988), l'Irak attaqua, dans le golfe Arabo-Persique, des pétroliers, qui transportaient du pétrole iranien. Les Iraniens répliquèrent. Il s'ensuivit des actions des deux belligérants, dont « firent les frais » des navires de commerce et des bâtiments de guerre de diverses nationalités, dont deux de nationalité américaine. À l'automne 1987 et au printemps 1988, les États-Unis réagirent en attaquant et détruisant des installations de production de pétrole *off shore*, installées sur le plateau continental iranien.

L'Iran décida de porter plainte devant la CIJ. Les États-Unis, ayant retiré leur acceptation de la compétence obligatoire de la Cour, après l'affaire des *activités militaires au Nicaragua*, l'Iran dut chercher un autre fondement à la compétence de la Cour. En l'occurrence, elle invoqua le traité bilatéral d'amitié, de commerce et de droits consulaires, conclu en 1955, et attribuant compétence à la Cour pour connaître de tout différend concernant l'interprétation et l'application du traité. Par un arrêt du 12 décembre 1996, la Cour rejeta l'exception d'incompétence soulevée par les États-Unis (*Rec.* p. 803). Ceux-ci déposèrent, alors, une demande reconventionnelle, qui fut déclarée recevable par la Cour, par une ordonnance rendue le 10 mars 1998. (*Rec.*, p. 204.)

Statuant sur le fond, le 6 novembre 2003, la Cour a débouté chacune des parties. Mais, cette solution, apparemment paradoxale, s'explique par le champ limité de compétence de la Cour. Les États-Unis s'appuyaient à la fois sur le droit de légitime défense et sur la disposition du traité de 1955 autorisant les mesures « nécessaires à l'exécution des obligations de l'une ou l'autre des HPC relatives au maintien ou au rétablissement de la paix et de la sécurité internationales ou à la protection des intérêts vitaux de cette HPC sur le plan de la sécurité ».

La Cour a considéré que la question de savoir si une action était « nécessaire » se posait à la fois en tant qu'élément du droit international et au regard de la disposition précitée. Ayant écarté la qualification d'agression armée iranienne dirigée contre les États-Unis, la Cour, en se fondant sur les critères de nécessité et de proportionnalité, écarte, ensuite, après avoir examiné les circonstances des actions entreprises contre les plates-formes pétrolières, la référence au doit de légitime défense. On relèvera, au passage, que la Cour s'est montrée particulièrement rigoureuse à l'égard des États-Unis pour admettre l'imputabilité à l'Iran des actes en cause.

Mais la Cour va également débouter l'Iran, dans la mesure où elle considère qu'il n'y a pas eu violation du traité d'amitié, puisqu'il n'y a pas eu atteinte à la liberté de commerce entre les territoires de deux pays. Car, la Cour relève que, d'une part, en 1987 les plates-formes attaquées étaient hors d'usage à la suite d'attaques iraquiennes antérieures et que, d'autre part, en 1988 un *Executive Order* du président Reagan, d'octobre 1987, interdisait, notamment, l'importation de pétrole iranien.

Elle va, également, rejeter la demande reconventionnelle des États-Unis, dans la mesure où les navires américains attaqués ne se livraient pas au commerce ou à la navigation entre les territoires des deux pays.

(*Rec.*, p. 161.)

Jan Mayen v. *Danemark c/ Norvège.*

Jugements du Tribunal administratif des Nations unies (officiellement : affaire de l'*effet de jugements du Tribunal administratif des Nations unies*) (CIJ, avis consultatif du 13 juill. 1954).

En 1949, l'Assemblée générale des Nations unies avait créé un tribunal pour régler le contentieux du personnel. Or, le tribunal accorda, sur recours de fonctionnaires

illégalement licenciés, d'importantes indemnités. Le secrétaire général ayant demandé à l'Assemblée des crédits supplémentaires correspondants, divers États, dont les États-Unis, mirent en doute le caractère obligatoire pour l'Assemblée générale des jugements du tribunal administratif. La Cour admit la légalité de la création d'un tribunal par l'Assemblée générale, bien que celle-ci n'ait pas, elle-même, de compétence juridictionnelle. Écartant l'idée de délégation de compétence, la Cour rattache cette création aux pouvoirs implicites de l'Assemblée générale, qui était fondée à accorder une protection judiciaire à ses fonctionnaires, conformément aux objectifs de liberté et de justice de l'Organisation.
À la suite de cet avis, une procédure de réformation des jugements du Tribunal administratif des Nations unies fut mise en place en 1955. La saisine de la Cour internationale de justice était prévue, mais elle était plus large que celle instituée pour la mise en cause des jugements du Tribunal administratif de l'OIT (ouverture seulement à l'Organisation internationale concernée). Les cas d'ouverture de la procédure étaient au nombre de quatre : incompétence positive ou négative, erreur essentielle de procédure, erreur de droit sur des dispositions de la Charte. Un Comité, composé des États membres du bureau de l'Assemblée générale des Nations unies, filtrait les réclamations, avant de solliciter, éventuellement, un avis consultatif de la Cour, qui avait, pratiquement, force obligatoire. Le Comité pouvait être saisi par le fonctionnaire concerné, un État ou le secrétaire général.
De fait, la Cour a confirmé, le 12 juillet 1973, sur réclamation du fonctionnaire concerné, que le tribunal, dans le jugement n° 158, n'avait ni omis d'exercer sa juridiction (une déclaration erronée d'incompétence équivalant à une incompétence négative), ni commis une erreur essentielle de procédure (*Rec.*, p. 166).
Dans un avis du 20 juillet 1982, la Cour, sur la base d'une demande de réformation présentée par les États-Unis, a estimé que, dans le jugement n° 273, le tribunal n'avait ni outrepassé sa juridiction (un excès de pouvoir équivalant à une incompétence positive), ni commis d'erreur de droit concernant les dispositions de la Charte (*Rec.*, p. 325).
Dans un avis du 27 mai 1987 (*Rec.*, p. 16), la Cour, sur la base d'une demande de réformation présentée par un ancien fonctionnaire (d'origine russe et ayant demandé le droit d'asile aux États-Unis) a estimé que le TANU dans le jugement n° 333 n'avait ni manqué d'exercer sa juridiction, ni commis d'erreur de droit. Ledit jugement avait jugé légal le refus du Secrétaire général de prolonger le contrat venu à expiration ou d'offrir un nouvel engagement à l'intéressé.
Ainsi, la Cour avait-t-elle eu l'occasion d'envisager les quatre cas d'ouverture de la procédure de réformation des jugements du Tribunal administratif des Nations unies.

(*Rec.*, p. 47.)

En 1996, l'Assemblée générale des Nations unies a décidé de supprimer ce mécanisme, alors que le secrétaire général de l'époque (Boutros-Ghali) proposait une refonte du système de justice interne à l'Organisation, faisant du TANU une instance d'appel d'une Commission d'arbitrage statuant en premier ressort. Une réforme, mettant en place un double degré de juridiction, n'est finalement entrée en vigueur qu'en juillet 2009.

Jugements du Tribunal administratif de l'OIT sur requêtes contre l'UNESCO (CIJ, avis consultatif du 23 oct. 1956).

À l'époque de la « chasse aux sorcières » (lutte anticommuniste) aux États-Unis, au début des années 50, quatre ressortissants américains fonctionnaires de l'UNESCO furent invités à répondre à des questions et à se présenter devant un « Loyalty Board » (sorte de commission d'enquête). À la suite de leur refus, ces fonctionnaires se virent refuser, par le directeur général de l'UNESCO, le renouvellement de leur contrat venu à expiration, le motif invoqué étant le manque d'« intégrité ». Sur recours devant le Tribunal administratif de l'OIT, compétent pour connaître du contentieux relatif aux fonctionnaires de l'UNESCO, le Tribunal alloua une indemnité pour non renouvellement abusif des contrats. Le statut de ce Tribunal prévoyant le recours possible devant la CIJ en vue d'obtenir un avis consultatif ayant force obligatoire (*sic*), la CIJ, après s'être déclarée compétente, confirma les jugements du Tribunal administratif de l'OIT, celui-ci étant compétent pour statuer (la procédure d'avis consultatif n'est ouverte, au seul profit de l'Organisation mise en cause qu'au cas où le Tribunal serait incompétent ou aurait commis un vice grave de procédure).

(*Rec.*, p. 77.)

Lac Lanoux (Sentence arbitrale du 16 nov. 1957).

Le lac Lanoux constitue un réservoir naturel important des Pyrénées-Orientales, dont le trop-plein se jetait en Espagne. Au lendemain de la Seconde Guerre mondiale, la France décida d'aménager le lac en vue de produire de l'énergie hydro-électrique. Pour tenir compte des intérêts espagnols, le projet primitif fut modifié pour permettre la restitution intégrale, en Espagne, des eaux prélevées par la dérivation des eaux, opérée en territoire français. Mais, l'Espagne soutenait que la France ne pouvait pas procéder à des travaux d'utilisation des eaux du lac, sans son accord préalable. Le Tribunal a écarté la thèse espagnole, selon laquelle il existait entre les deux États une zone soumise à un statut spécial. Le Tribunal reconnaît la souveraineté territoriale de la France et n'admet pas de droits au profit de l'Espagne. Mais, il note que les intérêts espagnols ont bien été respectés par la France, grâce à la solution technique retenue.

(*RSA*, vol. XII, p. 285.)

LaGrand (Allemagne c/ États-Unis d'Amérique) (CIJ, 27 juin 2001).

En 1982, deux ressortissants allemands, les frères LaGrand, ont été arrêtés, en Arizona, et par la suite jugés pour homicide et condamnés à la peine capitale, sans avoir été informés, comme l'exige la Convention de Vienne de 1963 sur les relations consulaires, de leur droit à demander à bénéficier de l'assistance consulaire de la part de leur État d'origine. Ce n'est qu'en 1992 que les fonctionnaires consulaires allemands ont été informés de l'affaire, par les détenus eux-mêmes.

Le 24 février 1999, l'un des deux condamnés, Karl, était exécuté, en dépit des appels à la clémence et des interventions diplomatiques de la part de l'Allemagne. Son frère, Walter, devait l'être le 3 mars suivant. Aussi, la veille, le 2 mars 1999, l'Allemagne saisissait la CIJ du différend qui l'opposait aux États-Unis au sujet du non-respect des dispositions de la Convention de 1963 et elle demandait, de manière urgente, à la Cour d'ordonner des mesures conservatoires en vue d'empêcher l'exécution de Walter LaGrand, tant qu'une décision définitive n'aurait pas été rendue.

• CIJ, *ordonnance du 3 mars 1999* sur une demande en indication de mesures conservatoires.

À l'unanimité, la Cour demanda aux États-Unis de prendre toutes mesures dont ils disposaient pour que Walter LaGrand ne soit pas exécuté tant que la décision définitive dans cette instance n'aurait pas été rendue. Mais, le même jour Walter LaGrand était exécuté, le gouverneur de l'État d'Arizona ayant rejeté une recommandation de la commission des grâces tendant à ce qu'il soit sursis à l'exécution. Or, dès la veille, c'est-à-dire le jour même de la saisine de la Cour, son vice-président (le président de la Cour étant de nationalité américaine, s'était déporté) avait attiré l'attention du gouvernement américain sur la nécessité d'agir de manière que toute ordonnance de la Cour sur la demande en indication de mesures conservatoires puisse avoir les effets voulus.

(*Rec.*, p. 9.)

• CIJ, *arrêt du 27 juin 2001* sur le fond

À une très large majorité, la Cour a condamné les États-Unis pour ne pas avoir informé sans retard les frères LaGrand de la possibilité de solliciter de la part de l'Allemagne une assistance consulaire et, par la suite, pour ne pas avoir permis le réexamen et la révision des verdicts de culpabilité.
Surtout, la Cour a condamné les États-Unis pour ne pas avoir pris en compte l'ordonnance du 3 mars 1999, par laquelle il leur était enjoint de faire en sorte que Walter LaGrand ne soit pas exécuté tant que la décision définitive dans cette instance n'aurait pas été rendue. Ce faisant, pour la première fois dans son histoire, la Cour a considéré que ses ordonnances en indication de mesures conservatoires avaient une force juridique obligatoire.
Par ailleurs, à l'unanimité, elle considère que l'Allemagne obtient satisfaction du fait que les États-Unis ont pris l'engagement de prendre des mesures spécifiques pour permettre la mise en œuvre des dispositions de la Convention de Vienne de 1963 concernant l'assistance consulaire, dont peuvent se prévaloir des ressortissants étrangers, faisant l'objet de poursuites devant des tribunaux américains.
On relèvera, au passage, que les États-Unis n'ont pas pu se prévaloir des compétences des États (fédérés) en matière d'administration de la justice, s'agissant du respect de conventions internationales.
Cette question devait d'ailleurs se poser à nouveau à propos d'une affaire mettant en cause le Mexique et les États-Unis, quelques années plus tard.
Saisie par le Mexique d'une plainte contre les États-Unis à propos de la condamnation à mort de 51 de ses ressortissants (officiellement : *Avena et autres ressortissants mexicains*), la Cour a confirmé sa jurisprudence (arrêt du 31 mars 2004 - *Rec.*, p. 12).
La seule différence – et de taille – entre les deux affaires est que, cette fois, les États-Unis ont pris en compte les mesures conservatoires ordonnées par la Cour le 5 février 2003. Ils ont fait en sorte que les intéressés ne soient pas exécutés avant l'arrêt de la Cour, qui a pris acte de l'engagement des États-Unis de réexaminer les verdicts de culpabilité rendus dans les affaires en cause.
Mais, des difficultés surgirent pour la mise en œuvre de l'arrêt de la CIJ, car selon la Cour suprême, la décision de la CIJ dans l'affaire Avena n'obligeait pas les cours des États fédérés à écarter les règles de procédure internes. Dans un arrêt du 25 mars 2008

(Medellin c/ Texas), elle jugea, en effet, qu'un traité international (en l'occurrence le statut de la CIJ donnant force obligatoire à ses décisions) n'est directement invocable en droit interne que si le Congrès adopte une loi de transposition ou si le traité reflète l'intention des parties de lui donner un tel effet. Ce qui n'était pas le cas en l'espèce.
Le 5 juin 2008, le Mexique déposa un recours en interprétation de l'arrêt de la CIJ de 2004 et une demande en indication de mesures conservatoires, ce que fit la Cour par une ordonnance du 16 juillet 2008, qui ordonnait aux États-Unis de prendre les mesures nécessaires pour que 5 des 51 condamnés à mort ne soient pas exécutés, tant que l'arrêt sur la demande d'interprétation ne serait pas rendu. Ce qui, malheureusement, n'empêcha pas, sur ordre des autorités judiciaires du Texas, l'exécution de l'un d'entre eux, précisément Medellin, à la date prévue, soit le 5 août suivant. La Cour a rendu son arrêt sur la demande d'interprétation, le 19 janvier 2009, dans lequel elle rejeta cette demande, car elle estima que la question en litige (l'applicabilité directe des arrêts de la Cour en droit interne) n'était pas en jeu dans son arrêt de 2004. Mais, elle confirma, cependant, que les États-Unis étaient tenus de respecter l'obligation de réexamen des verdicts de culpabilité rendus. En tout état de cause, elle ne put que constater la violation des mesures conservatoires ordonnées en juillet 2008, puisque l'un des condamnés avait été exécuté.

(*Rec.*, p. 466.)

Libye c/ États-Unis et Grande-Bretagne (officiellement : affaire des *questions d'interprétation et d'application de la Convention de Montréal de 1971 résultant de l'incident aérien de Lockerbie : Jamahiriya arabe libyenne c/ États-Unis ; id/ Royaume-Uni*).

En décembre 1988, un appareil de la compagnie aérienne américaine Pan Am s'écrasait au-dessus de Lockerbie, en Écosse, entraînant la mort de 270 personnes. Une bombe placée à bord avait provoqué la destruction de l'appareil. Les autorités judiciaires américaines et britanniques ayant fait apparaître que deux ressortissants libyens étaient suspectés d'être à l'origine de cet attentat terroriste, les gouvernements américain et britannique demandèrent aux autorités libyennes leur extradition, ce qui leur fut refusé. Parallèlement, les autorités françaises présentèrent une demande dans le même sens à la suite de la destruction, dans des circonstances identiques, en septembre 1989, d'un appareil de la compagnie UTA, au-dessus du Niger, d'où la mort de 170 personnes. Un refus analogue leur fut opposé.
En janvier 1992, le Conseil de sécurité, par sa résolution 731, condamnant les deux attentats, déplorait l'attitude du gouvernement libyen et « demandait instamment aux autorités libyennes d'apporter immédiatement une réponse complète et effective à ces demandes afin de contribuer à l'élimination du terrorisme international ». Les gouvernements américain et britannique n'avaient pas caché leur intention de demander au Conseil de sécurité de prendre des sanctions contre la Libye, au cas où ce pays persisterait dans son attitude.
De façon surprenante, c'est la Libye qui, début mars 1992, prit l'initiative de saisir la CIJ d'une plainte dirigée contre ces deux gouvernements, au motif que la Libye avait bien respecté toutes ses obligations au regard de la Convention de Montréal relative à la répression des atteintes à la sécurité de l'aviation civile et que c'étaient au contraire ces deux gouvernements qui n'en respectaient pas les dispositions, notamment en ce qui concerne la procédure de règlement des différends. De plus, ces gouvernements

étaient accusés de violer la souveraineté de la Libye en exigeant l'extradition de nationaux libyens. Le gouvernement libyen demanda à la Cour d'indiquer des mesures conservatoires interdisant, notamment, aux deux États en cause d'engager aucune action contre la Libye visant à la contraindre de procéder à cette extradition.
Mais, le 31 mars 1992, le Conseil de sécurité, devant le refus persistant de la Libye, décida de faire application du chapitre VII de la Charte, estimant que « le défaut de la part du gouvernement libyen de démontrer, par des actes concrets sa renonciation au terrorisme... constituait une menace contre la paix et la sécurité internationales ». Aussi, la résolution 748 édicta à l'égard de la Libye un embargo sur les livraisons d'armes et les relations aériennes, ainsi qu'une réduction de l'importance des missions diplomatiques. Ces sanctions devaient entrer en vigueur le 15 avril 1992.

• CIJ, *ordonnances du 14 avril 1992* sur les mesures conservatoires :

Par 11 voix contre 5 (la Libye ayant désigné un juge *ad hoc* et le président de la Cour, de nationalité britannique ayant, par ailleurs, renoncé à exercer sa présidence), la Cour a refusé eu égard « aux circonstances de l'espèce » à exercer son pouvoir d'indiquer des mesures conservatoires. Elle a, en effet, estimé que l'indication de telles mesures porterait atteinte aux droits que les États-Unis et la Grande-Bretagne peuvent tirer de la résolution 748. Or cette résolution présente un caractère obligatoire (par référence à l'art. 25 de la Charte) et, sur la base de l'article 103 de ladite Charte, les obligations des parties à l'égard de cette Convention prévalent sur toutes leurs obligations en vertu de tout autre accord international, y compris la Convention de Montréal.

(*Rec.*, p. 3 et 114.)

• CIJ, *arrêt du 27 février 1998* sur les exceptions préliminaires :

La Cour a rejeté, à une importance majorité, les trois exceptions préliminaires soulevées par les États-Unis.

(*Rec.*, p. 9 et 115.)

À plusieurs reprises, par la suite, il a été question de la radiation de cette affaire du rôle de la Cour. De fait, la question est redevenue d'actualité depuis que la Libye a accepté, en 1999, de livrer deux responsables présumés de l'attentat, qui ont été jugés aux Pays-Bas, par des juges écossais. À l'issue du procès, qui s'est terminé, début 2001, l'un des inculpés a été condamné à la prison à vie (condamnation confirmée en 2002) et l'autre a été acquitté. En revanche, aucune suite n'a été donnée à la réclamation de la France à l'égard des auteurs de l'attentat contre l'appareil français, qui ont été jugés par contumace, en France, en 1999, et condamnés également à payer des dommages-intérêts que la Libye a, effectivement, réglés, mais sans commune mesure avec la somme importante que la Libye a versée, en 2003, pour l'attentat de Lockerbie (2,7 milliards de dollars pour 270 victimes contre 35 millions de dollars pour 170 victimes). D'où une renégociation laborieuse du côté français pour obtenir un complément d'indemnisation, sur une base équitable, afin de permettre la levée des sanctions dirigées contre la Libye. Celle-ci est finalement intervenue, en septembre 2003, ainsi que la radiation des affaires du rôle de la Cour à la demande conjointe des parties. Ce n'est qu'en janvier 2004, que l'indemnité réclamée par la France fut portée à 205 millions de dollars.

Libye c/ Tchad (officiellement : affaire du *différend territorial Jamahria arabe lybienne c/ Tchad*, CIJ, arrêt du 3 févr. 1994).

La Libye a, en 1973, envahi une zone de 114 000 km² (soit 1/10 du territoire tchadien), dénommée bande d'Aouzou et située à la frontière entre les deux pays. Le Tchad n'a protesté qu'en 1975 et en 1989 les deux pays convenaient de saisir la CIJ si dans un délai d'un an ils ne parvenaient pas à régler leur différend par tous les moyens politiques. La Cour, à la quasi-unanimité (16 voix contre une, celle du juge *ad hoc* désigné par la Libye) s'en est tenue à l'interprétation et à l'application du traité franco-libyen d'amitié et de bon voisinage de 1955 pour régler le différend en faveur du Tchad. La Cour a constaté qu'en 1955, les deux États avaient entendu procéder à une délimitation définitive de leur frontière en se référant à la ligne établie dans des instruments diplomatiques de 1898-1899 et de 1919. Et elle a relevé que la conduite ultérieure des parties avait corroboré l'existence de la ligne ainsi définie.
Les deux pays ont alors conclu un accord sur les modalités pratiques d'exécution de l'arrêt rendu par la CIJ et le Conseil de sécurité de l'ONU a autorisé le déploiement pour une période de quarante jours d'une équipe d'observateurs des Nations unies, chargés de surveiller le retrait libyen, (Groupe d'observateurs dans la bande d'Aouzou – GONUBA).

(*Rec.*, p. 6.)

Liechtenstein c/ Allemagne (officiellement : *certains biens* – exceptions préliminaires – CIJ, arrêt du 10 févr. 2005).

En 1945, la Tchécoslovaquie avait confisqué certains biens appartenant à des ressortissants du Liechtenstein, dont le prince Franz Josef II, en application des « décrets Beneš » (édictés à titre de représailles contre l'attitude nazie à l'égard de la Tchécoslovaquie en 1938-1939). Or, un régime spécial concernant les avoirs et autres biens allemands à l'étranger saisis en rapport avec la Seconde Guerre mondiale fut institué dans le cadre de la « Convention sur le règlement de questions issues de la guerre et de l'occupation », signée à Bonn en 1952. En 1991, un tableau de maître, appartenant à la famille du prince régnant de Liechtenstein depuis le XVIIIe siècle, et confisqué, en 1945, sur la base des décrets précités, fut prêté par un musée tchèque à un musée allemand. Le prince Hans-Adam II de Liechtenstein, agissant à titre personnel, saisit alors les tribunaux allemands d'une action en restitution, mais cette action fut rejetée au motif que, sur la base de la Convention précitée, aucune réclamation ayant trait aux mesures prises contre des avoirs allemands (y compris liechtensteinois) à l'étranger, au lendemain de la Seconde Guerre mondiale, n'était recevable devant les juridictions allemandes.
Le Liechteinstein saisit alors la Cour internationale de justice, sur la base de la Convention européenne sur le règlement pacifique des différends de 1957, entrée en vigueur pour les deux pays le 18 février 1980 et qui ne vise, donc, que les faits et situations postérieurs à cette date. Le Liechtenstein soutenait que c'étaient les décisions rendues par les tribunaux allemands, à partir de 1995, en l'affaire du tableau en cause, qui étaient à l'origine du différend l'opposant à l'Allemagne.
Mais la Cour retient l'exception soulevée par l'Allemagne qui soutenait, elle, que le différend trouvait son origine dans la mise en œuvre des « décrets Beneš » et, donc, dans des faits et situations antérieurs à 1980. En quelque sorte, il y a lieu de distinguer

le « fait générateur » du différend et le « fait déclencheur » du différend, distinction à laquelle les États demeurent foncièrement attachés (Ph. Weckel).
Elle se déclare, donc, incompétente *ratione temporis*.

(*Rec.*, p. 6.)

Lotus (CPJI, arrêt du 7 sept. 1927).

Le navire français *Lotus* ayant abordé, en haute mer, le navire charbonnier turc *Bozcourt*, ce dernier coula et il y eut de nombreuses victimes. À l'occasion d'une escale du navire français dans un port turc, les autorités turques décidèrent d'intenter des poursuites pénales contre l'officier de quart français, de service au moment de l'accident. Le problème posé était de savoir si, au regard des règles du droit international public, relatives aux compétences étatiques, la Turquie avait le droit de poursuivre l'officier français, alors que l'accident s'était produit en haute mer, zone qui échappe à l'exercice de toute compétence étatique territoriale.
La Turquie invoquait – ce que contestait la France – une règle coutumière l'autorisant à engager des poursuites contre le responsable d'un dommage, causé à des ressortissants turcs, même en dehors du territoire turc. La CPJI a admis l'existence d'une telle règle coutumière.

(*Série A*, n° 10.)

Malaisie c/ Singapour (officiellement : *souveraineté sur Pedra Branca c/ Pulau Batu Putch, Middle Rocks et South Ledge,* CIJ arrêt du 23 mai 2008).

L'adage suivant lequel « *de minimis non curat praetor* » ne s'applique certainement pas à la CIJ, à en juger par l'objet de son arrêt. Il concerne, en effet, trois formations maritimes du détroit de Singapour : l'îlot granitique de Pedra Branca, qui a la taille d'un terrain de football, comme l'a noté Philippe Weckel, mais, qui présente un intérêt stratégique essentiel, du fait du trafic important dans le détroit et deux ensembles de petits rochers, Middle Rocks, dont le point culminant atteint 1,20 mètre et un rocher découvert, seulement, à marée basse, South Ledge.
Cet arrêt est cependant intéressant en ce qu'il donne l'occasion à la Cour d'admettre, à propos de Pedra Branca que si cette île, initialement relevait de la souveraineté de la Malaisie, en tant qu'elle a succédé au Sultanat de Johor, cette souveraineté est passée, par la suite à Singapour.
À l'origine, l'île relevait bien de la souveraineté du Sultanat de Johor, dont l'autorité s'exerçait sur l'ensemble des îles et îlots situés dans le détroit de Singapour. Mais, au XIXe siècle, la Compagnie britannique des Indes, donc la Couronne britannique, reçut l'autorisation d'y construire un phare, de telle sorte que la force du titre historique initial s'est, selon la Cour, effacée devant le comportement à titre de souverain de Singapour, qui a succédé à la Grande-Bretagne. En effet, le Sultanat de Johor, avait, dès 1953 considéré, expressément, que sa souveraineté ne s'appliquait pas à l'île. Et, dans les années 70, la Malaisie n'a pas réagi face au déploiement du pavillon singapourien, à certaines installations et projets singapouriens concernant l'île et à des publications et cartes particulières. Les juges allemand (Simma) et français (Abraham) ont exprimé sur ce point une opinion dissidente, considérant qu'il n'existait pas la preuve d'une prescription acquisitive résultant des droits concédés à la Compagnie des Indes. Autrement dit, comme l'a relevé Philippe Weckel, on peut se demander si

le Sultan de Johor n'a pas octroyé à la Compagnie britannique une concession d'ouvrage public plutôt qu'une cession territoriale au profit de la Couronne. Il n'en demeure pas moins que la Cour a pu relever d'une part une déclaration solennelle du Sultanat de Johor qui, en 1953, ne se considérait pas comme souverain sur l'île et, par la suite, l'absence de protestation de la Malaisie. La Cour était donc fondée à prendre en considération le comportement des parties.
En revanche, la Cour a considéré que les circonstances particulières qu'elle a relevées, concernant Pedra Branca ne s'appliquaient pas à Middle Rocks. La Malaisie, en tant que successeur du sultan de Johor a donc conservé le titre originaire sur ce rocher.
Enfin, s'agissant de South Ledge, la Cour, se référant à ce qu'elle a dit dans l'affaire *Qatar c/ Bahreïn*, ne retient pas l'assimilation du régime juridique d'un haut-fond découvrant à celui d'une île et note que ce haut-fond découvrant relève des eaux territoriales générées par Pedra Branca et Middle Rocks, eaux territoriales, qui semblent se chevaucher. Aussi, la Cour conclut, dans le dernier paragraphe de son arrêt que la souveraineté sur ce haut fond « appartient à l'État dans les eaux territoriales duquel il est situé ».

Mavrommatis (CPJI, arrêt du 31 août 1924).

Dans cette affaire, la Grèce intervient au profit d'un de ses nationaux, Mavrommatis, qui, établi en Palestine, à l'époque de la souveraineté turque, était menacé dans ses droits, relatifs à des concessions, par la Grande-Bretagne, à laquelle avait été confié, après 1919, le mandat d'administrer ce territoire. Mavrommatis n'ayant subi aucun préjudice, la réclamation fut rejetée (arrêt du 26 mars 1925).

(*Série A*, n° 2.)

Mazilu (officiellement : affaire de *l'applicabilité de la section 22 de l'article VI de la Convention sur les privilèges et immunités des Nations unies*) (CIJ, avis consultatif du 15 déc. 1989).

Peu de temps avant la chute du dictateur roumain Ceaucescu, la Cour a rendu à la demande de l'Ecosoc, un avis consultatif relatif à l'applicabilité de la Convention générale sur les privilèges et immunités des Nations unies au cas de M. Mazilu, expert de nationalité roumaine, en mission pour le compte d'une sous-commission des Nations unies, compétente dans le domaine des droits de l'homme.
En l'espèce, l'intéressé s'était vu interdire toute communication avec l'Organisation et avait été empêché d'accomplir sa mission pour se rendre, notamment, à Genève où siégeait la sous-commission.
À cette occasion, pour écarter une réserve roumaine à la compétence consultative de la Cour (avec, toutefois, effet décisoire), en cas de différend sur l'interprétation ou l'application de la Convention, la Cour a considéré qu'il n'y avait qu'une divergence de vues entre la Roumanie et l'ONU. Ce faisant, elle a, donc, adopté une conception restrictive de la notion de différend par rapport à sa jurisprudence antérieure (v. *aff. citées*, *supra* p. 187). Sur le fond, la Cour a déclaré la Convention applicable à M. Mazilu en tant qu'expert en mission pour le compte de l'ONU – même solution adoptée, en 1999, dans l'affaire *Cumaraswamy*, v. *supra* p. 257.

(*Rec.*, p. 177.)

Mexique c/ États-Unis v. p. 278.

Minquiers et Écrehous (CIJ, arrêt du 17 nov. 1953).

Les îles Minquiers et Écrehous, situées entre l'île de Jersey et la France, avaient été réclamées, dès la fin du XIXe siècle, par la France. Cette revendication rebondit après la Seconde Guerre mondiale, lorsque les bureaux d'études d'EDF envisagèrent de construire, dans la baie du Mont-Saint-Michel, une usine marémotrice et, dans ce but, d'ancrer un barrage sur l'un des îlots composant cet ensemble. Or, la France et la Grande-Bretagne se prévalaient d'accords féodaux, fort anciens et contradictoires. Aussi, la Cour saisie par les deux pays renonce-t-elle à reconnaître une portée décisive à des présomptions indirectes, déduites d'événements datant du Moyen Âge. La Cour constata que les Miniquiers et Écrehous n'avaient pas cessé d'être considérées comme des dépendances de fiefs accordés par le roi d'Angleterre. À l'époque récente, des enquêtes pénales y furent conduites, des mutations immobilières enregistrées par les autorités de Jersey, des postes de douanes aménagés, etc. La France, pour sa part, n'avait fait que poser des bouées de balisage pour la navigation. Aussi, la Cour reconnut-elle la souveraineté de la Grande-Bretagne.

(*Rec.*, p. 47.)

« Mur » (officiellement : *conséquences juridiques de l'édification d'un mur dans le territoire palestinien occupé* ; CIJ, avis consultatif du 9 juill. 2004).

Le 8 décembre 2003, l'Assemblée générale des Nations unies, réunie en session extraordinaire d'urgence, a saisi la CIJ d'une demande d'avis consultatif.
La question posée était ainsi formulée : « Quelles sont en droit les conséquences de l'édification du mur qu'Israël, puissance occupante, est en train de construire dans le territoire palestinien occupé, y compris à l'intérieur et sur le pourtour de Jérusalem-Ouest, selon ce qui est exposé dans le rapport du Secrétaire général, compte tenu des règles et des principes du droit international, notamment la quatrième Convention de Genève de 1948 et les résolutions consacrées à la question par le Conseil de sécurité et l'Assemblée générale ? »
De fait, pour faire face à la vague d'attentats terroristes depuis le déclenchement, en septembre 2000, de la seconde *Intifada*, le gouvernement israélien avait décidé, en 2002, d'ériger une « clôture de sécurité » (alors que le secrétaire utilisait le terme de « barrière », la Cour a repris l'appellation, à connotation péjorative – par référence au « mur de Berlin » –, adoptée par l'Assemblée générale). Cette construction, qui devrait couvrir un peu plus de 600 km aux fins d'enrayer les infiltrations en Israël à partir du centre et du nord de la Cisjordanie, ne devrait être constituée par un mur que sur environ 5 % de sa longueur. Le reste serait constitué par des réseaux de barbelés dotés d'éléments de détection électronique. Le tracé de cette clôture était loin d'être définitif (initialement, le tracé aurait empiété sur ce territoire sur environ 16 % de sa superficie), lorsque la Cour internationale a été saisie de l'affaire (seuls moins de 200 km avaient déjà été aménagés). Et quelques jours avant la lecture de l'avis, la Cour suprême d'Israël en avait, d'ailleurs, le 30 juin 2004 demandé la modification. Elle estimait, en effet, que la « marge supplémentaire de sécurité » qui justifiait le tracé retenu, au nord-ouest de Jérusalem, n'était pas égale aux « atteintes aux droits et intérêts des habitants ». Autrement dit, les « critères sécuritaires pris en considération (étaient) dispro-

portionnés par rapport aux nécessités humanitaires ». Mais, la CIJ n'a pas pris cet élément en considération, comme nous allons le voir.
Afin de prendre en compte l'urgence de la demande formulée par l'Assemblée générale, la Cour fixa un calendrier très serré pour les différentes étapes de la procédure.
Avant l'ouverture même de la phase orale, la Cour eut à se prononcer sur une demande de récusation du juge de nationalité égyptienne, présentée par Israël. Une fois encore (cf. précédemment l'affaire de la *Namibie*), la demande de récusation était fondée sur les prises de position qu'un juge avait pu prendre, à l'égard de l'État concerné, avant d'être élu à la Cour. Mais, la Cour estima, par une ordonnance du 30 janvier 2004, que M. Elaraby pouvait valablement siéger. Le Cour ne retint ni le fait que pendant plusieurs années M. Elaraby avait été représentant permanent de son pays aux Nations unies et à ce titre avait participé activement à l'adoption de résolutions condamnant Israël, ni des déclarations faites à la presse, mettant en cause Israël, faites quelques mois avant d'être élu. La Cour s'en est tenue à la lettre de l'article 17-2 de son Statut, qui ne met en cause que les interventions que des juges pourraient avoir faites « comme agents, conseils ou avocats de l'une des parties, membres d'un tribunal national ou international, d'une commission d'enquête, ou à tout autre titre ». Elle constate que M. Elaraby a représenté son pays aux Nations unies, de nombreuses années avant que « la question de l'édification du mur aujourd'hui posée à la Cour ait surgi » et qu'en 2001 il n'avait exprimé aucune opinion sur « la question posée dans la présente espèce ». La Cour a donc estimé qu'il n'y avait pas eu « intervention ». Cette argumentation est loin d'être convaincante alors que, depuis 1967, la question de la présence d'Israël au-delà des limites de la « ligne verte » avait été soulevée à différentes reprises et, notamment, condamnée par M. Elaraby et que l'édification du « mur » n'était qu'une conséquence de cette présence.
Fait exceptionnel, le déroulement des audiences en février et la lecture de l'avis le 9 juillet firent l'objet d'un grand renfort de publicité (notamment sur Internet), organisée par la Cour. Le délibéré de la Cour fut relativement long (plus de 4 mois), même s'il est vrai qu'avant de prendre position sur le fond, la Cour avait à se prononcer sur sa compétence.
Une trentaine d'États (dont l'Union européenne, y compris la France, les États-Unis et Israël) avaient, en effet, soutenu l'incompétence de la Cour, pour divers motifs et notamment au motif que la question posée n'était pas une question juridique. En effet, prendre position sur la légalité du « mur » supposait qu'il fût effectivement édifié en « territoire occupé ». Or, à défaut de frontières délimitant le territoire de la « Palestine » (entité non reconnue comme État d'ailleurs, même si elle bénéficie d'un statut privilégié aux Nations unies), on ne pouvait pas parler d'occupation. Et la fixation de cette frontière supposait un acte politique : le choix d'un critère de délimitation. Ce qui n'avait jamais été fait. La Cour n'a pas été arrêtée par cette objection et elle s'est déclarée compétente, car en quelques lignes, elle considère qu'Israël s'étant substitué, en Cisjordanie, à la Jordanie, devait être considéré comme puissance occupante (§ 78). Or, d'une part, en dehors de la Grande-Bretagne et du Pakistan, aucun État n'avait reconnu l'annexion de la Cisjordanie par la Transjordanie et, d'autre part, le roi Hussein avait, en juillet 1988, décidé de rompre « les liens légaux et administratifs » entre les deux rives du Jourdain. Par ailleurs, la situation de ce territoire n'ayant pas été abordée par le traité de paix israélo-jordanien de 1994, il fallait s'en tenir à l'armistice de Rhodes de 1949 qui avait expressément stipulé que la ligne de cessez-

le-feu – ultérieurement appelée « ligne verte » – ne constituait pas une frontière. La question – manifestement politique – de la délimitation de la frontière d'Israël vers l'est restait donc ouverte, sauf pour la CIJ qui a considéré, sans même s'expliquer sur ce point, que la « ligne verte » constituait la frontière de la « Palestine ». Certes, la Cour a beau jeu de rappeler que « la nature politique des mobiles qui auraient inspiré la requête et les implications politiques que pourrait avoir l'avis donné sont sans pertinence au regard de l'établissement de sa compétence pour donner un tel avis » (v. aff. des *armes nucléaires*). Mais, dans l'affaire du « mur », c'est la question même qui soulevait, au préalable, une question politique, à savoir la délimitation de la frontière d'Israël avec la « Palestine ».

Au terme de son avis, qui couvre une soixantaine de pages, la Cour conclut à l'illégalité de la construction du « mur ». Israël est donc tenu de mettre un terme à cette entreprise; il doit démanteler l'ouvrage déjà construit, abroger l'ensemble des actes législatifs et réglementaires qui s'y rapportent et doit réparer tous les dommages causés par la construction du « mur ». De façon quelque peu lapidaire, la Cour note que « depuis 1947... se sont multipliés sur le territoire de l'ancien mandat les conflits armés, les actes de violence indiscriminés et les mesures de répression ». Mais tout en estimant qu'Israël ne pouvait se prévaloir dans le tracé de la barrière ni d'« objectifs de sécurité », ni de la « légitime défense » (aucun État étranger n'étant en cause et la menace venant de l'intérieur même du territoire), ni même de l'« état de nécessité » (qui suppose la protection d'un intérêt essentiel contre un péril grave et imminent), la Cour constate cependant que, « reste qu'Israël doit faire face à des actes de violence indiscriminés, nombreux et meurtriers, visant sa population civile. Il a le droit, et même le devoir, d'y répondre en vue de protéger la vie de ses citoyens ». Mais la Cour n'en considère pas moins, immédiatement après ces constatations, que « les mesures prises n'en doivent pas moins demeurer conformes au droit international applicable » (§ 141). Les raisons de la construction du « mur » sont d'ailleurs évoquées en quelques lignes seulement et le nombre des victimes civiles délibérées n'est même pas mentionné.

Sur le plan des règles du droit international, nous relèverons, également, outre l'assimilation déjà signalée d'une ligne de cessez-le-feu à une frontière, plusieurs points. Tout d'abord, la Cour place sur le même plan l'interdiction du recours à la force (art. 4 de la Charte) et le droit à l'autodétermination. Ensuite, elle valide la dérive constatée dans la pratique à propos de la résolution Acheson : l'urgence justifiant la réunion d'une assemblée générale en session extraordinaire d'urgence est loin d'être nécessaire, quand on sait que la demande d'avis fut adressée à la Cour lors de la 10e réunion, en décembre 2003, de la 10e assemblée générale réunie en session extraordinaire d'urgence, pour la 1re fois, en... 1997. La Cour retient également une notion extensive de l'« occupation », qu'elle considère comme acquise même si le territoire, en l'occurrence, était disputé (notons, cependant, que contrairement à la thèse présentée par le Secrétaire général de l'ONU et admise par la Cour, le gouvernement israélien n'a jamais considéré que la « clôture » marquait les frontières futures de l'État d'Israël). Elle en déduit, non seulement l'applicabilité de la Convention de 1907 sur les lois et coutumes de la guerre sur terre, mais aussi l'applicabilité de la IVe Convention de Genève relative à la protection des populations civiles en temps de guerre, ainsi que des conventions du droit international humanitaire et des droits de l'homme (qu'elle admet comme applicables même en dehors du territoire d'un État).

Elle considère qu'un certain nombre de faits liés à la construction du « mur » (destructions, réquisitions, difficultés de circulation, d'approvisionnement, d'accès aux établissements scolaires, répercussions sur la production agricole...) violent des dispositions générales précises de ces conventions.
Elle conclut, donc, à la responsabilité de l'État d'Israël et fait application des principes régissant la matière (obligation d'arrêter la construction, destruction de la partie construite et réparation des préjudices causés).

(*Rec.*, p. 136.)

Namibie (officiellement : affaire des *conséquences juridiques pour les États de la présence continue de l'Afrique du Sud en Namibie – Sud-Ouest africain – nonobstant la résolution 276/1970 du Conseil de sécurité*) (CIJ, avis consultatif du 21 juin 1971).

En 1966, l'Assemblée générale des Nations unies avait révoqué le mandat exercé par l'Afrique du Sud sur le Sud-Ouest africain, auquel elle donna, par la suite, le nom de Namibie, après avoir décidé, en 1967, de prendre en charge, temporairement, l'administration internationale de ce territoire. Mais, l'Afrique du Sud maintint sa présence et, en 1969, le Conseil de sécurité, saisi de la question, demanda au gouvernement sud-africain de retirer immédiatement son administration du territoire. Cette résolution, comme d'autres, postérieures, demeura sans effet. Aussi, il déclara illégale, par la résolution 276/1970 la présence continue de l'Afrique du Sud en Namibie et invita les États à agir en conséquence. Et pour éclairer son action, le Conseil décida de demander un avis consultatif à la CIJ sur le point de savoir quelles sont les conséquences juridiques de la présence de l'Afrique du Sud en Namibie, nonobstant la résolution 276/1970. Or, l'Afrique du Sud soutenait que la saisine de la Cour n'était pas valable, car la résolution décidant de demander un avis consultatif avait été adoptée, alors que deux membres permanents s'étaient abstenus lors du vote. La Cour rappelle que la pratique des Nations unies montre que l'abstention des membres permanents ne fait pas obstacle à l'adoption d'une résolution (sur le fond, la Cour a été d'avis que la présence de l'Afrique du Sud en Namibie était illégale et qu'elle devait retirer immédiatement son administration ; quant aux États membres des Nations unies, ils devaient s'abstenir de tous actes et de toutes relations avec le gouvernement sud-africain, impliquant la reconnaissance de la légalité de cette présence ou constituant une aide à cet égard). Jusqu'à l'accession à l'indépendance de la Namibie, en 1990 (à la suite de négociations menées avec l'Afrique du Sud – grâce à la médiation des États-Unis – ayant abouti à des accords en 1988), cet avis ne fut suivi d'aucune conséquence pratique.

(*Rec.*, p. 16.)

Nauru c/ Australie (officiellement : affaire de *certaines terres à phosphates à Nauru*).

La République de Nauru (non membre des Nations unies à l'époque et qui était devenue partie spécialement au statut de la CIJ) a assigné, en 1989, l'Australie au sujet d'un différend concernant la remise en état de certaines terres à phosphates exploitées sous administration australienne avant l'indépendance de Nauru (1967). Elle a soutenu que l'Australie avait violé à la fois ses obligations au regard de l'accord de tutelle de 1947 pour Nauru et en vertu du droit international général.

• CIJ, *arrêt du 26 juin 1992* relatif aux exceptions préliminaires

La Cour, rejetant toutes les exceptions soulevées par l'Australie – sauf une portant sur un point mineur – se déclare compétente. À première vue, la solution retenue tranche avec celle rendue dans l'Affaire du *Cameroun septentrional*, puisque c'est l'ancienne puissance administrante qui est mise en cause après la levée de sa tutelle. En réalité, la Cour considère que les circonstances ne sont pas les mêmes, car, avant la levée de la tutelle, nul n'ignorait que des divergences d'opinion subsistaient entre le Conseil de gouvernement local de Nauru et l'autorité administrante au sujet de la remise en état des terres à phosphates exploitées avant le 1er juillet 1967, date de la levée de la tutelle. Par ailleurs, la Cour, constatant que le droit international n'impose pas une limite de temps déterminée pour présenter une requête, considère qu'eu égard aux circonstances de l'espèce, la demande de Nauru a bien été présentée dans des « délais raisonnables » (des démarches auprès des autorités australiennes avaient été tentées auparavant, mais on relèvera que Nauru avait mis 14 ans pour protester par écrit et encore près de 6 ans pour saisir ensuite la Cour). De même, la Cour ne s'estime pas empêchée de connaître d'une requête dirigée contre l'Australie du seul fait que, selon l'accord de tutelle, la Grande-Bretagne et la Nouvelle-Zélande étaient, au même titre que l'Australie, considérées comme « l'autorité chargée de l'administration » de Nauru, alors que ces deux États ne sont pas parties à l'instance. Elle constate que non seulement d'après les textes, mais également par la pratique, l'Australie jouait un rôle tout particulier mais de plus les intérêts de ces deux autres États ne constituaient pas l'objet même de la décision qu'elle aurait à rendre sur le fond.

(*Rec.*, p. 240.)

Un règlement amiable est intervenu, en septembre 1993, et les parties se sont désistées de l'instance. L'Australie s'est engagée à verser une importante subvention annuelle pendant une période de vingt ans.

Nicaragua c/ Colombie (officiellement : *différend territorial et maritime*).

Le Nicaragua a introduit, en décembre 2001, une instance contre la Colombie au sujet de « questions juridiques qui demeurent en suspens » entre les deux États « en matière de titres territoriaux et de délimitation maritime » dans les Caraïbes occidentales.

• CIJ, *arrêt du 13 décembre 2007* sur les exceptions préliminaires :

La Colombie avait soulevé deux exceptions préliminaires contestant la compétence de la Cour.
S'agissant de la première exception d'incompétence, fondée sur le pacte de Bogota de 1948 relatif au règlement pacifique des différends, la Cour l'a retenue en ce qu'elle avait trait à la souveraineté sur les îles de San Andrés, Providencia et Santa Catalina. En effet, selon ce pacte, la saisine de la Cour est exclue pour les « questions déjà réglées au moyen d'une entente entre les parties… (ou) celles régies par des accords ou des traités en vigueur à la date de la signature » du pacte en 1948. Or, en 1928, les deux parties avaient signé un traité dans lequel le Nicaragua reconnaissait la souveraineté de la Colombie sur les trois îles en question. Le Nicaragua ayant soutenu que ce traité de 1928 était nul, la Cour rejette cette prétention en s'appuyant, en quelque

sorte, sur la pratique unilatérale suivie par l'une des parties. En l'espèce, elle a constaté que pendant plus de cinquante ans, le Nicaragua a considéré le traité comme valide et n'a jamais prétendu ne pas être lié par celui-ci. Au contraire, il a, de manière significative, agi comme si le traité de 1928 était valide et en vigueur à la date de la conclusion du pacte de Bogota. En revanche, la Cour a rejeté l'exception d'incompétence et s'est déclarée compétente en ce qui concerne l'étendue et la composition du reste de l'archipel de San Andrès ainsi qui concerne d'autres îles, questions qui n'avaient pas été réglées par le traité de 1928.
S'agissant de la seconde exception d'incompétence, le Nicaragua avait invoqué comme base de la compétence de la Cour les déclarations des Parties faites en vertu de la clause facultative, mais la Colombie contestait cette base de compétence au motif d'une part qu'elle avait retiré sa déclaration et d'autre part en raison d'une réserve excluant les différends nés de faits antérieurs au 6 janvier 1932. La Cour s'étant déclarée compétente sur la base du pacte de Bogota, estime inutile de se demander si ces déclarations pourraient également constituer une base de compétence. Elle considère donc que l'article 36-2 de son Statut présente un caractère de subsidiarité par rapport au titre de compétence tiré de conventions. En revanche, elle retient la seconde exception préliminaire d'incompétence soulevée par la Colombie au titre des déclarations faites en vertu de la clause facultative, au regard de sa compétence à l'égard des trois îles.

Nicaragua c/ États-Unis v. *Activités militaires et paramilitaires au Nicaragua et contre celui-ci.*

Nicaragua c/ Honduras (1) (officiellement : affaire relative à des *actions armées frontalières et transfrontalières*).

Le Nicaragua se plaignait de l'activité de bandes armées agissant à partir du territoire du Honduras, à la frontière du Nicaragua et sur son territoire.

• CIJ, *arrêt du 20 décembre 1988* (sur la compétence et la recevabilité)

La Cour se déclare compétente sur la base d'une disposition du Pacte de Bogota, portant sur le règlement pacifique des différends et reprenant le libellé de l'article 36-2 du statut de la CIJ, relatif à la clause facultative de juridiction obligatoire. Mais, la Cour ne tranche pas le point de savoir si cette disposition s'analyse comme une disposition conventionnelle prévoyant la compétence de la CIJ (art. 36-1 du statut de la Cour) ou comme une déclaration collective d'acceptation de la juridiction obligatoire (art. 36-2 du statut).

(*Rec.*, p. 69.)

Depuis le changement de régime au Nicaragua, en 1990, la procédure sur le fond était « en sommeil ». Au printemps 1992, le Nicaragua s'est désisté de son recours.

Nicaragua c/ Honduras (2) (officiellement : *différend territorial entre le Nicaragua et le Honduras dans la mer des Caraïbes* ; CIJ, arrêt du 8 octobre 2007).

Le Nicaragua demandait à la Cour de déterminer le tracé d'une frontière maritime unique entre les mers territoriales, les portions de plateau continental et les zones économiques exclusives relevant respectivement du Nicaragua et du Honduras, dans la mer des Caraïbes.

Alors que le Nicaragua soutenait que cette frontière maritime n'avait jamais été délimitée, le Honduras affirmait, au contraire, qu'il existait déjà une telle délimitation, située le long du 15° parallèle, qui tirait son origine du principe de l'*uti possidetis* (selon lequel les frontières héritées de la colonisation doivent être respectées) et il demandait, donc, à la Cour de confirmer cette frontière maritime.

La Cour, qui comprenait deux juges *ad hoc,* a, tout d'abord, considéré que quatre îles situées dans la zone en litige, restant découvertes à marée haute, relevaient de la définition des îles figurant dans l'article 121 de la convention des Nations Unies sur le droit de la mer.

S'agissant de la *souveraineté sur ces quatre îles,* la Cour a admis que le principe de l'*uti possidetis* pouvait s'appliquer, mais, en l'espèce, elle n'a pas constaté que la preuve avait été apportée que ces îles avaient été attribuées, avant l'indépendance ou au moment de celle-ci, à l'une ou l'autre des provinces coloniales du Nicaragua ou du Honduras. Elle n'a pas été convaincue de l'existence d'« effectivités coloniales », définies comme le comportement des autorités administratives en tant que preuve de l'exercice effectif de compétences territoriales dans la région pendant la période coloniale et a donc écarté tout titre sur ces îles en vertu de l'*uti possidetis.*

Recherchant d'éventuelles « effectivités postcoloniales », la Cour a admis que plusieurs effectivités invoquées par le Honduras « constituent une manifestation modeste mais réelle d'autorité sur les quatre îles ». Le Honduras a, en effet, démontré avoir appliqué et fait respecter sur ces îles son droit pénal et son droit civil, sa réglementation de l'immigration, sa réglementation de l'activité des bateaux de pêche et des constructions et avoir usé de son autorité en matière de travaux publics. Elle a donc reconnu la souveraineté du Honduras sur ces îles.

S'agissant de la *délimitation des zones maritimes* entre les deux États, la Cour n'a pas reconnu l'existence d'une frontière établie le long du 15° parallèle, ni sur la base de l'*uti possidetis,* ni sur la base d'un accord tacite. Elle a donc décidé de tracer elle-même cette frontière.

Pour ce faire, elle a estimé ne pas pouvoir, cependant, appliquer la méthode de l'équidistance en raison de la configuration géographique du cap Gracias a Dios et du caractère instable de l'embouchure du fleuve Coco (point terminal de la frontière terrestre).

Elle a donc recouru à une bissectrice, c'est-à-dire une ligne divisant en deux parts égales l'angle formé par des lignes représentant la direction générale des côtes. Mais elle a ajusté le tracé de cette ligne pour tenir compte du fait de l'existence d'une mer territoriale de 12 milles autour des quatre îles, dont elle a reconnu la souveraineté au Honduras.

Pour identifier le point de départ de la frontière maritime entre les deux États, la Cour a fixé ce point à 3 milles marins sur la bissectrice retenue, au large du point identifié en 1962 par une commission mixte de démarcation comme étant, à l'époque, le point terminal de la frontière terrestre à l'embouchure du fleuve Coco.

Mais, constatant le caractère incertain de l'emplacement de l'embouchure de ce fleuve, la Cour a chargé les parties de négocier de bonne foi en vue de convenir du tracé d'une ligne reliant le point terminal actuel de la frontière terrestre au point de départ de la frontière maritime à présent établie par elle. L'affaire risque donc de revenir devant la Cour…

Quant au point terminal de la frontière maritime, la Cour a déclaré que la ligne qu'elle a tracée se prolonge jusqu'à atteindre la zone dans laquelle pourraient être en cause les droits de certains États tiers. Aussi, y a-t-il sans doute matière à contentieux ultérieur avec d'autres États.

Nottebohm (CIJ, arrêt du 6 avril 1955).

Friedrich Nottebohm, né en Allemagne, à la fin du XIXe siècle, s'établit au Guatemala, en 1905. Il conserva des relations étroites (familiales et professionnelles) avec l'Allemagne. À la veille de la Seconde Guerre mondiale, il obtient, en moins d'un mois, la nationalité du Liechtenstein. Ce qui ne l'empêche pas d'être traité, durant la Seconde Guerre mondiale, comme ressortissant ennemi par le Guatemala et lui vaut d'être interné et de faire l'objet de mesures contre ses biens. Le Liechtenstein prend fait et cause pour son national et porte, finalement, l'affaire devant la CIJ. Le problème était de savoir si le Liechtenstein pouvait exercer sa protection diplomatique à l'égard de Nottebohm, ce qui supposait l'opposabilité de la nationalité du Liechtenstein au Guatemala. La Cour écarte, tout d'abord, comme état sans pertinence le fait que les autorités de police guatémaltèques auraient reconnu le changement de nationalité, en procédant à certaines formalités, car il s'agissait de formalités résultant de déclarations de Nottebohm. Examinant la situation de Nottebohm, la Cour constate que la nationalité acquise au Liechtenstein était inopposable au Guatemala, en raison de l'absence d'effectivité de cette nationalité, qui ne reposait pas sur un rattachement de fait suffisamment étroit entre l'intéressé et le Liechtenstein. Ses liens avec ce dernier pays étaient, en effet, très ténus.

(*Rec.*, p. 4.)

OACI (officiellement : affaire de l'*appel concernant la compétence du Conseil de l'OACI*) (CIJ, arrêt du 18 août 1972).

Dans le cadre de la tension survenue, en 1971, entre l'Inde et le Pakistan, à la suite du détournement d'un avion indien et à sa destruction au Pakistan, l'Inde interdit le survol de son territoire aux appareils civils pakistanais. Le Pakistan porta, devant le Conseil de l'OACI, une « plainte » et une « requête » contre l'Inde, pour violation de la Convention de Chicago relative à l'aviation civile internationale et de l'accord de transit. Malgré les protestations de l'Inde, le Conseil de l'OACI se déclara compétent. C'est donc l'Inde qui porta l'affaire, en appel, devant la CIJ et le Pakistan qui contesta la compétence de la Cour. Mais, celle-ci se déclara compétente en appel de la décision du Conseil de l'OACI (par application de l'article 85 de la Convention de Chicago) et elle confirma la compétence du Conseil de l'OACI pour connaître d'un désaccord à propos de l'interprétation ou de l'application des deux traités en cause.

(*Rec.*, p. 46.)

Or monétaire (officiellement : affaire de l'*or monétaire pris à Rome en 1943*) (CIJ, arrêt du 15 juin 1954).

L'affaire trouvait son origine dans un accord de 1946, concernant les réparations à recevoir de l'Allemagne, où il était dit que l'or monétaire récupéré en Allemagne, ou en pays tiers, serait réparti entre les pays victimes d'une spoliation par l'Allemagne. L'Italie et l'Albanie réclamaient toutes deux l'or de la Banque nationale d'Albanie

enlevé à Rome en 1943. Ultérieurement, un accord conclu entre les trois alliés occidentaux renvoya le litige à un arbitre, qui déclara que l'or devait revenir à l'Albanie. Mais, dans le même accord, il était prévu que si l'or appartenait à l'Albanie, la Grande-Bretagne le recevrait en indemnisation partielle des dommages subis dans le détroit de Corfou (l'Albanie ayant refusé d'exécuter l'arrêt de la Cour dans cette affaire – v. *supra* p. 260). L'Italie saisit alors la CIJ pour contester la sentence arbitrale. Or, paradoxalement, par la suite, l'Italie, elle-même, déposa une question préliminaire relative à la compétence de la Cour. Celle-ci constata alors qu'elle n'était pas compétente pour statuer sur le litige, en l'absence du consentement de l'Albanie.
C'est à cet arrêt que la CIJ s'est référée, dans l'affaire de *Timor* (v. *infra* p. 306), en l'absence du consentement de l'Indonésie.

(*Rec.*, p. 19.)

Oscar Chinn (CPJI, arrêt du 12 déc. 1934).

La Belgique avait concédé des droits de transport sur le Congo à une société belge Unatra, dans laquelle elle était majoritaire. Elle imposa en 1931, une baisse importante des tarifs, qu'elle compensa par le versement d'une subvention à la société Unatra. Une entreprise anglaise, Oscar Chinn, pour laquelle la Grande-Bretagne prit fait et cause, s'estima lésée, par ce qu'elle considérait comme une violation du principe de l'égalité de traitement, posé, pour le Congo, par la Convention de Saint-Germain de 1919. La CPJI estima qu'il n'y avait pas discrimination, puisque la nationalité (belge) du bénéficiaire de la subvention était indifférente, la subvention ayant été accordée sur la base des liens particuliers existant avec l'État belge. La décision de la CPJI, rendue à une voix de majorité, fut critiquée, car elle reposait sur une conception étroite de l'égalité de traitement dans la liberté de navigation, alors que celle-ci est étroitement liée au principe de la liberté commerciale.

(*Série A/B*, n° 63, p. 65.)

Otages américains (officiellement : affaire du *personnel diplomatique et consulaire américain à Téhéran*) (CIJ, arrêt du 24 mai 1980).

Après le renversement du chah d'Iran, en février 1979, le nouveau régime, qui s'établit à Téhéran, n'est pas toujours en mesure de contrôler la situation et dans la confusion, qui en résulte, certaines autorités de fait échappent au contrôle du pouvoir légal. C'est ainsi qu'en novembre 1979, des manifestants attaquent les locaux de l'ambassade américaine, en dépit des appels à l'aide adressés par le personnel aux forces de sécurité iraniennes, et prennent en otages un certain nombre de ressortissants américains ayant le statut diplomatique. Devant le refus des autorités iraniennes de faire évacuer les locaux et de libérer tous les otages, les États-Unis intentèrent une action devant la CIJ. L'Iran refusa de comparaître devant la Cour, mais cela n'empêcha pas celle-ci de constater que l'Iran avait violé les dispositions des Conventions de Vienne de 1961 sur les relations diplomatiques et celle de 1963 sur les relations consulaires. Il faut noter, d'ailleurs, que la Cour a considéré qu'avant même d'engager sa responsabilité pour l'appui donné, par la suite, officiellement aux militants révolutionnaires, l'Iran avait manqué à son obligation de *due diligence*. En effet, du fait de sa passivité face à des éléments incontrôlés, l'État iranien avait, dès l'abord, manqué à son devoir de protection et de répression. La Cour ordonna la libération des otages, ce que refusa le gouvernement iranien. Après une tentative avortée de la part des États-Unis de récupérer par la force leurs ressortissants, l'Iran accepta finalement, en janvier 1981, de libérer les otages, moyennant la levée des mesures de blocage des avoirs iraniens dans les banques américaines, décidées à titre de représailles par le gouvernement américain.

(*Rec.*, p. 3.)

Pakistan c/ Inde v. *Incident aérien.*

Parcelles frontalières (officiellement : *souveraineté sur certaines parcelles frontalières*) (CIJ, arrêt du 20 juin 1959).

Dans cette affaire, portée par la Belgique et les Pays-Bas devant la CIJ, la Cour était invitée à déterminer si la souveraineté de plusieurs parcelles cadastrales appartenait à la Belgique ou aux Pays-Bas, dans une zone où il y avait enchevêtrement de souverainetés, du fait de la présence d'enclaves belges en territoire néerlandais et inversement. Les Pays-Bas, se fondant sur une contradiction existant entre deux documents diplomatiques, soutenaient qu'une erreur avait été commise, la souveraineté de la Belgique ayant été, à tort, reconnue par l'un des deux accords. Mais, la Cour considéra qu'une simple erreur documentaire ne suffisait pas à vicier le consentement. Il fallait que l'erreur présente une gravité suffisante. Or, en l'espèce, la Cour, allant au-delà de la lettre des textes (qui se contredisaient) en a recherché l'esprit. Elle a constaté que la Commission de délimitation n'avait pas commis d'erreur d'attribution en consacrant la souveraineté de la Belgique.

(*Rec.*, p. 209.)

Pêcheries anglo-norvégiennes (CIJ, arrêt du 18 déc. 1951).

Alors que les pêcheurs britanniques s'abstenaient de pêcher à proximité des côtes norvégiennes jusqu'au début du XXe siècle, les chalutiers britanniques modifièrent leur attitude peu de temps avant la Première Guerre mondiale. La population locale se sentant menacée dans son unique activité économique, les autorités norvégiennes promulguèrent une nouvelle délimitation des zones de pêche norvégiennes. Après un certain nombre d'incidents durant l'entre-deux-guerres et après 1945, la Grande-Bretagne décida de saisir la CIJ. Elle contestait la méthode utilisée par la Norvège pour délimiter la ligne de base des eaux territoriales. En l'espèce, eu égard à la configuration de la côte, la Norvège n'avait pas utilisé la méthode classique du tracé parallèle, qui épouse scrupuleusement tous les contours de la côte, mais, depuis 1869, avait retenu certains points appropriés et les avait réunis par des lignes droites suivant la méthode des lignes de base droites. La CIJ admit la régularité de cette méthode, dès lors que les lignes de base ne s'écartaient pas de façon notable de la direction générale de la côte. La CIJ prit en considération le fait que le système norvégien avait reçu l'assentiment tacite général et que la Grande-Bretagne n'avait pas fait d'objections pendant 60 ans.

(*Rec.*, p. 116.)

Pêcheries de l'Atlantique Nord (CPA, 7 sept. 1910).

Dans cette affaire portée devant une instance arbitrale, les États-Unis s'opposaient à la Grande-Bretagne, à propos de la pêche dans l'Atlantique, déjà réglementée au

XVIIIe siècle et qui avait fait l'objet d'un traité entre les deux pays en 1818. La Cour permanente d'arbitrage considéra que la Grande-Bretagne devait conserver et protéger les pêcheries et en faire bénéficier les pêcheurs américains.

(*RGDIP*, 1912, p. 452.)

Pêcheries de phoques de la mer de Behring (Sentence arbitrale du 15 août 1893).

Ce litige opposait les États-Unis, ayant succédé à la Russie en Alaska, à la Grande-Bretagne, représentant le Canada, à propos de la pêche des « phoques à fourrure » (en réalité des otaries à fourrure) dans le détroit de Behring. À côté de certaines questions précises posées au Tribunal arbitral, les parties laissèrent le soin aux arbitres de déterminer les modalités suivant lesquelles la chasse devait être exercée à l'avenir. Les arbitres fixèrent, ainsi, une zone de protection, limitèrent la saison des chasses, imposèrent le système de la licence et interdirent l'emploi de certains engins. Mais, cet arbitrage « quasi législatif » n'empêcha pas la quasi-disparition de l'espèce, 5 ans après la sentence. D'où une Convention multilatérale de 1911 interdisant la chasse en mer, mais autorisant la chasse à terre. Cet accord, liant les États-Unis, la Grande-Bretagne, le Japon et la Russie, a été révisé, à différentes reprises, depuis. Le sort de ces pinnipèdes (mammifères adaptés à la vie aquatique) ne doit pas être confondu avec celui des « phoques à capuchon » chassés à terre sur des territoires canadiens et norvégiens. Les pratiques barbares à l'égard des bébés phoques émurent l'opinion publique, d'où la décision prise par les États membres de la CEE, en 1983, d'interdire l'importation de fourrures de phoque.

(La Fontaine, *Pasicrisie internationale*, p. 426.)

Pêcheries islandaises v. *Compétence en matière de pêcheries.*

Personnel diplomatique et consulaire américain à Téhéran v. *Otages américains.*

Phares (Sentence arbitrale du 24 juill. 1956).

Cette affaire opposait la France à la Grèce à propos d'une concession de phares dans l'Empire ottoman. Parmi les réclamations dont le Tribunal arbitral eut à connaître, figuraient, notamment, des demandes d'indemnité présentées par une société française, concessionnaire de l'entretien et de l'exploitation des phares installés sur les côtes de l'Empire ottoman, après 1860, à propos de la succession de l'État annexant (Grèce) à des actes imputables à l'État cédant démembré (Turquie). Il s'agissait d'une part, des frais de remise en état d'installations démantelées, à Salonique, par la Turquie, en 1912, et d'autre part des dépenses inutiles engagées dans le Sud-Ouest de la Grèce en 1903 et en 1908. Le Tribunal arbitral écarta tout appel à la transmission de la responsabilité internationale de la Turquie à la Grèce. En revanche, le Tribunal rappela le principe du respect des droits acquis et par voie de conséquence, considéra que la Grèce (État successeur) ne pouvait modifier le régime des concessions accordées par l'État cédant (Turquie) sans compensation.

Accessoirement, le Tribunal a eu à se prononcer sur la qualité de navire de guerre. Il a, à l'époque, retenu la finalité militaire des bâtiments de guerre en insistant sur « son affectation réelle à des buts militaires de combat » et au fait que de tels bâtiments sont « susceptibles de participer effectivement, grâce à leur armement, aux opérations militaires ». Cette définition n'est plus conforme au droit positif, tel qu'il s'exprime dans la Convention de Genève de 1958, confirmé par la Convention de 1982.

(*RSA*, vol. XII, p. 161.)

Plateau continental de la mer du Nord (CIJ, arrêt du 20 févr. 1969).

Dans cette affaire, la République fédérale d'Allemagne s'opposait à ses deux voisins, les Pays-Bas et le Danemark, au sujet de la délimitation du plateau continental de la mer du Nord. La RFA refusait de voir pris en compte le principe d'équidistance, que retenait la Convention de Genève de 1958 sur le plateau continental (principe permettant de tracer une ligne médiane, dont tous les points sont équidistants des points les plus proches des lignes de base, à partir desquelles est mesurée l'étendue des eaux territoriales de chaque État). En effet, la concavité des côtes allemandes, sur la mer du Nord, amplifiait les effets du principe de l'équidistance et conduisait à réduire exagérément, selon l'Allemagne, la proportion de plateau continental à laquelle elle prétendait, en rapport avec la longueur de son littoral. La Cour admet que le principe de l'équidistance ne peut être opposé à l'Allemagne ni sur une base conventionnelle (ce pays n'ayant pas ratifié la Convention de Genève) ni sur une base coutumière, ce principe n'ayant pas été reconnu comme règle de droit.
Sur le fond, la CIJ invite les parties à négocier un accord conformément à certains principes équitables, faisant appel à divers facteurs (configuration générale des côtes, structure physique et géologique du plateau, rapport raisonnable entre l'étendue du plateau et la longueur du littoral). Cet accord fut conclu en 1970.

(*Rec.*, p. 3.)

Plateau continental de la mer Égée (CIJ, arrêt du 19 déc. 1978).

La Grèce et la Turquie se disputent, depuis de nombreuses années, le plateau continental de la mer Égée. La Grèce fonde ses droits, que conteste la Turquie, sur la souveraineté qu'elle exerce sur un grand nombre d'îles, situées dans la mer Égée. La Grèce a porté l'affaire devant la CIJ, en se fondant, notamment, sur l'Acte général pour le règlement pacifique des différends (dit Acte général d'arbitrage) de 1928. La Turquie contestant la compétence de la Cour en l'affaire, ne se présenta pas devant elle (même attitude de l'Islande dans l'affaire de la *compétence en matière de pêcheries* de la France dans l'affaire des *essais nucléaires*, de l'Iran dans l'affaire des *otages* et des États-Unis dans l'affaire – au fond – des *activités militaires au Nicaragua*). Mais, elle fit parvenir des documents écrits concernant l'instance. La Grèce et la Turquie avaient bien adhéré à l'Acte général de 1928, mais la Turquie invoquait, par voie de réciprocité, une réserve contenue dans l'instrument d'adhésion grec de 1931. Cette réserve excluait la compétence de la Cour (à l'époque la CPJI), notamment, pour des différends ayant trait au « statut territorial » de la Grèce. Compte tenu du développement du droit international public relatif au plateau continental, la CIJ a considéré que cette expression incluait, en 1978, les différends relatifs à l'étendue géographique des droits de la Grèce sur le plateau continental de la mer Égée. La Cour se déclara, donc, incompétente, sur la base de l'Acte général de 1928 (par ailleurs, la Cour refusa de se déclarer compétente sur la base d'un communiqué conjoint gréco-turc de 1975).

(*Rec.*, p. 3.)

Plateau continental franco-britannique (Sentence arbitrale du 30 juin 1977).

Le litige opposait les deux pays à la fois pour la délimitation du plateau continental dans le secteur des îles Anglo-Normandes et dans le secteur atlantique. La France invoquait, dans les deux cas, des circonstances spéciales justifiant la mise à l'écart de l'application rigoureuse du principe de l'équidistance. Le Tribunal arbitral fera largement droit aux demandes françaises. Dans le secteur des îles Anglo-Normandes, du fait de leur proximité des côtes françaises, le Tribunal limitera le plateau continental des îles Anglo-Normandes pris en compte, à la zone de pêche de 12 milles. De telle sorte que la France obtiendra 3 000 km^2 de plus, diminués de 50 km^2, lorsque, sur recours de la Grande-Bretagne, le Tribunal admettra, le 14 mars 1978, avoir commis une erreur matérielle.

Dans le secteur atlantique, couramment appelé mer d'Iroise, le Tribunal prend en compte le fait de l'éloignement plus grand des côtes anglaises des îles Sorlingues, comparé à l'éloignement de l'île d'Ouessant par rapport aux côtes françaises. Le Tribunal ne donnera qu'un demi-effet aux îles Sorlingues dans le tracé de la ligne d'équidistance, ce qui se traduira par un gain de 5 800 km^2 pour la France, sans pour autant lui assurer du… pétrole. Sur le recours en rectification d'erreur matérielle de la Grande-Bretagne, le Tribunal n'admit pas l'existence d'une erreur dans cette partie de la sentence.

(*RSA*, vol. XVIII, p. 130.)

Plateau continental entre la Tunisie et la Libye (CIJ, arrêt du 24 févr. 1982).

Cette affaire portait sur la délimitation du plateau continental adjacent aux deux États, dans la partie de la mer Méditerranée qu'on appelle la mer Pélagienne, et qui se trouve au large du golfe de Gabès. La Cour a écarté les thèses des deux parties, reposant sur la notion de prolongement naturel, la Libye se fondant sur la géologie et la Tunisie se fondant, elle, sur la géomorphologie et la bathymétrie (profondeur). La Cour, comme en 1969, pour le plateau continental de la mer du Nord, va s'efforcer de rechercher des principes équitables de délimitation, eu égard aux circonstances pertinentes propres à la région. De fait, l'arrêt de la Cour sera critiqué par la doctrine, car il traduit une conception très subjective de l'équité, la Cour ayant fait un choix arbitraire parmi les circonstances jugées pertinentes.

La Cour écarte, en effet, certaines circonstances géographiques (l'île de Djerba) et ne prend que partiellement en compte une autre circonstance géographique (l'île de Kerkennah). Par ailleurs, la Cour a recours à des circonstances historiques pour faire apparaître un accord implicite des deux parties. C'est ainsi que la Cour s'appuie sur les archives françaises et italiennes (de l'époque de la colonisation) et sur la pratique de la délivrance de permis pétroliers selon une ligne divisoire provisoire. Pratiquement, la zone reconnue à la Libye est nettement supérieure à celle reconnue à la Tunisie. Celle-ci réclamait, en effet, une zone délimitée selon une ligne qui décrivait un angle de 62°. Une ligne fondée sur l'équidistance – mais, thèse rejetée par les deux États – aurait décrit un angle de 48°. Et la ligne retenue par la Cour ne décrit qu'un angle de 26°. La Tunisie a déposé, en 1984, un recours en révision (le premier – qui a d'ailleurs été rejeté, en 1985 – devant la Cour) et un recours en interprétation (2e cas après l'affaire *Haya de la Torre*).

Sur le plan des règles de procédure appliquées par la Cour, notons que la CIJ a déclaré

irrecevable l'intervention de Malte dans l'affaire portée devant elle par la Tunisie et la Libye.
Malte et la Libye ont, par la suite, décidé de porter leur propre litige relatif à la délimitation de leur plateau continental respectif devant la Cour. Et, cette fois, c'est l'intervention de l'Italie qui n'a pas été admise. Dans son arrêt du 3 juin 1985 (*Rec.*, p. 13), la Cour a pratiquement adopté la même démarche que dans son arrêt de 1982 pour déterminer les principes applicables et les circonstances particulières à prendre en considération. Tout en soulignant l'importance du principe de la distance qui rapproche le concept de plateau continental de celui de zone économique exclusive, la Cour a atténué la portée des données de la nature en minimisant l'idée de « prolongement naturel ».

(*Rec.*, p. 18.)

Plates-formes pétrolières v. *Iran c/ États-Unis.*

Prises d'eau de la Meuse (CPJI, arrêt du 28 juin 1937).

La CPJI a admis, en interprétant la Convention hollando-belge du 12 mai 1863, la compatibilité avec ce traité de certains travaux d'aménagement effectués par chacun des deux États sur son territoire (construction de canaux).

(*Série A/B*, n° 70, p. 4.)

Rainbow Warrior (Médiation du secrétaire général des Nations unies, 1986).

Durant l'été 1985, le *Rainbow Warrior*, navire battant pavillon britannique et appartenant au mouvement écologiste international Greenpeace, se préparait à manifester contre les expériences nucléaires françaises à Mururoa ; alors qu'il mouillait dans le port néo-zélandais d'Auckland, il fut coulé par des agents relevant des services secrets français (DGSE). Un photographe, de nationalité néerlandaise, mais d'origine portugaise, étant remonté à bord, entre deux explosions, trouva la mort en se noyant. Cet incident fut à l'origine de la démission du ministre français de la Défense nationale.
La responsabilité de la France était incontestablement engagée, mais la violation du droit international par la Nouvelle-Zélande, qui tolérait, sur son territoire, des actes inamicaux à l'égard de la France et de nature à atténuer la responsabilité de celle-ci, fut insuffisamment soulignée.
Par la suite, le mouvement Greenpeace affréta un nouveau bateau, portant le nom de l'association, qui tenta, vainement, de pénétrer dans les eaux territoriales autour de l'île de Mururoa et auquel l'accès du port de Papeete, pour y effectuer une réparation, fut refusé.
Deux des officiers français (qui resteront, dans l'histoire, sous le nom des « faux époux Turenge »), impliqués dans la destruction du *Rainbow Warrior*, arrêtés en Nouvelle-Zélande, furent condamnés, pour « homicide involontaire », à 10 ans de prison. Le gouvernement français indemnisa à l'amiable (2,3 millions de F) la famille de la victime. Quant au contentieux international entre la France et la Nouvelle-Zélande, les deux gouvernements sollicitèrent M. Perez de Cuellar, secrétaire général des Nations unies, pour régler tous les problèmes nés de cet incident. Présentée, initialement, comme une médiation, l'intervention du secrétaire général constitua, en réalité, un arbitrage, car les deux parties s'étaient engagées à l'avance, aux termes d'un

communiqué commun, à « se conformer au règlement retenu ». Aux termes du règlement, qui fit l'objet d'un accord international, sous forme d'échange de lettres, en date du 9 juillet 1986 (publié au *JO* du 13 juill., p. 8750), la France a adressé une lettre d'excuses et accordé 7 millions de dollars d'indemnité (soit 50 millions F de l'époque), tandis que la Nouvelle-Zélande a accepté que les deux officiers français soient, après une année de détention, affectés pour 3 ans, sur une base française, dans le Pacifique. Il faut relever, au passage, que l'intransigeance néo-zélandaise, dans cette affaire, fut vaincue par la menace du recours par la France à des mesures de rétorsion, de nature commerciale, notamment, dans le cadre de la politique européenne communautaire relative aux importations agricoles (beurre, mouton), en provenance de Nouvelle-Zélande (d'où un échange de lettres consacrant l'engagement de la France de renoncer à toute mesure de nature à gêner les exportations néo-zélandaises vers la CEE). La réparation des dommages subis par l'association Greenpeace a été soumise à un arbitrage transnational (non publié) qui a abouti, en 1987, à l'octroi d'une indemnité de 8 millions de dollars (soit à nouveau 50 millions F de l'époque). Le gouvernement français ayant décidé unilatéralement (fin 1987 et début 1988) de rapatrier, pour des raisons médicales, les deux officiers français, la Nouvelle-Zélande a déclenché la procédure d'arbitrage prévue, eu égard au fait que l'accord de 1986 surbordonnait le rapatriement des intéressés « pour quelque motif que ce soit » à l'agrément des deux parties. La sentence rendue le 30 avril 1990 a constaté la violation par la France de ses engagements. Mais, la période de trois ans d'assignation à résidence des deux officiers étant expirée, le Tribunal a retenu la réparation des dommages « légaux » *(sic)* et moraux par le moyen d'une déclaration de violation des obligations de la France. La condamnation de la France, rendue publique par la décision du Tribunal, constituait une satisfaction appropriée. On notera que, dans cet arbitrage, le Tribunal a écarté trois motifs invoqués par la France pour ne pas avoir à respecter ses obligations : la force majeure, l'état de nécessité et la détresse.

(*AFDI*, 1985 p. 210, 1986 p. 873 et 1990 p. 395 ; *RGDIP*, 1987 p. 9 et 1990 p. 838 ; *JDI*, 1990 p. 841.)

Rann de Kutch (Sentence arbitrale du 19 févr. 1968).

L'Inde et le Pakistan se disputaient un territoire d'environ 90 000 km^2 (susceptible, en raison de sa nature marécageuse, de receler des richesses pétrolières) situé au Nord-Ouest du sous-continent indien, entre les deux nouveaux États, issus du partage de l'Inde britannique en 1947. La majorité du Tribunal arbitral décida de reconnaître à l'Inde 90 % de la superficie du territoire contesté, en se fondant sur l'exercice des droits de douane, des compétences de police et sur l'octroi de droits de pâturage. Ce n'est que sur une faible superficie de la région que la majorité du Tribunal admit que l'État indigène auquel le Pakistan a succédé a exercé « une activité continue et intense » et que le titre du Pakistan a une « valeur supérieure ».

(*RSA*, vol. XVII, p. 5.)

Réparation des dommages subis au service des Nations unies v. *Dommages.*

République démocratique du Congo c/ Belgique (officiellement : *mandat d'arrêt du 11 avril 2000*; CIJ, arrêt du 14 févr. 2002).

Les autorités judiciaires belges avaient émis, en avril 2000, un mandat d'arrêt international, pour crimes de guerre et crimes contre l'humanité, dirigé contre M. Yerodia Ndombasi, à l'époque, ministre des Affaires étrangères de la République démocratique du Congo.

Dans un premier temps, la Cour a rejeté, par une ordonnance du 8 décembre 2000, la demande en indication de mesure conservatoire.

Dans son arrêt du 14 février 2002, la Cour a rejeté toutes les exceptions préliminaires soulevées par la Belgique et, notamment, celle fondée sur le fait que l'intéressé n'était plus ministre des Affaires étrangères, ni même membre du gouvernement congolais, lors de la saisine de la Cour, en octobre 2000. De même, le fait que l'intéressé n'ait pas épuisé les voies de recours internes était sans incidence, du fait que le Congo n'avait pas entendu se prévaloir des droits individuels de M. Yerodia.

Sur le fond, la Cour s'est limitée à la question de l'immunité de juridiction pénale et de l'inviolabilité d'un ministre des Affaires étrangères en exercice.

Ayant constaté qu'aucune des conventions invoquées par les parties (Conv. sur les relations diplomatiques, Conv. sur les missions spéciales) ne traite de la question, la Cour s'est fondée sur le droit coutumier pour condamner la Belgique, car elle estime que les immunités reconnues à un ministre des Affaires étrangères (comme par ailleurs au chef de l'État et au Premier ministre) lui sont accordées pour lui permettre de s'acquitter librement de ses fonctions pour le compte de l'État qu'il représente et à ce titre cette immunité protège l'intéressé pour toute la durée de sa charge.

Examinant des législations nationales et quelques décisions rendues par de hautes juridictions nationales (Chambre des lords, Cour de cassation française), elle a relevé qu'il n'y avait aucune exception à la pratique de cette immunité, même en cas d'incrimination de crimes de guerre ou de crimes contre l'humanité.

Mais elle a admis que l'immunité de juridiction d'un ministre des Affaires étrangères en exercice ne signifie pas qu'il bénéficie d'une impunité. Car, l'immunité de juridiction pénale présente un caractère procédural et fait simplement obstacle aux poursuites pendant un certain temps ou à l'égard de certaines infractions. En revanche, la responsabilité pénale individuelle, qui touche au fond du droit, peut, dans certains cas, être recherchée (soit devant les tribunaux nationaux, soit devant des tribunaux étrangers, en cas de levée de l'immunité ou après la cessation des fonctions ou encore devant des juridictions pénales internationales).

S'agissant de la réparation, la Cour a considéré que les conclusions auxquelles elle est parvenue, à savoir le caractère illicite du mandat d'arrêt et le fait que son émission et sa diffusion ont engagé la responsabilité internationale de la Belgique, constituent une forme de *satisfaction* permettant de réparer le préjudice moral causé. Par contre, pour rétablir le *status quo ante*, la Belgique devait, par les moyens de son choix, mettre à néant le mandat en question et en informer les autorités auprès desquelles ce mandat avait été diffusé (en l'espèce Interpol).

On relèvera que dans son opinion individuelle jointe à l'arrêt, le président en exercice de la cour, M. Gilbert Guillaume, ayant regretté que la Cour ne se soit pas prononcée sur la question de la compétence universelle [Compétence], que consacrait la législation belge, s'est longuement exprimé sur ce sujet. Et il a constaté que « la compétence universelle par défaut est inconnue du droit international », c'est-à-dire lorsque les infractions ont été commises à l'étranger par des étrangers à l'encontre d'étrangers, lorsque l'auteur de ces infractions ne se trouve pas sur le territoire de l'État intéressé.

(*Rec.*, p. 3.)

République démocratique du Congo c/ Ouganda (officiellement : *Activités armées sur le territoire du Congo*; CIJ, arrêt du 19 déc. 2005).

La RDC avait porté plainte contre l'Ouganda, en juin 1999, en raison d'actes d'agression armée.

la Cour a considéré qu'avant le mois d'août 1998, la RDC ne s'était pas opposée à la présence ni aux activités des troupes ougandaises dans la zone frontalière de l'est du pays. Mais, elle a constaté que ce consentement avait été retiré, à cette époque, à la suite du sommet de Victoria Falls (rencontre de 6 chefs d'États africains, impliqués dans la crise en RDC) et que l'Ouganda avait pris un certain nombre de localités jusqu'en juillet 1999.

Elle a écarté toute référence à la légitime défense pour de tels actes et a donc conclu à la violation de la souveraineté et de l'intégrité territoriale de la RDC. Les actes de l'Ouganda ont également constitué une ingérence dans les affaires intérieures de la RDC et dans la guerre civile qui y faisait rage. L'intervention militaire illicite de l'Ouganda a été d'une ampleur et d'une durée telles qu'elle a constitué une violation grave de l'interdiction de l'emploi de la force énoncée à l'article 2-4 de la Charte.

La Cour a, de ce fait, estimé que l'Ouganda était, dans cette zone, une puissance occupante et sa responsabilité se trouve engagée par les actes de ses forces armées constitutives de violations des droits de l'homme et du droit international humanitaire et pour son défaut de vigilance à l'égard d'actes illicites, dans ces domaines, accomplis par d'autres acteurs présents sur le territoire occupé.

Pour la Cour, l'Ouganda est également responsable des actes de pillage et d'exploitation des ressources naturelles de la RDC commis par des membres de l'UPDF (Force de défense du peuple ougandais : rebelles aux autorités ougandaises), à l'égard desquels elle a manqué de vigilance, en violation du Règlement de la Haye de 1907.

La Cour a retenu la responsabilité de l'Ouganda jusqu'en juin 2003, date du retrait de ses troupes.

L'Ouganda doit réparation des dommages causés et, à défaut d'un accord entre les parties, sur la nature, les formes et le montant de la réparation, c'est la Cour qui statuera ultérieurement.

L'Ouganda avait, de son côté présenté des demandes reconventionnelles, dont la recevabilité de deux d'entre elles avait été admise, par une ordonnance de la Cour du 13 décembre 2001, en raison de leur lien de connexité directe avec la plainte de la RDC.

Toutefois, la Cour a rejeté la première demande relative à la participation alléguée de troupes régulières de la RDC à des attaques menées par des rebelles anti-ougandais et au soutien prétendument fourni à ces insurgés.

En revanche, la Cour a constaté qu'effectivement des attaques avaient été menées par les forces armées congolaises contre les locaux de l'ambassade de l'Ouganda à Kinshasa et que des mauvais traitements avaient été infligés à des diplomates ougandais dans les locaux de l'ambassade et à l'aéroport international de Ndjili. Il y a donc eu violation de la Convention de Vienne sur les relations diplomatiques. Mais, la Cour réserve, cependant, à une phase ultérieure de la procédure l'examen des éléments de preuve établissant les circonstances de ces violations, les dommages précis subis par l'Ouganda et l'étendue de la réparation à laquelle il a droit. Les parties sont invitées à se mettre d'accord sur ces points, sinon la Cour statuera.

(*Rec.*, p. 168.)

Rappelons que pour des motifs voisins, la RDC avait, également, en juin 1999, assigné le Burundi et le Rwanda. Toutefois, la RDC avait, en 2001, retiré ces deux plaintes. En 2002, la RDC déposait une nouvelle requête contre le Rwanda.

République démocratique du Congo c/ Rwanda (officiellement : *Activités armées sur le territoire du Congo :* nouvelle requête 2002 - *République démocratique du Congo c/ Rwanda* ; CIJ, arrêt du 3 févr. 2006).

Dans sa nouvelle requête introduite le 28 mai 2002, la RDC accusait le Rwanda de « violations massives, graves et flagrantes des droits de l'homme sur (son) territoire » (de fait, le Rwanda est l'un des pays africains qui sont intervenus dans la guerre qui a secoué la République démocratique du Congo entre 1998 et 2003, soutenant les rebelles de l'est, en assurant vouloir protéger ses frontières).

Mais la Cour s'est déclarée incompétente en écartant les onze bases de compétence avancées par la RDC.

Elle a non seulement écarté toute application du *« forum prorogatum »*, mais également plusieurs conventions internationales, qui avaient été avancées pour fonder la compétence de la Cour.

La Convention contre la torture ne peut être invoquée, car le Rwanda n'y est pas partie.

Il en est de même de la Convention sur le génocide, car la Cour constate que le retrait de la réserve du Rwanda à l'égard de la compétence de la CIJ n'a pas fait l'objet d'une « notification reçue au plan international » (une déclaration d'intention faite par le ministre de la Justice, dans le cadre d'un exposé de politique générale ne saurait valoir retrait d'une réserve). La Cour admet que les droits et obligations consacrés par cette convention ont un effet *erga omnes* [Effet], mais cela ne saurait donner compétence à la Cour, cette compétence étant « toujours fondée sur le consentement des parties » (la réserve rwandaise n'est pas incompatible avec l'objet et le but de la convention). Par un *obiter dictum* (remarque incidente), la Cour indique « qu'il en va de même pour les normes impératives du droit international général ».

La Convention internationale sur l'élimination de toutes les formes de discrimination à l'égard des femmes de 1979 ne peut, pas davantage, être invoquée, car la saisine de la Cour n'a pas été précédée de négociations préalables, ni d'une proposition d'arbitrage.

Il en a été de même s'agissant de la Convention de Montréal sur la répression d'actes illicites dirigés contre la sécurité de l'aviation civile de 1971.

La Cour écarte également la Constitution de l'OMS et l'acte constitutif de l'UNESCO, car le différend ne porte pas sur l'interprétation ou l'application de la première, ni sur l'interprétation de la seconde.

La Convention sur le droit des traités ne peut pas davantage s'appliquer, car elle n'est entrée en vigueur entre les deux parties qu'en 1980, soit après la conclusion des Conventions sur le génocide et la discrimination raciale. Certes, des dispositions de cette Convention pourraient s'appliquer « dans la mesure où elles sont déclaratoires de droit international coutumier ». Mais, revenant incidemment sur la notion de *jus cogens*, la Cour relève que l'article 66 de la Convention, qui lui donne compétence pour statuer sur des différends relatifs aux conflits entre traités et norme impérative du droit international général, n'est pas de cette nature.

La Cour rappelle, par ailleurs, « que le seul fait que des droits et obligations *erga omnes* ou des règles impératives de droit international général *(jus cogens)* seraient en cause ne saurait constituer, en soi, une exception au principe selon lequel sa compétence repose toujours sur le consentement des parties ».

Jouant en quelque sorte le rôle de *mentor* des États, la Cour croit devoir cependant souligner qu'il existe « une différence fondamentale entre l'acceptation de la juridiction de la Cour par les États et la conformité de leurs actes au droit international ». Aussi, croit-elle devoir leur rappeler « qu'ils aient accepté ou non la juridiction de la Cour, les États sont tenus de se conformer aux obligations qui sont les leurs en vertu de la Charte des Nations unies et, des autres règles du droit international, y compris du droit international humanitaire et du droit international relatif aux droits de l'homme ». Il en résulte qu'ils « demeurent responsables des actes contraires au droit international qui pourraient leur être attribués ».

Il s'agit là d'un salutaire rappel du caractère obligatoire du droit international, même en l'absence de l'intervention possible d'un juge.

(*Rec.*, p. 6.)

On signalera qu'en novembre 2007, la République du Congo et le Rwanda ont conclu un accord aux termes duquel les deux pays s'engagent à « agir ensemble pour la paix et la stabilité dans la région ». Concrètement, il s'est agi de désarmer les rebelles hutus rwandais basés en RDC et qui constituent une menace pour le Rwanda.

Ressortissants américains au Maroc (titre officiel : *Droits des ressortissants des États-Unis d'Amérique au Maroc*; CIJ, arrêt du 27 août 1952).

Dans cette affaire, la France, en tant que puissance protectrice du Maroc, s'opposait aux États-Unis sur divers points relatifs à l'exercice de privilèges, que ce pays retirait du régime des Capitulations, régime fort ancien, mais auquel il n'entendait par renoncer, du moins à l'époque. Les deux États s'opposaient, notamment, sur l'interprétation de l'article 95 de l'Acte d'Algésiras, relatif à l'évaluation des marchandises en douane. Rejetant les interprétations données par l'une et l'autre parties, la Cour estime que le pouvoir d'évaluer appartient aux autorités douanières, mais elles doivent en user « raisonnablement de bonne foi ».

Le litige, opposant les États-Unis à la France, portait également sur l'étendue de la juridiction consulaire, que les États-Unis pouvaient exercer dans la zone française du Maroc. Les États-Unis entendaient se fonder sur un traité de 1836 pour réclamer le bénéfice de la clause de la nation la plus favorisée et disposer d'un droit de juridiction consulaire plus avantageux, tel qu'il avait été accordé par le Maroc à la Grande-Bretagne en 1856 et à l'Espagne en 1861. Or, ces deux pays avaient renoncé à ces traités, respectivement en 1937 et 1914. Aussi, la Cour a-t-elle constaté que les États-Unis ne pouvaient plus invoquer les avantages supérieurs à ceux concédés en 1836, dès lors que les traités plus avantageux étaient devenus caducs.

(*Rec.*, p. 176.)

Sahara occidental (CIJ, avis consultatif du 16 oct. 1975).

Au moment où l'Espagne envisageait de mettre fin à son administration sur le territoire du Sahara occidental (d'une superficie de plus de 250 000 km^2 et une population de moins de 100 000 habitants) le Maroc et la Mauritanie revendiquèrent des droits sur ce territoire. En 1974, l'Assemblée générale des Nations unies demanda un avis consultatif sur les deux questions suivantes : 1. Le Sahara occidental était-il, au moment de la colonisation par l'Espagne, un territoire sans maître ? 2. Et en cas de réponse négative à cette question, quels étaient les liens juridiques de ce territoire avec le royaume du Maroc et l'ensemble mauritanien ?
À la première question, la Cour répondit, effectivement, par la négative. Interprétant la notion de *terra nullius* en vigueur en 1884, au moment où l'Espagne revendique ce territoire, la Cour constate que les territoires habités par des tribus ou des peuples n'étaient pas considérés comme *terra nullius*. Car, au moment de sa colonisation, le Sahara occidental était habité par des populations qui, bien que nomades, étaient socialement et politiquement organisées en tribus et placées sous l'autorité de chefs compétents pour les représenter.
À la deuxième question, la Cour répondit qu'il y avait, certes, des liens juridiques entre ce territoire et le royaume du Maroc d'une part et l'ensemble mauritanien d'autre part. Mais, ce n'étaient pas des liens de souveraineté territoriale. Aussi, la Cour ne vit aucune raison pour écarter le principe d'autodétermination.

(*Rec.*, p. 12.)

Depuis de nombreuses années, l'organisation d'un référendum d'autodétermination est à l'étude sous l'égide des Nations unies. Sa mise en œuvre en est retardée d'année en année. Durant l'été 2003, le Conseil de sécurité a adopté un plan visant à soumettre le territoire à un régime de semi-autonomie sous l'autorité du Maroc pendant quatre à cinq ans, avant l'organisation de ce référendum. Le Maroc restant opposé à l'idée même de l'indépendance du territoire, périodiquement, des négociations ont lieu, sous l'égide des Nations unies, entre ce pays et le Front Polisario.

Santa Maria (bien que cette affaire n'ait pas fait l'objet d'une décision juridictionnelle, nous indiquerons quelques éléments d'information sur cette affaire).

En janvier 1961, le capitaine Galvao, opposant politique au régime dictatorial portugais de l'époque (Salazar) s'empara, avec des sympathisants, du bateau portugais *Santa Maria*, qui naviguait dans la mer des Antilles. Le Portugal estimant qu'il s'agissait d'un acte de piraterie maritime, demanda, en vain, l'assistance des autres États pour réprimer une telle action. Les États-Unis suivirent de très près la manœuvre du navire, dans l'intérêt des passagers. Finalement, le *Santa Maria* fit escale au Brésil, où Galvao et ses hommes reçurent le droit d'asile, cependant que le navire était restitué au Portugal.

(*RGDIP*, 1962, p. 123.)

Savarkar (CPA, 24 févr. 1911).

Profitant d'une escale à Marseille, en juillet 1910, du paquebot anglais, sur lequel il était transporté pour être jugé aux Indes, un agitateur hindou, Savarkar, avait tenté de s'échapper. Mais, il fut repris par un gendarme français, de service sur les quais et remis aux autorités du bord. Par la suite, le gouvernement français réclama la restitution de l'intéressé, en invoquant l'atteinte à la souveraineté et le respect du droit d'asile, résultant de l'arrestation de Savarkar en dehors de toute procédure d'extradition et de toute délivrance d'un mandat judiciaire par une autorité française. La Cour permanente d'arbitrage rejeta la réclamation française, en l'absence de toute manœuvre frauduleuse ou acte de violence. Il appartenait à la France de faire respecter son droit et d'éviter de commettre des erreurs dans l'exercice de ses compétences (à titre anecdotique, on signalera que Savarkar fut soupçonné de complicité dans l'assassinat du Mahatmah Gandhi, en 1948).

(*RSA*, vol. XI, p. 243.)

Serbie-et-Monténégro c/ Pays de l'OTAN v. *Yougoslavie*.

Sud-Ouest africain (CIJ, arrêt du 18 juill. 1966).

Au lendemain de la Seconde Guerre mondiale, l'Afrique du Sud refuse de transformer le mandat qu'elle exerçait sur le Sud-Ouest africain en tutelle. Consultée, la CIJ admit, par un avis rendu le 11 juillet 1950, que l'Afrique du Sud avait le droit de ne pas transformer son mandat en tutelle, mais qu'elle devait, cependant accepter un contrôle de l'ONU.

La CIJ, en l'espèce, fait une nouvelle application (v. précédemment aff. *Bernadotte*) de la notion de « compétences implicites », en considérant que l'ONU, compétente pour contrôler l'exercice de la tutelle, l'est également pour contrôler celui du mandat, dont le but est comparable, cela après la disparition de la SDN. Implicitement, d'après l'article 10 de la Charte, c'est à l'Assemblée générale qu'incombe cette compétence, dont la Cour, par deux avis ultérieurs de 1955 et 1956, précisera diverses modalités.

Devant le refus de l'Afrique du Sud d'accepter un tel contrôle sur l'exercice du mandat qui lui avait été confié par la Société des Nations, les deux seuls États africains membres de cette Organisation (Éthiopie et Libéria) décidèrent de porter l'affaire sur le plan contentieux. Ils assignèrent donc l'Afrique du Sud devant la CIJ pour faire constater qu'elle ne respectait pas les obligations, qui lui incombaient en application du mandat. Or, la Cour n'a pas admis que des considérations humanitaires puissent faire naître des droits et obligations juridiques. Elle « ne peut tenir compte de principes moraux que dans la mesure où on leur a donné une forme juridique suffisante ». La mission sacrée de civilisation, à laquelle tous les États membres de la SDN ont certes un intérêt, n'a d'autre expression juridique que le système des mandats et ne peut donner naissance à des droits et obligations en dehors de ce système. Or, pour la CIJ, le droit de réclamer la bonne exécution du mandat conformément à la « mission sacrée de civilisation » revenait exclusivement à la SDN, dans le cadre de son activité collective et institutionnelle. Les États membres n'avaient aucun droit individuel à faire valoir dans le système des mandats à l'époque de la SDN et ce droit ne peut donc pas non plus être invoqué après la dissolution de l'Organisation. La CIJ rejette, dans ces conditions, la demande des deux pays pour défaut de droit ou d'intérêt juridique.

(*Rec.*, p. 6.)

Temple de Preah-Vihear.

Le Cambodge protestait devant la Cour contre la violation de sa souveraineté territoriale par la Thaïlande qui soutenait, de son côté, que le temple de Preah-Vihear se trouvait sur son territoire.

• CIJ, *arrêt du 26 mai 1961* sur les exceptions préliminaires

Dans l'arrêt sur les exceptions préliminaires, la CIJ a eu à se prononcer sur une erreur que la Thaïlande prétendait avoir commise lors de l'expression de son consentement à l'acceptation de la compétence obligatoire de la Cour.
De fait, en 1950, la Thaïlande avait renouvelé son acceptation de la compétence de la CPJI, donnée en 1929 et déjà renouvelée en 1940, acceptation qui, aux termes de l'article 36-5 du statut de la CIJ, valait pour la CIJ.
Mais, en 1961, la Thaïlande invoquait la jurisprudence de la CIJ, telle qu'elle se dégageait de l'arrêt du 26 mai 1959, dans l'affaire de l'*incident aérien israélo-bulgare*. D'après cette jurisprudence, l'article 36-5 ne s'appliquait qu'aux États qui étaient parties au statut de la CIJ, dès l'origine, en 1946. Par contre, pour tous les États qui n'étaient pas membres originaires de l'ONU, et donc ne furent pas parties au statut de la CIJ, dès 1946, les déclarations d'acceptation de la compétence de la CPJI étaient devenues caduques au moment de la dissolution de cette Cour. La Thaïlande estimait que c'était son cas puisqu'elle n'avait été admise aux Nations unies qu'en décembre 1946 et ce n'est qu'à cette date qu'elle était devenue partie au statut de la CIJ. Sa déclaration de renouvellement de 1950 visant une institution non existante (la déclaration d'acceptation précédente étant caduque) son renouvellement était sans effet et, du fait de cette erreur, sa déclaration de 1950 était viciée.
Mais, la Cour a considéré qu'une erreur ne pouvait être prise en considération que si elle avait affecté la réalité du consentement. Or, la Cour a constaté qu'en 1950 la Thaïlande avait bien exprimé son consentement à l'acceptation de la compétence de la CIJ, même si la forme de ce consentement n'était pas adéquate.

(*Rec.*, 1961, p. 17.)

• CIJ, *arrêt du 15 juin 1962* sur le fond

Sur le fond, la Thaïlande soutenait que les cartes établies en 1907 par les autorités topographiques françaises, à l'époque du protectorat français sur le Cambodge, ne pouvaient lui être opposées, du fait qu'elles étaient erronées. Or, la Cour a constaté que ces cartes avaient été communiquées aux autorités siamoises et que celles-ci n'avaient pas réagi, à l'époque, ni par la suite. Bien plus, les autorités siamoises avaient elles-mêmes utilisé ces cartes. Aussi, la Cour rejette les prétentions de la Thaïlande, car une partie ne peut invoquer une erreur comme vice du consentement si elle a contribué à cette erreur par sa propre conduite, si elle était en mesure de l'éviter ou si les circonstances étaient telles qu'elle a été avertie de la possibilité d'une erreur.

(*Rec.*, 1962, p. 6.)

Ce n'est qu'en 2000 que les deux États ont signé un *Memorandum of Understanding* (*MOU*), en vue de la démarcation et de l'abornement de la frontière. Et, l'affaire a rebondi, à l'été 2008, en liaison avec la situation politique intérieure instable en Thaïlande. De fait, on a noté une tension armée entre les deux pays.

Texaco c/ Gouvernement libyen (Arbitrage du professeur R.-J. Dupuy du 19 janv. 1977).

L'arbitre a jugé qu'au moment de nationaliser la société pétrolière américaine, le gouvernement libyen était tenu de respecter un engagement contractuel antérieur comportant des dispositions de stabilisation.

(*JDI*, 1977, p. 350.)

Timor (officiellement : affaire relative au *Timor oriental*) (CIJ, arrêt du 30 juin 1995).

Le Portugal avait assigné, en 1991, l'Australie devant la CIJ pour contester l'atteinte aux droits du peuple de ce territoire, résultant d'un accord conclu entre l'Indonésie et l'Australie, relatif à l'exploitation du plateau continental au large de Timor oriental. En effet, le Portugal se considérait comme étant toujours puissance administrante de ce territoire que l'Indonésie avait pratiquement annexé en 1976 (profitant de la « révolution des Œillets » à Lisbonne). La partie occidentale de Timor avait été quant à elle, formellement du moins, régulièrement incorporée à l'Indonésie dans le cadre de sa succession à la souveraineté néerlandaise sur ce territoire.
Le Portugal mettait en cause la notion de situation juridique valant *erga omnes* [Effet] (notamment, souveraineté permanente sur les richesses et ressources naturelles, droit du Portugal d'accomplir les devoirs qui lui incombent en tant que puissance administrante).
La Cour, par un arrêt du 30 juin 1995, s'est déclarée incompétente du fait qu'elle ne pouvait pas statuer en l'absence de consentement de l'Indonésie. En effet, elle a estimé que l'examen de l'affaire l'aurait entraînée à déterminer si ce pays avait acquis le pouvoir de conclure, au nom du Timor oriental, des traités portant sur les ressources de son plateau continental. Ce faisant, elle aurait dû prendre en compte les circonstances dans lesquelles l'Indonésie était entrée et s'était maintenue au Timor oriental.
La Cour, comme dans l'affaire de la *Barcelona Traction* (v. *supra* p. 242) a, toutefois tenu à évoquer la notion d'effet *erga omnes* de certaines règles. Ainsi, elle a soutenu l'affirmation du Portugal selon laquelle le droit des peuples à disposer d'eux-mêmes est un droit opposable *erga omnes*.

(*Rec.*, p. 90.)

Tutelle des mineurs (CIJ, arrêt du 28 nov. 1958).

Dans cette affaire, les Pays-Bas étaient opposés à la Suède au sujet de l'application de la Convention de 1902 relative à la tutelle des mineurs. La Cour constate que la loi suédoise sur la protection de l'enfance et de la jeunesse de 1924 n'est pas contraire à la Convention précitée. Implicitement, donc, elle admet que la Convention l'emporterait sur ladite loi.

(*Rec.*, p. 55.)

Union douanière austro-allemande (CPJI, avis consultatif du 5 sept. 1931).

Un protocole prévoyant une union douanière entre l'Allemagne et l'Autriche a été considéré comme compatible avec le traité de paix de Saint-Germain du 10 septembre 1919, mais jugé incompatible avec le protocole de Genève du 4 octobre 1922, qui interdisait l'octroi de privilèges à un État quelconque. Or, une union douanière accorderait des avantages exclusifs à l'Allemagne.

(*Série A/B*, nº 41, p. 37.)

Université de Peter Pasmany (CPJI, arrêt du 15 déc. 1933).

L'Université hongroise de Peter Pasmany possédait des biens situés dans la partie de l'Empire austro-hongrois, qui devait constituer, après 1919, la Tchécoslovaquie. La CPJI a admis que ces biens, n'appartenant pas à l'État hongrois, devaient rester la propriété de l'Université, qui avait une personnalité juridique distincte de l'État hongrois.

(*Série A/B*, nº 61, p. 208.)

Veuves du Lusitania (Commission germano-américaine du 1er nov. 1923).

Le *Lusitania*, paquebot anglais, fut coulé par un sous-marin allemand en 1915. À bord, se trouvaient un certain nombre de citoyens américains, qui périrent, laissant à terre leurs veuves. Certaines d'entre elles, lassées d'attendre une indemnisation de la part du gouvernement allemand, décidèrent de se remarier et perdirent, de ce fait, leur nationalité américaine. Mais, leurs réclamations furent admises, dès lors qu'elles étaient encore américaines au moment de l'entrée en vigueur de l'accord germano-américain prévoyant le règlement du contentieux par voie d'arbitrage. Cette solution relativement rigoureuse ne serait, sans doute, plus appliquée. Il suffit, désormais, que la nationalité existe encore au moment de la présentation formelle de la réclamation par la voie diplomatique, sauf disposition conventionnelle plus restrictive.

(*RSA*, vol. VII, p. 32.)

Wimbledon (CPJI, arrêt du 17 août 1923).

Dans cette affaire, la France, l'Angleterre, l'Italie et le Japon étaient opposés à l'Allemagne, qui avait édicté une ordonnance de neutralité pour s'opposer au transit, par le canal de Kiel, d'un navire, le *Wimbledon*, transportant du matériel de guerre à destination de la Pologne, alors en guerre contre l'Union soviétique. Or, le traité de paix de Versailles avait internationalisé le canal de Kiel et la Cour en a donc conclu qu'« une ordonnance de neutralité, acte unilatéral d'un État, ne saurait prévaloir sur les dispositions du traité de paix ». L'Allemagne devait accorder le droit de passage à tous les navires de nations en paix avec elle, même en cas de contrebande de guerre.
Incidemment, on relèvera que la Cour évoque, explicitement, diverses méthodes d'interprétation, qui seront codifiées, beaucoup plus tard par la Commission du droit international (cf. Convention de Vienne de 1969). De même, on se réfère, généralement, à cette affaire pour considérer que la Cour a admis qu'un traité relatif aux communications internationales pouvait bénéficier à un tiers (Pologne) et être opposable à un tiers (Russie soviétique).
S'agissant de l'évaluation du dommage à réparer, la CPJI n'accorda pas aux affréteurs du navire de remboursement pour la part du navire dans les frais généraux de la société. Ces dépenses furent jugées sans rapport avec le refus de passage dans le canal de Kiel.

(*Série A*, nº 1.)

Yougoslavie c/ Pays de l'OTAN (officiellement : licéité de l'emploi de la force : *Yougoslavie c/ Belgique, Yougoslavie c/ Canada, Yougoslavie c/ France, Yougoslavie c/ Allemagne, Yougoslavie c/ Italie, Yougoslavie c/ Pays-Bas, Yougoslavie c/ Portugal, Yougoslavie c/ Espagne, Yougoslavie c/ Royaume-Uni, Yougoslavie c/ États-Unis d'Amérique* – par la suite, changement de dénomination : *Serbie-et-Monténégro c/ Pays de l'OTAN*).

Au printemps 1999, les pays membres de l'OTAN décidèrent d'effectuer des frappes aériennes contre la Yougoslavie *(Force alliée)* du fait du comportement des autorités serbe au Kosovo, territoire théoriquement soumis à un régime d'autonomie, mais dans lequel, à l'encontre de résolutions formelles du Conseil de sécurité, était pratiquée une politique d'épuration ethnique.
La Yougoslavie décida donc d'assigner devant la CIJ dix des principaux États membres de l'OTAN impliqués dans cette opération en invoquant la violation de diverses obligations internationales (non-recours à la force, non-immixtion dans les affaires intérieures, atteinte à la souveraineté, protection des populations civiles et des biens de caractère civil en temps de guerre, liberté de navigation, etc.).

• CIJ, *ordonnances du 2 juin 1999* sur une demande en indication de mesures conservatoires.

La Yougoslavie avait pratiquement demandé à la Cour d'ordonner aux États en question de cesser immédiatement de recourir à la force, c'est-à-dire de mettre fin aux bombardements.
La Cour se déclare incompétente à l'égard des actions dirigées contre l'Espagne et les États-Unis et ordonne la radiation de ces affaires de son rôle.
Quant aux huit autres affaires, elle constate qu'elle n'avait pas compétence *prima facie* (à première vue), condition préalable à l'indication de mesures conservatoires et que, par conséquent, elle ne saurait indiquer de telles mesures. La question de la compétence sera examinée ultérieurement et la Cour reste saisie de ces affaires.

(*Rec.*, p. 124.)

Dans ces huit affaires, la Cour a estimé, le 15 décembre 2004, qu'elle n'avait pas compétence du fait que lorsqu'elle a été saisie, en avril 1999, la Yougoslavie (par la suite, Serbie-et-Monténégro) n'était pas partie à son statut, n'étant devenue membre de l'ONU que le 1er novembre 2000 (v. précédemment CIJ, 3 févr. 2003, dans *Bosnie c/ Yougoslavie, supra* p. 243).

(*Rec.*, p. 279 et s.)

Zones franches (CPJI, arrêt du 7 juin 1932).

Dans cette affaire, la Suisse et la France s'opposaient à propos de la suppression des zones franches instituées en 1815, en territoire français, au profit de la Suisse. Or, dans le compromis portant l'affaire devant la CPJI, les deux États avaient indiqué que leur consentement serait nécessaire pour la mise en œuvre de prescriptions éventuelles ordonnées par la Cour, dans l'arrêt à intervenir. En quelque sorte, les deux États avaient subordonné à leur commun acquiescement une partie de l'arrêt de la Cour. Celle-ci a considéré qu'il serait incompatible avec son statut de rendre un arrêt, dont la validité serait subordonnée à l'approbation ultérieure des parties (ord. du 6 déc. 1930, Série A, nº 24).

Sur le fond, en 1815, les grandes puissances avaient décidé, en particulier pour faciliter le ravitaillement de la ville de Genève, de placer la frontière « douanière » de la Savoie et du pays de Gex en arrière de la frontière « politique ». Les traités de 1815, conclus lors du Congrès de Vienne, prévoyaient, donc, en territoire français, des « zones franches », dans lesquelles les marchandises étrangères étaient admises en franchise de droits de douane. Ce système étant critiqué, la France voulut, après la guerre de 1914-1918, faire disparaître ce régime. Elle prétendit – à tort d'ailleurs – que l'article 435-2 du traité de Versailles abrogeait ce régime. La Suisse protesta car, en tout état de cause, elle n'était pas partie au traité de Versailles. L'affaire fut donc portée devant la CPJI. La Cour constata que, bien que n'étant pas non plus partie aux traités de 1815, la Suisse pouvait se prévaloir des dispositions de ces traités relatifs aux zones franches, les ayant acceptées et qu'elle ne pouvait en être privée sans son consentement.

(*Série A/B*, nº 46, p. 96.)

Abréviations

AFDI	*Annuaire français de droit international*
D.	*Recueil Dalloz*
ILM	*International Legal Materials*
ILR	*International Law Reports*
JDI	*Journal du droit international (Clunet)*
Rec.	*Recueil des arrêts, avis consultatifs et ordonnances de la CIJ*
RAI	*Recueil des arbitrages internationaux*
RGDIP	*Revue générale de droit international public*
RSA	*Recueil des sentences arbitrales*
Série A	*Recueil des arrêts de la CPJI* (→ 1930)
Série B	*Recueil des avis consultatifs de la CPJI* (→ 1930)
Série A/B	*Recueil des arrêts et avis consultatifs de la CPJI* (à partir de 1931)

INDEX DES AFFAIRES

E

F

G – H

I – J

L

M

N – O

P

R

S

T – U

V – Z

INDEX ALPHABÉTIQUE

I

J - K

L

M

N - O

P

R

S

T

U - Z

TABLE DES MATIÈRES

MÉMENTOS DALLOZ

SÉRIE DROIT PUBLIC – SCIENCE POLITIQUE

Administration de l'État, F. Chauvin
Administration régionale, départementale et municipale, J. Moreau
Contentieux administratif, G. Peiser
Droit administratif des biens, G. Peiser
Droit administratif général, G. Peiser
Droit constitutionnel et institutions politiques, J. P. Jacqué
Droit des contrats publics, F. Lichère
Droit de l'environnement, Ph. Billet
Droit européen, J.-C. Gautron
Droit fiscal, C. de Lauzainghein, M.-H. Stauble-de Lauzainghein
Droit de la fonction publique, G. Peiser
Droit international public, D. Ruzié, G. Teboul
Droit public, L. Dubouis, G. Peiser
Droit public économique, D. Linotte, A. Graboy-Grobesco
Droit de la santé publique, D. Truchet
Droit de l'Union européenne et politiques communes, P. Le Mire
Droit de l'urbanisme, J. Morand-Deviller
Finances locales, R. Muzellec
Finances publiques, J. Buisson
Histoire du droit, J. Hilaire
Histoire des idées politiques de l'Antiquité à la fin du XVIIIe siècle, D. G. Lavroff
Histoire des idées politiques depuis le XIXe siècle, D. G. Lavroff
Histoire des institutions publiques de la France, P. Villard
Institutions internationales, J. Charpentier
Introduction à la science politique, J. Baudouin
Libertés publiques et droits de l'homme, A. Pouille
Relations internationales, M. Gounelle

SÉRIE DROIT PRIVÉ

Criminologie et science pénitentiaire, J. Larguier
Droit des assurances, H. Groutel, C. J. Berr
Droit bancaire, F. Dekeuwer-Défossez
Droit civil général, P. Bihr
Droit civil. Les biens, P. Courbe
Droit civil. Les contrats spéciaux, B. Bourdelois
Droit civil. Les obligations, G. Légier
Droit civil. Les personnes, la famille, les incapacités, P. Courbe
Droit civil. Régimes matrimoniaux, libéralités, successions, F. Lucet, B. Vareille
Droit civil. Sûretés, publicité foncière, V. Brémond, M.-N. Jobard-Bachellier
Droit commercial. Notions générales, J.-P. Le Gall, C. Ruellan
Droit du commerce international, H. Kenfack
Droit de la construction, R. Saint-Alary, C. Saint-Alary-Houin
Droit des entreprises en difficulté, P.-M. Le Corre
Droit fiscal des entreprises commerciales, J.-P. Le Gall
Droit international privé, J. Derruppé, J.-P. Laborde
Droit pénal des affaires, G. Giudicelli-Delage
Droit pénal général, J. Larguier, P. Conte, P. Maistre du Chambon
Droit pénal spécial, J. Larguier, P. Conte, A.-M. Larguier
Droit de la propriété industrielle, J. Schmidt-Szalewski
Droit rural, J. Audier
Droit de la sécurité sociale, J.-J. Dupeyroux, X. Prétot
Droit des sociétés. Droit commun et droit spécial des sociétés, A. Constantin
Droit des sociétés. Volume II. Aspects particuliers, J.-P. Le Gall, C. Le Gall-Robinson
Droit du travail. Volume I. Rapports collectifs, J.-M. Verdier, A. Cœuret, M.-A. Souriac
Droit du travail. Volume II. Rapports individuels, J.-M. Verdier, A. Cœuret, M.-A. Souriac
Grands systèmes de droit étrangers, M. Fromont
Institutions juridictionnelles, J.-J. Taisne
Introduction générale au droit, P. Courbe
Procédure civile. Droit judiciaire privé, J. Larguier, P. Conte
Procédure pénale, J. Larguier
Propriété littéraire et artistique, P. Sirinelli

708222 - (I) - (3) - OSB - Pr 60 g - IGS - PAG
Achevé d'imprimer en décembre 2009
Dépôt légal : janvier 2010
Imprimé en Belgique par la SNEL